# 保险法评论 2025

Insurance Law Review 2025

总顾问 王宝敏
主　编 李　华　岳　卫
编　委 （按姓氏拼音排序）
樊启荣　高长青　韩长印　李　华
温世扬　袁建华　岳　卫　邹海林

 南京大学出版社

**图书在版编目(CIP)数据**

保险法评论. 2025 / 李华，岳卫主编. — 南京 ：南京大学出版社，2025. 7(2025.10 重印). — ISBN 978 - 7 - 305 - 29504 - 1

Ⅰ. D912.280.4

中国国家版本馆 CIP 数据核字第 2025EP9083 号

出版发行 南京大学出版社
社　　址 南京市汉口路 22 号　　邮　　编 210093

**书　　名 保险法评论 2025**
BAOXIANFA PINGLUN 2025
主　　编 李　华　岳　卫
责任编辑 高　军　　编辑热线 025 - 83592123

照　　排 南京开卷文化传媒有限公司
印　　刷 江苏凤凰数码印务有限公司
开　　本 787 mm×1092 mm 1/16 印张 19.25 字数 420 千
版　　次 2025 年 7 月第 1 版 2025 年 10 月第 2 次印刷
ISBN 978 - 7 - 305 - 29504 - 1
定　　价 65.00 元

网　　址:http://www.njupco.com
官方微博:http://weibo.com/njupco
官方微信号:njuyuexue
销售咨询热线:(025)83594756

---

* 版权所有,侵权必究
* 凡购买南大版图书,如有印装质量问题,请与所购图书销售部门联系调换

# 出版贺词

尊敬的各位读者：

在这个充满希望与挑战的时代，我们迎来了《保险法评论》新一卷的隆重出版。作为保险行业的重要文献，《保险法评论》不仅是对保险法理论与实践的深入探讨，更是对行业未来发展的深刻思考。

中央金融工作会议提出的做好金融“五篇大文章”旨在提升金融服务实体经济的质效，助力国家重大战略和重点领域。2025 年 4 月，习近平总书记在上海主持召开部分省区市“十五五”时期经济社会发展座谈会时提出，要“不忘初心，把造福人民作为根本价值取向”。在这样的背景下，保险公司作为金融体系的重要组成部分，积极响应国家号召，努力发挥保险功能，友邦人寿也将持续以专业、诚信与爱，助力家庭和企业健康长久好生活。

《保险法评论》不仅为行业进步提供了理论指导，更为行业发展贡献了实践参考，势将成为推动保险行业高质量发展的重要力量，助力行业迎接更加美好的未来。

祝《保险法评论》出版圆满成功！

友邦人寿保险有限公司

法律部负责人：

# 出版贺词

欣闻《保险法评论》付梓问世，谨致以热烈祝贺！

恰逢我国保险业深化供给侧结构性改革，深刻把握高质量发展，推进金融强国建设，服务中国式现代化大局的关键时期，本卷《保险法评论》的出版，既是对中央金融工作会议精神的深刻践行，做好科技金融、绿色金融、普惠金融、养老金融、数字金融五篇大文章，提升保险业服务实体经济质效，也是保险法学界回应时代课题、推动行业法治化进程的重要标志。

《保险法评论》以理论研究为基础，以为司法实践提供可操作性解决路径为目的，在文章的甄选上偏重于对司法实践疑难问题解决具有参考价值的论文，将理论与实践相结合，既有力推动了保险法理论研究的发展，更对推进保险业法制体系建设、促进保险业规范化经营具有重要意义。

江苏乐凡保险公估有限公司专注涉人身保险数智化运营服务，以让保险理赔服务触手可得为使命，一直致力于创新数字新中介，近年来持续加强科技研发，打造国内领先的数智化商保服务平台，一端连接众多医疗机构，一端连接众多保险公司，实现精准、低成本、可信赖的医疗与保险数据互联互通，为保险公司提供数智化保险公估服务。得益于《保险法评论》的出版，我公司将更深入学习保险法基本理论，领会保险法基本精神，借鉴《保险法评论》的理论研究指导实践，顺应保险业发展及科技应用趋势，持续为保险公司提供"数智驱动、覆盖保险全生命周期风险管理"的优质服务。

谨祝《保险法评论》嘉惠学林，赋能行业，为中国特色保险法治体系建设与金融发展之路贡献智慧！

江苏乐凡保险公估有限公司

董事长：高玉青

# 序

改革开放以来，我国保险业在国家治理体系现代化进程中实现了跨越式发展。特别是2014年《国务院关于加快发展现代保险服务业的若干意见》（新“国十条”）的颁布实施，确立了保险业“社会稳定器”和“经济助推器”的战略定位，推动行业进入高质量发展新阶段。在国民经济持续增长、人民生活水平显著提升的时代背景下，保险经营主体呈现多元化发展态势，保险深度及密度指标持续优化，风险保障功能日益彰显，已然成为国家金融安全网的重要支柱。

随着保险服务领域的不断拓展，新型风险保障需求与制度供给之间的结构性矛盾逐渐显现。保险合同纠纷的频发不仅制约行业健康发展，更关乎社会公众对保险制度的信心建设。我国自1995年颁布《保险法》以来，虽经数次修订完善，但在风险社会背景下仍面临制度供给不足、规范体系不周延等现实挑战。究其本源，既有立法初期对本土保险实践规律把握不足的先天局限，也反映出保险法治建设与行业发展速度的阶段性失衡。

新“国十条”明确提出“加强保险业法治建设，完善保险法规政策体系”的战略要求，为新时代保险法治现代化指明了方向。司法实践中，最高人民法院连续出台四个保险法司法解释，构建起具有中国特色的保险裁判规则体系；学术界积极响应国家政策导向，保险法基础理论研究与制度创新成果迭出，在保险合同效力认定、新型保险产品规制、金融消费者保护等关键领域取得突破性进展。这种司法与学术的良性互动，生动诠释了“从中国实践中来，到中国实践中去”的法治发展路径。

《保险法评论》的创办，恰逢保险业服务国家治理能力现代化的关键时期。本刊秉持新“国十条”提出的“健全保险法治、加强保险理论研究”宗旨，聚焦三大核心使命：其一，构建保险法治研究的学术共同体，汇聚国内外理论界与实务界的智慧结晶；其二，强化法解释论研究导向，针对保险格式条款解释、不可抗辩条款适用、互联网保险规制等司法疑难问题提供智识支撑；其三，探索保险制度创新的法理基础，在巨灾保险、绿色保险、养老健康保险等国家战略领域贡献理论方案。在相关各方的支持下，南京大学法学院力邀国内外著名保险法学者、保险实务界的专家学者担任编委，组织出版了《保险法评论》系列，希望能为保险法理论的深入研究提供一个共同参与、多方互动的平台。本评论欲以理论研究为基础，以为金融监管机关维护保险消费者权益、为司法实践提供可操作性解决路径为目的，在文章的甄选上偏重于对司法实践疑难问题解决具有参考价值的论文，以期将该评论办成具有鲜明法解释论色彩的、引领国内保险法学理论研究的学术权威读物。

我们坚信，通过构建理论界与实务界的对话平台，深化保险法治的基础性、前瞻性研究，必将为健全具有中国特色的保险法律制度、提升保险业服务国家治理效能提供坚实保障。期待本刊能够成为新时代推动保险法治进步的思想阵地，在推动落实全国金融工作会议精神做好“五篇大文章”、服务国家金融安全战略、保护保险消费者合法权益、促进保险业高质量发展等方面发挥应有的学术担当。

《保险法评论》编委会

2025 年 5 月

# 目　录

## 保险法基础理论研究



## 新型业务法律问题研究

## 保险业法研究



## 比较法研究

# 保险法基础理论研究

# 保险利益的制度变迁与规范重构

马　宁　张　升*

[摘　要]　保险利益原则虽有助于区分限制赌博、防范道德风险，却也诱发了逆向道德风险，并有碍于保险制度风险移转功能的实现。具体到我国，在补偿保险中，由于法定保险利益并非区分赌博与保险的必要条件，加之损害填补原则可以替代实现道德风险的防范功能，故应废除保险利益原则。对于一般性给付保险，可以被保险人的同意替代保险利益原则，以体现和强化对人格利益的尊重与保护。在道德风险后果极其严重的死亡给付保险中，可通过被保险人同意与保险利益原则的双重要件来限制道德风险，但保险利益主体应是受益人。

[关键词]　保险利益；赌博；道德风险；损害填补原则；被保险人的同意

两大法系保险法中，保险利益原则通常被视为核心内容。缺乏保险利益，则保险合同无效。这被视为事关公共利益的维护，因而不允许当事人以自己意思加以变更。① 立法者期望借此禁止赌博、防范道德风险，并确定给付范围。但由于保险利益原则自确立伊始即存在结构性缺陷，时常罔顾保险实践的需要，有碍于保险营业的与时俱进，因而各方对前述立法目标应否借此路径得以实现存在明显分歧，对保险利益原则的未来的看法也因之呈现不同倾向。② 对此，有必要加以分析梳理。

## 一、绝对到缓和：保险利益原则的制度变迁

### （一）保险利益原则的起源及其理论价值

保险利益原则（Insurable Interest Principle，又称可保利益原则），系指保险利益的

---

*　马宁，法学博士，西安交通大学教授；张升，西安交通大学法学硕士。

①　参见邹海林：《保险法教程》，首都经济贸易大学出版社 2002 年版，第 58—59 页。

②　主张彻底废除该原则的，以澳大利亚与新西兰立法为代表；修改限制该原则的则以英格兰与苏格兰法律委员会等为代表，这也是多数普通法系学者的意见。但学者间对如何修改却存在明显分歧。主张强化该原则的则以斯韦舍（Swisher）教授为代表，我国学者温世扬亦持相同观点。

存在是保险合同的效力要件。[①] 如果投保人或被保险人对保险标的不存在符合法定要求的保险利益，保险人可拒绝承担责任，法院亦应以此为由判定合同无效。

保险利益原则起源于英国。[②] 18 世纪中期前的海上保险中，由于被保险人不需要证明自己对投保货物或船舶拥有所有权等法律认可的关系，许多不法之徒便对他人的船舶与货物进行投保，然后故意损毁船舶与货物以获取保险金。有鉴于此，英国制定了《1745 年海上保险法》，规定任何人如果对船只和货物除保单外再无其他存在利益的证据，或只为赌博目的，均不能投保，否则合同无效。[③] 该法随后为美国、加拿大、澳大利亚等各主要普通法系国家所继受。[④] 在大陆法系国家与北欧地区，保险利益原则也得到了普遍认可。[⑤] 1995 年的《中华人民共和国保险法》第 11 条规定，“投保人对保险标的应当具有保险利益，投保人对保险标的不具有保险利益的，保险合同无效”，从而在我国确立了该原则。

英国法确立保险利益原则首先是为了区分保险与赌博，防止当事人借保险之名行赌博之实，而法定保险利益存在与否则被视为二者的主要区分。[⑥] 即赌博合同中，当事人除了赌注外，对标的不存在任何其他法定利益，如以他人所有并与自己无任何利益关系的财产投保即是此例。而保险合同恰恰相反。次之，防范道德风险也是确立该原则的动因。道德风险是指保险合同的存在增加了损失发生的概率。如前例中的“投保人”势必有为得到保险赔偿而故意损坏或唆使他人损害投保财产的可能。在传统观点看来，当事人不可能自行使道德风险最小化，因而法官必须主动使那些无保险利益的合同归于无效，切断当事人获取不当利益的路径，以此限制其缔结伪装成保险形态的赌博合同，削减道德风险。[⑦] 最后，该原则还被认为具有积极的确定损害填补范围的功效。补偿保险保险金的给付在于填补事故发生所致的损失，并非给予损害外的其他利益。故无损害，无保险。而无保险利益，即无损害。据此，保险利益是指保险事故不发生时被保险人所享有的利益，并非保险事故发生后的利益。因此，保险事故发生后所得请求的数额不得超过保险利益的价值。[⑧]

---

① 参见刘宗荣:《新保险法:保险契约法的理论与实务》，中国人民大学出版社 2009 年版，第 83 页。

② 参见[美]小罗伯特·H.杰瑞、[美]道格拉斯·R.里士满:《美国保险法精解》，李之彦译，北京大学出版社 2009 年版，第 101 页。

③ See The Law Commission and The Scottish Law Commission, Insurance Contract Law: Post Contract Duties and Other Issues, 2011, p.104.

④ See C Brown, Insurance Law in Canada, Carswell, 2008, p.84.

⑤ See D. Campbell, International Insurance Law and Regulation, Oceana Publications, 1994, p.325.

⑥ Carlill v. Carbolic Smoke Ball Company [1893] 1 QB 256.

⑦ See Jacob Loshin, “Insurance Law's Hapless Busybody: A Case Against The Insurable Interest Requirement”, 117 Yale L.J. 474, 483(2007).

⑧ 参见梁宇贤:《保险法新论》(修订新版)，中国人民大学出版社 2004 年版，第 58 页。

与普通法系不同，德国、日本等部分大陆法系国家将该原则限制适用于补偿保险，对给付保险则改采同意原则。[①] 即将被保险人的同意作为合同生效要件，而不需要投保人对被保险人的继续生存具有保险利益。理由是人身保险的标的无法用金钱评估价值，因而难以发挥禁止赌博、防止被保险人不当得利以及削减道德风险的功效。有保险利益而无被保险人同意，道德风险仍可能发生，如有被保险人的同意，是否有保险利益并无实质意义。[②]

### （二）保险利益原则的制度演变

#### 1. 保险利益内涵的日趋宽泛

《1745 年海上保险法》制定后，投保人须证明自己对保险标的存在保险利益，但该法却未对保险利益含义予以明晰。就此引发了法定利益规则（Legal Interest Test）与事实期待规则（Factual Expectation Test）之争。[③] 前者认为，投保人须对保险标的享有法定权利。非基于法定权利获取利益的期待，即便是建立在极高的概率基础上，也不属于保险利益。后者则认为，只有在当事人缺乏保护被保险财产的动力时，保险才可能被用于赌博。而产生这种动力并不必然要求对被保险财产拥有法定权利。只要财产的存续可以使其受益，财产的灭失会使其遭受损害就可以了。因此，将保险利益限于源于财产的法定权利过于狭隘。概言之，事实期待规则系当事人"（主观）道德上对可以获取利益的确定性"，而法定利益规则是一种便利司法操作的客观技术规范，因为"在（主观）期待与（客观）确定间划出合理界限是徒劳的……如果道德确定性能成为可保利益，那将有成百上千的人可（就同一财产）投保"[④]。

法定利益规则之后长期占据普通法国家的"正统"立场。[⑤] 但晚近以来，随着经济关系的复杂化和新型风险的不断涌现，该规则妨碍当事人借保险产品移转分散风险，限制保险营业拓展的缺陷日益凸显，多数普通法国家在补偿保险中已转而改采事实期待规则。美国多数州都将是否存在经济利益作为判断保险利益有无的决定性标准。[⑥] 加

---

① 我国保险法依保险标的不同，将保险分为财产保险与人身保险。而多数国家则按是否适用补偿原则，将保险分为补偿保险与给付保险，本文亦从之。

② Siehe Ruffer/Halbach/Schimikowski，Versicherungsvertragsgesetz Handkommentar，2 Aufl. 2011，§ 150，S.698，Rn. 1.

③ Lucena v.Craufurd (1806)2 Bos & PNR 269.

④ See The (Ireland) Law Reform Commission，Insurance Contracts Consulation Paper，2011，p.34.

⑤ See The (Ireland) Law Reform Commission，Insurance Contracts Consulation Paper，2011，pp.31 - 35.

⑥ 参见[美]小罗伯特 · H.杰瑞、[美]道格拉斯 · R.里士满：《美国保险法精解》，李之彦译，北京大学出版社 2009 年版，第 119 页。

拿大联邦最高法院在 Kosmopoulos 案[①]中接受了事实期待规则。南非判例与学说也皆倾向于事实期待规则。[②] 即便在最为保守的英国，传统立场也已明显松动。[③]

在大陆法系国家和地区，日本与韩国早已转向广义的保险利益解释。[④] 我国台湾地区学说与实务也支持将事实期待利益纳入保险利益范畴。[⑤] 在德国，保险利益的内涵也已明显扩展，这集中体现在学说的变迁上。[⑥] 按照德·卡萨里吉斯(De Casaregis)在 1719 年提出的“一般性保险利益”说，唯有在被保险人能证明他对被保险财产享有所有权时，才有保险金请求权。即保险利益等同于所有权。因为在彼时，对船舶与货物享有利益之人皆是所有权人。但随着经济关系的复杂，特别是在一物上创造出多个他物权后，前述学说的不足开始显露。1805 年，贝内克(Benecke)又提出了“技术性保险利益说”，认为非所有权人同样可以对标的物享有保险利益。显然，依据一般性保险利益说，一物之上仅存在一个保险利益，即所有权。而贝内克的学说则是针对一物，以法的技术性创造出不同的保险利益。其后，埃伦伯格(Ehrenberg)完善了该说，将保险利益分为四类，即对现实存在物的保险利益，如财产所有人对其房屋享有的保险利益；请求权保险利益，如运输人对运费请求权的保险利益；期待利益保险利益，如货物如期抵达后，经由销售可获得的利润；责任保险利益，即被保险人对第三人承担的法律责任。“技术性保险利益说”将保险利益限于法律承认的权利范围内，其所称的期待利益是一种基于法定权益的期待利益，而与普通法中的事实期待利益有别。如此一来，保险补偿将局限于实体法的赔偿范围里，无法充分发挥保险的功效。为此，德国学者又于 20 世纪初期确立了“经济性保险利益说”。该说认为，保险法是一个独立部门法，其概念不能仅以民法为依据。保险法中的损害并非单纯的法律概念，而是牵扯法律规定的经济概念。保险利益应是被保险人与特定物之间存在的具有重大经济意义的实质关系。如果被保险人对特定物拥有这种关系，其虽无法律依据，在不违反公序良俗的前提下，假定此种关系的持有人因其关系受害而蒙受损失，则其可以请求保险赔付。[⑦] 这与事实期待规则显然殊途同归。

各国给付保险中保险利益的内涵也呈现不断扩展趋势。英国法曾将之分为基于自

---

① Constitution Insurance Company of Canada v. Kosmopoulos (1987) 34 DLR (4th) 208.

② See Havenga, “Liberalising the Requirement of an Insurable Interest in Insurance”, 18 SA Merc.L.J.259, 270(2006).

③ See The Law Commission and The Scottish Law Commission, Insurance Contract Law: Post Contract Duties and Other Issues, 2011, pp.114 - 116.

④ See D. Campbell, International Insurance Law and Regulation, Oceana Publications, 1994, p.325.

⑤ 参见刘宗荣：《新保险法：保险契约法的理论与实务》，中国人民大学出版社 2009 年版，第 80 页。

⑥ 参见江朝国：《保险法基础理论》，中国政法大学出版社 2002 年版，第 60—61 页。

⑦ 参见江朝国：《保险法基础理论》，中国政法大学出版社 2002 年版，第 60—61 页。

然情感而产生的利益、基于潜在经济损失而产生的利益，以及已为成文法或判例法所确认的利益三类。其中，第一类仅限于被保险人对其自身或配偶的生命所享有的利益，而不承认其他家庭成员，包括父母与子女间存在保险利益。第二类则须为法律所承认的经济利益。但上述限制多已被突破。如依据《纽约州保险法》S.3205(1)(a)条，自然情感保险利益的范围包括大多数基于血缘或法律规定而形成的家庭成员。经济利益也不局限于法律承认的利益，那些实质性经济利益，即“当投保人可以合理预期被保险人的继续生存将给其带来经济利益之时，同样可以构成保险利益”。① 澳大利亚《1984 年保险合同法》亦作了类似规定。英格兰法律委员会与苏格兰法律委员会(简称 LC & SC)也建议英国应遵循多数普通法国家的做法，扩展其保险利益范畴。②

2. 违反保险利益原则法律后果的渐趋轻缓

依据英国《1774 年人寿保险法》S.1 条的规定，缺乏保险利益的保单自始无效(Null and Void)，之后随着立法者对赌博的态度渐趋强硬，违反保险利益原则的后果也逐渐严厉。《1845 年赌博法》S.18 条开始将缔结无保险利益合同视为违法行为(Illegal)，投保人除因此不得请求保险金外，亦不得请求返还已支付的保费。《1909 年海上保险赌博保单法》S.1(1)条甚至将之视为犯罪行为，规定对违反者可判处六个月以内的监禁。时至今日，这一立场已被抛弃。2005 年，英国制定了《赌博法》，该法 S.335 条规定，涉及赌博的合同并不妨碍其请求执行的效力。这相当于从侧面废止了保险利益原则，使得非海上补偿保险的被保险人在请求法院执行该合同时，不需要证明自身具有保险利益。曾长期适用英国法的澳大利亚早在《1984 年保险合同法》中就规定，一个补偿保险不得仅仅因为在缔结合同时被保险人没有保险利益而无效[S.16(1)条]，保险人不得仅仅因为被保险人对保险标的不存在普通法或衡平法上的利益而免除其保险责任(S.17 条)。1995 年时，这一原则在给付保险中亦被废除。爱尔兰、加拿大、美国则已抛弃了缺乏保险利益致使合同违法的观点。③ 在大陆法系中，缺乏法定保险利益也仅能使合同无效。依据《德国保险合同法》第 80 条，投保人故意签订无保险利益的合同以寻求不当利益，则保险合同无效，保险人可收取其知悉该事实前的保费，余者则应退还。我国台湾地区相关规定中有“要保人或被保险人，对于保险标的物无保险利益者，保险契约失其效力”的条款。

3. 从绝对走向缓和的保险利益原则

考察保险利益原则制度变迁，其呈现“从绝对走向缓和”的轨迹。究其原因，在补偿

---

① See Malcom A.Clarke, The Law of Insurance Contracts, Informa Law, 2006, pp.3 - 6.

② See The Law Commission and The Scottish Law Commission, Insurance Contract Law: Post Contract Duties and Other Issues, 2011, pp.117 - 118,147 - 150.

③ See The (Ireland) Law Reform Commission, Insurance Contracts Consulation Paper, 2011, pp.43 - 45;[美]小罗伯特 · H.杰瑞、[美]道格拉斯 · R.里士满:《美国保险法精解》，李之彦译，北京大学出版社 2009 年版，第 106 页。

保险中，将保险利益严格限定于法律所承认利害关系的做法有悖于商业实践需要，难以充分实现保险制度移转与分散风险的经济功能。此时，保险保障范围仅限于被保险人对保险标的所具有的实体法上承认的利益。而现代商业背景下，特定主体与财产间的关系早已不局限于法律所承认的物权（财产权）或债权，新的利益形态不断涌现，在其尚未被现行立法所肯认前——考虑到人类理性与立法技术的局限性，这种现象将不可避免地长期存在——对保险利益内涵的严格限定意味着此类利益所面临的风险难以通过保险机制加以分散。再者，即便是已为法律所肯认的权益，由于赔偿范围的有限性——如合同法中将赔偿限于违约人对损失的合理预见之内——也决定着法定利益规则无法给予被保险人充分的经济补偿。保险在此不过是法律中损害赔偿责任的替代品而已。同理，在给付保险中，社会的发展也使得各种基于自然情感或经济牵连的利害关系日趋复杂，被保险人死亡造成的影响远远超出了法律所承认的范围，例如未婚夫妻与同性伴侣之间。况且，在人类进入风险社会的背景下，保险产品开始被赋予公共物品属性，它"不仅是一种经济补偿和社会再分配的手段，也不仅是以物质财富保障为中心，而是逐渐转向以人的生存、发展和提高为中心"①。它能将个体所面临的难以承受的风险在共同体成员间进行分摊，帮助被保险人应对未来的不测，完成其对日后生活的合理规划，维持其内心的平静和安宁。这也要求对保险利益做宽泛的理解，以更便于个体获取保障。至于将违反保险利益原则的法律后果设定为保险费的丧失，甚至视为犯罪行为的规定也是不公平和不必要的。② 它让投保人独自承担合同瑕疵的全部责任，为保险人推卸自身责任提供了借口。宣告合同无效足以实现预设目标。

## 二、迷惘与困惑：保险利益原则的适用困境

如同一个事物的两面，保险利益原则虽在一定程度上实现了限制赌博与防范道德风险的目标，但也给实践带来了困扰。其从绝对走向缓和的历史事实上也是立法者对该原则自身缺陷的修正过程。对实践的迁就与包容固然使之仍能维持生命力，但内在缺陷并未被完全克服。立法者在力图避免保险利益原则限制保险制度移转风险与分散损失功效最大化实现的同时，又给保险实践造成了新的困扰。

### （一）游走于不确定与不合理间的保险利益内涵

为防范道德风险，自不应允许投保人通过购买保险获取不当利益。但实现目标的基点在于发挥保险利益原则事先预防的功效，而非事后补救机制。侵权法乃至刑法将

① 参见田玲、徐竞、许潆方：《基于权益视角的保险人契约责任探析》，载《保险研究》2012 年第 5 期，第85 页。

② See The Law Commission and The Scottish Law Commission, Insurance Contract Law: Post Contract Duties and Other Issues, 2011, p.108.

承担此一职责，去惩罚不法投保人。自此观察，保险利益原则深陷困境之中。

保险合同的效力取决于立法者对保险利益含义的界定，而保险利益内涵的不确定性则使识别是否存在符合要求的保险利益成为难题。在给付保险中，多么密切的血缘关系、情感关联才能满足保险利益原则的要求？这必然要求法官进行利益关联程度的判断，而非依据利益关联性质的拣选，进而带来识别标准的不确定。① 当如英国法一般列举出具体的保险利益存在形态时，不合理性的问题又随之浮现。正如斯韦舍(Swisher)教授所言，“法律认为你对自己配偶的生命享有保险利益，即使你的丈夫对你频繁使用家庭暴力。法律不会认为你对自己的祖母享有保险利益，即便你深爱着你的祖母”②。在补偿保险里，为追求确定性，法定利益规则因之浮现。而后，鉴于该规则有违保险实践需要的不合理性，事实期待规则成为主流。该规则虽较好地反映了被保险人对财产的现实利益状况，却要求判断被保险人是否存在因保险事故发生而遭受损害的“道德上的确定性”，或是否具有“实质性的(Substantial)经济利益的期待”。这必然涉及一种主观的，事实判断的个案方法。因此，范围过窄的法定利益规则与过于含混的事实期待规则均未能提供一种兼顾合理性与确定性的识别标准。

更重要的是，主流的事实期待规则的不确定性使当事人无法准确预知保险合同会否因保险利益的缺乏而无效。保险利益原则因而使保险人愿意接受相较于不存在该原则时其所能容忍的，更高水准的道德风险。易言之，该原则激发了保险人承保更高道德风险的动力，可称之为逆向道德风险。③ 这恰恰损害了其引入目标的实现。

如果保险合同缺乏保险利益，法院会判定合同无效，保险人无须履行保险责任。对保费是否返还，则存在争议。如无须返还，保险人的净收益等于投保人支付的保费。反之，保险人的净收益至多为零，但不会遭受损失——保险事故发生概率几乎不可能达到100%，因而保险人仍可获取未发生保险事故合同中的保费。无论如何，使合同无效较之确认其有效对保险人都更为有利。因为如果认定有效，保险人将遭受损失，数额为应支付保险金减去所收保费。假定一个保险合同有 50%概率因缺乏保险利益被宣告无效，同时假定保险事故有 20%发生的概率，此时保险人应支出保险金 100 元。若不适用保险利益原则，保险人预期支出的成本为 20 元(20%×100)。反之，这一成本将降为 10 元(20%×100×50%)。因此，只要宣告合同无效的可能性大于零，合同的实际履行成本将永远小于保险人预期承担责任的成本，二者的差额就是保险人因保险利益原则而获得的收益。最后结果是，法院越严格地执行该原则，保险人的不当收益也就越高。

---

① See Jacob Loshin, “Insurance Law's Hapless Busybody: A Case Against The Insurable Interest Requirement”, 117 Yale L.J. 474, 484(2007).

② See Peter Nash Swisher, “The Insurable Interest Requirement for Life Insurance: A Critical Reassessment”, 53 Drake L. Rev. 477, 499 - 501(2005).

③ See Jacob Loshin, “Insurance Law's Hapless Busybody: A Case Against The Insurable Interest Requirement”, 117 Yale L.J. 474, 490(2007).

英国判例证明,逆向道德风险确实存在。①

保险人对不确定性的滥用直接损害了保险金请求权人,使其获取保险金的期待落空。此外,投保人也是逆向道德风险的受害者。保险人在不确定性许可的范围内有意不关注保险利益存在与否,以便销售保险产品。当遭受索赔时,则以有违保险利益原则为由拒绝承担责任。这等于在合同中为保险人内置了一个不用承担任何成本的选择权(形成权)②,极大地增加了合同对保险人的总价值,但同时削减了对投保人所具有的价值。由于保险市场信息的不对称性,了解内置选择权超出了绝大多数投保人的能力,因此使保险产品购买者支出了超过该产品实际价值的费用,有违公平原则。

就前述缺陷,学者提出了解决方法。其一,澄清保险利益内涵③;尽管保险利益原则采取非此即彼的处理方法,保险利益概念却并非如此。它是一个程度(量)确定,而非类型(质)拣选的问题。"它要求法官去衡量那些与我们相关的事物之间的利益关联程度""任何企图将这个混乱的现实划分为非此即彼规则范畴的做法将不可能成功。适用保险利益原则必然要求采取主观性的判断标准"④,除非其不顾实践需要回归法定利益规则。其二,对恶意缔结无保险利益合同的保险人规定侵权责任。⑤ 但在笔者看来,其可行性同样值得怀疑。保险人可以援引保险利益的不确定性来证明自己主观上并无恶意,投保人则须证明保险人明知缺乏保险利益而有意签发保单,这将十分困难。保险人多是在保险利益存疑之时采取前述策略,此时,其信息不对称性优势愈发明显。而侵权责任在这种投保人最需要的时候反而难以发挥功效。况且,仅仅允许投保人事后对保险利益的缺失采取救济措施也不足以实现前述目标,有大量保险合同因保险事故未发生而使得缺乏保险利益的问题得以掩盖。

### (二) 保险利益与道德风险间并无必然因果关系

保险利益既非道德风险产生的必要条件,更非其充分条件,而仅仅是诱因之一。⑥许多时候,其他因素对道德风险的发生起到了限制作用。例如,债权人为债务人购买以

---

① Feasey v. Sun Life Assurance Co of Canada[2003] EWCA Civ 885.

② See Robert E. Scott & George G. Triantis, "Embedded Options and the Case against Compensation in Contract Law", 104 Colum. L. Rev. 1428, 1460(2004).

③ See Franklin L. Best, Jr., "Defining Insurable Interests in Lives", 22 Tort & Ins. L.J.104, 110-112(1986).

④ See Jacob Loshin, "Insurance Law's Hapless Busybody: A Case Against The Insurable Interest Requirement", 117 Yale L.J. 474, 484-487(2007).

⑤ See Roger C. Henderson, "The Tort of Bad Faith in First-Party Insurance Transactions: Refining the Standard of Culpability and Reformulating the Remedies by Statute", 26 U. Mich. J.L.1, 52(1992).

⑥ See J.C. Parker, "Does Lack of An Insurable Interest Preclude An Insurance Agent from Taking An Absolute Assignment of His Client's Life Policy?" 31 U. Richmond L.Rev.71, 72(1997).

死亡为给付条件的保险。此时,他可能有更多理由不去谋害被保险人,如对刑事责任的恐惧,以及与被保险人之间多年的友谊等。相反,存在保险利益也未必会使道德风险降到足够低的水平。其他因素可能刺激提升道德风险,如一对私下关系早已破裂的夫妻。[①] 故而衡量道德风险水准时,需要评估增加与减轻因素,同时确定何种水准的风险是可以容忍与接受的。毕竟,在每一个受益人与被保险人不一致的保险合同中都包含道德风险,即便存在法定保险利益亦是如此。而在坚守保险利益原则的背景下,缺乏保险利益却被等同于保险合同存在不可忍受的道德风险。事实上,当合同双方能确定保险利益存在与否,或者对其法律效果都拥有充分信息之时,逆向道德风险与损害投保人利益的情形并不严重,但保险利益原则的适用却导致那些并未产生不可容忍道德风险的合同被不必要地宣告无效,或使当事人为避免前述结果而被迫放弃合同。保险利益原则此时阻止了这种双方都有意愿的合同的成立,妨碍了当事人移转风险,损害了保险市场的效率。

### (三)补偿保险与给付保险适用不同规则的困扰

保险利益原则在补偿保险与给付保险中适用不同的规定,如保险利益存在主体有区分,存在时间要求也不一致。而现代社会中这两类保险的区分标准已不再清晰,这就给该原则的适用造成了困扰,即应依照何种标准审查保险利益的合规性。[②] 例如,部分国家允许债权人为债务人购买人寿保险,但又将保险金额限于债权范围内,这似乎是把人寿保险等同于补偿保险。相反,缔结定值保险也被普遍认可。当事人可如纯粹给付保险那样在合同缔结时即确定保险人的保险责任,而不考虑保险事故发生时被保险人的实际损失。特别是为满足消费者的需要,市场上出现了越来越多的混合型保险产品,其兼具补偿保险与给付保险的特性。如旅游保险既承保被保险人财物的损毁丢失,又承保被保险人的意外伤害风险。此时,若不能满足一类保险的保险利益要求时,另一类保险约定的效力会否因此而受影响不无疑问。

## 三、保留或抛弃:补偿保险中保险利益原则的去留

鉴于保险利益原则的负面效应,质疑该原则的观点不断泛出,澳大利亚法律改革委员会就将之称为"不准确起草与历史偶然事件的结合,而非清楚一致立法政策的贯彻"[③]。然而,多数国家迄今仍不同程度保留这一原则,这主要是基于对其在一定程度

---

① See Bertram Harnett, John V. Thornton, "Insurable Interest in Property: A Socio-Economic Reevaluation of a Legal Concept", 48 Colum. L. Rev. 1162, 1182(1948).

② See The Law Commission and The Scottish Law Commission, Insurance Contract Law: Post Contract Duties and Other Issues, 2011, pp.144 - 145.

③ See Australian Law Reform Commission(ALRC), Report No 20, 1982, p.71.

上界定保险、防范道德风险功能的肯认。因此，要决定保险利益原则的去留，需审视前述功效是否具有可替代性。

### （一）保险利益在界定保险合同中的作用

是否存在合乎法律规定的保险利益曾被视为区分保险与赌博的主要标准，这一观点现今已趋于边缘化。英国学者认为，保险合同是一方当事人收取对价后，在一个或多个指定事件发生时，向另一方当事人支付一定数额金钱或提供利益的合同。指定事件须或多或少对使该合同生效的主体的利益产生不利影响。① 不利影响并不等于法定保险利益的要求。如果被保险人对保险标的有法定保险利益，保险事故的发生将肯定不利于他，但反之则未必如此。如在英国法中，孩子的母亲可能死亡，这是一个对孩子不利的事件，但孩子对母亲的生命并无法定保险利益。由众多知名学者起草的，可能成为未来统一欧洲保险合同法蓝本的《欧洲保险合同法原则（PEICL）》第1：201条将保险合同的要素界定为合同目的是将风险移转给保险人，以及投保人有义务对此种风险移转支付费用。② 美国学者帕特森（Patterson）则认为，区分保险与赌博的根本标准是当事人的目的不同。③ 缔结保险合同的目的是希望借此减轻未来损失的风险，而赌博合同则是对未来不确定事件的发生进行投机，希望获取在正常情形下难以取得的利益。即保险是移转既有风险，赌博是制造尚未存在的风险。显然，学者多已不将存在合乎法律规定的保险利益视为区分赌博与保险的必备要素，而是要求存在对被保险人有不利影响的不确定事件。但是，如果想使被保险人遭受不利影响，其须与保险标的存在利害关系。因此，宽松的利益内涵确实在区分保险与赌博中发挥了作用。④

显然，仅就识别保险的功效而言，因保险合同而受益之人与保险标的之间需要存在利害关系，所以，保险利益要求并非存与废的问题，而仅涉及审查主体选择。即应当坚守保险利益原则，还是交由保险人自行评估各种现实存在的利害关系的可保性，并依据损害填补原则确定其补偿范围。二者非为同一概念，前者是一种强制规范，对保险利益的内涵与外在形态法律会事先作出明确规定，法院有义务在发现当事人并不存在符合法律要求的保险利益时，否定合同的效力。而后者则将确定保险利益内涵与外延，以及审查保险利益是否存在的决定权交给更加擅长于风险评估的保险人。保险利益原则体现了立法者的客观价值评判，而保险人对保险利益的评估则可以是完全主观的价值判

---

① See Nicholas Leigh-Jones, John Birds and David Owen, MacGillivray on Insurance Law, Sweet & Maxwell, 2008, pp.3－5.

② See Project Group "Restatement of European Insurance Contract Law", The Principles of European Insurance Contract Law(PEICL), European Law Publ, 2009, p.210.

③ See Edwin W. Patterson, "Insurable Interest In Life", 18 Colum. L. Rev. 381, 385(1918).

④ 近年来赌博在部分国家合法化，因而保险利益识别与限制赌博的功效在此类法域已不再具有价值。See The (Ireland) Law Reform Commission, Insurance Contracts Consulation Paper, 2011, pp.56－61.

断,后者的外延无疑大于前者。即便立法者采取事实期待规则来界定保险利益,只要法律对该期待限定了实质性或重大性标准,其范围就不会超过保险人所需要的,区分保险与赌博中的利益的外延。

### (二) 损害填补原则可有效防范道德风险

理论上,损害填补原则要求被保险人对保险标的存在经济上的利害关系,没有利害关系,被保险人不可能因保险事故的发生遭受损失。若无损失,其就不会得到赔付,自然也无法从保险合同的履行中获取利益,因而也无诱发道德风险的可能。在此,损害填补原则完全可以替代保险利益原则,防范道德风险。但前述推定的现实化仍需消除一个疑问,即保险人是否有能力,也有动力去贯彻损害填补原则,将赔付数额限定于被保险人的损害范围内。对此,需要先行审视保险运作机理。

保险人获取利润的方式是通过集合与分割来制造和销售确定性(补偿承诺)。① 首先,保险人从不同消费者处集合大量的独立风险。依据大数法则,随着风险规模的扩大,那些个案中随意出现的风险就总体而言开始变得可以预测,损失概率逐渐接近平均值。但集合风险却面临逆向选择。保险人所收的保费是按照参保个体组成的风险共同体的平均风险值估定的,而每个个体的风险水平并不一样。高于平均水平的人将支出较少费用,反之则需支出较高费用,后者可能因此退出该共同体。保险人之间相互争夺那些风险较低的个体,而个体也在选择能为自己所面临风险更精确定价的保险人。为此,保险人又将高风险与低风险个体分割到狭窄的共同体内。这样一来,低风险个体的风险水平越接近于平均水平,逆向选择的概率就越小。而道德风险是对确定性制造机制的损害,它使共同体风险水准上扬。为此,保险人需要摘选出较高道德风险的被保险人,将之归入高风险团体,使其支付的保费至少等于预期损失成本。如果保险人无法准确分割高风险个体,它将被迫尽力去削减道德风险,而不是将成本传递给消费者,否则保险人将通过逆向选择最终承受该成本。保险人通过设定自负额、保险金额、除外责任,特别是损害填补原则的适用来削减道德风险。其市场竞争力取决于自身内化和削减道德风险的能力。对此拥有更强技能的保险人将获得更多利润,否则将被市场淘汰。故而保险人有充分动力去贯彻损害填补原则,控制道德风险。它在本质上与保险利益原则削减道德风险的要求是一致的。

### (三) 我国法的实然与应然立场

《中华人民共和国保险法》(以下简称《保险法》)第 12 条第 6 款视保险利益为"投保人或者被保险人对保险标的具有的法律上承认的利益"。学者多将之解释为(补偿保险)保险利益须是法律所承认的,具有经济价值的利益,它既可能是现存利益,也可能是

---

① 参见袁宗蔚:《保险学——危险与保险》,首都经济贸易大学出版社 2000 年版,第 12 页。

基于现存利益而产生的期待利益。① 尽管将保险利益描述为经济利益，但其所指仅仅是基于法定权利的经济利益。“法律承认的利益”与“不违背公序良俗与法律强制性规定的合法利益”明显有别。可以就未来的，缔结合同时尚不存在的期待利益订立保险合同也不应被等同于允许存在“基于事实期待规则”而认定的利益，因为未来利益可以被解释为基于法律承认的权利而享有的利润或其他可确定的利益。因此前述观点仍归于法定利益规则范畴。最高人民法院在2003年12月的保险法司法解释草案里，将保险利益界定为基于财产权利，合同或民事责任而产生的经济利益。比较采取事实期待规则的美国，其财产保险利益分为四类，即普通法与衡平法权利、合同权利、法律责任，以及实质性期待。② 显然，最高人民法院的建议并未包含彰显事实期待规则特性的“实质性期待”，而仅仅是对法定利益规则的肯认和细化。简言之，后者是我国法的正统观点。

这一规则有碍于个体通过保险机制移转自身风险，给商业交往带来了无谓困扰。在《中华人民共和国物权法》(以下简称《物权法》)颁布前，我国存在大量未办理登记过户手续，但已实际交付的机动车买卖行为。此时，买受方无法为其实际占有和使用的机动车购买保险。即便已投保，索赔也常被法院以缺乏保险利益为由驳回，相关案例不胜枚举。③ 类似困扰在《物权法》实施后依旧广泛存在。例如，法定利益规则会妨碍运输人、保管人为其所占有的他人财产购买财产损失保险。通过上述做法，投保人本可分散该标的面临的所有风险，而不仅局限于自身过失导致标的物毁损所引起的责任风险。此时，诸如不可抗力等超出责任保险承保范围的风险造成的标的物损害将可通过保险机制加以化解——因为依据《中华人民共和国民法典》的规定，投保人无须为此承担责任——避免合同双方分别购买保险的烦琐与无谓支出。特别是在买卖合同中，当标的物毁损灭失风险的承担与标的物所有权移转时间不同步时，前述做法就显得更为必要。再如，依据法定利益规则，保险利益的大小取决于被保险人依法可获取的赔偿数额，而立法者基于各种考量，会对赔偿范围进行限制，导致法定赔偿小于实际损失，使被保险人无法通过保险机制完全填补自己因风险现实化而遭受的损害。这一点在我国表现得尤为突出。总之，只要“不违背法律规定与公序良俗的权益”尚未等同于“法律明确肯认的权益”——二者也不可能完全等同，类似问题就无法彻底解决。因而法定利益规则不值采行。

有学者建议我国改采“经济性保险利益说”(事实期待规则)。④ 实务界亦有相和之

---

① 参见尹田主编:《中国保险市场的法律调控》，社会科学文献出版社2000年版，第127页；李永军主编:《商法学》，中国政法大学出版社2004年版，第726页。

② See Bertram Harnett, John V. Thornton, "Insurable Interest in Property: A Socio-Economic Reevaluation of a Legal Concept", 48 Colum. L. Rev. 1162, 1165(1948).

③ 如广州市东山区法院审理的辛某志诉人保广东分公司直属支公司保险合同纠纷案[广州市原东山区人民法院(2003)东法民一初字第1343号民事判决书]。

④ 参见邢海宝:《经济可保利益研究》，载《现代法学》2005年第3期，第147—150页。

声，认为“法律上承认的利益”仅是立法对“保险利益”的“合法性”要求。一种利害关系，若经过法律的价值判断被认定为正面的，即成立保险利益。[①] 姑且不论前述解释在文义上的牵强性，事实期待规则里保险利益内涵难于确定，会诱发逆向道德风险，侵害投保人公平交易权的缺陷也提示我国应对此持保留态度。即便是主张经济性保险利益说的学者也承认上述缺陷的存在[②]，且其已为实践证明。例如，即便是在采行事实期待规则的国家，股东得否依据剩余价值索取权主张对公司财产享有保险利益也存在一定争议，何况是公司对仅承担有限责任的股东的个人财产主张保险利益。而在一个国内案例里，法院甚至认定原告(投保人)对自己股东所参股企业的房产享有保险利益。本案保险人明知保险利益存疑，也得悉原告投保的 22 处房产里有 8 处业已拆迁，还有 4 处属违章建筑，仍然签发了保单，表现出明显的逆向道德风险征兆。[③] 因而需探析有无实现保险利益原则理论价值的替代路径。

除特定博彩，我国目前仍视赌博为违法行为。因而考虑保险利益原则存废时，须顾及此举会否有损保险与近似合同的区分。保险是移转和削减既有风险，变无定为一定，即将面临相同风险的个体集合起来，形成共同体，使危险发生于个体的不确定性变为对整个团体发生的确定性。同时，团体成员共同承担危险造成的损失，使共同体内每个个体承担的损失较以前减少。而赌博是制造本不存在的风险，变一定为无定。所以，保险合同势必要求被保险人对保险标的存在利害关系，否则无以存在风险。但这种利害关系并不等同于法律所界定的保险利益。把保险利益需要的遵从委托给法院进行事后审查，不如将之交给更有能力也有动力的保险人去进行事先审查，这是限制赌博的最佳途径。澳大利亚的经验表明，废止保险利益原则并未对区分保险与赌博造成困扰。保险人仍在使用保险利益要求去评估投保申请并确定风险水平。[④] 况且，保险利益原则所禁止和防范的并非所有赌博，而是伪装成保险的赌博。通过使被保险人与标的之间的经济利害关系的价值等同于保险合同所提供的经济价值即可实现区分与限制类似赌博的目的。[⑤] 对保险合同在缺乏保险利益的情形下将会沦为纯射幸合同的担心也是不必

① 参见刘竹梅、林海权：《保险合同纠纷审判实务疑难问题探讨》，载《法律适用》2013 年第 2 期，第 5 页。

② 学者承认该规则会导致可保利益边际难以界定，容易引发多重保险等问题。参见邢海宝：《经济可保利益研究》，载《现代法学》2005 年第 3 期，第 146 页。

③ 参见北京英卡斯特商贸有限责任公司与中国人民财产保险股份有限公司北京市崇文支公司财产保险合同纠纷案[北京市第二中级人民法院(2009)二中民终字第 09281 号民事判决书]。

④ See Robert Merkin, Reforming Insurance Law: Is There a Case for Reverse Transportation? A Report for The English and Scottish Law Commissions on The Australian Experience of Insurance Law Reform, 2007, p.79.

⑤ See Bertram Harnett, John V. Thornton, “Insurable Interest in Property: A Socio-Economic Reevaluation of a Legal Concept”, 48 Colum. L. Rev. 1162, 1181(1948).

要的，因为保险业中建立在数学和统计学基础上的风险平衡是由保险企业来计算和实行的。① 至于道德风险，损害保险标的的动力取决于被保险人因保险事故发生预期会造成的损失额与保险赔付额之比，而与被保险人与标的之间关系的法律本质无关。保险人有能力也有动力通过损害填补原则的贯彻来实现前述目标。再者，保险利益原则确定和限制损害填补程度的功效事实上也无从发挥，因为我国《保险法》中补偿保险保险利益的范围是以保险事故发生时为判断基点，此时，被保险人因事故发生所受的损害不可能超过保险利益的范围，所以，“保险利益原则不过是补偿（损害填补）原则的同义反复而已”②。最后，允许保险人自行对投保申请进行保险利益评估，一旦评估通过并签发保单，保险人事后即不得反悔。这将有效克服保险利益原则引发的逆向道德风险和对保险市场效率的损害。因此，在补偿保险中废止保险利益原则是可行的选择。

## 四、限缩与修正：给付保险中保险利益原则之重构

### （一）给付保险中对保险利益原则的不同选择

各国对给付保险应否适用保险利益原则呈现肯定与否定两种态度。德国等部分大陆法系国家否认保险利益原则在给付保险中的可适用性，改而采取被保险人同意原则。澳大利亚与新西兰则废除了保险利益原则，亦不采用德国法的同意原则。因而在理论上，任何人都可以以他人的生命投保。另外一类立法则坚守保险利益原则。其中，英国法列举了何种情形可被视为具有保险利益。加拿大则在此之外，还允许以被保险人的同意作为替代选项。而纽约州则是将两者皆作为人寿保险合同生效的必要条件。依照我国《保险法》第 31、34 条的规定，就一般给付保险而言，我国与加拿大持相同立场。要么是存在法律列举的经济利益关系或自然情感牵连关系，要么是经过被保险人的同意而推定具有前述利益牵连。对以死亡为条件的给付保险，则采取了德国法的同意原则。那么我国法的应然立场当如何决定呢？

### （二）一般性给付保险中保险利益原则的废止

就我国法的应然立场，2009 年《保险法》修订后较有代表性的是温世扬教授的观

① Siehe Beckmann/Matusche-Beckmann, Versicherungsrecht-Handbuch, 2 Aufl. 2008, § 25, S.103, Rn. 40.

② 参见[美]小罗伯特・H.杰瑞、[美]道格拉斯・R.里士满：《美国保险法精解》，李之彦译，北京大学出版社 2009 年版，第 106 页。

点。① 该观点认为，保险利益原则应当保留而非放弃。单纯被保险人同意无法实现道德风险防范目标。被保险人不应被当然视为自我利益的最佳代言人，其时常未经深思熟虑就做出同意的表示。另一方面，仅通过保险人的自我控制也是不够的。有案例表明，存在保险人审查不严，缔结缺乏保险利益的合同，最终发生道德风险的情况。保险利益原则虽可能造成逆向道德风险，但只要规定，与无保险利益的人签订合同的保险人需将收益上缴，或给予民事或刑事处罚，则可阻止这一切发生。故控制道德风险与防范赌博需要前述手段的综合运用。因此，我国法中就一般性给付保险的规定是基本妥当的。但死亡给付保险应改为保险利益要求加被保险人同意双重要件。

笔者对肯认一般性给付保险规定的观点不能附和。被保险人并非在任何情况下都是其利益的最佳代言人，但立法者就是被保险人利益的最佳代言人吗？相较于保险利益原则（包括保险利益原则与同意原则可相互替代的立法例），同意原则能更好地体现对人格利益的尊重与保护，并防范道德风险。耶林就曾经言道，自我保护的本能是最强有力的精神力量。② 因此，法律不可能做出比被保险人更好的受益人选择。我国的现实经验也证明了此点。作者通过"北大法宝"共搜集到 203 份保险诈骗案判决，通过故意制造保险事故（杀人）诈骗人身保险金的有 9 件。1 件系自杀骗保，另有 2 件系杀害第三人后，以之假冒自身死亡骗保。与本文相关的 6 件中，5 件为夫（或妻）为对方购买保险，另有 1 件为共同生活的家庭成员。③ 均属我国法中相互享有保险利益的主体。而其中 4 件系一方购买保险，未征得对方同意。

保险利益本质是一种利害关系。被保险人或受益人会因保险事故的发生而遭受不利影响。这种影响在给付保险中时常表现为主观上的情感伤痛。对这种情感伤痛会否因保险事故发生而出现，包括其程度，被保险人较之局外的立法者显然更具识别能力。单纯保险利益原则，以及允许其与同意原则相互替代的立法例默许投保人无视被保险人的主观感受而以其生命、身体与健康为标的购买保险，这意味着立法者将自己的意愿强行施加于被保险人，要求其承认，受益人会因自己的死亡与伤残而遭受情感打击。此时，法律所规制的已不仅仅是人的外在行为，而是强行介入并控制自然人的主观思想与

---

① 参见温世扬：《给付性保险中保险利益的制度构造——基于比较法的视角》，载《中国法学》2010 年第 2 期，第 82—83 页。

② Jering, der zweck im recht, leipzig, 1839, p.455，转引自 Edwin W. Patterson, "Insurable Interest in Life", 18 Colum. L. Rev. 381, 391(1918).

③ 参见浙江省高级人民法院（2018）浙刑终 366 号刑事判决书；上海市浦东新区人民法院（2016）沪 0115 民初 51739 号民事判决书；江苏省常州市中级人民法院（2013）常刑初字第 40 号刑事判决书；河南省高级人民法院（2013）豫法刑一终字第 72 号刑事裁定书；浙江省高级人民法院（2010）浙刑一终字第 216 号刑事裁定书；吉林省四平市中级人民法院（2018）吉 03 刑初 14 号刑事判决书。

情感。这即使不能归入压迫与专制范畴，却也体现了颇受诟病的“刚性父爱主义”作风。[①] 被保险人受他人控制无法做出妥当决定的顾虑也不能成为否定同意原则的正当性基础。这事实上是建立在苛求同意原则需彻底消灭道德风险基础上的。如同保险利益原则一样，同意原则也不可能尽善尽美。问题仅在于二者哪一个在防范道德风险与赌博上更加有效。

选择保险利益原则或同意原则，背后核心在于立法者更加相信法官、被保险人，抑或保险人。按照温世扬教授的构想，立法者在一般性给付保险中可以相信法官（立法者）或被保险人中的任何一个。对二者之间可能发生的歧见——如被保险人反对投保人以自己身体投保，则应支持投保人。故其认为“我国《保险法》第 39 条第 2 款前段中的投保人指定受益人时须经被保险人同意的规定是有问题的”，这将使“保险利益原则成为摆设”。据此推断，一个丈夫有权不顾妻子的坚决反对为其购买意外伤害保险，哪怕这个丈夫时常对妻子实施家庭暴力，哪怕在妻子看来，二人的夫妻感情早已破裂。这时，此种构造所冀望实现的防范道德风险的目标显然难以达成。反向审视，如果在二者发生歧见之时，以被保险人的同意为准，则事实上并无规定保险利益原则的必要。退一步而言，即便我们承认前述不完全的数据统计无法证明被保险人自身评估在防范道德风险上的功效优于保险利益原则，但后者还会造成逆向道德风险，而对之的防范措施，前文已经述及，它并不现实。

还有一个选项，有无必要采取二者的双重必要条件设置？这无疑能最有效实现道德风险的防范，但同时亦会对保险的获取构成妨碍。我国一般性给付保险主要包括人寿保险中的生存保险，以及意外伤害保险与健康保险中的残疾保险。这几类保险并不具有投资与储蓄性质，因为保险人的给付义务是不确定的。加之期限较短，其所蕴含的道德风险有限。就生死两全保险而言，许多个人养老金保险将养老金与死亡保险金支付作了区分，前者的受益人仅限于被保险人，这就在相当程度上限制了道德风险。我国立法亦可通过技术设计完全消灭部分保险中的道德风险。例如，参照《德国保险合同法》第 193 条第 1 款的规定，要求健康保险中的被保险人与受益人必须为同一个人。事实上，我国保险实践早已遵从前述要求，意外伤害保险与重大疾病保险条款通常规定，若被保险人并未死亡，其他人不得作为受益人取得保险金。例如，中保人寿附加意外伤害保险条款第 10 条及附加残疾保险第 9 条规定，“本附加合同的受益人为被保险人本人，本公司不受理其他指定或变更”。再者，作为构建未来生活经济基础、抵御可能的疾病或意外风险侵袭、维持内心平和与安宁工具的一般给付保险，其公共物品属性也要求

① 父爱主义政治哲学分柔性与刚性两种。柔性父爱主义（Soft Paternalism）认为国家能够帮助个体选择自己中意的选项，只要个体拥有一定的意志力和智慧。刚性父爱主义（Hard Paternalism）则充斥禁止性与强制性规定，它强调国家代替个体做出决策，因而会对个体的选择自由进行强行限制。现代社会，刚性父爱主义已基本被抛弃。See Thaddeus Mason Pope, “Counting the Dragons' Teeth and Claws: The Definition of Hard Paternalism”, 20 Geo. S.U.L.Rev.659, 667 - 717(2004).

在可能的范围内使公众便于获取。

总之,“(公众)对一个陌生人以他人的人身投保,存在一种本能的厌恶……这种本能就成为……支持保留保险利益原则的理由”[①]。而同意原则可有效解决前述问题,并限制保险利益原则的含混与局限所产生的消极影响,包括可能引致的逆向道德风险。一般性给付保险中道德风险的有限性也证明,在成本与收益的衡量上,单纯采取同意原则是可行的。保险利益原则的添加,乃至双重必要条件设置完全是画蛇添足的无谓之举。

### (三)死亡给付保险中保险利益原则的重构

在补偿保险中,损害填补原则起到了限制道德风险的作用,但在给付保险中则无从发挥功效——特别是针对自然情感类的利益关联,因而限制道德风险就显得更加重要。相对于一般给付保险,风险更高、危害程度更大的死亡给付保险更是如此。因此,建立在保险利益原则基础上的同意原则就成为合适选项。规定保险利益的具体表现形式,可以有效消除保险利益内涵的不确定性,进而控制逆向道德风险。被保险人的同意将承担定量分析职能,有效控制保险利益原则的不合理性。前述设计固然会对保险的取得与流转造成限制,然而,任何一个理性的人都不可能对以他的生命为标的的保险漠不关心,在法益衡量中,人的生命较之保险合同的便利取得显然更为重要。在我国,具有流动性的人寿保险主要还是承担风险保障功能,保单的投资与流转仅仅是次要价值追求。况且,还可以采取特殊设计来压缩由此产生的成本,例如对保险利益存在时间进行限制,以舒缓流转约束。此外,在一些不太可能出现道德风险的情形中,完全可以取消保险利益原则,例如团体保险。对于混合保险,则宜做分割处理,即补偿保险部分的效力不因死亡给付部分中保险利益的缺失而受影响。

但是,对哪个主体应当拥有保险利益则不无疑问。有观点认为,被保险人应当具有保险利益,因为若无保险利益存在,则不会有损害。也有观点认为,投保人应具有保险利益。[②] 我国《保险法》第 31 条即持此观点。还有学者主张主体应为受益人。[③] 笔者认同第三种观点。

出现前述分歧,实是法律与学说引进中的排异所致。由于德国法在给付保险中不承认保险利益原则,因而我国立法在此问题上借鉴了英美法的规定。另一方面,我国却遵循大陆法系的体系思维,将保险合同当事人限定为保险人与投保人,而把被保险人与受益人视为关系人,这与普通法系的实践并不一致。早期保险业务集中于海上保险,此时,多是船舶与货物的所有人为自己的财产投保。与保险人缔结合同之人(投保人)与

---

① See The Law Commission and The Scottish Law Commission, Insurance Contract Law Issue Paper 4: Insurable Interest, 2008, p.55.

② 参见梁宇贤:《保险法新论》(修订新版),中国人民大学出版社 2004 年版,第 78 页。

③ 参见高宇:《保险合同权利结构与保险利益归附之主体——评〈中华人民共和国保险法(修改草案送审稿)〉第 12 条、33 条、53 条之规定》,载《当代法学》2006 年第 4 期,第 74—75 页。

利益受保险合同保障的人(被保险人)系属同一主体。故英美法将缔结保险合同的主体视为保险人(insurer)与被保险人(insured),这一称谓迄今未改。但随着人寿保险的出现,提出投保申请的人、以自己生命为保险标的的人,以及在保险事故发生后有权请求保险金的人开始分离。由于法律思维方式的差异,英美学者在探讨保险利益归属时,多从实务角度分析诸如家庭成员、债权人等是否具有保险利益,很少涉及保险利益的抽象归属。无怪乎施文森教授言道,"英美法上'insured'一词,我国学者将之译为'被保险人'。若细加研究,'insured'不仅指以其存有保险利益之财产为保险标的之人,同时亦指提出要保申请之人与危险事故发生后享有向保险人请求赔偿之人……因此对于'insured'一词究系指何人而言,有时不易捉摸",而"英美法令上'the insured must have insurable interest'一语尤宜多加思索"①。

严格而言,被保险人系指其损失会触发保险给付义务之人,是以其生命作为保险标的的那个人,而不一定是与保险人签订合同的那个人。② 而给付保险中保险标的即为被保险人的生命、身体与健康,被保险人对此当然具有保险利益。强调保险利益的存在并无必要。至于投保人,由于普通法系长期恪守合同相对性原则,一般皆为为自己利益合同。再者,保险业初期,保险事故发生后享有保险金请求权的人也与投保人为同一主体。此时,用"insured"指代受益人就成了必然。随后,合同法理论中为第三人利益合同正当性的确立,以及保险实践中类似情形的普遍使得投保人与受益人开始出现分离。但投保人与受益人(补偿保险中的"受益人"即是被保险人)为同一主体的情形仍属多数。因而普通法学者对此未加以过多关注,加之"两大法系中与保险人相对的保险合同当事人分别是投保人和'the insured',那么在没有做更深层次考察的情况下,在立法和学理上都得出'the insured'是投保人,给付性保险中投保人应当具有保险利益的结论,也就不足为奇……给付性保险合同即为典型的为第三人利益的合同。哪怕在一个具体保险关系中,某人同时作为投保人和受益人,但是生物意义上的人的同一并不排除法律意义上的人的区隔"③,这时,投保人是保单的所有者,却并非一定是享受保险合同所产生利益的人。若二者非为同一主体,则当保险事故发生时,投保人不可能借此获益,其也就不会有制造危险的动力。因而强调投保人具有保险利益,并不能实现防范道德风险的目标,反而会人为增加法律操作的复杂性,抑制保险业务的拓展④,如单位为职工购买团体人身保险,学校为学生购买意外伤害保险等。

---

① 参见施文森:《保险法判决之研究(总则编)》(上册),政治大学保险丛书 2001 年版,第 122—123 页。

② 参见[美]小罗伯特·H.杰瑞、[美]道格拉斯·R.里士满:《美国保险法精解》,李之彦译,北京大学出版社 2009 年版,第 145 页。

③ 参见温世扬:《给付性保险中保险利益的制度构造——基于比较法的视角》,载《中国法学》2010 年第 2 期,第 85 页。

④ 参见杨芳:《可保利益效力研究——兼论对我国相关立法的反思与重构》,法律出版社 2007 年版,第 69 页。

## 五、结　语

保险利益原则长期被两大法系奉为圭臬，这种价值肯定不仅源于其内含的限制赌博与防范道德风险等功效，还在于该制度对保险实践的迁就与包容。保险利益原则因之走过了一条从绝对到缓和之路。但随着经济社会的发展，利益关联的形态无限丰富，妥协也就永无止步。保险利益的内涵因之日渐宽泛，外延渐趋淡化，使得保险利益原则在多数情形下都呈现为一种含糊与抽象的宗旨，而非清楚与具体的规则。逆向道德风险等消极后果因此纷至沓来。在补偿保险中，保险利益原则防范道德风险的功能亦可被损害填补原则所替代。但反向视之，若无保险利益，则无危险存在，亦无损失发生，此时，存在保险利益却又是识别保险合同与被保险人获取赔付的前提条件。所幸保险利益原则与保险人对保险利益的审视非为同一范畴。前者可予废止，后者则为保险制度的必然要求。就给付保险而言，保险利益原则的坚守与道德风险的消灭并无必然因果关系，而仅仅是一种条件关联，加之同意原则与保险利益原则在实现道德风险防范目标上呈现出一种相互交错，而非重合的状态，因此，对二者选择的决定性要素或许只在于立法者更相信法官还是被保险人，甚或兼而有之。基于不同给付保险道德风险的水平与危害性差异，宜对之做不同处理。对一般给付保险，以同意原则替代保险利益原则。对死亡给付保险，则可适用二者的结合。最后，对保险利益原则或许可以这样表达，它既非纯粹的历史偶然，也难谓是一种清楚一致立法政策的贯彻。

# 离婚时商业保险权益分割的法理逻辑与规范适用

武亦文*

[摘　要]　离婚时商业保险权益的分割应当立于保险法和夫妻财产法相协同的视角，以保险法和夫妻财产法上的价值理念和规范原理为宏观指引，以财产保险和人身保险相区分为基本处理框架，以夫妻财产分割制度的原则、价值目标和一般规范为根本依循和约束，以保险法相关规则为具体分析和操作工具。据此，其包含积极财产的分割和潜在补偿的给付两部分。对于财产保险，其待分割权益主要为保险金，并须结合保险标的物的归属和保费来源两项因素确定不同情形下的保险金分割与经济补偿规则。对于人身保险，其待分割权益主要包括保险金、退保现金价值、保单红利和投资收益，对其须区分保障型、储蓄型和投资型三种不同保险类型，并结合保险合同主体的不同构成、是否产生保险金、保费的不同来源、保险期间是否已完全经过等因素，确定不同情形下具体存在哪些保险权益可供分割、如何予以分割以及如何给付经济补偿。

[关键词]　离婚；保险权益分割；财产保险；人身保险；经济补偿

## 一、问题的提出

近年来，我国离婚率逐年上升，离婚不仅导致夫妻人身关系的终止，还导向夫妻共同财产的分割。随着经济社会的发展，商业保险产品因其分散风险和财富管理的功能日益成为家庭财产的重要组成部分。在离婚案件数量剧增和保险产品经济价值日益凸显的双重背景下，离婚时商业保险权益分割的问题自然也成为人们关注的焦点。相较于一般财产，商业保险权益在离婚时夫妻共同财产的认定和分割方面更为复杂。原因在于，保险合同成立后，作为夫妻财产的商业保险权益涵括保险金、保单现金价值、保单红利、已退还保费等多种财产权益，且在离婚之时某些权益可能因未达到实现条件而尚未现实存在，那么究竟有哪些权益可以分割以及如何予以分割便成为一个问题。然而，对于这一问题，《中华人民共和国民法典》（以下简称《民法典》）和《中华人民共和国保险法》（以下简称《保险法》）并没有做出清晰规定，最高人民法院也没有出台相应的司法解

*　武亦文，武汉大学法学院副院长，教授，法学博士。本文原载于《现代法学》2024年第2期。

释予以规范。[①] 在立法缺失的情况下，司法实务中对这一问题也并未形成一致意见，未发展出一套统一的裁判规则。[②] 学界对于这一问题亦未达成共识，各个细分问题上都存在一定冲突。因此，在离婚时商业保险权益的分割问题上，我国目前实际面临立法缺失、司法冲突和学说矛盾的三重困境。该问题处于夫妻财产法和保险法的交叉地带，对于其下的两个子问题——离婚时哪些商业保险权益可以分割以及如何予以分割，只有同时诉诸夫妻财产法中离婚财产分割制度的价值目标、基本原理和规范，以及保险法中特定保险制度的价值目标和保险权益归属的相关规范，方能予以妥善回应和解决。鉴于既有的研究尚未充分从夫妻财产法和保险法协同的视角出发，为离婚时商业保险权益的分割问题提供圆满解决方案，本文将继续这一议题，尝试以保险法和夫妻财产法上的价值理念和规范原理为宏观指引，厘清离婚时商业保险权益分割的基本法理逻辑，并在此基础上梳理和建构微观具体的法律规则。

## 二、离婚时商业保险权益分割的法理逻辑

离婚时商业保险权益分割问题的应对离不开保险法和夫妻财产法的协同，从宏观的处理框架到中观的原理和规范依循再到微观的细部分析与操作，处处都彰显着保险法与夫妻财产法交错互动、有机配合的思想和逻辑。

### （一）以财产保险和人身保险相区分为基本处理框架

离婚时分割的商业保险权益既可能是财产保险权益，也可能是人身保险权益。众所周知，财产保险与人身保险存在显著差别。前者以补偿被保险人的特定或一般财产损失为目的，后者则是以保障被保险人的生命和身体为目的，在发生生存、年老、疾病、伤残、死亡等保险事故时，向被保险人或受益人支付约定数额的保险金。[③] 财产保险的主要价值和突出特征在于财产保障和损失补偿，人身保险则根据险种的不同，具有损失补偿、人身保障、储蓄、安定遗属和投资获益等多重价值与功能。从保险类型上看，财产保险既包括补偿被保险人积极财产损失的财产损失保险，也包括补偿被保险人消极财产（一般责任财产）和无形财产（债权）损失的责任保险与信用保险等。[④] 人身保险中则

---

① 《最高人民法院关于适用〈中华人民共和国民法典〉婚姻家庭编的解释（一）》[以下简称《民法典婚姻家庭编解释（一）》]于第 30 条和第 80 条分别对军人的伤残保险金和夫妻一方的养老保险金如何分割作出了规定。最高人民法院于 2016 年印发的《第八次全国法院民事商事审判工作会议（民事部分）纪要》（以下简称《八民纪要》）中涉及了共同财产投保的人身保险的现金价值与保险金的分割问题。

② 笔者在“北大法宝”司法案例库中以“离婚纠纷”或“离婚后财产纠纷”为案由，以“法院认为”部分的“保险”为关键词，筛选最高人民法院和高级人民法院的裁判文书共 111 篇，发现关于离婚时保险权益分割的司法裁判存在不同观点。

③ 参见温世扬主编：《保险法》（第三版），法律出版社 2016 年版，第 12 页。

④ 参见邹海林：《保险法》，社会科学文献出版社 2017 年版，第 316 页。

不仅有健康险和意外伤害险中的医疗费用保险等填补具体损害类型的保险，还有定期寿险这种填补抽象损害类型的保险，以及终身寿险、生存保险、生死两全保险等提供现金价值、具备储蓄性质的保险。除此以外，近年来还出现了分红保险、万能保险、投资连结保险等向受益人分配红利或投资收益的投资型保险。而且，与财产保险相比，人身保险中的人寿保险关系中还多出了拥有独立保险金给付请求权的受益人这一角色，在保险合同的主体构成方面更加多元化。

这些差异导致财产保险和人身保险在法律规则设计上存在不少区别安排，我国《保险法》即采取了财产保险和人身保险分置的规范架构。相应地，离婚时商业保险权益的分割亦有必要考虑财产保险和人身保险的差异而对两者作分别处理。

### （二）以夫妻财产分割制度的原则、价值目标和一般规范为根本依循和约束

离婚时商业保险权益的分割本质上系离婚财产分割问题，自然须遵循离婚财产分割制度的原则、价值目标和一般规范并受其约束。

首先，就原则和价值目标而言，离婚财产分割应具有道德上的合理性与法律上的公正性，应当遵守男女平等，照顾子女利益、女方和无过错方权益，尊重当事人意愿和有利生产、方便生活等原则①，在价值目标上应当注意保障人格尊严、尊重意思自治、维护婚姻秩序②。此外，权利义务相一致原则、协力理论等在夫妻财产法中也扮演着重要角色，会对离婚财产分割产生影响。本文将在第三、四章“离婚时商业财产保险权益的分割规则”和“离婚时商业人身保险权益的分割规则”中，结合这些原则、理论和价值目标梳理并建构相应的分割规则。

其次，就一般规范而言，离婚财产的分割涉及夫妻共同财产的认定、积极财产的分割和潜在补偿的给付。夫妻共同财产的认定遵循夫妻财产的代位规则，即夫妻个人财产的代位物或替代物（包括自愿交换得来的财产，因毁损而取得的赔偿金、保险金等）仍为夫妻个人财产，夫妻共同财产的代位物仍为夫妻共同财产。这一规则关注的是夫妻个人财产与共同财产在经济价值层面的区分，而非形式上是否发生了财产权的转移，旨在避免两类财产的边界仅因特定财产的形态转化而被架空。③ 夫妻共同财产分割的过程是对抽象财产价值的分割，这一分割过程会打破原本夫妻在抽象财产价值层面的共同所有状态，使夫妻各自对抽象财产价值享有的份额转变为对具体财产权的所有权，另外还可能伴随一方对另一方的补偿［例如房产离婚分割时会视具体情况将房产的所有权判归一方，并由一方依照另一方对房产价值享有的抽象价值份额对另一方进行补偿，

---

① 参见夏吟兰等：《中国民法典释评：婚姻家庭编》，中国人民大学出版社 2020 年版，第 244 页。

② 参见冉克平：《夫妻财产制度的双重结构及其体系化释论》，载《中国法学》2020 年第 6 期，第 67 页。

③ 参见贺剑：《夫妻财产法的精神——民法典夫妻共同债务和财产规则释论》，载《法学》2020 年第 7 期，第 24—25 页。

《民法典婚姻家庭编解释(一)》第 78 条第 2 款对此有所规定]。除针对共同财产的抽象财产价值转化为具体财产权而引发的补偿外,还应关注夫妻共同财产和个人财产之间因清偿债务而引发的补偿。夫妻共同财产与个人财产之间的补偿规则,是指两种财产之间一方代替另一方清偿了本应由另一方负担的债务,另一方应补以相同价值财产。① 《瑞士民法典》第 238 条、我国《澳门民法典》第 1565 条都规定了这一规则。该规则的法理基础在于,夫妻个人财产和共同财产属于独立的两个财团,其中一个财团应清偿的债务若系另一财团清偿,则该财团应对另一财团予以补偿。②

据此,保险权益的离婚分割要同时处理积极财产的分割和潜在补偿的给付两个方面。一方面,厘清离婚时待分割的保险权益,结合保险法法理和代位规则分析这些保险权益在夫妻财产法上的属性,对其中的共同财产予以分割。分割时,若某共同财产性质的保险权益终局性地归属于夫妻一方,则一方应当就另一方对该权益享有的抽象价值份额给付相应补偿。另一方面,结合保险合同的类型、保险标的种类、保险主体等不同因素,判断基于保险合同产生的给付保费之债属于夫妻个人债务抑或夫妻共同债务,结合保费来源判断保费的给付过程中是否存在以个人财产、共同财产清偿不属于本身所负债务的行为,从而确定是否存在应给付的潜在补偿以及补偿的具体数额。是故,尽管离婚时商业保险权益的分割问题系以夫妻财产分割制度为根本依循,但在具体操作方面保险法的工具作用依然不可或缺。

### (三)以保险法相关规则为具体分析和操作工具

在保险权益的离婚分割问题上,保险法所起的作用就是在以上夫妻财产法的大框架下对所涉保险权益究竟属于夫妻个人财产抑或共同财产进行判断,并分析作为该保险权益来源的保险合同的履行过程中是否存在共同财产清偿个人债务抑或个人财产清偿共同债务的情况,进而认定如何分割和补偿。由于商业保险合同系发生债权效果的财产行为,并非基于公益目的或社会政策,其权利客体与权利主体并无不可分之关系,不具有人身专属性,故我国实务上通常认为离婚时可分割的商业保险权益的范围包括保险金、现金红利、退保获得的现金价值以及其他权属明确的财产性权益。③ 尽管如此,这些权益在离婚的时点究竟是否属于可分割的夫妻共同财产以及是否存在一方须向另一方给付补偿的情形,却不能一概而论,而这恰恰是离婚时商业保险权益分割问题的处理关键。是故,有必要基于保险法的基本原理和规则对商业保险权益的可分割性

---

① 参见裴桦:《夫妻财产制与财产法规则的冲突与协调》,载《法学研究》2017 年第 4 期,第 16 页。

② 参见史尚宽:《亲属法论》,中国政法大学出版社 2000 年版,第 418 页。

③ 浙江省高级人民法院《关于加强和规范对被执行人拥有的人身保险产品财产利益执行的通知》(2015 年)、江苏省高级人民法院《关于加强和规范被执行人所有的人身保险产品财产性权益执行的通知》(2018 年)。

展开类型化阐析。

第一,保险金。保险金作为可分割的保险权益的首要前提是其给付于离婚之前,即夫妻一方或双方于婚姻关系存续期间内获得保险金,如此其方能构成得以分割的夫妻共同财产。此处需要区分财产保险与人身保险。财产保险中,当保险事故在婚姻关系存续期间发生,夫妻一方或双方获得保险金时,如果投保的财产为夫妻共同财产,则该保险金为共同财产毁损的代位物,应当被视为夫妻共同财产,具有可分割性。人身保险中,风险保障型寿险(如定期死亡寿险、终身死亡寿险、两全保险、年金保险)和投资理财型寿险(如分红保险、投资连结保险和万能保险)所给付的保险金不为填补人身损害而不具备强人身性,如果保费为夫妻共同财产缴纳,则其属于夫妻共同财产的代位物,亦可予以分割。[①] 疾病保险、医疗费用保险等健康保险和意外伤害保险的保险金,具有强烈的人身性,应被视为人身权利之代位物,属于作为被保险人的夫或妻的个人财产,不具备可分割性。[②]《民法典》第 1063 条亦规定夫妻一方因受到人身损害获得的赔偿或者补偿为该方个人财产。

第二,保单现金价值。在如今通行的平准保费制下,投保人前期支付的保费数额往往超过当期实际的死亡成本和自然保费,超出的数额及其利息逐渐累积便形成了“保单的现金价值”。这部分保费存于保险人处且归属于保险人,但投保人可以在解除合同的情况下请求保险人予以返还。如果这部分保费是用夫妻共同财产缴纳的,当保险合同解除,该部分保费被返还给投保人时,其便重新成为夫妻共同财产的一部分,可以直接予以分割。

有争议的是,当保险合同未解除时,该部分现金价值是否可予以分割?一方面,从形式上看,投保人行使合同解除权之前,该部分现金价值形式上依然归保险人所有,不可直接予以分割。在形式上归于保险人,并非因为货币“占有即所有”的原理,而是保单现金价值系投保人向保险人支付的保费积累所致,该保费属于投保人为获得保险保障服务而向保险人支付的价款,为支付价款而交付金钱属于旨在转移所有权的金钱交付行为[③],是故保费在支付给保险人后已成为保险人财产的一部分。另一方面,从利益衡平角度看,保单现金价值固然可以被债权人代位行使合同解除权进而请求保险人返还后予以分割[④],但是人身保险合同的解除会影响保险人、被保险人和受益人等多方利

---

① 例如《民法典婚姻家庭编司法解释一》第 80 条便将养老保险金及养老保险账户中用共同财产缴纳的部分及其利息视为可分割的共同财产。

② 参见贺剑:《夫妻财产法的精神——民法典夫妻共同债务和财产规则释论》,载《法学》2020 年第 7 期,第 25 页。

③ 参见孙鹏:《金钱“占有即所有”原理批判及权利流转规则之重塑》,载《法学研究》2019 年第 5 期,第 39 页。

④ 参见武亦文:《保单现金价值强制执行的利益衡平路径》,载《法学》2018 年第 9 期,第 95—110 页。

益，从保护利害关系人的角度来看，支持债权人解除合同进而分割现金价值也不是最优解。[①] 故此，保险合同解除前的保单现金价值不具有可分割性。然而，在合同不解除的情况下，夫妻中作为投保人的一方依法可以享受现金价值在未来充抵保费、以该现金价值质押贷款等经济利益，甚至可以离婚以后再行使合同解除权进而将该部分现金价值转化为自己财产的一部分，而这份基于保单现金价值的经济利益实际系由夫妻共同财产缴纳的保费而产生，本质上仍具有夫妻共有的属性，完全归属于作为投保人的夫妻一方明显有失公平。鉴于离婚财产分割应具有道德合理性和法律公正性，如果保费系用共同财产缴纳，则投保人配偶同样享有现金价值相关经济利益的一半抽象财产份额，在不退保且不直接分割现金价值的情况下，投保人应当对另一方给付相当于离婚时现金价值一半的补偿。

第三，保单分红或投资收益。随着时代的发展，人身保险发展出分红保险、万能保险和投资连结保险等投资型保险。投保人投保这种保险后，保险人会向受益人返还保单的分红或投资收益。根据《民法典》第 1062 条第 1 款第 2 项、《民法典婚姻家庭编解释(一)》第 25 条第 1 项和第 26 条的规定，已经取得或确定可以取得的该保单分红或投资收益应属于夫妻共同财产，具备可分割性。

第四，保险费。此处的保险费指已经支付但离婚时保险人予以退还的保费，不包括已支付未经退还的保费。根据《保险法》和《关于规范人身保险业务经营有关问题的通知》(保监发〔2011〕36 号)的规定，若发生投保人在犹豫期内退保、投保人因重大过失未履行如实告知义务并严重影响保险事故的发生、投保人申报的被保险人年龄不真实致使额外多交保险费、保险标的的危险程度显著增加或者因其转让导致危险程度显著增加等情况，保险人应当退还保险费。这些保险费如果是用夫妻共同财产缴纳，并不因其退归投保人账户而转化为其个人财产，仍然属于夫妻共同财产从而具备可分割性。至于已支出但并未被退还的保险费，其与上述退保前的保单现金价值相同，因所有权归属于保险人而不得予以分割，但若存在以夫妻共同财产清偿一方个人债务的情形，如夫妻一方用共同财产为自己的个人财产投保，则依据前述夫妻财产制度中的补偿规则，作为投保人的一方应向另一方给付相当于已支出保费数额一半的补偿。

## 三、离婚时商业财产保险权益的分割规则

### (一) 财产保险权益分割的对象和基本路径

根据前文所述，财产保险的权益分割对象主要涉及保险人解除合同时已退还保费的分割和已出险时保险金的分割问题。已退还保费的分割较为简单，若保费来源为夫妻共同财产，则可予以分割，若为一方个人财产，则应归该个人所有，不得予以分割。关

① 参见武亦文：《保单现金价值强制执行的利益衡平路径》，载《法学》2018 年第 9 期，第 108 页。

键问题在于已出险情况下的保险金分割。

对于保险金的归属与分割问题，不能简单地因其属于婚姻期间取得的财产而将其归类为共同财产进而予以分割[①]，而应依照保险标的的权属，结合夫妻财产的代位规则进行判断。若为财产损失保险，保险金作为该财产毁损的代位物仍应当由原财产的所有权人享有。如果保险标的物本身已经被夫妻双方约定或者被法院判决归属于夫妻中的一方，则对应的保险金也属于获得该保险标的物的一方，另一方无权主张分割。例如，司法实践中，在夫妻双方已经于离婚协议中约定双方承包的土地经营收入归一方（原告）所有的情况下，对于承保该土地经营风险的保险所支付的亏损保险金，法院认为，该保险金属于原告所有，即使已经被打入另一方（被告）个人账户，被告也仍须向原告履行返还义务。[②] 若为责任保险、信用保险或保证保险等财产保险，则应依据实际遭受损害的消极财产或无形财产的归属，确定保险人给付的保险金能否予以分割。具言之，若依法应承担损害赔偿责任者为夫妻双方，或未获清偿的债权为夫妻共同债权，或未能履行的债务为夫妻共同债务，则可对已经给付的保险金进行分割；若相关的责任、债权或债务仅仅归属于夫妻一方，则已给付的保险金也仅仅是该方的个人财产，不得予以分割。

除判断保险金在夫妻财产法上的属性外，还要对支付保费引发的“经济补偿”问题进行讨论。如果投保人以共同财产作为保费为个人财产投保，在保险金归属于投保人的情况下，另一方是否有权主张相当于已支出保费一半数额的补偿？或者，在保险合同未期满且未发生保险事故的情况下，夫妻一方以个人财产为共同财产投保，其是否有权在共同财产作价分割给另一方的情况下主张相当于一定数额保费的补偿呢？以共同财产为共同财产投保的情况下又该如何处理呢？对于这些问题，学界和实务界都存在争议。本文认为，基于补偿规则，这些情形下都存在经济补偿的可能。下文将结合保险标的物的归属和保费来源两方面因素具体阐述不同情形下的保险金分割与经济补偿问题。

### （二）不同情形下财产保险权益的分割与经济补偿

第一，投保人以共同财产为共同财产投保。如果婚内发生保险事故产生保险赔偿金，根据保险金的代位物性质，它属于夫妻共同财产，离婚时应当予以分割。此时不属于以共同财产清偿个人债务的情形，不存在补偿。该保险合同虽是以投保人的个人名义所签，但作为对价取得的保险利益及于共同财产整体，夫妻都享受到了保单提供的风险转移利益，根据“权利义务相一致原则”或“财产义务相一致原则”，保险合同产生的偿

---

① 参见薛宁兰、许莉：《我国夫妻财产制立法若干问题探讨》，载《法学论坛》2011 年第 2 期，第 23 页。

② 新疆维吾尔自治区高级人民法院生产建设兵团分院（2015）昭垦民初字第 84 号民事判决书。

还保费之债的性质属于夫妻共同债务而非个人债务。① 如果婚内未发生保险事故甚至离婚时保险合同未期满,则需要根据保险标的的归属判断保险权益的分割与补偿问题。

情形一,如果有形财产、债权等保险标的被夫妻转让给第三人,根据《保险法》第49条第1款的规定,第三人作为保险标的受让人一并取得被保险人的地位,这时出卖所得价款实际包含了交易双方认定的标的本身的价值和所附的保险权益的价值,其属于共同财产的代位物,作为夫妻共同财产予以分割,不存在夫妻一方对另一方的补偿问题。

情形二,如果保险标的被作价分割给夫妻其中一方,这时得到标的的一方除了拥有完整的标的所有权以外,还获得了保险合同剩余期限内的权益,这时另一方可向获得保险标的的一方主张经济补偿吗?本文认为,另一方可请求给付相当于剩余保险期间对应保费的一半数额作为补偿,该请求权的基础来自前述婚姻财产法中的"补偿规则"。理由如下:保险合同是继续性合同,投保人给付的保费和保险人提供的风险转移利益都属于继续性给付,二者的对待给付关系持续存在于整个保险期间。投保人给付的保费形式上可能属于趸交,但投保人所负的给付保费之债本质上仍属于继续性债务。当保险标的物在保险期间由夫妻共同所有转化为夫妻个人所有后,保险标的物上所负的给付保费之债也不再有为了夫妻双方利益的属性,而是随之转化为取得其所有权一方的个人债务。此时,对于未经过期间的清偿保费之债,之前以共同财产趸交的保费便应被视为以共同财产清偿取得标的物所有权一方的个人债务,其应向配偶支付对应期间保费数额的一半以作补偿。《民法典婚姻家庭编解释(一)》第33条和第78条分别规定了婚前个人债务所得用于婚后共同生活而转化为夫妻共同债务、房屋贷款这一夫妻共同债务因离婚时房产判归一方而转化为其个人债务的情形,其中便蕴含了权利与义务一致原则导致债务性质转化的观点。

第二,投保人以共同财产为其个人财产投保。依照代位规则和财产保险的损失补偿原则,如果发生保险事故并取得保险金,这时保险金应当属于保险标的的所有权人,不可予以分割。但问题在于对另一方的相应补偿,当将保险金认定为保险标的所有权人的个人财产时,离婚时对方能否以保费来源为共同财产为由要求给付一定数额的补偿?又或者,在婚内未发生保险事故的情况下,离婚时对方可否要求给付一定数额的补偿呢?

对此,有观点认为已支付的保费属于消费型支出,不属于现有财产,离婚时不能主张分割或取得补偿。② 但本文认为,离婚时夫妻一方有权向投保人一方请求给付相当于保费一半数额的补偿。原因在于,已支付保费的来源为共同财产,而投保人为个人财产投保产生的给付保费之债属于个人债务,这属于用共同财产清偿个人债务,基于夫妻财产法上的"补偿规则",作为投保人和保险金所有权人的一方,应当向另一方进行补

---

① 基于权利义务相一致原则,若一方以个人名义所负债务使夫妻双方共同受益,相应债务属于夫妻共同债务。参见冉克平:《夫妻团体债务的认定及清偿》,载《中国法学》2017年第5期,第116页。

② 参见山东省高级人民法院《关于审理婚姻家庭纠纷案件若干问题的意见》(2008年)。

偿,需要返还给另一方已支出保费的一半数额。当投保人以共同财产为另一方个人财产投保时,处理方式也与此相同。

第三,投保人以其个人财产为共同财产投保。如果婚内发生保险事故并取得保险金,由于夫妻双方均为被保险人,离婚时应作为共同财产予以分割。问题同样在于,离婚时投保人是否有权以保费来源为个人财产为由请求对方支付相当于已支出保费一定比例数额的补偿?对此,本文持肯定观点,理由同样为“补偿规则”,这属于用个人财产清偿共同债务的情形。不过,可请求支付的数额要视情况有所区分。如果有保险金的存在,除了分割保险金以外,投保人还可以主张对方给付已支出保费一半数额的补偿。如果未发生保险事故且离婚时保险合同已期满,这时不存在保险金的分割,投保人只可主张已支出保费一半数额的补偿。如果未发生保险事故且离婚时保险合同未届期满,在共同财产折价分割给投保人的情况下,与对方享受保险合同利益的时间相对应,这期间的已支付保费属于投保人用个人财产清偿了共同债务,投保人可以请求对方补偿已经过保险期间对应保费的一半数额;在折价分割给对方的情况下,与对方享受保险合同利益的时间相对应,投保人可以请求对方补偿剩余保险期间对应的全部保费和已经过保险期间对应保费的一半数额。

## 四、离婚时商业人身保险权益的分割规则

与财产保险相比,对离婚时人身保险的权益分割进行讨论,不仅需要区分保险的不同类型和保费来源,还需要区分保险合同的不同主体构成分别讨论。离婚时人身保险权益的分割涉及的婚姻法律与伦理色彩更为浓厚,基于不同人身保险之功能目的的不同,本文在此将人身保险区分为保障型、储蓄型和投资型三种不同类型,结合保险合同主体的不同构成、是否存在保险金、保费的不同来源、保险期间是否已完全经过等因素,并考量夫妻财产分割应遵循的基本原则、理论、价值目标和一般规范,分别对“待分割的保险权益范围”和“如何对保险权益进行分割”这两个问题进行探究。

### (一)夫妻一方为投保人,关系人①中无投保人的父母或未成年子女

#### 1. 保障型保险的权益分割与经济补偿

保障型保险为填补损害类型的人身保障型保险,一般不具有现金价值或现金价值较小,且保险期间较短,包括定期寿险、健康险和意外伤害险等。

身故类型的保障型保险权益分割不涉及保险金的分割与相应补偿。无论被保险人和受益人的身份在夫妻之间如何分配,当保险金产生时,夫妻之间必定有一人死亡,此

① 意指虽非保险合同当事人但与保险合同有经济利益关系的主体,包括被保险人和受益人。参见温世扬主编:《保险法》(第三版),法律出版社 2016 年版,第 47—49 页。

时婚姻关系消灭，不存在以离婚为前提的保险金分割。

非身故类型的定期寿险、健康险和意外伤害险等的保险金都具有强烈的人身保障属性，且要么被保险人与受益人为同一人，要么不存在受益人，保险金请求权人系被保险人，故本文在此一并讨论。首先是保险金本身是否可予以分割的问题。这三种保险产生的保险金不仅具有填补具体损害的性质，而且具有强烈的人身属性，无论保费来源是否为个人财产，该保险金都应视为被保险人的个人财产，不应予以分割①，这也符合《民法典》第1063条第2项关于"一方因受到人身损害获得的赔偿或者补偿"属于夫妻一方个人财产的规定。而且值得注意的是，《八民纪要》第5条其实也明确规定了婚姻关系存续期间，除双方另有约定外，夫妻一方作为被保险人依据意外伤害保险合同、健康保险合同获得的具有人身性质的保险金，宜认定为个人财产。我国司法实践中也认为，夫妻一方在婚姻关系存续期间获得的医疗保险理赔款，是具有人身依附性的款项，不能作为夫妻共同财产予以分割。②

其次是一方可否要求取得保险金一方支付一定数额补偿的问题。情形一，投保人与被保险人为同一人，保费来源为投保人个人财产。此时另一方对保险合同没有财产支出，无权请求给付补偿。情形二，投保人与被保险人为同一人，保费来源为夫妻共同财产，离婚时如产生保险金，或保险期间已经过且未发生保险事故，此时另一方同样无权请求补偿。原因在于，夫妻之间负有共同生活和相互扶助的义务③，对非身故类型的定期寿险、健康险和意外伤害险的购买可以被归入"为了家庭利益"的范畴，以个人名义所负的相应债务应被视为夫妻共同债务，夫妻共有财产正在其责任财产范围之内。此时虽然保费来源是共同财产，但其清偿的对象并非投保人个人债务，故不存在补偿问题。如此安排亦更具法律上的公正性与道德上的合理性，符合离婚财产分割制度中保障人格尊严、维护婚姻秩序的价值理念。但也存在例外情况，当离婚时保险期间尚未经过，此时夫妻之间相互扶助的义务不再存在，剩余期限对应的给付保费之债应被视为转化为个人之债，以共同财产支出的相应保费构成以共同财产清偿个人债务的情形，投保人的配偶因而可请求投保人返还保险合同剩余期限对应保费数额的一半作为补偿。投保人用共同财产为另一人投保时的处理与此相同。情形三，投保人与被保险人为不同主体，投保人用个人财产为被保险人支付保费。这属于用个人财产清偿共同债务的情形，依照补偿规则，此时支出个人财产的一方于离婚时可请求对方返还全部数额的保费以作补偿。

2. 储蓄型保险的权益分割与经济补偿

储蓄型保险包括终身寿险、生存保险、生死两全保险等，但现金价值较大，保费中除

① 参见余延满：《亲属法原论》，法律出版社2007年版，第276页。

② 广东省高级人民法院(2014)粤高法民一申字第1301号民事裁定书。

③ 参见马忆南：《论夫妻人身权利义务的发展和我国〈婚姻法〉的完善》，载《法学杂志》2014年第11期，第43页。

了一般的危险承担保费外，更多的是完全出于储蓄目的的“储蓄保险费”，这部分保费形式上为保险人占有，实质上是保险人代为保管，退保的情况下应当返还给约定主体，投保人此时对保险人享有不当得利返还请求权。[①] 储蓄型保险和下文所述的投资型保险如果以质押的方式被投保人用于为自己或他人的贷款提供担保，则其保险权益在离婚分割时应考虑债权人行使质权的可能性，扣减相应的价值。[②] 一般情况下，储蓄型保险的权益分割需分三种情形进行讨论。

情形一，投保人为被保险人，保费来源为投保人的个人财产。当受益人为被保险人本人（一般以被保险人于保险期满仍生存为保险事故）时，此时保险金仍然属于其个人财产，不存在分割或补偿另一方的问题。退保的现金价值亦是如此。[③] 然而，若该保险金或退保现金价值的取款时间显著早于双方离婚时间，且保险金或退保现金价值已经被用于家庭共同生活，则基于离婚财产分割的有利生产、方便生活原则以及维护婚姻秩序的价值目标，作为权益所有人的投保人不得请求实际实施取款行为的另一方返还该款项。[④]

当受益人为夫妻中另一方时（一般以被保险人于保险期间内死亡为保险事故），保险金产生时被保险人已死亡，婚姻关系消灭，此时不存在以离婚为前提的保险金分割。如果离婚时未产生保险金，则可分退保和不退保两种情况进行讨论。在退保情形下，保单现金价值依法归属于投保人，并属其个人财产，配偶无权要求分割。在不退保的情形下，基于兼任投保人的被保险人在保险期间内会否死亡并不确定，作为受益人的配偶未来有一定概率获得保险金，故德国法上认为法官应当考虑被保险人的生存或死亡事件会否实际发生的不确定性，选择一种与个案事实相适应的恰当的估值方法来确定保险单的价值，进而作为净益分割的依据。[⑤] 我国则有法院认为因无法确定具体的保险金数额，夫妻双方应当在保险合同终止或者保险利益实现后另行主张权利。[⑥] 对于不退保情形的这两种处理方式，本文认为前者一方面赋予了法官过大的自由裁量权，另一方面忽略了投保人自身在化解该争议方面的能动性，并不值得我国借鉴。而就后者而言，未届期的保险单并不等于不具有经济价值，其实际是对当事人正当诉求的回避，违背了“法官不得拒绝裁判”的司法原则，因而也同样不妥。

鉴于在该情形下，受益人的权利本质上系来源于兼任被保险人的投保人的授予，并非其固有权利，因此在就相关保险权益进行分割时，应当更加尊重投保人的主观意愿及其安排。离婚夫妻财产分割制度亦强调应当保障夫妻双方的意思自治，尊重当事人意

---

① 田口城「保険法における解約返戻金規整の考察」保険学雑誌 598 号(2007 年)123 頁参照。

② Vgl. Veith/Gräfe/Gebert, Der Versicherungsprozess, 4. Aufl., 2020, § 10 Rn. 474.

③ 辽宁省高级人民法院(2021)辽民申 4529 号民事裁定书。

④ 甘肃省高级人民法院(2014)甘民申字第 65 号民事裁定书。

⑤ Vgl. Veith/Gräfe/Gebert, Der Versicherungsprozess, 4. Aufl., 2020, § 10 Rn. 473 - 474.

⑥ 四川省高级人民法院(2017)川民申 1608 号民事裁定书。

愿。[①] 就此而言，在兼任被保险人的投保人未声明放弃保险合同利益处分权的情形下，其仍可另行指定受益人，配偶的受益人地位随时可因投保人的行为而消灭，因此其并未确定地取得于保险事故发生时享有保险金请求权的法律地位[②]，此情形下的“受益权”并不是一种“受法律保护的、对完整权利取得的期待”，因而不构成权利，至多是一种尚未现实化的期待利益。[③] 鉴于作为受益人的配偶未获实际经济利益，因而双方离婚时不存在费用补偿的问题。若投保人不欲将其配偶继续作为受益人，则可通过保险合同或遗嘱的形式变更受益人，并由其本人或遗嘱继承人通知保险人。[④] 然而，在投保人声明放弃保险合同利益处分权的情形下，受益人则确定地取得了于保险事故发生时享有保险金请求权的法律地位，投保人无权任意加以变更，此时配偶另一方的“受益权”仅欠缺“保险事故发生”这一条件，因此可称之为期待权。而在保险事故发生后，受益人则可以现实地主张保险金请求权，其受益权也就由期待权转化为既得权。[⑤] 此种场合的受益权具有确定性相对更高的经济价值，由于此时的受益人属于“不可撤销受益人”，故非经配偶同意，投保人并不能通过保险合同取消配偶的受益人地位。不过，鉴于这种受益权具有的经济价值，本文认为，此时存在将指定不可撤销受益人的行为解释为以婚姻为基础的赠与的空间，离婚时投保人可以诉讼方式援引情事变更规则请求变更或解除该赠与受益权的行为。[⑥] 若在上述两种情形下，投保人并未实际变更受益人，亦未在离婚诉讼中提出变更受益人的主张，则被具名指定为受益人的配偶依据保险合同确定地享有受益人地位，在兼任被保险人的投保人死亡后有权请求保险人给付保险金。

情形二，投保人为被保险人，保费来源为夫妻共同财产。如果受益人为夫妻中另一方，则保险金的产生伴随着婚姻关系的消灭，不存在对保险金的离婚分割问题。但当受益人为投保人自身，且离婚时已产生保险金(即投保人兼被保险人保险期满仍生存)时，由于该保险金不具有损害补偿性质，人身保障性质也偏弱，在功能上更偏向于储蓄，主要目的是为老年人提供养老保障或为子女提供教育金等，且保险费来源为夫妻共同财产，此时该保险金应认定为夫妻共同财产，双方可就已取得的保险金进行分割。此时共同财产并未因清偿保费之债而发生损失，只是形态发生了变化，不存在补偿问题。如果离婚时保险期间尚未经过，在退保的情况下，储存的保费重归共同财产的性质，夫妻双

---

① Vgl. Marina Wellenhofer, Familienrecht, 5. Aufl., 2020, S. 96.

② 遠山聡「保険金受取人に関する規定の理論的課題とその検討」保険学雑誌 649 号(2020 年)57 頁参照。

③ 参见温世扬:《论保险受益人与受益权》，载《河南财经政法大学学报》2012 年第 2 期，第 33 页。

④ 参见杜万华主编:《最高人民法院关于保险法司法解释(三)理解适用与实务指导》，中国法制出版社 2016 年版，第 655 页。

⑤ 参见温世扬:《论保险受益人与受益权》，载《河南财经政法大学学报》2012 年第 2 期，第 33 页。

⑥ 参见叶名怡:《夫妻间房产给予约定的性质与效力》，载《法学》2021 年第 3 期，第 138 页。

方应当就退保后获得的该现金价值予以分割。[①] 在不退保的情况下，若受益人为投保人，则另一方可基于婚姻法上的“补偿规则”请求投保人支付相当于保单现金价值一半的数额。此时为何不是保费数额的一半？因为在其离婚并主张补偿之前，该部分共同财产一部分转化为储蓄保险费成为现金价值，另一部分则是作为保险人承担风险的成本被扣除，类似前文非身故型保障保险，清偿的对象属于夫妻共同债务，任何一方都不能在离婚时对该部分被扣除的作为保险人经营成本的保费主张价值返还，而只能针对现金价值的部分主张价值返还。若受益人为另一方配偶，则投保人可如情形一中所述，采取相应措施变更受益人，但在变更的同时需向另一方配偶支付相当于保单现金价值一半的补偿，若未变更则在离婚后原配偶依然具备受益人地位并在保险事故发生时享有保险金给付请求权。但需要注意的是，如果保险金或退保现金价值的取得时间与离婚时间相隔较远，且于离婚时已被消费，则离婚时无须再予以分割[②]，具体理由前文已有详述。

情形三，投保人与被保险人为不同主体，保费来源为投保人的个人财产。在离婚时存在保险金的情况下，鉴于该保险金的弱人身保障性与储蓄性，无论受益人为夫妻中的哪一方，保险金都属于投保人个人财产，无须分割。如果未产生保险金，投保人选择退保，则保单现金价值归属于投保人，不存在补偿问题。但如果被保险人作为受益人，其想要继续享受保险保障并获得预期的保险金，则基于《最高人民法院关于适用〈中华人民共和国保险法〉若干问题的解释（三）》第 17 条的规定，受益人可行使介入权，代为支付保费以继续维持保险合同效力，但由于先前保费系由投保人个人财产缴纳，故其应向投保人支付相当于退保现金价值的金钱补偿。

3. 投资型保险的权益分割与经济补偿

投资型保险主要包括分红保险、万能保险、投资连结保险等，它除了一定的保障属性或储蓄属性外，还具有投资收益功能，会向受益人定期分红或给付投资收益。对于分红和投资收益部分，根据《民法典》第 1062 条第 1 款第 2 项、《民法典婚姻家庭编解释（一）》第 25 条第 1 项和第 26 条的规定，应当视为共同财产予以分割。对于保障型账户和储蓄型账户中的本金或产生的保险金，应当参照前文保障型和储蓄型保险的权益分割规则进行处理，此处不再赘述。

### （二）夫妻一方为投保人，关系人中有投保人的父母或未成年子女

1. 投保人父母同时为被保险人和受益人

在保障型保险的情形下，如果保费来源为共同财产，离婚时保险金在物权维度已经归属于作为受益人的投保人父母，不属于夫妻双方支配的积极财产，无法予以分割，但

---

① 最高人民法院（2013）民一终字第 210 号民事判决书。

② 河南省高级人民法院（2013）豫法立二民申字第 1581 号民事裁定书。

另一方可依据"补偿规则"请求对方返还保费数额的一半。原因在于：根据《民法典》第26条第2款、第1129条的规定，投保人的配偶对投保人的父母没有法定赡养义务，投保人为其父母购买保单所负之债应为其个人之债，以夫妻共同财产缴纳保费，属于以共同财产清偿投保人个人债务的情形，故投保人配偶可主张相当于保费一半数额的抽象价值返还。如果保费来源为另一方个人财产，则在有借贷约定的情况下依借贷约定处理，无借贷约定的情况下另一方同样可以依照补偿规则请求对方返还保费全额。

在储蓄型保险和投资型保险的情形下，如果已经产生保险金，则保险金同样在物权维度中归属于作为受益人的投保人父母，夫妻无法予以分割，但鉴于支付保费行为的清偿个人债务性质，非投保人的另一方离婚时可依照保费来源为共同财产或自己的个人财产的不同情况请求返还半额或全额保费。未产生保险金时，受益人自不能取得保险金，这时要视保费来源为共同财产或非投保人方的个人财产予以处理。保费来源为共同财产的情况下，无论是否选择退保，非投保人一方都可以请求补偿已支出保费的一半数额。这里可以请求补偿已支出保费而非现金价值的一半，原因同样在于夫妻另一方对投保人的父母没有法定赡养义务，当被保险人为投保人父母时，另一方不应分摊作为危险保险费的那部分成本，可以就全部已支出保费主张一半补偿。保费来源为非投保人方个人财产的情况下，有借贷约定时按借贷约定处理，无借贷约定时可主张返还保费全额。

2. 投保人父母仅为被保险人而不为受益人

这种情形多出现于身故型保险。若保费来源为投保人个人财产，则离婚时不存在可供另一方主张分割的保险权益。若保费来源为夫妻共同财产，则离婚时另一方可主张返还已支出保费数额的一半。如果受益人同时为投保人，这时另一方不能放弃前述保费补偿的路径，转而以《民法典》第1062条第1款第4项的规定为由，主张将该保险金作为夫妻共同财产予以分割。投保人取得受益人的地位系出于被保险人的同意，而被保险人同意权的法理基础则在于防范道德风险及保护被保险人人格权①，因此出于尊重被保险人意思自治和维护保险法基本原理的要求，应根据《民法典》第1063条第3项的规定，将该保险金认定为明确只归受益人一方的个人财产，夫妻另一方仅能主张返还已支出的一半保费以弥补自己的损失，而不能获得超出这部分损失的补偿。若保费来源为另一方个人财产，这时如果存在婚内借贷的约定，则离婚时按借贷约定处理；如果不存在借贷约定，离婚时另一方可请求返还支出的全部保费。

3. 夫妻的未成年子女同时为被保险人和受益人

当夫妻的未成年子女为被保险人且为受益人时，夫妻之间保险权益的分割需要以保障子女利益为基本原则。我国《民法典》第1087条明确规定，离婚时夫妻财产分割应当遵循照顾子女原则。这在域外也早已得到确认。例如，英国《婚姻财产与诉讼法

① 参见王静：《保险合同法注释书》，中国民主法制出版社2019年版，第267页。

(1970)》第 271 条规定，法院有权在发出离婚命令时，变更夫妻任何一方在婚前或婚后达成的协议，但在协议涉及人身保险以及其所创设的信托时，对协议的变更应当符合子女利益，不得对子女地位产生任何不利影响。①

在保障型保险的情形下，无论保费来源为任何一方个人财产或共同财产，都不存在保险金分割和补偿的问题。原因在于，父母为子女购买保险应视为父母对子女的赠与，为子女个人财产，为保障子女的合法权益，父母无权主张退保分割保险费或保单现金价值。②

在储蓄型保险或投资型保险的情形下，如果产生保险金，则保险金归属于作为受益人的子女，不存在权益分割和价值返还问题；如果未产生保险金且不退保，则取得抚养权的一方可继续投保或请求变更自己为投保人，另一方对已支付的保费无任何理由请求价值返还，理由同前。如果离婚时选择退保，则基于购买保险行为系对未成年子女的赠与，退还的现金价值和取得的投资收益亦应视为子女的财产，不得作为夫妻共同财产予以分割。③

4. 夫妻的未成年子女仅为被保险人而不为受益人

如前所述，这种情形多出现于身故型保险，受益人为夫妻双方或其中一方。在保费系用共同财产缴纳的情况下，如果离婚时已产生保险金且受益人为夫妻双方，则该保险金作为共同财产予以分割；如果受益人仅为夫妻其中一方，此时保险金同样要作为共同财产予以分割。原因在于：未成年人并不具有完整的意思表示能力，父母为未成年人投保以死亡为给付条件的人身保险并不需要未成年人同意(《保险法》第 33、34 条)，无被保险人同意权之适用，此时受益人完全出于投保人的指定，不能参照投保人父母作为被保险人指定受益人之情形而将保险金视为受益人个人财产。从性质上看，不同于通常情况下的定额保险性质，身故类型寿险的被保险人为投保人未成年子女时，其性质被视为“丧葬费用保险”，属于填补具体损害的损害保险，其保险金旨在填补家庭因未成年子女死亡而遭受之损失，应当被视为夫妻共同财产予以分割。如果离婚时未产生保险金且保险期间已届满，则因父母对子女抚养义务的存在不涉及补偿的问题。如果离婚时保险期间未届满，退保的情况下可分割现金价值的一半，不退保的情况下不存在补偿的问题。

### (三) 夫妻一方父母为投保人，夫妻一方为受益人

这种情形多见于夫妻一方父母以自己或子女作为被保险人，将其子女列为受益人。当夫妻一方父母为投保人和被保险人，并将其子女指定为受益人时，如果离婚时夫妻一

---

① See Andrew McGee, Life Assurance Contracts, Routledge, 2006, p. 235.

② 重庆市第五中级人民法院(2020)渝 05 民终 1368 号民事判决书；江苏省高级人民法院(2020)苏民申 1381 号民事裁定书。

③ 参见江苏省高级人民法院《家事纠纷案件审理指南(婚姻家庭部分)》(2019 年)。

方作为受益人获得保险金或保险金给付请求权，另一方是否有权主张将该保险权益作为夫妻共同财产予以分割？本文认为，此时的保险权益应认定为属于夫妻个人财产，另一方无权要求予以分割。理由同上：夫妻一方作为受益人的地位系出于作为投保人兼被保险人的其父母一方的明确指定，根据意思表示的解释理论，应当将该保险金或保险金给付请求权解释为《民法典》第 1063 条第 3 项规定中“遗嘱或者赠与合同中确定只归一方的财产”，而不能将其作为《民法典》第 1062 条第 1 款第 4 项所规定的共同财产予以分割。这种解释路径不仅符合尊重当事人意思自治和保险法基本原理的要求，也符合最高人民法院在司法解释中贯彻的理念。① 而且，夫妻共同财产的基础在于协力理论，即夫妻一方的所得是基于双方之间各种形式的合作。② 在保费为一方父母支出时，另一方对保险权益未付出劳动，从法理上讲也无权主张将该保险权益作为共同财产予以分割。

当夫妻一方被其父母同时指定为被保险人和受益人时，如前所述，该行为同样应当被解释为赠与，夫妻中另一方也不可主张分割。德国联邦最高法院也同样明确肯认，夫妻一方作为受益人从与其关系密切的已故第三方（如父母）的人寿保险单中获得的人寿保险金，由于并非从另一方的人寿保险单中所获，应当被视为其本人所享有的《民法典》第 1374 条第 2 款意义上的特权财产（privilegierten Vermögen），不属于可分割的夫妻共同财产。③

## 五、结　语

家庭财产问题的处理应当在公平公正的基础上注重立法、传统和民情的有机融合，法律规则和司法裁判也应当更加契合日常生活经验法则与一般人的日常生活经验感知。④ 离婚场合的商业保险权益分割问题涉及保险法和婚姻法两大领域，对其的处理须基于两法协同的视角。尽管看似复杂且琐碎，但只要把握住其基本法理逻辑，亦即“以财产保险和人身保险相区分为基本处理框架，以夫妻财产分割制度的原则、价值目标和一般规范为根本依循和约束，以保险法相关规则为具体分析和操作框架”，再考虑各影响因素，作更加细致的类型化梳理和讨论，相关处理方案即呼之欲出，该难题便可迎刃而解。

① 参见龙俊：《夫妻共同财产的潜在共有》，载《法学研究》2017 年第 4 期，第 34 页。

② Vgl. Nina Dethloff，Familienrecht：Ein Studienbuch，32. Aufl.，2018，S. 117.

③ Vgl. BGH r + s 1996，72 (72).

④ 参见赵玉：《家庭财产功能主义的法律范式》，载《中国社会科学》2022 年第 8 期，第 108 页。

# 新就业形态相关保险纠纷中的法律问题探析

张晗庆　李　喆*

［摘　要］随着以平台经济为代表的新经济迅猛发展，新就业形态劳动者的商业保险保障需求大幅提升，但相关商业保险实务中暴露出一些问题。由于法律固有的滞后性以及裁判中不同价值衡量取舍的差异性，司法实务也遇到诸多难题。本文从南京地区近五年审判实践出发，针对承运人投保货运险是否构成险种错投及解决路径，"挂靠投保"的认定，互联网投保中提示说明义务的履行、特别约定条款的认定，劳动者就工伤保险、商业保险和第三人侵权赔偿能否兼得，人身属性保险金请求权转让是否需要审查等问题进行梳理研究，分析司法裁判的考量因素，以期推动纠纷化解并发挥司法的引导功能，促进新就业形态商业保险制度的完善。

［关键词］新就业形态；保险利益；互联网投保；提示说明；特别约定条款；劳动者兼得；保险金请求权转让

## 一、引　言

随着网络数字技术的普及，以平台经济为代表的新经济发展迅猛，既创新了经营方式，又催生了包括快递员、外卖骑手、网约车司机、家政服务员、网络主播等依托互联网平台从事新兴职业的群体。实践中，新就业形态呈现雇佣关系灵活化、工作内容碎片化、工作方式弹性化、创业机会互联网化等特点，平台企业存在一定程度的"去劳动关系化"倾向。而我国现行法律体系对包括参加社会保险在内的劳动者权益保障一般以清晰的劳动关系为前提，新就业形态劳动关系松散、劳动者持续缴费能力不足，导致社会保险参保率明显偏低，以传统就业形态为基础的社会保障体系无法完全适应与满足新业态发展对劳动者权益保障的需要。党的二十大报告和2024年12月召开的中央经济工作会议均明确提出要"支持和规范发展新就业形态，加强灵活就业和新就业形态劳动者权益保障"。新就业形态劳动者职业伤害的权益保障又是其中最迫切的。目前新就

* 张晗庆，江苏省南京市中级人民法院金融借贷审判庭庭长，三级高级法官；李喆，江苏省南京市中级人民法院金融借贷审判庭四级高级法官。

业形态劳动者依现行的工伤保险制度来保护其权益存在重重障碍与挑战①,因此商业保险,尤其是普惠型商业保险,对于为新业态从业者提供必要的职业伤害保障非常必要和重要。目前已有保险公司开发了与新就业形态相关的团体意外险、雇主责任险等保险产品,但在运行中也暴露出一些问题,比如条款设置不合理、销售过程不规范、理赔不及时等,引发了不少诉讼纠纷。本文从南京地区近五年审判实践出发,围绕新就业形态相关商业保险纠纷案件常见争议,分析司法裁判的考量因素,以期推动纠纷化解并发挥司法的引导功能,促进新就业形态商业保险制度的完善。

## 二、新就业形态相关保险纠纷案件基本情况和特点

2020 年 1 月至 2024 年 12 月,南京两级法院审结一审涉新就业形态相关保险纠纷②案件共计 197 件,标的总额达 2 442.87 万元。其中,2020 年审结 5 件,标的总额 89.87 万元;2021 年审结 18 件,标的总额 378.95 万元;2022 年审结 65 件,标的总额 831.21 万元;2023 年审结 82 件,标的总额 846.48 万元;2024 年审结 27 件,标的总额 296.35 万元。新就业形态相关保险纠纷案件数量分别占同期一审保险纠纷案件总量的 0.45%、0.72%、2.81%、2.89%、1.06%,总体占比较低。以前述涉新就业形态保险纠纷为样本,可以看出纠纷具有如下特点:

1. 案件数量较少、标的额较小

新就业形态相关保险纠纷占南京两级法院保险纠纷数量比例近 5 年均保持在 3% 以下,案均标的额 13.09 万元。与之相对应,根据全国总工会 2023 年发布的第九次全国职工队伍状况调查结果,全国职工总数 4.02 亿人左右,新就业形态劳动者就达到了 8 400 万人,说明新就业形态商业保险的覆盖面有限。

2. 保险种类较少

南京法院 2020—2024 新就业形态保险纠纷主要集中于责任保险合同项下的雇主责任险附加第三者责任险(143 件,主要是人保财险的“中小微企业金福保”组合保险)和意外伤害险(52 件,主要是人保财险的“美团骑手保障组合产品保险”),有少量机动车损失险(1 件)和安全生产责任保险(1 件),侧面说明新就业形态商业保险产品丰富度不足。

3. 新就业形态劳动者行业分布广,但数量不均

南京法院新就业形态保险纠纷涉及快递员、外卖骑手、“货拉拉”司机、网约车司机、

---

① 白小平、杨凝:《新就业形态劳动者职业伤害保障比较与创新》,载《太原学院学报(社会科学版)》,2023 年第 5 期,第 39 页。

② 涉新就业形态保险纠纷还存在于保险人代位求偿权纠纷等案件中,因受统计条件及手段限制,本文仅以财产损失保险合同纠纷、责任保险合同纠纷、意外伤害保险合同纠纷和健康保险合同纠纷为统计案由,以判决、调解为统计结案方式,不包含诉前调解案件。

网约空调安装工、网约家政维修工等职业，其中外卖骑手占比最高(96.95%)。究其原因，外卖骑手受配送时间限制，往往车速较快，容易发生交通事故，造成第三者或者自身的人身伤害和财产损失，从而引发较多保险理赔纠纷。

4. 涉诉地区和保险公司集中

涉诉案件数量高度集中于新就业群体聚集的主城区(如鼓楼区、玄武区案件共占比97.97%)，涉及的保险公司主要是人保财险(占比94.42%)。

## 三、新就业形态相关保险纠纷案件常见争议

### (一) 与保险利益有关的争议

1. 承运人投保货运险是否构成险种错投

“货拉拉”网约货车司机等承运人在经营过程中存在规避运输责任风险的现实需求，其进入保险市场后又面临选择责任险还是货运险的难题。由于承运人并非承运货物所有权人，其在物流运输过程中可能遭受的损失并非来自货物的损坏或者灭失，而是在该情形下承运人依据运输合同的约定应当对货物所有权人承担的损害赔偿责任。考虑到运输过程风险太大，承运人的责任保险利益被排除在具有所有权保险利益的被保险人之外，应当投保与责任利益匹配的“承运人责任险”。[①] 但在实践中，承运人责任险一般保费较高、赔付率过高、免责事项较多，而货运险则具有“短、频、快、费率低”的特点，受到承运人的青睐，保险公司亦为扩大销售而默许承运人投保货运险。但承运人在以自身为被保险人投保货运险发生保险事故理赔时，保险人却提出“承运人在保险事故发生时对保险标的不具有保险利益，其不应承担理赔责任”的抗辩。关于承运人对货物损失是否具有保险利益，理论界和司法实践均存在肯定说和否定说两种意见。肯定说认为承运人投保货运险是源于对运输中保险标的享有既有利益，“这种利益主要体现在‘负有经济责任的条件下具有的利益’”[②]。否定说认为运输货物的所有权由货主享有，也只有货主及其代理人才能投保货运险。[③]

2. “挂靠”投保是否可以理赔

不同行业新就业形态的用工模式虽然存在差异，但大多呈现一定程度的“去劳动关

① 奚晓明主编:《最高人民法院关于保险法司法解释(二)理解与适用》，人民法院出版社2013年版，第52页。

② 武利海:《承运人作为货物运输保险的被保险人研究》，载《中国海商法研究》2015年第4期，第41页。

③ 参见任以顺、陈夏:《论新〈保险法〉对保险利益范围的界定》，载《金融与经济》2010年第9期。

系化”倾向，这也一定程度催生了各种“挂靠”“代理”投保行为。一方面，从业者或者实际用工人通过“挂靠”方式（如借用企业资质）购买团体意外险、雇主责任险等商业保险，以覆盖新就业形态劳动者的工伤、医疗等核心风险；另一方面，一些雇主将非本企业员工纳入其投保的员工名单中，以获得更低的保费或规避保险公司的风险评估。“挂靠”投保行为掩盖了真实用工关系，导致保险公司无法准确评估风险，造成保费定价不公平。同时，一旦劳动者发生保险事故进行理赔，又有保险公司抗辩“被挂靠”公司与劳动者不存在雇佣关系、对劳动者的人身损害不负有赔偿义务，对保险标的不具有保险利益，保险公司无须承担理赔责任。① 由此导致劳动者或者劳动者履职造成的第三方损害、被保险人或者实际用工人的经济损失难以获得保险理赔救济。

### （二）与免责条款有关的争议

#### 1. 互联网投保保险人提示说明义务的履行

新业态从业者以“90后”“00后”青年群体为多，对网络的接受度和使用度普遍较高，其投保商业保险也多选择互联网投保方式。在互联网投保过程中，一般由投保人线上独立投保或由代理人代为操作投保，保险人通常只能借助电话、网页等工具对格式条款进行提示与说明。由于保险条款数量繁多，责任范围条款和免责条款等格式条款专业性极强，而投保页面屏幕展示内容和方式有限，投保人与保险人常因保险人是否对免责条款尽到提示和说明义务发生争议，这也成为司法审查的难点。比如外卖配送平台经常为骑手投保第三者责任险，以人保财险的“金福保”产品为例，其相关保险条款载明保险产品仅承保电动二轮自行车，“被保险人的雇员使用机动车辆造成的损失，保险人不负责赔偿”②。在骑手驾驶二轮摩托车发生保险事故时，保险公司即依据该条款提出免责抗辩。江苏省南京市玄武区人民法院在（2022）苏0102民初656号案件中审查了案涉保险产品的网络投保流程，“其投保流程视频显示，投保人系通过点击网页进行在线投保，点击雇主责任险说明条款，显示的内容包括投保须知、保险说明（含保险方案、责任限额、赔偿项目等内容）、理赔流程……点击投保前，页面下方显示适用保险条款名称列表及备案号，与案涉保险条款名称并不完全一致，投保流程未显示强制弹出或主动弹出保险条款的页面等提示说明方式”，认为“在投保人通过网络方式订立保险合同的情形下，保险人应当主动弹出保险条款的页面，并对免责条款以醒目方式作出提示，而不是基于投保人的请求才被动产生”，并据此认定骑手驾驶二轮摩托车造成损失保险公司免责的条款不发生法律效力，保险公司仍应当承担理赔责任。③ 但也有部分案件中保险人的提示说明方式得到认可。从既往案件看，保险公司对于以网页、音频、视频等

---

① 参见王某某诉中国人民财产保险股份有限公司南京市分公司、南通润某公司责任保险合同纠纷案，江苏省南京市玄武区人民法院（2024）苏0102民初5204号民事判决书。

② 参见人保财险《预约上门服务综合责任保险条款》。

③ 参见江苏省南京市玄武区人民法院（2022）苏0102民初656号民事判决书。

方式就免责格式条款进行提示和说明未以适当方式存证，导致发生纠纷时难以举证。

2. “特别约定”条款的性质认定

特别约定条款是指保险合同基本条款之外当事人特别约定的其他条款，或者保险合同当事人对于基本条款的修正、变更。① 一般而言，保险合同投保单上都留有空白部分，投保人可以提出特别约定的要约，保险人承诺后，双方达成一致的特别约定以特别约定条款的形式打印于保险单上，成为保险合同的内容，对保险合同当事人均产生约束力。但实践中，保险公司事先将特别约定条款打印在投保单上，且内容多为对保险人承担责任的限缩。由于投保人和保险人之间的缔约能力不平衡，多数情况下投保人只能被动接受特别约定条款，没有机会对条款的内容进行协商变更。这使得“特别约定条款”成为处于特殊位置的格式免责条款，容易引发双方当事人对条款效力的争议。以“金福保”产品为例，其保单特别约定部分载明：……保险人按照如下约定负责赔偿：(1) 意外医疗保险金……(2) 狂犬疫苗医疗保险金……(3) 死亡保险金……(4) 猝死保险金……(5) 伤残保险金……前述列明的雇员意外身故、伤残保险金，猝死保险金，意外医疗保险金，误工费用，营养费以外的项目和费用为除外责任(包括但不限于如下)：如康复费、辅助器具费、整容美容费、修复手术费、牙齿整形及修复费、镶牙费、护理费、交通费、食宿费、丧葬费、抚养费、精神损害赔偿、赡养费、保险单签发地社会医疗保险或其他公费医疗管理部门规定的自费项目等。前述条款限缩了保险责任范围，也是保险公司核定赔付范围和金额的主要依据。该条款是否属于特别约定条款，保险人是否需要就条款内容进行提示和说明，实务中有较大争议。

## (三) 与保险金请求权相关的争议

1. 劳动者就侵权赔偿和商业保险理赔能否兼得

如前所述，新就业形态“去劳动关系化”明显，从业者履职中如发生第三人侵权事故，往往难以被认定为工伤，只能通过意外伤害险等商业保险理赔。在江苏省南京市玄武区人民法院(2022)苏0102民初4665号案件中，保险公司就提出案涉保单保险范围为医疗费及残疾赔偿金，外卖骑手在前期交通事故案件中已获赔了部分医疗费和伤残赔偿金，该部分不应得到重复赔偿，只能就其自行承担的部分医疗费获得理赔。由此引发从业者能否获得侵权赔偿与保险理赔的双赔以及哪些赔偿项目能获得双赔的讨论。

2. 人身属性保险金请求权能否转让

实践中，新业态从业者如在履职中发生意外事故，虽其与用工单位之间未必建立劳动关系，但有时用工单位出于各种原因(如息事宁人或者人道赔偿)会与劳动者或其亲属先行达成赔偿协议，再由劳动者或其亲属将相关商业保险的保险金请求权转让给用工单位，由用工单位向保险公司主张理赔。在这种情况下，带有人身属性的保险金请求

① 邵宁宁：《保险合同特别约定条款的效力》，载《人民司法》2009第8期，第38页。

权能否转让？赞同意见认为，从业者与受益人的债权转让发生于保险事故后，此时的保险金数额已知，是一种普通的财产权的转让，不属于法律禁止的不得转让的权利。即便受益人庭前未将债权转让通知保险人，但受让人直接起诉保险公司，保险公司在接到起诉状等诉讼文书时，视为通知义务已履行，该转让行为对保险公司发生法律效力。① 否定意见认为，在意外伤害保险合同纠纷中，劳动者处于弱势地位，发生事故急需资金用于治疗，用工单位易于利用劳动者上述心态及对法律的不了解，让劳动者或受益人作出错误的意思表示，违反公平原则，这种转让行为应属于《最高人民法院关于适用〈中华人民共和国保险法〉若干问题的解释（三）》（以下简称《保险法司法解释三》）第13条中"法律规定不得转让"的除外情形。

## 四、新就业形态相关保险纠纷案件处理的考量因素及裁判思路

早在2020年5月23日，习近平总书记就指出："当前最突出的就是新就业形态劳动者法律保障问题、保护好消费者合法权益问题等。要及时跟上研究，把法律短板及时补齐，在变化中不断完善。"新就业形态相关商业保险投保容易理赔难，会影响商业保险发挥劳动者权益保障有益补充的作用。因此，对司法实践中发现的问题及时跟上研究，有助于推动商业保险在新就业形态职业伤害保障体系构建中发挥更大的作用。

### （一）不当销售导致险种错投，保险人应承担缔约过失责任

#### 1. 险种错投缘何发生

在现代物流和电子商务快速发展的背景下，网络货运发展为一种重要的运输组织模式。通过货拉拉、滴滴货运、快狗打车等网络平台，货主可以快速找到全国各地的运输资源，承运人也可以在全国范围内寻找货源和货运机会，实现货源与运力的高效匹配。由于运输行业的高风险性，作为新业态从业者的网络货运承运人为分散和转移风险，一般都会购买保险。但近年来审判实践中发现，相较于为承运人量身定制的承运人责任险，不少承运人更愿意选择以所承运货物为保险标的的货运险。这是否属于险种错投？如果属于错投，缘何反复发生？错投的原因不能归于合同一方，而在于合同的双方。从投保人角度看，想以更低的成本实现风险转移的目的；从保险人角度看，在销售阶段为做成业务没有尽到适当推介义务，在核保阶段也未审核承运人对货物享有何种保险利益。

#### 2. 险种错投的法律后果

《中华人民共和国保险法》（以下简称《保险法》）第12条第2款规定，财产保险的被

① 参见山东省高级人民法院（2021）鲁民申8199号民事判决书。

保险人在保险事故发生时，对保险标的应当具有保险利益；最高人民法院第 74 号指导案例①确定，不同当事人对保险标的具有不同的保险利益，只有投保与其保险利益相对应的财产保险，才能获得相应的保险保障。可见主流意见倾向于承运人对货运险的保险标的即货物本身不具有保险利益，承运人购买货运险属于险种错投，保险人无须承担合同约定的保险责任。这将导致承运人陷入缴纳了保费却无法得到理赔的困境。即便承运人通过与货主协商取得货权②并以货主身份获得保险理赔，如果保险事故是承运人在履行运输合同中的违约或者侵权行为所致，其亦不能对抗保险人的保险代位求偿权。

3. 不利后果应由谁承担

如前所述，承运人无法在货运险下获得赔偿，或者获赔后不能免受追偿，直接承受了“险种错投”的不利后果。但是“险种错投”本质上属于缔约错误，不加区分地将不利后果全部加诸投保人，显然是不公平的。根据《民法典》第 500 条的规定，缔约过失责任是违反法定的先合同义务应承担的民事责任，以行为人有过错为构成要件。③ 因此，险种错投的不利后果，应当在考察投保人与保险人缔约过程中所负义务、是否存在缔约过失的基础上，依法认定缔约过失责任的承担。在订立保险合同过程中，投保人的主要义务是如实告知义务，保险人则负有适当推介和提示说明义务，违反相应义务则构成过错。实务中，应当审查投保人有无向保险人披露承运人身份，保险人在销售环节有无尽到适当推介义务、提示说明义务，在核保环节是否明知错投仍然核保等情形，其中保险人的适当推介义务是审查重点。作为专业金融机构，保险人有义务了解投保人的需求，并将匹配投保人需求的保险产品推荐给投保人。如果保险人的业务员或代理人自身都不能区分不同险种对应的保险标的及保险利益，或者明知货运险与承运人的保险利益不匹配仍然向其推销，就违反了先合同义务，由此导致投保人险种错投而遭受损失，自然要承担缔约过失责任。损害赔偿的范围最高可达如正确订立保险合同被保险人所能得到的保险保障。④ 具体案件中认定保险人缔约过失责任大小需区分情形：一是承运人如实向保险人披露其身份，说明了想要转移的风险是其对所承运货物损失的赔偿责任，保险人的业务员或代理人为完成销售向承运人推荐货运险并核保出单，则应由保险人承担全部缔约过失责任；二是保险人能够证明其已经履行适当推介义务，承运人明知应投责任险，为节省成本转投货运险，意图通过货运险理赔向货主支付赔偿，保险人的过错仅为核保不严，则缔约双方均有过错，应当按照过错大小分别承担相应责任。

---

① 参见江苏省高级人民法院(2012)苏商再提字第 0035 号民事判决书。

② 部分运输合同中约定：一旦运输途中发生事故，货物所有权立即转移给承运人。

③ 最高人民法院民法典贯彻实施工作领导小组主编：《中华人民共和国民法典合同编理解与适用(一)》，人民法院出版社 2020 年版，第 273 页。

④ 张力毅：《困境与出路：财产保险合同中的保险利益判断——兼评〈保险法司法解释四〉及其征求意见稿相关规定》，载《上海财经大学学报》2020 年第 3 期，第 131 页。

### （二）新型用工模式下的“挂靠”投保、“代理”投保，保险利益的判断应更重实质

1. 平台用工模式的复杂性催生“挂靠”“代理”投保

平台企业在用工中既有“去劳动关系化”倾向，又需要对劳动者进行一定的管理，由此催生了劳务派遣、众包、外包、任务化用工等新型用工模式。在新型用工模式下，用工主体可能不会以自己的名义为劳动者购买相关保险，而是委托第三方或者要求劳动者“挂靠”第三方投保相应险种。对此类投保人与劳动者职业伤害之间是否存在保险利益的判断，不应当简单化处理，而应当运用穿透思维把握实质。正如有学者指出的，“职工社会保险作为一项经济性劳动权益保障制度产生于经济从属性，但是此项从属性并非劳动关系所特有，稳定的劳务供需关系都可能产生”①。新就业形态相关商业保险的保险利益判断，亦不应当拘泥于劳动关系，而应当从广义的劳务供需关系角度予以判断。

2. 保险人对投保人与保险标的的关系通常系明知

如南京中院审理的汪某某等人诉平安财保公司责任保险合同纠纷案中，平安财保美团优选大仓司机雇主险保单特别约定，被保险人的“雇员”定义为“被保险人指定的雇员是指接受美团优选派发、从事大仓至网格仓及其他大仓之间订单配送工作的司机，理赔时用工证明以司机配送订单或被保险人出具证明为准”，说明订立保险合同时双方充分考虑到新就业形态下松散的用工关系与传统雇佣关系的区别。但合同约定适用的《平安雇主责任保险（A 款）》系标准条款，载明“雇员是指与被保险人签订有劳动合同或存在事实劳动合同关系，接受被保险人给付薪金、工资，年满 16 周岁且不超过 65 周岁的人员”，按照该释义，新业态从业者将被排除在外。该案审理中，法院在查明货车司机系受被保险人委派从事订单配送工作的基础上，对保险合同中格式条款与特别约定对“雇员”作出不一致释义，依法认定特别约定的效力。结合该保险公司大量承保此类保险，进一步认定保险人对此类新业态用工关系属于明知，不能仅因挂靠公司与从业者不具有雇佣关系而免除保险人理赔责任。②

3. 对该模式的认可是否会冲击保险利益原则

保险利益是指投保人或者被保险人对保险标的具有的法律上承认的利益。毋庸置疑，从民法上的财产权益到保险法上可以被保险合同填补之损害，保险利益原则确实发挥着极为重要的作用。③ 根据《保险法》第 12 条，人身保险的投保人在保险合同订立

---

① 娄宇：《新业态从业人员职业伤害保障的法理基础与制度构建——以众包网约配送员为例》，载《社会科学》2021 年第 6 期，第 23 页。

② 参见江苏省南京市中级人民法院(2024)苏 01 民终 2100 号民事判决书。

③ 张力毅：《困境与出路：财产保险合同中的保险利益判断——兼评〈保险法司法解释四〉及其征求意见稿相关规定》，载《上海财经大学学报》2020 年第 3 期，第 137 页。

时，对被保险人应当具有保险利益。财产保险的被保险人在保险事故发生时，对保险标的应当具有保险利益。保险利益原则设立的初衷便是规制保险行业发展中的不法行为。保险利益原则可用于确定保险合同的有效性和公平性，也有助于防范道德风险、限定赔偿范围。新就业形态相关保险，无论是属于人身保险的意外伤害险，还是属于财产保险的雇主责任险，接受用工主体委托“代理”投保或者接受劳动者“挂靠”投保的第三方，即便不属于劳动法上的用人单位，其与劳动者所受职业伤害之间亦存在一定的利益。保险利益的外延在新就业形态下应当相应拓展，对该模式的认可并不违背保险利益原则。当然，如有中介公司以接受“挂靠”投保为业，保险公司可通过提高保费的方式予以规制，以维护保险市场秩序。

### （三）网络投保已成新业态相关保险投保新常态，保险人应以适当方式履行提示说明义务

#### 1. 网络投保中保险人应如何履行提示说明义务

《保险法司法解释二》第 12 条规定，通过网络、电话等方式订立的保险合同，保险人以网页、音频、视频等形式对免除保险人责任条款予以提示和明确说明的，人民法院可以认定其履行了提示和明确说明义务。在互联网投保过程中，保险人可以通过单独设置网络页面或通过勾选、弹窗等特别方式对免责条款进行提示和说明，提示和说明的方式、内容需符合《保险法司法解释二》第 11 条的规定，即“以足以引起投保人注意的文字、字体、符号或者其他明显标志作出提示”，对“有关免除保险人责任条款的概念、内容及其法律后果以书面或者口头形式向投保人作出常人能够理解的解释说明”。实务中，保险人为证明已履行提示说明义务，一般采取“主动弹出 + 强制阅读 + 明确勾选”的声明确认方式，投保人必须阅读一定时长并勾选确认后才能顺利完成投保操作。值得关注的是，平台经济背景下，由平台提供投保渠道，甚至赠送、强制投保某些险种，已成为一种新兴的保险业态。与传统的“一对一”投保模式不同，该模式中平台居于核心地位，具有“三方主体、平台深度介入投保过程”“强制投保、使用统一承保方案”“首次选择投保方案、后续默认复用原方案”“根据骑手接单情况逐日投保”等新特点，由此每日生成大批量、标准化日保保单。① 该投保模式下，保险人履行提示和说明义务的主体和方式均有变化，纠纷处理中还需审查平台商户是否同意运营方通过平台公告等方式向其通知与投保有关的事宜，是否授权平台运营方以“一对多”等形式代保险公司进行提示和说明等情况。

#### 2. 诉讼中保险人应如何完成举证责任

以往司法实践中，保险公司为证明提示说明义务履行情况，一般会当庭演示标准投

---

① 参见长三角金融审判典型案例（2023—2024）之三：平台投保模式下保险人提示和明确说明义务的履行标准——某网络科技公司与某财产保险公司上海分公司等责任保险合同纠纷案。

保流程，较少能回溯特定投保人的投保实况。出于避免增加当事人举证成本的考虑，司法实践一度认可标准流程的证明力。但随着保险产品快速迭代、投保方式日新月异，且保险公司掌握互联网投保软件的控制权，有修改和更新数据的机会，其出示的标准流程是否适用于特定投保人投保时，遭到越来越多的质疑。监管机构也注意到了这一点，2023 年 3 月原中国银行保险监督管理委员会发布的《银行保险机构消费者权益保护管理办法》第 12 条作出规定，银行保险机构应当建立销售行为可回溯管理机制，对产品和服务销售过程进行记录和保存，利用现代信息技术，提升可回溯管理便捷性，实现关键环节可回溯、重要信息可查询、问题责任可确认。“可回溯管理机制”应包含以下内容：记录和保存投保人、被保险人在销售页面上的操作轨迹，记录和保存投保期间通过在线服务体系向投保人解释说明保险条款的有关信息，保存销售页面的内容信息及历史修改信息、建立销售页面版本管理机制，可将上述信息还原为可供查验的有效图片或视频，且满足一定程度的保管时限要求。根据上述监管要求，对于在可回溯管理机制建立后网络投保产生的纠纷，只要在相应保管时限内，保险人应当提供可供查验的有效图片或视频。

### （四）普惠型保险产品中免责条款向“特别约定”逃逸，不能免除保险人应尽的提示说明义务

#### 1. 保险人对特别约定条款与格式条款所负义务不同

《保险法》明确规定了保险人对格式条款的提示说明义务。相较于格式条款，特别约定条款是指经订约双方协商一致，在合同基本条款之外作出补充约定，对已备案的标准保险条款的内容进行变更和补充，以便对保险合同作出个性化安排。正因为“特别约定”是双方协商一致的结果，保险人无须对特别约定条款履行提示说明义务。

#### 2. 特别约定条款越来越“制式”

实务中发现，部分险种尤其是普惠型保险产品援用的保险条款未作更改，如阳光财产保险股份有限公司援用的仍是统一的团体意外伤害险条款（2017 版），但是投保单中的“特别约定”条款越来越长，且内容亦是由保险人单方拟定而非在订立合同时经双方协商达成一致。究其原因，部分保险公司针对新就业形态职业伤害开发的普惠型保险一般费用低廉、投保方便，但是以外卖骑手为代表的部分行业出险率较高，不限缩承保范围则保险公司的成本难以覆盖。但是如果针对各种新业态的行业特点及出险概率制订或修订保险条款，保险公司需要履行烦琐的修订程序和备案手续，因此“特别约定”条款逐步成为保险公司增设免责条款的“自留地”，此类免责条款亦通常是由保险公司根据不同行业的特点及大数据而预先拟定。

#### 3. 如何规制未经磋商、单方拟定的“特别约定”条款

为防止“特别约定”成为变相的免责条款，司法实务普遍认为，不能仅凭“特别约定”条款的名称和位置认定其性质，而应进行实质审查。首先，应对协商过程进行审查，即

保险人是否与投保人就特别约定条款进行了协商并达成合意，该事实举证责任在保险人。其次，应对条款内容形成进行审查，即条款内容是由保险人预先拟定还是由双方协商确定。再次，如经审查确定所谓“特别约定”实系格式条款，需进一步判断是否属于免责条款，若条款内容实质上减轻或免除保险人责任，则保险人须履行提示说明义务，否则条款不产生效力。如南京中院审理的某商贸有限公司诉人保财险人身保险合同纠纷案件中，二审法院即按照前述思路进行了审查。① 人保财险在该案中提交的用于证明“特别约定”合意性的证据仅为电子保单，且没有投保人的签字和确认，故法院认为该条款并非特别约定条款，而应认定为格式条款。其中关于伤残赔偿金按伤残等级赔付的内容，将被保险人伤残程度的重与轻和保险人给付保险金的多与少相对应，是根据被保险人伤残程度确定保险人赔偿义务，并未在保险人承保责任范围内减轻或排除其应当承担的风险与损失，不属于免除保险人责任的条款。但其中关于“死亡赔偿金、伤残赔偿金、医疗费用、误工费”之外的损失不属于保险责任的约定，部分免除了保险人应当承担的保险责任，应认定为免责条款，保险人应当进一步提供证据证明其就该内容尽到了提示说明义务，否则该条款对投保人不发生法律效力。

免责条款向“特别约定”逃逸这一现象，增加了理赔纠纷，并非因应新就业形态保险需求的良策。保险公司应当增加对新就业形态的研究和数据积累，以“保本微利”为原则开发更多的普惠型保险产品，通过专业的风险管理能力赢得认可，才能形成规模效应，使相关保险成为社会保险的有益补充。

### （五）商业险和工伤保险、第三人侵权赔偿能否兼得，不能一概适用损失补偿原则

#### 1. 人身保险合同是否适用损失补偿原则

由于“无损失无保险”为保险制度运行的公理性原则，故保险法自始至终均存在损失补偿原则的适用问题。一般认为其包含两层含义：一是保险人应当对被保险人所受实际损失予以填补，二是保险人应仅对被保险人所受实际损失进行填补。② “损失补偿原则”是适用于财产保险的一项重要原则，但是一般认为该原则不适用于人身保险。根据《保险法》第 12 条第 3 款的规定，“人身保险是以人的寿命和身体为保险标的的保险”。与新就业形态相关的保险中，典型如团体意外险就属于人身保险，而雇主责任险则属于财产险范畴。《第八次全国法院民事商事审判工作会议（民事部分）纪要》第 9 条明确，被侵权人有权获得工伤保险待遇或者其他社会保险待遇的，侵权人的侵权责任不因受害人获得社会保险而减轻或者免除。第 10 条规定，用人单位未依法缴纳工伤保险费，劳动者因第三人侵权造成人身损害并构成工伤，侵权人已经赔偿的，劳动者有权请

---

① 参见江苏省南京市中级人民法院（2022）苏 01 民终 5561 号民事判决书。

② 岳卫：《论保险法中的利得禁止原则》，载《中外法学》2024 年第 6 期，第 1507 页。

求用人单位支付除医疗费之外的工伤保险待遇。用人单位先行支付工伤保险待遇的,可以就医疗费用在第三人应承担的赔偿责任范围内向其追偿。根据前述规定,在第三人侵权导致劳动者发生工伤事故的情况下,除医疗费用外,劳动者对于工伤保险待遇和第三人侵权赔偿有权兼得。同理,新业态从业者受限于“去劳动关系化”用工无法享受工伤保险待遇,但投保了商业保险为职业伤害提供保障,其对商业保险约定的理赔项目与第三人侵权赔偿亦应有权兼得,才符合新就业形态相关主体投保商业保险弥补工伤保险空缺的初衷。

2. 医疗费是否应当适用损失补偿原则

当新就业形态劳动者因第三人侵权遭受职业伤害时,对于实际发生的医疗费,一方面有权向侵权人主张,另一方面如相关商业保险理赔项目中包含医疗费,有权主张理赔。因为医疗费属于实际发生的财产性支出,被保险人对于医疗费能否兼得,实务中争议较大,存在肯定说和否定说两种观点。肯定说认为医疗费保险的保险标的为人身,属于人身保险范畴,即便被保险人重复获赔也不构成不当得利;否定说则认为医疗费用支出是一种财产损失,属于财产保险,应适用损失补偿原则。笔者认为,第三人侵权导致的医疗费用赔偿是基于侵权法律关系,而商业医疗费用保险合同项下医疗费用理赔是基于保险合同关系,两者依据不同。医疗费用支出基于被保险人身体健康受损而发生,同时该部分费用是可以计量、可以确定的,其性质容易产生争议,但是商业保险合同应遵循契约自由原则,尊重当事人的意思自治,被保险人能否在商业险情形下实现医疗费“兼得”,应根据合同的具体约定确定该医疗费用保险属于“报销型”还是“补偿型”。如果商业保险合同中约定以发票报销、实支实付的方式给付医疗费用,一般认定属于“报销型”,应适用损失补偿原则;如果商业保险合同约定只要发生约定的保险事故,即可理赔一定金额的医疗费,一般认定属于“补偿型”,不适用损失补偿原则,无论劳动者是否从第三人处获得医疗费赔偿,保险人均应当按约支付医疗费保险金。

### (六)用工主体受让保险金请求权并提出理赔,人民法院应当对转让是否系受益人真意予以审查

1. 受益人依法可以转让保险金请求权

《保险法司法解释三》第13条规定,保险事故发生后,受益人将与本次保险事故相对应的全部或者部分保险金请求权转让给第三人,当事人主张该转让行为有效的,人民法院应予支持。从上述规定可见,最高人民法院秉持保险金请求权可以转让的立场。因为保险事故发生后,被保险人或受益人对保险人的债权已经确定,保险金请求权具有财产性和确定性,原则上属于纯财产性质的债权,与其他普通财产权利的转让并无二致。同时,允许保险金请求权转让,也符合受益人需求和保险市场实际,可以使保险投资价值得以充分实现。这一点有别于人身保险合同订立时被保险人死亡赔偿金请求权不能由投保人随意变更,受益人将保险金请求权转让给第三人的时点是保险事故发生

后，不会有道德风险之虞。

2. 人民法院为何要对用工主体受让保险金请求权多加审查

新业态相关保险理赔纠纷中，受让保险金请求权的第三人通常是用工主体或投保人，为何受让人持受益人签署的“权利转让书”主张权利，人民法院通常还是持谨慎态度，要求原告进一步举证证明转让保险金请求权系受益人真实意思？原因正如上文所述，受益人对商业保险项下理赔款，部分情况下有“兼得”的权利，人民法院要求受让人举证证明转让系受益人真实意思，是为防止受益人因受欺诈、误解等因素影响而签署“转让书”。实践中存在以下几种情形：第一种情形，劳动者能够认定工伤且享受了工伤保险待遇。因为法律允许工伤保险和商业意外险“双赔”，此时受益人转让保险金请求权就放弃了“兼得”的权利，需审查受益人转让行为是不是在知晓自身权利的基础上作出的真实意思表示，包括转让原因、转让价格等情况。第二种情形，劳动者能够认定工伤，因用人单位未为其缴纳工伤保险费，而依法向劳动者支付工伤保险待遇。在用人单位支付工伤保险待遇后，劳动者仍有权请求保险公司赔付意外险项下的保险金。如果用人单位想就其支付的工伤保险待遇寻求补偿，应当通过购买雇主责任险的方式转移风险。但如果用人单位通过受让劳动者意外伤害保险金请求权的方式规避缴纳工伤保险费或购买雇主责任险，既损害了劳动者的合法权益，也会造成社会保险资金的流失[①]，不应得到支持。第三种情形，新业态从业者未与用工单位建立劳动关系，用工单位先行垫付款项并非基于法定赔偿义务，也不属于从业者应享受的工伤保险待遇，此时受益人同意向先行垫付人转让合理范围内的意外伤害保险金请求权，应尊重其对权利的处分，也有利于新业态从业者得到及时救助，鼓励用工主体为从业者购买商业保险。另外，基于用工主体不能因受让带有人身属性的保险金请求权而额外获得经济上利益的原则，目前司法实务通行观点认为，用工单位向保险公司理赔的金额不应超过其实际赔付的金额。

① 陈禹彦：《试论人身保险中保险金请求权转让有效的条件——简评〈关于适用《中华人民共和国保险法》若干问题的解释(三)〉第十三条》，载《上海保险》2023 年第 8 期，第 43 页。

# 团体人身保险中被保险人履行如实告知义务路径探究

乔 石*

[摘 要] 对于被保险人是否履行如实告知义务,理论上一直存在争论。从团体人身保险业务实践看,仅由投保人告知可能对保险公司显失公平,要求被保险人告知则存在一定的操作困难。基于业务场景,建议从不同角度寻求多元化解决路径:完善司法解释与行业监管制度,为被保险人履行如实告知义务留出空间;强化承保流程与关键风险点管控,提升保险公司业务操作的规范性与质量;借助司法途径,对具体案件中投保人与被保险人的不当行为进行纠偏。

[关键词] 团体人身保险;投保人;被保险人;如实告知义务

## 一、问题之提出

关于《中华人民共和国保险法》(以下简称《保险法》)中如实告知义务的履行主体是否应由投保人扩展至被保险人,一直是保险法理论界争议较大的问题。多数学者认为,应将被保险人纳入如实告知义务履行范围①,或被保险人应就保险公司的询问据实说明②。从保险实务视角观之,当投保人与被保险人并非同一人时,被保险人是否履行如实告知义务,对保险公司判断承保风险影响较大,由被保险人主动告知相关情况,确有一定必要。但是,该问题在不同类型保险业务中呈现出不同特征,一般而言,人身保险较财产保险更为复杂,团体人身保险较个人人身保险更为复杂。

案例:甲某在A保险公司投保了个人型重大疾病保险,投保过程中,甲某未向A保

---

* 乔石,法学博士,中国人民养老保险有限责任公司法律合规部副总经理,中国法学会保险法学研究会理事。

① 施文森:《保险法总论》,三民书局1985年版,第155页;樊启荣:《保险契约告知义务制度论》,中国政法大学出版社2004年版,第166页。

② 江朝国:《保险法基础理论》,中国政法大学出版社2002年版,第225页;梁宇贤:《保险法新论》(修订新版),中国人民大学出版社2004年版,第110—111页。

险公司如实告知其患有肺部结节并多次接受治疗的情形，且伪造体检报告应对A保险公司的问询。同一时间，甲某所在单位乙公司，为甲某在内的150名员工向A保险公司投保团体型重大疾病保险，甲某签署同意乙公司为其投保的声明，A保险公司向乙公司进行如实告知询问，乙公司未告知甲某患有肺部疾病事实。

之后，甲某因患肺部恶性肿瘤逝世，其家属就两份保险合同向A保险公司申请理赔。关于甲某所投保个人型重大疾病保险，保险公司与其家属均认可投保人未履行如实告知义务，保险公司可不予赔偿。关于乙公司所投保团体型重大疾病保险，甲某家属认为保险公司应予以赔偿；保险公司则认为，甲某在该团体人身保险中没有履行如实告知之义务，其在同类保险中已存在明显的故意隐瞒事实行为，对团体人身保险予以赔偿对保险公司有失公平。

在上述案例中，保险公司对于被保险人不履行如实告知义务并无异议，即争议焦点并非被保险人履行如实告知义务问题，而是围绕被保险人的一系列失信行为，保险公司认为该案件场景下履行赔偿责任显失公平，但争议源头仍在于被保险人是否应主动告知。由此，可以对团体人身保险中的被保险人如实告知义务问题归纳如下：

一是当前我国保险市场上的团体人身保险集中于团体补充医疗保险、团体意外伤害保险、团体重大疾病保险等类型，投保人均为法人主体或非法人组织，对被保险人的身体健康等风险状况信息缺乏足够了解，仅由其履行如实告知义务，对保险公司显失公平。

二是团体人身保险的主要场景是企业为员工投保，企业更多是基于保护员工利益与维护劳动关系之稳定，缺乏主动了解员工信息、识别风险的主动性。即使投保人知悉被保险人相关情形，在劳动或雇佣关系下，证明投保人不履行如实告知义务，存在故意或者重大过失，举证难度较大，实质上道德风险难以防范。

三是团体人身保险在更多情况下可以视作员工福利的组成部分，具有覆盖面广、被保险人数量巨大等特点。保险公司对于团体人身保险的“热衷”正是由于其较低的营销成本与较高的保费收入所形成的“性价比”，如不加区分地将企业员工全部纳入如实告知义务的履行范围，保险公司的询问对象将从一家企业演变为数千甚至上万自然人，不仅可能造成投保人因协助义务之庞杂而放弃投保，而且在操作上也面临诸多困难。

综上，在团体人身保险场景下，被保险人的如实告知义务履行问题更为复杂，似乎与理论争议焦点发生一定偏离，并不能仅通过修改《保险法》相关条文、扩大义务履行主体而解决。

## 二、不同解决路径之分析

### （一）修改《保险法》相关条文

如实告知义务是保险合同法律关系中的一项重要制度安排。我国《保险法》第16

条规定，保险人就保险标的或者被保险人的有关情况提出询问的，投保人应当如实告知。从法律规定看，如实告知义务的主体限于投保人，就解释论的立场来说，没有将告知义务主体扩展至被保险人的解释余地。① 如增加被保险人的如实告知义务，只有对《保险法》第16条作出修改。对此，存在不同观点。

赞同者认为，如实告知义务制度的设立，是基于保险公司希望通过相关义务的履行来准确测定承保风险水准，保险标的为被保险人的财产或人身利益时，被保险人而非投保人最了解保险标的的真实风险状况。不将被保险人列为告知义务人，显然难以实现保险人测定风险水准的目标。通过立法，将被保险人纳入义务人范畴，是最佳方法。②反对者则认为，在订立合同时，被保险人并非保险合同当事人，不知悉合同条款内容，从合同的履行角度，将被保险人确定为如实告知义务履行主体，违反了民事行为的明示原则与相对性原则。③

诚然，上述两种观点均具有较为明确的法理依据，正因如此，《保险法》第16条之修改在近十年立法实践中反复被提及，但一直未发生变化。不可否认的是，无论《保险法》中是否规定被保险人履行如实告知义务，其规范方式均是针对各类保险合同的一般性阐释，难以顾及不同类型保险业务的差异，如团体人身保险的特殊性。由前述案例可见，保险公司对被保险人不应履行如实告知义务并无异议，但确实产生了不合理之实践现象；即便被保险人须如实告知，也面临操作效果之障碍。《保险法》第16条的修改完善是立法发展之必然，对整个保险行业实践均将产生重大影响，为解决当前如实告知义务履行问题提供直接法律依据，但正因涉及对象广泛，立法完善才应更加审慎。即使《保险法》作出调整，具体到团体人身保险的场景也将面临新的挑战。从保险业需求出发，团体人身保险中被保险人如实告知义务问题的解决路径应更加多元化、系统化，依托有效的经验探索，为未来《保险法》的修改提供更多实践基础。

### （二）吸收借鉴境外成熟经验

从境外立法经验看，关于被保险人履行如实告知义务，同样存在肯定与否定两种不同的做法。典型立法例如下：

将投保人和被保险人均规定为如实告知义务的主体。如日本保险法第28条、55条、84条等条文规定，投保人或被保险人因故意或重大过失就告知事项没有如实告知或予以不实告知的，保险公司可以解除保险契约。韩国商法典第651条规定，签订保险合同时，若保险合同人或者被保险人因故意或者过失未告知重要事项或者虚假告知时，

① 王静：《如实告知义务法律适用问题研究——以〈最高人民法院关于适用《中华人民共和国保险法》若干问题的解释（二）〉为核心》，载《法律适用》2014年第4期，第82页。

② 马宁：《保险法如实告知义务的制度重构》，载《政治与法律》2014年第1期，第59页。

③ 徐凯桥：《被保险人作为如实告知义务主体问题研究》，载《中国外资》2012年第8期，第162页。

保险公司有权终止合同。[①] 英国消费者保险法第 8 条也规定，在第三人人身保险中，第三人作为被保险人负有如实告知义务，如果进行了不实告知，将承担与消费者不实告知同样的法律后果。[②]

将如实告知义务主体明确限定为投保人。如法国保险契约法第 15 条规定，订立契约时，投保人就其所知悉影响危险承受性质的事实，应当正确告知保险人。[③] 根据我国台湾地区相关规定，订立契约时，要保人对于保险人之书面询问，应据实说明。此外，德国保险法第 19 条规定，在订立保险合同之前，对于保险人以书面方式询问的对其决定订立保险合同有重要影响的事实，投保人应当向保险人如实告知。同时，该法第 47 条规定，在为第三人投保的情形下，被保险人的知悉及其行为也纳入投保人告知义务的范围予以考虑。[④] 德国保险法的规定实质上仍坚持了将如实告知义务履行主体限定为投保人的做法，但一定程度上增加了投保人对被保险人“知悉及其行为”的注意义务。

从上述境外立法实践看，是否规定被保险人履行如实告知义务，主要源于所在地区法律环境的特点及保险业监管的目标，实质上并无区分优劣之必要。同时，当前获取之境外经验仍限于《保险法》的修改方式，对于团体人身保险而言，尚缺乏具体、可操作的借鉴。基于当前客观情况，在遵循现行《保险法》所确立基本原则的基础上，通过境外经验与行业实践之结合，对团体人身保险相关监管规则作出一定完善，适度平衡实践中出现的问题，是可以采取的有效路径。如借鉴德国保险法之规定，将如实告知义务的主体限于投保人，同时将投保人告知的内容范围扩展解释为包括被保险人知道或者应当知道的重要事项。[⑤] 又如英国消费者保险法中规定，团体保险中的成员在合同签署或变更之前向保险人提供了信息，即负有如实告知义务，若其违反了该义务，仅对其个人的保障产生影响，而对保单整体没有影响[⑥]，该类规范也可以在行业监管制度完善时借鉴考虑。

### （三）完善司法实践审判标准

从司法实践的角度，最高人民法院在出台审理保险合同纠纷相关司法解释时，一直关注如实告知义务的履行主体问题，征求意见稿中多次尝试对被保险人的如实告知义

---

① 王静:《如实告知义务法律适用问题研究——以〈最高人民法院关于适用《中华人民共和国保险法》若干问题的解释(二)〉为核心》，载《法律适用》2014 年第 4 期，第 82 页。

② 任自力:《英国消费者保险法变革透视》，载《政法论丛》2012 年第 5 期，第 64 页。

③ 李洵:《论保险法中如实告知义务主体的完善》，载《保险职业学院学报》2014 年第 1 期，第 79 页。

④ 王静:《如实告知义务法律适用问题研究——以〈最高人民法院关于适用《中华人民共和国保险法》若干问题的解释(二)〉为核心》，载《法律适用》2014 年第 4 期，第 81 页。

⑤ 王静:《如实告知义务法律适用问题研究——以〈最高人民法院关于适用《中华人民共和国保险法》若干问题的解释(二)〉为核心》，载《法律适用》2014 年第 4 期，第 82 页。

⑥ 任自力:《英国消费者保险法变革透视》，载《政法论丛》2012 年第 5 期，第 64 页。

务作出规范，但经过反复权衡，在遵循《保险法》第16条的基础上，没有作出实质性的调整。2013年颁布的《关于适用〈中华人民共和国保险法〉若干问题的解释（二）》第6条规定："投保人的告知义务限于保险人询问的范围和内容。当事人对询问范围及内容有争议的，保险人负举证责任。"

与最高人民法院保持一致，各地高等法院出台的指导性文件中，也均倾向于被保险人并非如实告知义务的履行主体。如浙江省高级人民法院《关于审理财产保险合同纠纷案件若干问题的指导意见》第5条规定："投保人询问内容不限于保险人在投保单中设置的询问内容，但保险人须对存在投保单中设置的询问内容以外的询问事项负举证责任。"山东省高级人民法院《关于审理保险合同纠纷案件若干问题的意见（试行）》第5条则阐述更加清晰："投保人与被保险人非同一人时，保险人主张被保险人未履行如实告知义务而拒绝承担责任的，人民法院不予支持。"

在司法审判实践中，大多数法院以相关司法解释和指导文件为基础，对于如实告知义务的履行主体均界定为投保人，并不作向被保险人扩展的解释。尤其是在个人型保险业务中，当投保人与被保险人并非同一人时，法院认定被保险人未如实告知的案例较少出现。但在团体人身保险的场景中，基于投保企业与被保险职工之间的特殊关系，一些司法判例还是作出了突破性的尝试，适度认定被保险人的如实告知义务。如在汪某与中意人寿保险有限公司深圳分公司人身保险合同纠纷案中，法院认定"自愿参保的员工负有法定和约定的如实告知义务"①。如前所述，被保险人是否履行告知义务，在不同场景下呈现出不同特点，在个案处理上，更加尊重法官在具体审判实践中的自由裁量权，以判例方式对一些显著失衡的权利义务关系予以纠偏，是解决团体人身保险中被保险人如实告知义务问题的必要补充。

### （四）健全承保规范与管理机制

实践问题之产生，源于不同保险业务场景的复杂性与多样化，解决路径也须回归承保规范与风险防控之差异化设计。从当前我国保险行业情况看，保险公司在一般业务承保活动中，针对投保人的如实告知询问流程设计已经相对成熟。如国家金融监督管理总局于2023年颁布的《保险销售行为管理办法》中，不仅明确了保险公司对投保人开展如实告知询问的规范要求，而且强调保险公司在承保时须开展消费者适当性管理，针对性说明投保人违反如实告知义务的法律后果，并做好销售行为可回溯管理，为后续的定分止争提供更确定的事实依据。行业监管制度与实务操作规范在强化保险公司责任的同时，客观上也提升了投保人履行"被保险人的有关情况"之获取及告知义务的主动性，降低了投保人与被保险人并非同一人时的道德风险。

具体到团体人身保险场景中，承保流程及风险防范措施的规范更加具有现实意义。如企业为职工投保团体人身保险时，要求投保企业须如实告知被保险职工的年龄、岗位

---

① 广东省惠州市中级人民法院(2021)粤13民终338号民事判决书。

风险状况等基本信息，适度强化投保企业的告知义务，可以为保险公司针对性开展风险审核提供更多条件。同时，基于团体人身保险中投保人与被保险人"一对多"的特殊结构，投保人对于被保险人相关情况的获取能力与告知意愿，仍显著低于个人型业务，且投保人存在故意或过失的举证难度极大。从完善路径角度考虑，在保险合同双方当事人同意的基础上，适度强化被保险人在团体人身保险中的告知义务，即在特定条件下增加被保险人的如实告知义务，是可以探索的路径。对此，相关行业监管制度为流程的优化设计也提供了一定空间。如原中国保监会《关于促进团体保险健康发展有关问题的通知》中规定，"保险公司承保团体保险合同，应要求投保人提供被保险人同意为其投保团体保险合同的有效证明和被保险人名单"，虽然没有要求被保险人如实告知，但被保险人须同意投保人为其投保的流程设计，可以支持保险公司在该环节进一步实施针对被保险人的询问。在保险公司与投保人意思表示达成一致的情况下，由当事人约定被保险人应履行一定的如实告知义务，并不违反《保险法》之精神，且对投保人并无义务之增加，更可以防范道德风险，从根本上保护投保人与被保险人利益。

## 三、实践之完善建议

综上，当团体人身保险的业务场景符合一定条件时，由被保险人履行如实告知义务，具有理论基础与实践可行性。当然，被保险人履行如实告知义务之路径，需要充分考虑客观情况，从多角度采取完善措施，既包括宏观上的立法与司法立场调整，更需要借助新流程规范的实施与新技术手段的运用。主要建议如下：

### （一）完善司法解释与行业监管制度

从《保险法》的修改角度，将如实告知义务的履行主体由投保人拓展至被保险人，具有一定的实践基础和境外立法例借鉴，建议基于当前我国保险业的发展现状，遵循立法程序，积极推进基本法律规则的调整。同时，从解决实践问题的角度，建议先行对配套司法解释与行业监管制度作出完善，对保险公司可以要求"投保人主动询问被保险人告知"或"被保险人须履行如实告知义务"的情形作出规定，发挥"试点"作用，为未来的立法变化奠定基础。

关于司法解释的完善，建议对"投保人与被保险人并非同一人"之情形作出补充规范，为实践中平衡投保人与被保险人告知义务的分配提供依据，从而提升各方当事人对于重要承保风险事项的知悉透明度，防范道德风险。具体规范上，建议借鉴德国保险法及《欧洲保险合同法原则》之经验，在投保人与被保险人并非同一人时，将投保人所知道的关于保险标的状况的范围，扩张解释为包括被保险人所知的事实①，即认可保险公司可以要求投保人对影响承保之被保险人相关关键信息主动实施询问，如投保人未尽到

① 马宁：《保险法如实告知义务的制度重构》，载《政治与法律》2014 年第 1 期，第 59 页。

审慎义务，则承担相应的不利后果（该法律后果实质上由被保险人承担）。

关于行业监管制度的完善，原中国保监会《关于促进团体保险健康发展有关问题的通知》颁布至今已经超过十年，建议针对团体人身保险出台更加具有指导性的规范性文件，从保险业务实施角度，对于团体人身保险中的相关特殊问题加以引导，为保险公司主动防范投保人与被保险人的道德风险提供依据。具体规范上，建议借鉴英国消费者保险法之经验，通过监管制度使团体人身保险中投保人与被保险人共同对“被保险人有关情况”的真实性负责，在不违反《保险法》基本原则且各方同意的基础上，约定被保险人履行如实告知义务的范围，明确个体未履行相关义务，仅约束其自身保单权益的行使，并不造成对整个团体人身保险保单的影响。

### （二）强化承保流程与关键风险点管控

团体人身保险中被保险人如实告知义务问题源于实践场景之复杂性，在行业监管制度作出完善、对业务实施规范给予更明确引导的基础上，保险公司应结合不同类型团体人身保险的特点，优化承保流程，突出对于关键风险的防控，解决实践中出现的问题。

一方面，建议在承保流程中进一步强化投保人如实告知义务的履行要求，明确投保人须主动向被保险人询问的情形及责任后果。目前，各类团体人身保险条款中均会明确约定，投保人应如实告知“被保险人有关情况”，在此基础上，对于“被保险人有关情况”的具体内容，可以结合不同业务类型加以区别设计。如以家庭成员作为团体的险种，应要求投保人履行与其为自身投保相同的如实告知义务；企业为职工投保的险种，应要求投保人告知“被保险人是否出于身体健康原因不能正常工作、住院或休病假超过一定期限”“被保险人工作中是否接触危险物品”等重要风险信息，督促投保人主动向被保险人问询情况，提升保险公司风险识别能力；普惠型的团体人身保险险种，则应基于其精算假设与业务特点，仅要求投保人在如实告知方面履行基本注意义务即可。

另一方面，建议对道德风险敞口较大的团体人身保险业务承保流程作出调整，对高风险险种，增加被保险人的如实告知义务要求。从实践情况看，一些特殊类型的团体人身保险，存在投保人与被保险人故意利用法律漏洞的风险，如一些非固定化的社团、组织投保的团体人身保险，投保人在投保前甚至完全不知悉被保险人基本身份，履行如实告知义务过分流于形式。对于此类险种，在夯实投保人如实告知义务的同时，可以通过完善保险条款、签署新的法律文件等方式，在各方同意的基础上增加被保险人的如实告知责任，如在投保人声明书、投保调查表等文件中明确被保险人的告知要求，包括被保险人须说明是否患有癌症、心功能不全Ⅱ级以上心脏病等情况，或被保险人须签署未隐瞒影响承保条件之事实的承诺文件等。

此外，允许保险公司充分运用大数据信息对被保险人相关情况加以校验，也是做好风险防控的必要补充。国家金融监督管理总局于2023年向保险业内发出的《关于规范团体人身保险业务发展的通知（征求意见稿）》中规定，“鼓励保险公司采用互联网、大数据等技术手段，在团体人身保险承保、保全、理赔等服务环节提升数字化管理水平和风险管理水平，提升客户服务体验和效率”，已经明确了团体人身保险中深入开展大数据技术运用的基本方向，建议监管制度进一步明确保险公司运用客户信息的合理性与边界限制。

### （三）借助司法途径对个案进行纠偏

解决团体人身保险中的被保险人如实告知问题，既需要立法层面的制度完善与政策引导，进一步明确各方当事人的权利义务，更需要保险经营主体针对性强化承保流程与风险管控手段，营造规范的市场环境，发现并约束投保中的不当行为。同时，团体人身保险业务实践具有多样性、复杂性等特点，在纷繁复杂的各类具体纠纷案件中，当适用一般裁判规则仍显失公平时，还需要通过司法途径加以校正，对投保人或被保险人故意利用现行《保险法》之空间、滋生道德风险的情况予以纠偏。如在前述案例中，投保人明确发生恶意不履行如实告知义务的情形，且已接受自身所投保保险被拒赔，保险公司在具有同类保障内容的团体人身保险中拒赔，应得到法院支持。当然，司法途径的调整需要审判人员根据纠纷案件的具体情形，结合证据材料综合评估，不能一概而论。

一方面，建议援用《中华人民共和国民法典》（以下简称《民法典》）关于第三人欺诈的有关规定，对被保险人的恶意行为予以纠正。《民法典》第 149 条规定：“第三人实施欺诈行为，使一方在违背真实意思的情况下实施的民事法律行为，对方知道或者应当知道该欺诈行为的，受欺诈方有权请求人民法院或者仲裁机构予以撤销。”在保险合同中，《保险法》第 16 条所规定的保险合同解除权仅对投保人的义务作出规范，在团体人身保险的场景下，被保险人故意隐瞒事实，无法适用前述规定，而《民法典》第 149 条规定的行为主体为第三人，在被保险人的欺诈行为与保险公司的错误判断存在因果联系的情况下，应允许司法机关援引该条规定对被保险人的恶意行为进行校正，以维护当事人之间的实质公平。

另一方面，建议援用《民法典》关于民事法律行为不得违背公序良俗的有关规定，对投保人与被保险人的道德风险予以防范。《民法典》第 153 条规定，违背公序良俗的民事法律行为无效。保险业务实践中，投保人与被保险人并非同一人时，故意隐瞒的情形较为普遍。如在某案例中，妻子为丈夫投保重大疾病保险，当丈夫在投保前已经确诊患有恶性包块的情况下，妻子始终坚持丈夫未对其告知，自己在投保时已经履行如实告知义务。在团体人身保险中，投保人与被保险人故意隐瞒的情形更为普遍，在保险公司能够提供一定证据支持的情况下，应允许司法机关援引《民法典》相关规定，合理认定违反公序良俗的投保行为不产生法律效力。如能够证明团体人身保险中投保人与被保险人存在恶意串通行为，则可援引《民法典》第 154 条，行为人与相对人恶意串通时，损害他人合法权益的民事法律行为无效。

关于团体人身保险中被保险人的如实告知义务问题，本文仅仅是做了一些完善路径角度的粗浅探讨，相关分析与观点均存在诸多不当之处。研究的目的主要是从实践角度提出问题，以抛砖引玉，引发学者更多关注。

# 从全有全无到或多或少

## ——《保险法司法解释(三)》第25条的裁判适用研究

王瑞煊*

[摘　要]　意外伤害保险中被保险人的损失能否获得赔付，关键在于判断导致被保险人损失的原因是否属于保险责任范围。保险审判实务中，被保险人的损失发生往往交织着承保事故、非承保事故、免责事由等多种原因，确定承保事故与损失之间的因果关系并不容易。在被保险人的损失系由承保事故或者非承保事故、免责事由造成难以确定时，《最高人民法院关于适用〈中华人民共和国保险法〉若干问题的解释(三)》第25条对保险人是否给付保险金、如何给付保险金进行了规定，打破了保险审判实务中"全赔或全不赔"的局限，为审理者处理该类案件提供了裁判依据。具体适用中，应当根据个案情况，采相当因果关系说判断保险事故与损失之间的因果关系，厘清意外伤害保险中"外来性"与"疾病"之间的关系，合理分配双方当事人之举证责任，以准确认定保险人的保险金给付责任，保障被保险人合理期待，维护保险人与被保险人之间的利益平衡，以促进保险业的健康发展。

[关键词]　意外伤害保险；外来性；疾病；因果关系；比例赔付

## 一、问题的提出

《中华人民共和国保险法》(以下简称《保险法》)第95条将人寿保险、健康保险和意外伤害保险共同列为保险公司的人身保险业务范围。其中，意外伤害保险因其保费低廉、保险金额高、核保手续简便等优点，成为投保人数多、影响层面广的人身保险险种。根据保险监管部门的规定，意外伤害保险是指以被保险人因意外事故而身故、残疾或者发生保险合同约定的其他事故为给付保险金条件的人身保险。①

至于意外伤害的具体定义，《保险法》及相关司法解释未作进一步规定。目前保险

*　王瑞煊，南京市中级人民法院金融借贷庭副庭长、四级高级法官，法学硕士。

①　参见原中国保险监督管理委员会《人身保险公司保险条款和保险费率管理办法》(2015年修订)第12条。

实务中，各家保险公司多是参照1998年中国人民银行制定的《航空旅客人身意外伤害保险条款》第12条的规定①，通过相应保险条款对何为意外伤害加以界定。如有的保险公司将意外伤害定义为“遭受外来的、突发的、非本意的、非疾病的客观事件直接致使身体受到的伤害”②。有的保险公司则将意外伤害定义为“以外来的、突发的、非本意的、非疾病的客观事件为直接且单独的原因致使身体受到的伤害”③，增加了对事故与伤害结果之间“单独的原因”这一因果关系限制性要求。此外，为避免产生争执和控制风险，各家保险公司一般将“猝死”“疾病”“自杀”等作为免责事由。可见，尽管在文字具体表述上略有差异，但主要是从外来的、突发的、非本意的、非疾病的这四个方面来界定“意外伤害”本身的范围。

### （一）从两则案例出发

近年来，意外伤害保险中被保险人损失的发生往往交织着承保事故、非承保事故、免责事由等多种因素，导致保险审判实务中频频出现是意外导致了疾病，还是疾病导致了意外之争。在此情形下，如何判断被保险人损失发生的真实原因并进而认定保险人责任，审判实践中的观点并不完全一致。在此举两则代表性案例予以说明。

#### 1. 保险人承担全部赔偿责任④

某航运公司为万某投保了团体意外伤害保险，其中责任免除条款约定“被保险人猝死，保险人不承担保险责任”，释义部分约定“意外伤害指遭受外来的、突发的、非本意的、非疾病的客观事件直接致使身体受到的伤害”。后万某在轮船上摔倒，送医后不治。医院出具的《居民死亡医学证明（推断）书》上载明“直接死亡原因”为“颅内出血”，“引起的疾病或情况”为“意外跌倒”。保险公司认为万某生前患有高血压、心肌病等多种疾病且未做尸检，故以万某死亡系其自身疾病导致的猝死为由拒赔。法院生效判决认为，根据保险金请求权人提交的《居民死亡医学证明（推断）书》、出诊抢救记录和接处警工作登记表中所载内容，并结合万某系在非静止状态下的货船上发生事故的客观事实，能够相互印证万某的死亡系意外跌倒所致，应属保险合同约定的意外事故。虽然万某在生前患有多种疾病，其家属在万某死亡后就该部分事实亦未告知保险公司，但该情形尚不足以直接证明万某的死亡是由其自身疾病等内在因素所致，万某死亡后是否对其死亡原因进行鉴定亦非保险公司承担赔偿责任的前提条件，故保险公司应当向保险金请求权人给付身故保险金。

---

① 中国人民银行制定的《航空旅客人身意外伤害保险条款》第12条规定：意外伤害系指遭受外来的、突发的、非本意的、非疾病的使身体受到伤害的客观事件。

② 参见《国寿新绿洲团体意外伤害保险（B款）条款》第22条。

③ 参见《平安团体意外伤害保险条款》第25条第2项。

④ 参见江苏省南京市中级人民法院（2021）苏01民终9712号民事判决书。

2. 保险人不承担赔偿责任①

童某以陈某为被保险人，在某保险公司投保了意外伤害保险，身故保险金受益人为童某。其中，保险责任约定："被保险人因遭受意外伤害，并自事故发生之日起 180 日内身故的，按基本保险金额给付意外身故保险金。"责任免除条款约定："因猝死导致被保险人身故、伤残的，不承担给付保险金的责任。"释义部分将"意外伤害"定义为"遭受外来的、突发的、非本意的、非疾病的使身体受到伤害的客观条件"；将"猝死"释义为"指貌似健康的人因潜在疾病、机能障碍或其他原因在出现症状后 24 小时内发生的非暴力性突然死亡"。某日，陈某突然倒地后昏迷，送到医院时已丧失生命体征。后童某主张陈某因意外伤害死亡，要求保险公司给付身故保险金。其向法院提交的证明陈某死于意外的证据包括：急诊医生在陈某的门诊病历中载明的诊断意见为"猝死"；急诊医生到庭作证称猝死结论不是陈某死亡的唯一结论；《死亡医学证明（推断）书》上载明的陈某死亡原因为"不明原因"；公安机关出具的《接处警工作登记表》报警形式载明为"其他意外伤亡"。法院生效判决认为，童某提交的证据均不能证明陈某系遭受意外伤害导致死亡，且出具上述证据的相关部门并未参与对陈某的诊断，故对死亡原因的载明均不能作为认定陈某死亡原因的依据，不能据此认定陈某的死亡具有外来性，故童某并未完成对意外伤害的初步举证责任，也就不存在由保险公司承担未举证排除外来性的不利后果。据此，驳回童某的诉讼请求。

### （二）如何认定意外伤害中的"外来性"

从以上两则案例可以看出，争议焦点集中在对被保险人的身故到底是外来客观事件还是自身疾病所致进行判断的问题。一般而言，保险金请求权人主张保险人承担保险金赔付责任，应当对保险事故属于保险责任范围承担举证证明责任，而保险人则对保险事故属于免责事由承担举证证明责任。因此，从两案裁判理由看，法院亦从举证责任角度出发，由保险金请求权人对被保险人的损失系由承保事故造成承担举证证明责任，而保险人则对被保险人的损失系由自身疾病造成承担举证责任。前案中，保险金请求权人能够证明被保险人万某在非静止状态下的货船上摔倒，即便万某生前患有多种疾病，保险人也未能举证证明万某死亡系由疾病导致。而后案中，被保险人突然倒地后昏迷，倒地过程无目击者，保险金请求权人未能举证证明被保险人的倒地来自外来性的因素，在此情况下，因保险金请求权人未完成举证证明责任，保险人则无须再另行举证被保险人系因疾病导致倒地后昏迷。

问题在于，因意外伤害保险排除了疾病，在被保险人的损失原因包含疾病因素时，认定被保险人的损失究竟是外来因素还是疾病所致十分重要，但两者交织时往往不好识别。假设案例一中，保险金请求权人虽举证证明了被保险人的摔倒存在外来性因素，

① 参见江苏省泰州市中级人民法院(2016)苏 12 民终 3043 号民事判决书。

同时保险人举证被保险人死因为颅内出血，那么到底是摔倒导致的颅内出血，还是颅内出血后导致的摔倒？即在外来性与疾病竞合的情形下，如何对造成被保险人损失的原因进行判断，进而妥善认定保险人的责任？尽管《最高人民法院关于适用〈中华人民共和国保险法〉若干问题的解释（三）》（以下简称《保险法司法解释（三）》）第25条确立了在被保险人的损失原因难以确定情况下的赔付处理规则，但具体应当如何适用，实践中仍存在争议，或不敢轻易适用，或适用错误，或适用比例不当。因此，本文拟围绕前述问题从因果关系的选择以及《保险法司法解释（三）》第25条在司法实践中的具体适用情况角度展开分析论证，以期为意外伤害保险案件的审理提供裁判思路。

## 二、保险法上的因果关系

保险法上的因果关系问题，虽然具有一定的抽象性，但绝非纯粹的理论问题，而是一个与司法实践密切关联的问题。[①] 准确认定和判断因果关系影响到保险人的赔付责任范围，对于保护各方当事人的合法权益具有重要意义，可以说是保险理赔的核心所在，也是保险纠纷案件的难点问题。因此，在意外伤害保险案件审理中，为准确认定外来性与疾病竞合情况下各自与被保险人损失之间的因果关系，有必要先厘清保险法上的因果关系基本概念和主要认定理论。

### （一）保险法因果关系的内容

#### 1. 概念比较

保险法上的因果关系是指承保危险与被保险人损害结果之间的因果关系，其与侵权法上的因果关系存在重大差异，根源在于保险责任是约定责任，而侵权责任属于法定责任。因此，对保险法上因果关系的认定受制于当事人之间的合同约定，注重的是当事人因合同而产生的合理期待。侵权法上的因果关系认定则更多地强调可预见性。[②] 此外，传统民法学说将因果关系划分为责任成立因果关系（行为与结果之间的因果关系）和责任范围因果关系（行为与赔偿范围之间的因果关系）。保险法上因果关系涉及的是“责任成立因果关系”，即只需判断被保险人所遭受的损失是否系保险人所承保的风险所致，进而决定保险人是否负有赔偿责任。如前所述，保险人承担保险责任的范围已由保险合同明确约定，故法院对事故原因的审查，通常限于保险合同所约定的事项。而侵权法上因果关系则侧重于“责任范围因果关系”的认定，目的是要确定侵权人应否对受害人承担损害赔偿责任以及责任的具体范围。

---

① 参见周学峰：《论保险法上的因果关系——从近因规则到新兴规则》，载《法商研究》2011年第1期，第101页。

② 参见周学峰：《论保险法上的因果关系——从近因规则到新兴规则》，载《法商研究》2011年第1期，第102页。

2. 主要理论

保险法上的因果关系判断标准多种多样，且存在明显的英美法和大陆法分界。规范法时代，基于实证分析法学事实与价值的区分，英美法系将因果关系划分为事实因果关系和法律因果关系，大陆法系则划分为责任成立因果关系和责任范围因果关系，二者的识别路径均为先从构成事故的诸多条件因素中寻求事故的客观原因，再根据司法政策或合同约定，结合过错程度及违法性进行价值判断，寻求法律上的原因（近因）。[①] 至于保险法上因果关系之认定理论，学说上主要有条件说、相当因果关系说（适当条件说）、最近因果关系说（主力近因说）和保护目的说等不同见解。司法实务中对于伤害事故因果关系的认定，大体观之，亦多摇摆于采用最近因果关系说与相当因果关系说之间。[②] 故下文将就此二说重点分析。

## （二）最近因果关系说

1. 含义

最近因果关系说源于英美法系，又称“近因原则”或“主力近因说”，专门适用于海上保险。英国 1906 年《海上保险法》首次以成文法形式对近因原则作出规定：“依照本法的规定，除保险单另有约定外，保险人对以承保风险为近因的损失承担赔偿责任，但是，对于非由所承保的危险近因所致的损失，概不负责。”[③]后来这一原则逐渐被英美法系的法官和学者引申到整个保险法领域。目前，世界上许多国家的保险立法大都将近因原则确定下来，作为保险法的基本原则。在我国，尽管《保险法》和《海商法》未对“近因原则”作出明文规定，但是，法律界、保险界大多数专家学者均主张“近因原则”是保险理赔的基本原则之一，对涉及因果关系的保险事故均采用近因原则处理。[④] 近因原则的核心在于对近因的认定，近因是指对承保损失起决定性、有效性、直接性影响的原因。[⑤]这就意味着根据近因原则，只有当一个原因对损害结果的发生有决定性意义，而且这个原因是保险合同承保的风险时，保险人才承担保险责任；同理，该原因不属于承保风险或免责条款所指的除外责任时，保险人方能免除赔偿责任。如此一来就要求保险金请求权人既要找出导致保险事故发生的具有决定性意义的原因，又要证明该原因属于保险合同承保范围。

---

① 参见蔡东平：《保险法因果关系司法走向：从近因原则到比例原则》，厦门大学 2020 年硕士学位论文，第 3 页。

② 参见江朝国：《保险法逐条释义》第四卷《人身保险》，元照出版有限公司 2015 年版，第 892—894 页。

③ 参见英国 1906 年《海上保险法》第 55 条第 1 项。

④ 杜万华主编：《最高人民法院关于保险法司法解释（三）理解与适用》，人民法院出版社 2015 年版，第577 页。

⑤ 王卫国主编：《保险法》，中国财政经济出版社 2003 年版，第 46 页。

2. 实践

对于一因一果的保险赔付，无须探求“近因”，或者说在一因一果的情形下，没有适用近因原则的前提。然而一旦出现多因一果的情形，如存在多个原因连续发生、前后衔接，多个原因同时发生、相互并存，多个原因同时发生、相互独立等不同情形时，因果关系的认定即成为此类案件中最为疑难的问题。按照近因原则，若导致保险事故发生的原因有两个以上时，其中至少有一个原因属于保险人的承保风险范围，而其他原因既不属于承保风险范围也不属于除外责任事项时，保险人仍应承担赔付责任。其原理在于，从保险人的角度来看，保险人可以通过保险合同约定来控制自身的责任范围，如果保险人不想对某些事项引发的损失负赔付责任，可以在保险合同中将其列为除外责任事项；从投保人的角度来看，其有理由期待当发生了约定的保险事故时有权获得赔付，而不会仅仅由于出现了合同中未约定的事项就使其丧失了获得赔付的权利。此外，如果导致保险事故发生的多个原因中，既有原因属于保险人的承保风险范围，又有原因属于保险合同中约定的除外责任事项时，则保险人不承担赔付责任。①此即所谓“除外优先”原则。该观点主要理由为，使保险人为除外的风险负责违反保险原理，即有违保险法上的对价平衡原则。

从上述情形可以看出，近因原则的优点在于：当有多个原因同时作用于保险事故时，究竟何者为决定性因素，采用近因原则作为判断标准简单明了。不过，从近因原则适用的结果看，无论损害客观上是否由数个原因促成，均要求在结果上找到唯一原因，以判定保险人的责任，即“全有或全无”。且依照近因原则判断原因与结果的关系也具有相当的不确定性，何为具有“决定性、有效性”的因素？特别是在保险事故形成过程中疾病、外来客观事件缺一不可、相互竞合的情形下，难以准确、合理地判断保险人的责任。

### （三）相当因果关系说

1. 含义

相当因果关系说源于大陆法系保险法，又称为有条件因果关系说、适当条件说。江朝国先生认为，于诸多与结果具有条件关系之原因中，与结果之发生具相当性者，即可认为其等与结果间具相当因果关系。② 相当因果关系说在保险法上的应用根据一般社会经验和普通人对事物的理解，判断因果关系是否通常、相当，判断公式为“无此行为，虽必不生此损害，有此行为，通常即足生此种损害者，视为有因果关系。无此行为，必不

---

① 周雪峰：《论保险法上的因果关系——从近因规则到新兴规则》，载《法商研究》2011 年第 1 期，第 103 页。

② 参见江朝国：《保险法逐条释义》第一卷《总则》，元照出版有限公司 2018 年版，第 784 页。

生此损害,有此行为,通常亦不生此种损害者,即无因果关系"[①]。王泽鉴先生认为,相当因果关系是由"条件关系"及"相当性"构成的,故在适用时应区别两个阶段:第一个阶段是探究其条件上的因果关系,如为肯定,则于第二个阶段,认定该条件的相当性。换言之,相当性应具备两项构成要件:① 行为于损害发生时不可或缺,亦即具备必要性;② 行为显著增加损害发生可能性,亦即具备可期待性。[②]

2. 实践

我国台湾地区就陆上保险采相当因果关系说,作为保险法上因果关系之判断标准。近年来,相对因果关系说逐渐受到我国学者的重视。如有观点认为,将海上保险中通用的近因原则适用于非海上保险,对被保险人过于严格,不符合保险双方地位的实际情况,也不符合保护被保险人的立法宗旨。因此,非海上保险应当采纳相当因果关系说。[③] 同样,有学者主张在疾病与外来客观事件相互竞合的类型中,近因说难以准确、合理地判断保险人的责任。以某患者因病住院治疗过程中,院方输液用药过量而使其身故为例。假设该患者所患疾病本身不会导致其身故,输液用药过量对普通人而言也绝不会威胁其生命,那么就身故的结果而言,疾病(内因)与输液用药过量(外因)两者相辅相成、缺一不可。此时,依照近因原则恐无法作出具有最大合理性的判断。因此,在判断保险人是否承担保险金给付责任这一点上,因果关系的判断采以德、日为代表的大陆法系相当因果关系理论较为合理。相当因果关系理论的优点在于承认与结果发生具有相当性的所有因素,可以得出亦此亦彼的结论(保险人按照外因起到作用的比例承担责任)。而采近因原则,其结论一般只能是非此即彼(保险人或承担责任或免责)。[④]

## 三、意外伤害保险中"外来性"与"疾病"竞合的实例分析

《保险法》自颁布后历经多次修改,对其他保险基本原则都作出了规定,唯独对因果关系未置一词,成为立法的重要空白。[⑤] 在司法解释层面,最高人民法院于 2003 年 12 月 8 日就审理保险纠纷案件相关司法解释[⑥]向社会征求意见,其中第 19 条明确提出了近因原则,并将近因定义为对损失起决定性、有效性作用的原因。但是在此后发布的保

① 参见王泽鉴:《侵权行为》(第三版),北京大学出版社 2016 年版,第 236 页。

② 韩强:《法律因果关系理论研究——以学说史为素材》,北京大学出版社 2008 年版,第101 页。

③ 邢海宝:《论保险法上的因果关系》,载《保险研究》2012 年第 1 期,第 115 页。

④ 参见岳卫:《意外伤害保险中"外来性"的因果关系判断与举证责任分配》,载《法律适用》2017 年第 18 期,第 73 页。

⑤ 杜万华主编:《最高人民法院关于保险法司法解释(三)理解与适用》,人民法院出版社 2015 年版,第578 页。

⑥ 参见 2003 年 12 月 8 日公布的《最高人民法院关于审理保险纠纷案件若干问题的解释(征求意见稿)》第 19 条规定:"人民法院对保险人提出的其赔偿责任限于以承保风险为近因造成的损失的主张应当支持。近因是指造成承保损失起决定性、有效性的原因。"

险法司法解释中均未有近因原则相关规定，可见在司法解释过程中近因原则争议之大。虽然近因原则未能在规范层面予以确立，但在司法实践中却得到承认。[①] 2015 年 12 月 1 日《保险法司法解释（三）》公布施行，其中第 25 条明确规定倘若无法确定被保险人的损失系由承保风险或者非承保风险、除外风险造成，法院可以按照相应比例予以支持。一石激起千层浪，非但近因原则在司法解释中未予确定，《保险法司法解释（三）》中还确立了比例赔付规则。对此，笔者从司法实践出发，在 alpha 案例库中以“意外伤害保险”作为关键词、将引用法条包含“《保险法司法解释（三）》第 25 条”作为搜索条件，搜索 2021 年至 2025 年[②]法院层级为“中级人民法院”的保险纠纷二审民事判决书，共得到 105 份样本，并在此基础上对《保险法司法解释（三）》施行后第 25 条的适用情况，展开具体分析。

### （一）案件基本情况

#### 1. 案件数量

笔者拟以 2015 年 12 月 1 日即《保险法司法解释（三）》施行之日作为起始时间搜索意外保险中涉及第 25 条关于比例赔付的案件，但囿于搜索工具的限制，仅显示 2021 年起的民事判决书。其中，2021 年 44 件，2022 年 18 件，2023 年 15 件，2024 年 27 件。

#### 2. 地域分布

当前搜索的案例主要集中在河南省、山东省、湖南省，分别占比 15.24%、11.43%、6.67%。其中河南省的案件量最多，达到 16 件；山东省 12 件、湖南省 7 件、吉林省和山西省各 6 件。

#### 3. 上诉情况

105 件二审案件中，由原审被告即保险人上诉的案件有 61 件，占比 58.10%。由原审原告即保险金请求权人上诉的案件有 28 件，占比 26.67%。保险金请求权人和保险人双方均上诉的案件有 16 件，占 15.24%。从上诉原因看，在保险人全赔案件中，保险人认为被保险人的损失是由免责事由导致，其不应承担责任；即便不能免责，也应当适用第 25 条规定按比例赔付。在保险人不赔案件中，保险金请求权人的观点则反之，认为保险人应当全赔或者适用第 25 条规定按比例赔付；在法院适用第 25 条判令保险人承担比例赔付的案件中，双方当事人要么对法院酌定的比例不认同，要么认为法院应当

① 参见人民法院案例库入库案例上海市第一中级人民法院(2011)沪一中民六(商)终字第 193 号人身保险合同纠纷一案(入库编号 2023-08-2-334-005)。法院在裁判说理中认为：根据保险法的规定，损失原因的确定对于决定保险人是否应承担保险责任至关重要，保险人对保险合同项下赔付责任的履行，取决于在符合保险合同规定的前提下，风险与损失之间的因果关系。当一个损失结果存在数个致损原因时，则必须确定引起损失决定性和有效性的原因，这就是保险法上的近因原则。

② 检索截止时间为 2025 年 4 月 17 日。

作出“全有或全无”的认定。

4. 裁判结果

因样本均为中级人民法院和专门人民法院作出的二审判决书，从裁判结果上看，维持原判的有 91 件，占比为 86.67%；改判的有 14 件，占比为 13.33%。在改判的 14 件案件中，将全额赔付改为比例赔付的 5 件，将比例赔付改为全额赔付的 2 件，将不赔改为比例赔付的 2 件，将不赔改为全赔的 1 件，将比例标准调高的 1 件，其他原因改判的 3 件。

5. 责任比例

105 件二审案件中，认定保险人全赔的案件有 26 件，占比 24.76%。驳回保险金请求权人诉讼请求的案件有 13 件，占比 12.38%。其余 66 件案件中，保险人承担责任的具体比例均是根据个案情况进行酌定。其中，在法院认定被保险人的损失难以确定的情况下，由保险人承担 50%责任的比例最高，共计 53 件，占比 80.3%。

**保险人责任比例及相关案件占比**

| 保险人责任比例 | 案件数量 | 占比 |
| --- | --- | --- |
| 100% | 26 | 24.76% |
| 80% | 7 | 6.67% |
| 70% | 13 | 12.38% |
| 60% | 5 | 4.76% |
| 50% | 28 | 26.67% |
| 44.33% | 1 | 0.95% |
| 40% | 4 | 3.81% |
| 35% | 2 | 1.90% |
| 30% | 5 | 4.76% |
| 5% | 1 | 0.95% |
| 不赔 | 13 | 12.38% |

## （二）裁判理由梳理

从搜索的裁判文书分析，之所以会涉及《保险法司法解释（三）》第 25 条，是因为被保险人的损失存在多因一果，难以确定造成损失的原因。保险金请求权人主张被保险人因意外导致死亡，而保险人则抗辩被保险人死亡是疾病等免责事由或非承保事由所致，保险人不应承担赔偿责任。对此，法院的裁判观点分为以下几类：

1. 保险金请求权人未举证证明被保险人损失系由意外导致，保险人不承担赔偿责任

如本文第一部分所举的第二则案例。在该类案件中，要么被保险人被发现时已经处于昏迷状态，无人目击昏迷过程；[①]要么目击者虽看见被保险人突然昏迷，但当时未见有外来因素影响[②]，同时还查明经医院检查被保险人无外伤、死亡原因记载为“猝死”等事实。此种情形下，法院基于保险金请求权人未能提交有效证据证明被保险人的死亡源于意外，即不具备“外来性”因素，并结合保险条款中关于猝死免责的约定，进而判令保险人不承担赔偿责任。至于当事人提出的能否适用《保险法司法解释（三）》第 25 条按比例原则赔付的意见，则以不存在多种原因难以确定为由，认为不属于该司法解释规定的适用范围。[③]

2. 保险金请求权人与保险人虽对被保险人死亡原因有争议，但保险金请求权人已提交初步证据，保险人不能证明被保险人死亡系潜在疾病等免责事由所致，由保险人承担全部赔偿责任

该部分案件主要特点在于被保险人的摔倒、坠落等存在外来性因素，如本文第一部分所举的第一则案例，根据现场目击者证言及病历记载，被保险人是在非静止状态下的货船上被绳子绊了后摔倒。又如某案中，法院以公安机关为被保险人的死亡出具了非正常死亡证明，可以确定被保险人死亡系外部原因导致，而保险人未能提交证据证实被保险人系因疾病摔倒而死亡，故保险人不承担给付责任的理由不能成立。[④] 此类案件中，通常会推定“摔倒”“跌倒”“昏迷”“坠落”等本身即具有“外来性”，只要存在该种情形，保险人提交的关于被保险人此前患有相关疾病的证据并不足以推翻被保险人因意外死亡的结论。[⑤]

3. 根据现有证据被保险人死亡原因无法确定，则由保险人承担比例赔偿责任

该类案件中，法院虽均援引《保险法司法解释（三）》第 25 条作为裁判依据，但所选择的理由各不相同。如有案件中，被保险人摔倒后死亡，死亡原因为脑出血，但无法查明被保险人因摔倒后脑出血死亡，还是因其脑出血摔倒后死亡，即现有证据难以确定被保险人死亡的确切原因，故酌定保险人承担 50%的责任。[⑥] 面对此种情形，法院还会根据被保险人此前是否患有疾病、疾病严重程度及与死亡结果之间的关联度，进行比例分

---

① 参见江苏省无锡市中级人民法院（2024）苏 02 民终 1934 号民事判决书。

② 参见江苏省徐州市中级人民法院（2022）苏 03 民终 98 号民事判决书。

③ 参见江苏省无锡市中级人民法院（2024）苏 02 民终 1934 号民事判决书。

④ 参见河北省秦皇岛市中级人民法院（2024）冀 03 民终 1038 号民事判决书。

⑤ 参见北京金融法院（2024）京 74 民终 261 号民事判决书、陕西省榆林市中级人民法院（2022）陕 08 民终 619 号民事判决书。

⑥ 参见山西省运城市中级人民法院（2021）晋 08 民终 1587 号民事判决书。另广西壮族自治区梧州市中级人民法院（2022）桂 04 民终 1967 号民事判决书亦持相同观点（保险人责任比例为 60%）。

配。如有法院因查明被保险人此前患有高血压，认为被保险人自身疾病造成脑出血死亡可能性较大，则将保险人承担责任的比例降至30%。[①] 如未发现被保险人存在相关基础疾病，则有法院认为保险人在查明死亡原因上负有高于被保险人家属的责任，酌定保险人承担70%的赔偿责任。[②] 也有法院认为保险金请求权人与保险人对死亡原因无法查明均存在一定的过错，如保险金请求权人未及时报险[③]、未进行尸检[④]，保险人怠于查勘[⑤]等，酌定保险人承担比例不等的赔偿责任。

### （三）司法实务困扰

在《保险法司法解释（三）》施行后，不少法院对于意外伤害保险案件中出现的"外来性"与"疾病"竞合造成被保险人损失的情形，探索适用第25条的规定解决近因原则下的"全赔或全不赔"问题。不过司法实践中仍有不少问题需要厘清。

1. 第25条如何适用

在意外伤害保险纠纷中，法院适用《保险法司法解释（三）》第25条确定保险人比例赔付责任的案件数量实际上并不占多数。笔者在alpha案例库中搜索的意外伤害保险纠纷数据显示，裁判文书中涉及该司法解释的案件为105件，占同时期意外伤害保险纠纷案件的2.08%[⑥]，最终适用该条司法解释认定保险人承担比例赔偿责任的案件仅有66件，占同时期意外伤害保险纠纷案件的1.30%。可以看出，虽然在被保险人损失原因无法确定的情况下，保险人按比例承担赔偿责任已有法律依据，但司法实践中的适用比例并不高。主要原因在于司法实务长期受"近因原则"的影响，审理者习惯按照"全有或全无"的裁判思路认定保险人责任，较少选择适用《保险法司法解释（三）》第25条分摊责任。

2. 举证责任如何分配

意外伤害保险也称伤害保险，是指被保险人在保险期间遭受意外事故而使身体受到伤害，或者因此致残、致死之时，保险人依照合同约定给付保险金的人身保险。[⑦] 在

---

① 参见河南省安阳市中级人民法院（2021）豫05民终3455号民事判决书（保险人责任比例为30%）。

② 参见河南省鹤壁市中级人民法院（2024）豫06民终399号民事判决书。

③ 参见山西省大同市中级人民法院（2021）晋02民终1129号民事判决书（保险人责任比例为80%）、河南省新乡市中级人民法院（2022）豫07民终2746号民事判决书（保险人责任比例为50%）。

④ 参见山东省烟台市中级人民法院（2022）鲁06民终6051号民事判决书（保险人责任比例为30%）。

⑤ 参见湖北省武汉市中级人民法院（2024）鄂01民终2434号民事判决书（保险人责任比例为50%）。

⑥ 以案由为保险纠纷、关键词为意外伤害保险、法院层级为中级人民法院进行搜索，alpha案例库数据显示，2021年1月1日至2025年4月17日，共有民事判决书5 059份。

⑦ 参见温世扬主编：《保险法》（第三版），法律出版社2016年版，第220页。

该类案件审理中，多数观点认为保险金请求权人应当对被保险人的死亡是由意外事故导致承担举证责任，由保险人对被保险人的死亡是由免责事由或非承保事由导致承担举证证明责任。界定意外事故主要以外来性、突发性及非自愿性这三项基本要素来加以判断，其中“外来性”作为界定意外事故的核心要素。难点就在于，当事人对待证事实证明到何种程度才能解除证明责任，审理者基于何种尺度才能认定待证事实存在。保险人是否只要提交被保险人此前患有疾病的就诊记录，就能证明被保险人的死亡是由此前患有的疾病引发？死亡的原因是否一定要通过司法鉴定或尸检才能确定？目前来看存在不同认识。有的通过是否有外伤进行判断，有的则以有无外来因素参与予以识别。此外，还有观点认为只要被保险人存在摔倒情形，就可推断被保险人的损失具有外来因素，被保险人无须另行举证。

3. 赔付比例如何确定

在适用《保险法司法解释（三）》第 25 条确定保险人的赔偿比例时，保险人应当承担多少比例的赔偿责任，目前在划分比例上裁判尺度不一，缺乏明确的量化标准。法官在裁量时只能依靠自由心证，有的通过司法鉴定确定外来因素的参与度，有的根据双方的过错程度确认各自承担的责任比例，导致相同情形下，有些个案难免存在偏差，责任划分比例不一。

## 四、比例赔付在意外伤害保险中的适用

我国保险法虽未规定近因原则为基本原则，但通常情况下均采用近因原则处理。根据传统的近因原则，无论损害后果由唯一原因还是数个原因造成，均需为结论寻找唯一原因，判定保险人责任的有无，这就决定了保险人将以“全赔或全不赔”的形式承担保险责任，因而就忽视了因果关系的复杂性和多样性。当数个原因共同作用时，存在多因中各自的原因力大小不明，或是任何一种因素的原因力都难以构成近因，或是根本无法查明损害结果发生的原因等情形。从保险补偿原则和保护交易中被保险人的弱者地位目的出发，当存在多种原因且难以判断独立承保风险时，由于保险人与被保险人之间在信息获取、专业能力、谈判机会上存在天然的不对等，由保险人承担不利益较由被保险人承担似乎更为妥当，即“全有或全无”更有利于保护被保险人利益。如此，虽在个案上保护了被保险人的利益，但随着案件数量的增多，势必有碍保险人的承保意愿和生存空间，而保险人势必或将此种不利益转嫁到全体被保险人的保险费上，或者增定更多的除外不保条款，或者以诉讼来拖延其保险金给付。此时对保险人而言，虽然获得法律上的利益，却承担事实上的不利。[①] 在此情况下，采相当因果关系说判断诉争的多个原因与

① 参见杜万华主编：《最高人民法院关于保险法司法解释（三）理解与适用》，人民法院出版社 2015 年版，第 584 页。

损害结果之间的因果关系，如多个原因皆符合相当因果关系之情形，则适用《保险法司法解释（三）》第25条的规定，根据每个风险对损失发生和程度的影响，将损失分摊到各个风险上，以此确定保险公司的赔偿责任更为妥当。

## （一）适用前提

《保险法司法解释（三）》第25条明确被保险人的损失系由承保事故或者非承保事故、免责事由造成难以确定，当事人请求保险人给付保险金的，人民法院可以按照相应比例予以支持。最高人民法院同时在该司法解释的理解与适用中强调，本条应以损失发生的原因存在争议作为前提，且争议的原因存在承保事故与非承保事故，或者承保事故与免责事由之争为适用条件。[①] 据此，适用该条司法解释应当满足两个条件：一是在损失事件中承保事故或者非承保事故、免责事由并存；二是损失系由承保事故或者非承保事故、免责事由造成难以确定。一般而言，意外伤害保险中疾病与意外的关系可以分为三类，一是由意外引发疾病；二是由疾病引发意外；三是意外与疾病相互独立共同作用。前两类情形由于能够确定意外与疾病即承保事故与非承保事故或免责事由发生的先后顺序，因此可采相当因果关系说直接判断被保险人的损失到底是意外抑或疾病引发，在此不再赘述。只有出现意外与疾病竞合，无法区分两者发生的先后顺序，且根据保险金请求权人和保险人的举证仍难以判断单一原因的主导作用时，亦可采相当因果关系说确认与结果发生具有相当性的所有因素，进而由保险人按照意外起到作用的比例承担责任，即适用《保险法司法解释（三）》第25条认定保险人的赔偿责任。

需要注意的是，如果保险合同中有"承保风险与非承保风险并存时不予赔付"等类似明确排除比例赔付的条款，保险人以此约定为由拒赔，则应审查保险人就该条款有无履行提示和明确说明义务，如已履行，则该条款合法有效，应优先按合同约定处理。

## （二）举证责任分配

虽在被保险人的损失原因难以确定的情况下可按比例认定保险人的赔付责任，但"难以确定"不代表保险金请求权人和保险人无须承担举证责任，"难以确定"亦不等同于待证事实陷入真伪不明的状态，因为待证事实真伪不明的法律后果是应当认定该事实不存在。根据"谁主张，谁举证"的民事诉讼基本法理，保险金请求权人首先应当对被保险人的损失是由承保事故（意外）造成承担举证责任，保险人如认为被保险人的损失不是由承保事故造成，则应反证被保险人的损失是由非承保事故或免责事由（疾病）造成。实际上，诉讼证明活动是围绕本证展开的，反证由其性质决定，是用以挑战本证的证明效果的。对于审理者而言，核心是在即使有反证的情况下对本证是否达到高度盖然性的证明标准进行判断。本证与反证的证明要求不同，反证只需要将本证使法官形

① 参见杜万华主编：《最高人民法院关于保险法司法解释（三）理解与适用》，人民法院出版社2015年版，第584页。

成的内心确信拉低到高度盖然性证明标准之下即实现目的。[①] 如保险金请求权人未就意外造成被保险人损失这一事实完成举证证明责任，即便保险人未提交反证，也不能以被保险人的损失难以确定为由适用《保险法司法解释（三）》第 25 条由保险人承担比例赔付责任。如保险金请求权人证明了意外造成被保险人损失这一事实，而保险人提交的反证不足以动摇本证的证明力，也不宜以损失原因难以确认为由认定保险人承担比例赔付责任。那么，在疾病与意外竞合情形下，保险金请求权人与保险人对各自的待证事实证明到何种程度，可以适用《保险法司法解释（三）》第 25 条？以意外伤害保险中摔倒与疾病竞合情况为例。

1. 保险金请求权人的举证

摔倒的原因多种多样，有脑出血导致的摔倒，有雨天路滑导致的摔倒。如前所述，意外的核心要素是“外来性”，笔者认为在司法实践中，需要保险金请求权人证明被保险人的摔倒是由外部因素引起。比如地面湿滑、异物绊倒、他人碰撞等引发。具体应当如何判断呢？除了保险金请求权人的单方陈述外，还需要结合被保险人就诊记录以及公安机关笔录中关于事发过程的描述、事发现场目击者证言及监控录像等，以降低对“外来性”判断的任意性。就诊记录及公安机关笔录中关于被保险人受到伤害的过程描述形成于事发当时，一般而言当事人在紧急情况下为了获得保险金而进行虚假陈述的概率较低，因此当时形成的陈述内容更加接近真实情况。回到本文第一部分两则案例，案例一中关于被保险人到底是如何摔倒的，实际上是根据急诊医生在病历上根据送医人员第一时间陈述所做的记载、《接处警登记表》中记录的内容作出的判断，“准备靠岸的船”“绳子绊了一下”此类描述，可以达到被保险人死亡源于摔倒的证明标准。而案例二中，被保险人倒地后昏迷是客观事实，不过保险金请求权人未能提交任何证据证明被保险人受外来因素影响后倒地。因此，两案看似情形相同但裁判结果不同，绝非同案不同判，而是针对保险金请求权人的举证情况作出的判断。在此也建议保险金请求权人要注重保留证据，在涉及多因的保险事故中及时固定病历、现场记录等证据。

2. 保险人的举证

保险金请求权人向保险人申请理赔后，保险人一般会通过保险公估公司查明被保险人损失的原因。根据保险公估公司的调查结论，如保险人发现被保险人此前患有疾病，则通常以被保险人的损失是疾病而非意外造成为由主张不承担保险金赔付责任。在此情况下，就需要判断被保险人所患的疾病与死亡之间有无因果关系。笔者认为，对证据有无证明力和证明力大小进行判断时要善于运用逻辑推理和日常生活经验法则，结合被保险人所患疾病的类型、疾病的严重程度、疾病就诊的时间与被保险人死亡时间的远近等综合判断。如被保险人患有严重心脏病、极高危高血压等易引发猝死的疾病，

① 参见最高人民法院民法典贯彻实施工作领导小组办公室编著：《最高人民法院新民事诉讼法司法解释理解与适用〔上〕》，人民法院出版社 2022 年版，第 290—292 页。

则确实有病发后意识丧失进而摔倒的可能。但如被保险人所患疾病不存在突然引发昏迷的可能，或疾病就诊时间在死亡前很多年等，则不宜建立起疾病与死亡之间的关联。司法实践中，保险人还会提出被保险人家属拒绝尸检，导致无法确定承保事故或者非承保事故、免责事由彼此之间的关系。一方面，鉴于保险条款未约定尸检是保险人承担赔偿责任的前提，且出于文化传统上的顾虑，被保险人家属在医院已经出具《居民死亡医学证明(推断)书》的情形下不再进行尸检，难以苛责其存在明显过错。另一方面，某些情况下即便进行了尸检，也不一定能得出清晰的结论。如脑出血可能是自身疾病所致，亦有可能缘于外部力量。即死因为脑出血的尸检报告可能无法成为保险人是否承担保险金给付责任的最终依据。

### （三）赔付比例划分

《保险法司法解释(三)》第25条中规定的"按照相应比例"实际上是法官对于造成被保险人损失的各个原因作用力大小形成的心证比例。当双方当事人均无法进一步证明原因的作用力大小时，依照相当因果关系说，由法官确定承保风险对于损失的作用比例。不过有观点认为，依据相当因果关系说，法官需要确定承保危险对于损失的作用比例，当承保风险是否造成损害为确实性(参与度0%和100%)或盖然性时(60%—90%)，维持原有"全赔或全不赔"原则，即使只是盖然性占优，保险人仍应承担不利益，保险人或者负全部赔偿责任或者全部免责。而当承保风险只是损失的可能性原因时(10%—50%)，应打破"全赔或全不赔"原则，保险人按比例负担损失。① 多数情况下，可根据双方当事人在理赔及诉讼中的举证情况综合考量，以最大限度地实现利益分配的公平，有效地定分止争，促进社会和谐稳定。

## 五、结　语

近年来，相当因果关系说下的比例赔付为原因查明和责任确定提供了新的趋向，有利于应对近因原则适用困境，衡平保险双方利益。随着医学技术进步与司法精细化需求提升，比例赔付的适用范围可能逐步扩大，但需通过法律解释、行业规范与裁判指引，进一步实现"外来性"判断的标准化，明确其与"全有或全无"原则的适用边界，最终实现保险风险分担与社会公平的双重目标，平衡保险风险控制与消费者权益保护。

① 余远霆：《伤害保险意外事故之研究》，高雄大学法律学研究院2007年硕士学位论文。

# 雇主责任险涉诉问题刍议

江苏高院民二庭课题组*

[摘　要]　司法实践中,涉雇主责任险纠纷案件频发,此类纠纷通常涉及保险法、劳动法等交叉领域,在事实认定和法律适用方面容易产生争议,比如雇佣关系的认定、责任范围的确定等问题。本文结合司法实践具体案例,对涉雇主责任险纠纷案件中的常见问题进行分析,试图厘清相关法律争议、明确处理规则,以期有效发挥雇主责任险保险功能,助力优化和谐用工环境。

[关键词]　雇主责任险;雇佣关系;责任范围;工伤保险

近年来,雇主责任险逐渐成为企业分散用工风险的重要工具,涉雇主责任险纠纷案件在保险纠纷案件中占据了一定比例。我国对"雇主责任"没有明确的法律规定,导致司法实践对雇主责任险语境下的"雇主责任"存在不同认识,引发类案异判,有必要进一步梳理分析雇主责任险中常见的诉讼问题,正确认识雇主责任险保险功能,解决法律适用争议,维护各方合法权益。

## 一、雇主责任险语境下雇主责任的认定

雇主责任险保险条款文本,通常约定在保险期间,被保险人的雇员在其雇佣期间因从事保险单所载明的被保险人的工作而遭受意外事故或患与工作有关的国家规定的职业病所致伤残或死亡,符合国务院颁布的《工伤保险条例》第 14 条、第 15 条规定可认定为工伤的,依照中华人民共和国法律(不包括港澳台地区法律)应由被保险人承担的经济赔偿责任,保险人按照保险合同的约定负责赔偿。根据前述条款约定,准确理解和把握雇主责任险中的"雇主责任",必须要在保险法视域下,厘清雇佣活动中各方主体之间的权利义务关系。

从法律规范层面,"雇佣"这一概念初见于 2003 年 12 月公布的《最高人民法院关于

* 课题组成员:翟如意,江苏高院民二庭法官;余鑫,江苏高院民二庭法官助理;潘旭,江苏高院民二庭法官助理。

审理人身损害赔偿案件适用法律若干问题的解释》，该司法解释第 9 条第 2 款专门对“从事雇佣活动”作了规定，是指从事雇主授权或者指示范围内的生产经营活动或者其他劳务活动。雇员的行为超出授权范围，但其表现形式是履行职务或者与履行职务有内在联系的，应当认定为“从事雇佣活动”。该司法解释第 11 条还规定，雇员在从事雇佣活动中遭受人身损害，雇主应当承担赔偿责任。雇佣关系以外的第三人造成雇员人身损害的，赔偿权利人可以请求第三人承担赔偿责任，也可以请求雇主承担赔偿责任。雇主承担赔偿责任后，可以向第三人追偿。这也为雇主责任险产品设计提供了法律依据和责任模型。2021 年 1 月起正式实施的《中华人民共和国民法典》（以下简称《民法典》），并未将“雇主责任”纳入其中，而是规定了用人单位、用工单位的责任和个人劳务关系中的侵权责任。2022 年 2 月，前述司法解释修改时也随即删除了有关“雇佣活动”中人身损害赔偿的相关规定。故从现行法律体系看，“雇主责任险”这一险种名称因缺少明确的法律依据，似乎已经不合时宜，但“雇主”“雇员”这对概念早已被社会大众广泛接受，这也导致各方容易因对“雇主责任”的不同认识而发生争议。

结合前述保险条款，认识和把握雇主责任险语境下的“雇主责任”，需要重点对三个要素进行分析：

一是“被保险人的雇员”的认定，并不限于劳动合同关系下的劳动者。传统民法（如德国民法典）中，雇佣契约是“劳务—金钱”交换的一般形式，是上位概念（一级概念），劳动契约是雇佣契约的下位概念（二级概念），是具有特殊（从属）性的雇佣契约。[①] 雇员只要系受被保险人授权或者指示，为被保险人提供劳务活动，无论与被保险人成立何种法律关系，均可作为被保险人的雇员。雇主责任险既已采用“雇佣”这一概念，责任范围相较于劳动合同关系下用人单位的责任也就更广。比如，劳务派遣中用工单位亦可作为雇主为被派遣劳动者投保雇主责任险。劳务派遣法律关系中存在用人单位、用工单位和被派遣劳动者三方主体，用人与用工相分离系其基本特征。被派遣劳动者直接为接受劳务派遣的用工单位工作，接受用工单位的指示和管理，由用工单位为被派遣劳动者提供相应的劳动条件和劳动保护，故被派遣劳动者在用工单位处因工作遭受事故伤害的，由用工单位承担赔偿责任有其合理性。也有观点认为，由用工单位承担雇主责任还能起到督促处于控制地位的一方采取措施防止损害发生的效果。[②] 另外，根据《劳务派遣暂行规定》第 10 条的规定，被派遣劳动者在用工单位因工作遭受事故伤害的，劳务派遣单位应当依法申请工伤认定，用工单位应当协助工伤认定的调查核实工作。劳务派遣单位承担工伤保险责任，但可以与用工单位约定补偿办法。从该条规定可以看出，用工单位有可能实际负担对被派遣劳动者的经济赔偿责任，在此情形下，用工单位具有直接的保险利益，用工单位为被派遣劳动者投保雇主责任险的，应当认定用工单位具备

① 郑晓珊：《〈民法典〉时代下雇佣劳动法律体系之重整》，载《暨南学报（哲学社会科学版）》2022 年第 3 期，第 96 页。

② 张玲、朱东：《论劳务派遣中的雇主责任》，载《法学家》2007 年第 4 期，第 110 页。

“雇主”身份。

二是关于“雇佣期间”的认定，雇员发生事故时，需要满足发生于工作时间和工作场所以及合理延伸的场景内，如上下班和出差途中、集体食堂、宿舍等。例如，最高人民法院第40号指导案例孙某兴诉天津新技术产业园区劳动人事局工伤认定案中，孙某兴受公司指派前往机场接人，自办公室至公司所在商业中心院内开车，行至一楼门口台阶处时摔倒骨折，法院认为从办公室到停车处是孙某兴来往于两个工作场所之间的合理区域，应当认定为孙某兴的工作场所。[①] 该案相对具象地展示了“合理延伸”标准的认定规则，具有可参考性。实践中，有的雇主责任险条款特别约定，承保时间范围扩展至保险期间内全天24小时，而不论是否在工作期间。被保险人雇员在此期间因意外事故而导致的死亡赔偿金、伤残赔偿金以及因此而引起的医疗费用，保险人承担赔偿责任。[②] 雇员发生事故后，保险公司则以案涉事故非工作时间、非工作地点、非工作原因发生，认为不符合雇主责任险项下的赔付范围拒赔。对此我们认为，24小时拓展条款系由保险公司提供，承诺对被保险人雇员在保险期间内因意外事故导致死亡发生的死亡赔偿金承担赔偿责任，并未强调该意外事故的发生与被保险人委派工作有关或者以被保险人承担责任为前提，故该特别约定系保险人自愿对雇主责任险承保范围的扩展，虽然具有一定的人身保险的特征，但不影响被保险人在保险事故发生时主张保险人承担相应的理赔责任。

三是关于“雇佣活动”的认定，核心在于审查是否系受被保险人的授权或者指示而从事被保险人的工作，也即根据雇主指令为雇主利益而行动，或者行为收益系由雇主获取，如果系为自身利益或者擅自为雇主谋取非法利益的，则不应视为系从事被保险人的工作。以公司高级管理人员、股东为例，有观点认为公司高级管理人员、股东并非普通工作人员，尤其是在一人公司中，并不具备通常意义上的“雇员”身份。也有观点认为，依据公司法人人格独立理论，公司高级管理人员、股东可与公司建立正常的用工关系，存在用工关系即可作为公司工作人员。我们认为，公司法上的高级管理人员是指公司的经理、副经理、财务负责人，上市公司董事会秘书和公司章程规定的其他人员，高级管理人员相较于普通雇员虽然具有经营管理的权力，但其职权范围仍由法律和公司章程规定，亦可依据法律和公司章程规定被罢免，如经理由董事会决定聘任和解聘，对董事会负责，符合雇佣的从属性特征，可以认定其“雇员”身份。对于股东而言，股东与公司之间的关系并非建立于公司聘用选任，而是建立于对公司的出资，股东尤其是控股股东对公司重大经营决策、人事任用能够产生重大影响，其行为目的并非获取劳动对价，与普通雇员存在显著差别，不宜认定其系为被保险人而工作。

---

① 参见天津市高级人民法院(2005)津高行终字第0034号民事判决书。

② 参见江苏省苏州市中级人民法院(2023)苏05民终5457号民事判决书。

## 二、雇主责任险保险合同的订立

雇主责任险的特点之一是事故人员通常系保险合同当事人以外的第三人，在雇员人数众多、流动性较强的情况下，出于提高投保效率等经济性考虑，保险人往往不会对雇员身份进行实质审查，由此在保险事故发生后，容易对保险人是否进行了询问、投保人是否履行了如实告知义务等产生争议，进而引发纠纷。

### （一）关于雇员清单的效力

投保雇主责任险，通常需要由投保人向保险人提供雇员清单，并订入保险合同，纳入雇员清单中的人员将被视为“被保险人的雇员”。实践中，有的企业雇员人数众多，如果要求保险人在订立保险合同时，逐一对雇员身份进行实质性审查，对保险合同当事人而言，投保效率将大大降低，而且保险人通常也并不关心“雇员”的真实情况，保险人在接受投保时，往往仅对雇员清单做形式审查，按照雇员人数收取保费。正因如此，保险人在理赔时，如果发现“雇员”身份存疑，则可能会以事故人员与被保险人之间不存在雇佣关系、投保人未履行如实告知义务等为由拒赔。对此，在询问告知主义模式下，投保人投保时已出具雇员清单，保险人对被保险人与雇员清单中的人员是否存在雇佣关系履行必要的审查义务，一旦接受投保，即视为认可并接受清单中的人员均系被保险人的雇员。比如，在某电梯公司与某保险公司责任保险合同纠纷案中①，电梯公司与肖某签订承包协议，将电梯安装业务交由肖某完成，夏某受雇于肖某进行电梯安装工作，同时由电梯公司为夏某等 40 名工人投保了雇主责任险。后夏某在工作中受伤，电梯公司赔偿夏某相应款项后诉请保险公司支付赔偿金。一审法院认为，保险公司既已将夏某作为“雇员”接受了投保人的投保，案涉保险合同应当认定系双方真实意思表示，在夏某因工作受伤后，电梯公司有权依据保险合同就本案事故已赔偿的损失诉请保险公司在保险范围内承担保险责任。二审法院则认为，虽然电梯公司为夏某投保了雇主责任险，但另案生效判决认定电梯公司因夏某受伤承担的责任系违法分包导致，并非基于雇主责任产生，夏某所受损害不属于保险合同约定的保险责任范围，保险公司依约有权拒绝赔偿保险金。后该案再审，再审法院认为，案涉保险单所列雇员清单中包括夏某，夏某在为电梯公司安装电梯时发生事故，符合保险合同约定的保险事故情形。保险公司主张电梯公司在投保时，未如实告知其与夏某不存在雇佣关系的事实，并未举证证明已就电梯公司与夏某之间是否存在雇佣关系提出询问，故电梯公司有权依据保险合同，就案涉事故已赔偿的损失主张保险金。

除前述情形外，实践中还存在雇员名实不符的情形。例如，在某快递公司与某保险

---

① 参见江苏省高级人民法院(2023)苏民再 595 号民事判决书。

公司责任保险合同纠纷案中①，雇员清单中载明的雇员是“王某涛”，但实际系王某付冒用王某涛的身份入职工作，后王某付在工作中受伤，快递公司向王某付履行赔偿责任后，向保险公司申请理赔遭拒。针对该种情形，有观点认为，只需区分冒名投保是否增加了保险人的承保风险，如果未增加承保风险，比如，即使将实际雇员纳入雇员清单，保险人也不会额外设置审查条件或者增加保费，此时保险人应当依约承担保险责任。也有观点认为，应当严格按照雇员清单中的人员名单确定雇员范围，否则很容易引发道德风险。我们认为，应当根据投保人是否知晓存在冒名情形区分处理。如果投保人明知或者应当知道系冒名的，其自身在用工过程中存在严重过错，应当严格按照雇员清单中的人员名单确定雇员范围。如前述案件中，王某付与“王某涛”年龄差距达 20 岁，对此，投保人应当知道可能存在冒名的情形，却疏于对员工身份进行审查，而雇员年龄与承保风险存在一定关联性，快递公司以“王某涛”名义投保，保险公司拒赔具有合同依据。如果投保人已尽合理审查义务，而通常情况下确实难以发现存在冒名情形的，在排除道德风险的前提下，还是应以发挥雇主责任险分散风险的功能为考量，保险人仍然应当承担赔偿责任。

### （二）自动承保条款中雇员身份的认定

实践中，有的企业雇员流动性较强，雇员清单随时会发生变动。为此，有的雇主责任险设置自动承保条款，约定对被保险人在保险期间内的新员工自动承保，同时也往往约定被保险人负有向保险人申报信息变更、补缴保费等义务。在被保险人履行前述义务前，雇员发生事故的，保险人是否应当承担赔偿责任存在争议。有观点认为，自动承保仅是无须再行签订保险合同以简化流程，责任承担与申报、缴费行为存在必然关联，保险人在不知道雇员变动的情况下，应以申报并缴费作为承担保险责任的起始日。②也有观点认为，设置自动承保条款是为避免人员频繁变动导致重复履行合同签订报批手续，尽可能保证雇员处于保险保障范围，自动承保条款应视为保险公司的概括承保，投保人与被保险人意思表示达成一致时，保险合同即告成立，除保险人可以证明新增人员风险显著高于此前名单中人员外，不能拒绝增补人员，故应以雇员入职之日作为保险责任起算时间。我们认为，意思自治原则是合同法领域基本原则之一，民事主体有权按照自己的意思设立、变更、终止民事法律关系，并承担由此带来的法律后果。如保险合同已明确约定自申报信息变更、补缴保费之日为生效日期，该约定系双方真实意思表示，应当认定为合法有效。但保险人应当在订立保险合同时，对上述与投保人、被保险人有重大利害关系的条款予以提示和明确说明。另外，如投保人已申报变更名单，因保险人自身因素尚未登记或者办理缴费的，应视为投保人已履行其必要义务，未生效系保险人过错所致，由此造成的风险应由保险人承担，故应以保险人实际接收或者能够接收名单之时为生效起点，否则将无法达到自动承保条款之目的。

---

① 参见江苏省高级人民法院(2024)苏民申 9085 号民事裁定书。

② 参见上海市第二中级人民法院(2014)沪二中民六(商)终字第 15 号民事判决书。

## 三、雇主责任险责任范围的确定

雇主责任险的责任范围通常约定为“应由被保险人承担的经济赔偿责任”。司法实践中对该条款中的“经济赔偿责任”如何理解存在不同观点，亟待厘清争议。

### （一）雇主责任险纠纷中涉及工伤保险的相关问题

雇主责任险曾一度被视为工伤保险的替代方案，两者赔付项目存在较大范围重叠。但具体比较，两者也存在明显不同。从保险性质看，工伤保险为社会保险，参保系用人单位的法定义务，雇主责任险为商业保险，系雇主自愿投保。从投保目的看，工伤保险在于为劳动者提供最低保障，以增强其风险抵抗能力，互济性强，而雇主责任险目的在于分散和减轻雇主自身风险。从保险标的看，工伤保险中保险标的系职工的人身和生命，雇主责任险中保险标的系被保险人对雇员在受雇过程中因工作遭受意外或患职业性疾病所致伤、残或死亡而应承担的经济赔偿责任。从保险赔偿范围看，工伤保险赔付范围由社会保险法和工伤保险条例明确规定，而雇主责任险赔付范围则取决于合同约定。综上，雇主责任险并不能代替工伤保险，两者也并非非此即彼的关系，雇主责任险作为商业保险，具有相对灵活性，可以针对企业特点更好发挥商业保险的功能作用，为企业分散用工风险提供保障。

实践中，企业在已投保工伤保险的情形下又投保雇主责任险，此时针对雇主责任险的赔付范围存在争议。有的观点认为，雇主损失已通过工伤保险赔付得到填补，雇主责任险不应再赔付。例如在某电梯公司诉保险公司雇主责任险纠纷案中①，电梯公司为其雇员投保雇主责任险，约定每人责任限额为 100 万元，后两名雇员在从事雇佣活动中死亡，电梯公司与死者家属达成赔偿协议，每人赔偿 180 万元，共计赔偿 360 万元。其后，意外伤害险两人合计赔付 100 万元，工伤保险两人合计赔付一次性工亡补助金及丧葬补助金 1 824 883 元，后电梯公司依据保险合同中的责任限额诉请保险公司赔偿 200 万元。原审法院认为，雇主责任险属于责任保险，而责任保险属于财产保险，损失补偿原则系其基本原则之一，即保险赔偿限于弥补被保险人遭受的实际损失，而该损失系基于被保险人依照法律规定，应当向第三人承担的民事赔偿责任。该案中，两雇员已被认定为工伤，其因工伤事故遭受的人身损害，已按照工伤相关规定由工伤保险基金进行了工伤保险待遇的支付，实质上必将完全填补应由电梯公司承担的雇主责任，对于电梯公司自愿赔偿的 180 万元，其未能明确陈述所指向的费用项目，也未能举证证明还有其他部分属于应当承担的民事责任范围，故电梯公司的诉请缺乏合同和法律依据。后该案再审改判。我们认为，一方面，“经济赔偿责任”按照文义解释，只要系被保险人实际已经支付的赔偿款项，均应认定属于“经济赔偿责任”范围，在保险合同没有明确约定的情

① 参见江苏省高级人民法院(2024)苏民再 24 号民事判决书。

况下，将工伤认定的一次性工亡补助金及丧葬补助金作为案涉雇主责任险项下应由被保险人承担的经济赔偿责任，限缩了被保险人的权益；另一方面，将雇主责任险承保的经济赔偿责任严格限定为工伤部门认定的赔偿责任，也将导致雇主责任险失去商业保险的功能，在保险合同并未明确约定雇主责任险赔偿范围和赔偿标准的情况下，要求被保险人说明具体的赔偿项目也缺乏合同依据。当然，在处理类似案件时，也要防止雇主通过雇主责任险获益，故对于通过其他方式已经获得的赔偿款均应扣除，避免被保险人重复受偿。

有的企业并未给雇员投保工伤保险，仅投保雇主责任险，此时保险人的保险责任范围也有争议。例如，在某加工厂诉某保险公司责任保险合同纠纷案中①，加工厂仅为其员工投保雇主责任险而未投保工伤保险，该案中保险公司主张，雇主责任险仅赔付在工伤保险范围外雇主应承担的责任，理由是投保工伤保险系用人单位的法定责任，如用人单位未缴纳工伤保险而以雇主责任险将赔偿责任转嫁至保险公司，即变相鼓励用人单位逃避参保工伤保险，导致工伤保险制度虚化。我们认为，在企业未投保工伤保险的情况下，由雇主责任险在雇主实际承担责任范围内赔偿具有合理性。依据工伤保险条例第 62 条第 2 款的规定，应当参加工伤保险而未参加工伤保险的用人单位职工发生工伤的，由该用人单位按照本条例规定的工伤保险待遇项目和标准支付费用。据此，用人单位支付上述费用的，亦为雇主承担的赔偿责任，属于雇主责任范围。企业投保雇主责任险，就是为了分散用工风险，如因未投保工伤保险而无法获得赔偿，则其投保雇主责任险的目的将落空。至于其未投保工伤保险的行为，可由社会保险行政部门根据相关规定处理。

### （二）未经保险人认可的和解协议的效力

实践中，雇员发生事故尤其是死亡事故后，雇主往往在政府相关部门主持下，与死者家属达成赔偿协议。而《〈保险法〉司法解释（四）》第 19 条第 2 款规定，被保险人与第三者就被保险人的赔偿责任达成和解协议，未经保险人认可，保险人主张对保险责任范围以及赔偿数额重新予以核定的，人民法院应予支持。有的保险人依据该条规定，主张雇主与死者家属达成的赔偿协议对其无效，要求重新核定。对此我们认为，该条规定系为避免被保险人因投保而任意在法定赔偿责任外为承认、和解或赔偿等不当处理，从而增加保险人的负担。事故发生后，雇主与死者家属之间的矛盾往往较为尖锐，双方先行达成和解协议并履行赔付义务，有利于避免矛盾升级，也能减轻死者家属负担，此类协议通常也不具备重新谈判协商的条件。关于道德风险问题，从实践情况看，在事故人员死亡的情况下，雇主向死者家属赔付的金额远远高于雇主责任险的保险金额，超过雇主责任险保险金额的部分，本身也不属于理赔范围，故此类协议中，个案之间达成的赔偿金额虽高低不同，但并不影响雇主责任险理赔金额的确定，不宜仅因未通知保险人并获

---

① 参见广东省广州市中级人民法院（2024）粤 01 民终 4831 号民事判决书。

得其认可而否认和解协议的效力。另外，法律也并不禁止基于平等、自愿原则，就赔偿问题进行协商并达成和解协议。保险人如认为赔偿金额明显超出合理范围或者存在恶意串通的，可以举证证明，人民法院应当在审理过程中对和解协议的合理性、合法性一并审查，如赔偿金额明显不合理的，人民法院应予调整。

### （三）第三人侵权致使雇员受损的处理

第三人侵权造成雇员损害，如侵权人已同时投保商业险，雇员是否可以同时要求雇主责任险与该商业险赔付？一种观点认为，二者系基于不同法律关系，可以重复赔偿；另一种观点认为，属于财产性损失的，应当以实际费用为准，不应重复赔偿。对此，我们赞同后一种观点。

如前所述，雇员可基于不同法律关系选择向雇主或者侵权人主张权利。雇员选择向雇主主张权利，保险公司赔付后是否有权向侵权人追偿存在争议。如某保险公司与姜某、某服务中心等保险纠纷案中，庞某为服务中心员工，下班途中因被案外人刘某车辆剐蹭身亡，刘某负主要责任，法院认为，保险人提起代位求偿权的前提是保险标的受到损害，而雇主责任险中保险标的系雇主依法对雇员应负的赔偿责任，第三人侵权行为只能对雇员的人身、财产造成损害，无法对非客观物的雇主责任造成损害。因此，保险公司没有行使代位权的基础。雇主责任的产生与雇主的身份有关，义务是特定的，具有人身专属性，不能转移与代位。[①] 我们认为，保险公司承担赔偿责任后，对雇员因第三人侵权造成的财产性损失，可以向实际侵权人追偿。理由是，《民法典》第 1192 条第 2 款规定，提供劳务期间，因第三人的行为造成提供劳务一方损害的，提供劳务一方有权请求第三人承担侵权责任，也有权请求接受劳务一方给予补偿。接受劳务一方补偿后，可以向第三人追偿。因此，雇主承担赔偿责任后有权向第三人追偿。另外，《中华人民共和国社会保险法》第 42 条规定，由于第三人的原因造成工伤，第三人不支付工伤医疗费用或者无法确定第三人的，由工伤保险基金先行支付。工伤保险基金先行支付后，有权向第三人追偿。参照前述规定，如果保险公司基于雇主责任险承担赔偿责任后不能向第三人追偿，将导致实际侵权人免于承担民事责任，不符合公平原则。

## 四、结　论

针对涉雇主责任险纠纷中常见问题的处理，笔者提出以下建议：

一是关于雇员身份的认定。如果保险人未对雇员清单中的人员身份提出询问，一旦接受投保，应视为认可相关人员的雇员身份。该雇员在雇佣期间从事被保险人工作时，发生应由被保险人赔偿情形的，即为保险事故发生，保险人应当承担赔偿责任。

---

① 参见辽宁省朝阳市中级人民法院(2023)辽 13 民终 1459 号民事判决书。

二是关于责任范围的认定。被保险人承担的经济赔偿责任，应当以被保险人实际付出的赔偿数额为依据，不应将经济赔偿责任进行限缩。保险人主张被保险人虚增或者放任不合理赔偿金额的，负有举证证明责任。

三是雇主责任险系责任保险，应当适用损失补偿原则，如果已通过工伤保险、意外险等其他险种获得赔偿，应当扣除相应赔偿款。司法审查过程中，需要特别注意加强道德风险防范，防止雇主通过雇主责任险获益。

# 保险金作为遗产分配时宜采共同诉讼程序
## ——兼论继承人范围不明时保险金得提存

偶　见*

［摘　要］遗产分配以均等为原则，但非均等绝对化。在保险金作为被保险人遗产分配时，若继承人为多人且各继承人经济状况不明，宜采共同诉讼，以确保遗产分配合理和公正。在保险事故已发生，难以确认被保险人继承人范围的情况下，保险人得将保险金提存，以解除自身义务。

［关键词］遗产分配；积极的必要共同诉讼；提存

### ［案情梗概］

2019年6月12日，投保人王某以自己为被保险人投保了一份含身故责任的重大疾病终身保险，保险金额20万元，未指定受益人。

2022年4月9日，王某驾驶半挂车发生4车相撞的重大交通事故，王某当场死亡，另有2人受伤，4车均损坏。交警部门认定，王某承担本次事故的主要责任，其他车辆承担次要责任。

王某共有8名法定继承人，包括：现任妻子、父亲、母亲、与第一任妻子生的一个女儿、与第二任妻子生的一个女儿、与现任妻子生的双胞胎女儿（2人）、形成抚养关系的一个继子。其现任妻子，并以双胞胎女儿、王某继子3名继承人的共同法定代理人身份，主张王某的死亡保险金。

保险公司认可继承人所主张的事实，且同意依保险合同约定全额支付保险金，但因各继承人对分配比例存在分歧而未予支付。

王某现任妻子等4名法定继承人遂向法院提起诉讼。

### ［法院裁判］

法院认为案涉保险合同真实、合法、有效，双方均应按约履行合同的权利和义务。根据合同约定，被保险人因意外身故，其法定受益人均有权获得相应份额保险金。被保

* 偶见，中国法学会保险法学研究会理事，南京仲裁委员会仲裁员。

险人身故保险金总额为 20 万元，其共有 8 名法定受益人，经查该 8 人均符合《中华人民共和国民法典》（以下简称《民法典》）规定的第一顺位继承人身份。根据《民法典》第 1130 条第 1 款的规定，4 名原告各自继承份额均为 2.5 万元，共计 10 万元，4 名原告主张的 10 万元保险金既符合法律规定及合同约定，又未损害其他继承人的合法权益，故对原告的诉讼请求予以支持。其他继承人虽未到庭参与庭审，但不影响对本案的审理及判决。判决保险公司给付保险金 10 万元。（通辽铁路运输法院〔2023〕内 7104 民初 500 号民事判决书）

［**评析**］

## 一、保险金作遗产时，有权分割保险金的法定继承人不应称为“法定受益人”

保险受益人，又称“保险金受领人”，简称“受益人”，是保险合同的关系人，是保险合同中为被保险人或投保人所指定，于保险事故发生时，享有保险金请求权之人。《中华人民共和国保险法》（以下简称《保险法》）第 18 条第 3 款规定：“受益人是指人身保险合同中由被保险人或者投保人指定的享有保险金请求权的人。投保人、被保险人可以为受益人。”

法定受益人，在字面意义上是指法律规定的保险金受益人。美国有些州规定，如果配偶不是受益人，而且投保人用共有资金缴纳保费，则在被保险人死亡时，夫妻这一共同体有权利获得部分保险金。如果投保人未经其配偶同意，指定第三人为受益人，则该指定受益人通常只能享有一半保险金。[①] 此类法域中，被保险人配偶即为法定受益人。

我国《保险法》第 39 条规定：“人身保险的受益人由被保险人或者投保人指定……”《最高人民法院关于适用〈中华人民共和国保险法〉若干问题的解释（三）》[以下简称《保险法司法解释（三）]第 9 条第 2 款规定：“当事人对保险合同约定的受益人存在争议，除投保人、被保险人在保险合同之外另有约定外，按以下情形分别处理：（一）受益人约定为‘法定’或者‘法定继承人’的，以民法典规定的法定继承人为受益人……”因此，我国法律所规定受益人的确定方式只有“指定”而无“法定”，“指定”是我国《保险法》受益人产生的唯一方式，不存在“法定受益人”概念。

本案法院将有权分割王某保险金等遗产的第一顺序法定继承人称为“法定受益人”，是不妥的。

## 二、未指定受益人系保险金作为遗产的法定情形

遗产是自然人死亡时遗留的个人合法财产。死亡保险金受益既得权是一种死因

① ［美］缪里尔・L.克劳福特：《人寿与健康保险》，周伏平、金海军等译，经济科学出版社 2000 年版，第 224 页。

(Cause of Death)行为,它以行为人死亡作为所设法律关系发生的必要条件①,死亡保险金系当被保险人死亡时,保险人依据保险合同约定给付的金额,因而非被保险人的生前财产,即非被保险人的遗产。被保险人死亡时,若保单有合法的指定受益人,则保险金直接支付给受益人,被保险人的债权人或继承人无主张权利。但若保单未指定受益人,则保险金视同遗产,按遗产继承程序处理和分配。《保险法》第 42 条第 1 款:"被保险人死亡后,有下列情形之一的,保险金作为被保险人的遗产,由保险人依照《中华人民共和国继承法》的规定履行给付保险金的义务:(一)没有指定受益人,或者受益人指定不明无法确定的……"本案王某保单未指定受益人,故其死亡保险金得依法作为遗产处理和分配。

## 三、遗产继承范围既包括积极遗产也包括消极遗产

遗产包括积极遗产和消极遗产。积极遗产是指被继承人生前所有的财物和其他合法权益,如债权和财产权益等。消极遗产是指被继承人所遗留的财产义务,主要包括被继承人生前所欠的债务和依法应缴纳的税款。

积极遗产与消极遗产应作为一个整体由继承人继承。继承人不可只继承积极遗产而拒绝继承消极遗产,继承人表示接受继承后,在其取得遗产中财产权利的同时,须负担清偿被继承人死亡前所欠债务和依法应缴纳税款的义务。大多数国家采限定继承原则,继承人所继承的消极遗产,仅以其取得的积极遗产的价值为限,对超出遗产中财产权利的债务有权拒绝清偿。我国《民法典》第 1159 条规定:"分割遗产,应当清偿被继承人依法应当缴纳的税款和债务。"第 1161 条规定:"继承人以所得遗产实际价值为限清偿被继承人依法应当缴纳的税款和债务。超过遗产实际价值部分,继承人自愿偿还的不在此限。继承人放弃继承的,对被继承人依法应当缴纳的税款和债务可以不负清偿责任。"《中华人民共和国道路交通安全法》第 76 条规定:"机动车发生交通事故造成人身伤亡、财产损失的,由保险公司在机动车第三者责任强制保险责任限额范围内予以赔偿;不足的部分,按照下列规定承担赔偿责任:(一)机动车之间发生交通事故的,由有过错的一方承担赔偿责任;双方都有过错的,按照各自过错的比例分担责任……"

本案,王某驾车发生 4 车相撞的重大交通事故,其在事故中当场死亡,另有 2 人受伤,4 车均损坏,交通事故损失似乎较大。交警部门认定王某承担事故的主要责任,其若未投保充分的责任保险,一般情况下,依法需承担的赔偿责任非一小数额,此构成其不容忽略的消极遗产。倘若此项侵权之债在其他积极遗产中未得到充分执行,得在保险金中继续执行。法院为未参与诉讼的继承人预留的继承份额,也应当考虑被继承人之死亡背景及其可能遗留的债务。

① 邹瑜、顾明:《法学大辞典》,中国政法大学出版社 1991 年版,第 498 页。

## 四、遗产分配以均等为原则，但非均等绝对化

在法定继承中，遗产分配以均等原则为基础，即同一顺序的继承人通常应当均等地分享遗产。这一原则旨在确保每个继承人在没有特殊情况的前提下能够获得相等的遗产份额，体现法律对公平正义的追求。然而，法律也规定了若干特殊情况下的调整措施，以确保遗产分配更加合理和公正。其中规定照顾原则，即若继承人中有人生活有特殊困难且缺乏劳动能力，遗产分配时应予以特别考虑。这是为了保障困难继承人的基本生活需要，避免家庭风险向社会外溢，以维护家庭和谐和社会稳定。《民法典》第1130条第1款规定："同一顺序继承人继承遗产的份额，一般应当均等。"第2款规定："对生活有特殊困难又缺乏劳动能力的继承人，分配遗产时，应当予以照顾。"第1159条规定："分割遗产，应当清偿被继承人依法应当缴纳的税款和债务；但是，应当为缺乏劳动能力又没有生活来源的继承人保留必要的遗产。"

本案王某死亡时，其第一顺序法定继承人共有8人：(1) 8名第一顺序法定继承人中不仅有王某父母，还有与前两任妻子分别所生的两个女儿，无论是4名原告中存在"生活有特殊困难又缺乏劳动能力"情形者，还是未提起诉讼的其他4名继承人存在"生活有特殊困难又缺乏劳动能力"情形者，保险金均不应按2.5万元/人平均分配。8名第一顺序法定继承人状况不一，在处置遗产时应当认真斟酌，一并考虑。"4名原告主张的10万元保险金"很难说"既符合法律规定及合同约定，又未损害其他继承人的合法权益"，法院在其余4名法定继承人未到庭并查明各个继承人经济状况的情况下，径判决保险公司给付4名原告2.5万元/人，遗产均等分配绝对化，显然不妥。(2) 保险公司未予支付保险金的原因是"各继承人对分配比例存在分歧"，而王某现任妻子为双胞胎女儿、继子3名继承人的共同法定代理人，"对分配比例存在分歧"的"各继承人"似不会指称王某现妻、双胞胎女儿、继子，而应当为4名"共同原告"与其余4名继承人，法院对保险公司所提出的未予给付保险金的答辩理由未加理会，而径予平均分配保险金，难以让原告以及其他未提起诉讼的继承人从中体验到公平和正义。(3) 倘若4名原告之外的其余4名法定继承人中有人对于王某的保险金明确表示放弃继承，则其所放弃的部分应并入原告主张的数额；其余4名法定继承人均放弃继承时，4名原告的人均继承数额应为5万元，而非其起诉所主张的2.5万元。其他继承人未到庭参与庭审，对案件审理及判决存在影响。本案法院在未查明其余4名法定继承人继承意愿的情况下，径判决保险公司给付4名原告2.5万元/人，似乎另4人倘不主张保险金，则保险人可免除另10万元的给付，有悖《保险法司法解释(三)》第12条的规定。

## 五、多人继承的遗产诉讼宜采共同诉讼

### （一）共同诉讼概述

共同诉讼是指当事人一方或双方为2人或2人以上的诉讼。共同诉讼属于诉的合并，其意义在于简化诉讼程序，避免法院在同一事件处理上作出相互矛盾的判决。共同诉讼特征是：(1) 当事人一方或双方为2人或2人以上。这是共同诉讼的本质特征，也是区分共同诉讼与单独诉讼的标准。(2) 一方或双方为2人或2人以上的当事人在同一诉讼程序中进行诉讼。只有当一方或双方为2人或2人以上的当事人在同一诉讼程序中进行诉讼时，才能成为共同诉讼。

在民事诉讼理论中，原告为2人或2人以上的共同诉讼，称为积极的共同诉讼；被告为2人或2人以上的共同诉讼，称为消极的共同诉讼；原告和被告均为2人或2人以上的共同诉讼，称为混合的共同诉讼。

在我国民事诉讼中，共同诉讼有必要共同诉讼和普通共同诉讼两种类型。必要共同诉讼，是指当事人一方或者双方为两人以上，诉讼标的是同一的，法院必须合一审理并在裁判中对诉讼标的合一确定的共同诉讼。必要共同诉讼的目的在于防止矛盾判决。普通共同诉讼（又称一般共同诉讼），是指当事人一方或者双方为2人以上，其诉讼标的是同一种类，宜于合并审理，经当事人同意，法院认为也可以合并审理而将其合并审理的共同诉讼。《中华人民共和国民事诉讼法》第55条第1款规定："当事人一方或者双方为二人以上，其诉讼标的是共同的，或者诉讼标的是同一种类、人民法院认为可以合并审理并经当事人同意的，为共同诉讼。"第135条规定："必须共同进行诉讼的当事人没有参加诉讼的，人民法院应当通知其参加诉讼。"

### （二）遗产继承诉讼采共同诉讼的必要性

1. 遗产继承的诉讼标的具有共同性

在遗产继承中，所有继承人共同享有对被继承人遗产的继承权，当部分继承人提起诉讼时，其诉讼标的即遗产继承权，是所有继承人共同享有的，符合必要共同诉讼中诉讼标的共同的要求。

2. 遗产继承的诉讼结果具有不可分割性

在遗产继承诉讼中，法院对遗产的分割、继承份额的确定等判决结果，对所有继承人均具有法律约束力。这意味着，部分继承人的诉讼行为将直接影响到其他继承人的权益。因此，遗产继承诉讼的结果具有不可分割性，符合必要共同诉讼的特征。

3. 遗产继承诉讼符合必要共同诉讼的立法目的

必要共同诉讼制度的设立，旨在避免对同一诉讼标的作出相互矛盾的判决，从而维

护司法公正和权威。在遗产继承诉讼中，将所有继承人列为共同原告参加诉讼，有利于法院全面查明案件事实，正确适用法律，作出公正、统一的判决。

4. 提高诉讼效率

遗产诉讼不仅涉及多个继承人之间的权益分配，还可能有债权人对遗产的权益主张，将所有继承人列为共同原告参加诉讼，可以减少诉讼成本，避免重复劳动和资源浪费。

### （三）我国法律对遗产继承共同诉讼具有一系列制度安排

我国法律对遗产继承共同诉讼不仅规定了对其他继承人的通知制度及其原告资格，还规定了裁判结果对接受通知的其他继承人的效力。

《民法典》第1150条规定："继承开始后，知道被继承人死亡的继承人应当及时通知其他继承人和遗嘱执行人。继承人中无人知道被继承人死亡或者知道被继承人死亡而不能通知的，由被继承人生前所在单位或者住所地的居民委员会、村民委员会负责通知。"《最高人民法院关于适用〈中华人民共和国民法典〉继承编的解释（一）》第44条规定："继承诉讼开始后，如继承人、受遗赠人中有既不愿参加诉讼，又不表示放弃实体权利的，应当追加为共同原告；继承人已书面表示放弃继承、受遗赠人在知道受遗赠后六十日内表示放弃受遗赠或者到期没有表示的，不再列为当事人。"《最高人民法院关于适用〈中华人民共和国民事诉讼法〉的解释》（2022年）第70条规定："在继承遗产的诉讼中，部分继承人起诉的，人民法院应通知其他继承人作为共同原告参加诉讼；被通知的继承人不愿意参加诉讼又未明确表示放弃实体权利的，人民法院仍应将其列为共同原告。"第73条规定："必须共同进行诉讼的当事人没有参加诉讼的，人民法院应当依照民事诉讼法第一百三十五条的规定，通知其参加；当事人也可以向人民法院申请追加。人民法院对当事人提出的申请，应当进行审查，申请理由不成立的，裁定驳回；申请理由成立的，书面通知被追加的当事人参加诉讼。"第74条规定："人民法院追加共同诉讼的当事人时，应当通知其他当事人。应当追加的原告，已明确表示放弃实体权利的，可不予追加；既不愿意参加诉讼，又不放弃实体权利的，仍应追加为共同原告，其不参加诉讼，不影响人民法院对案件的审理和依法作出判决。"

本案，王某第一顺序法定继承人共有8人，并可能存在交通事故未了债务，应属于积极的必要共同诉讼，王某现妻等4名法定继承人提起诉讼后，法院未通知其余4名法定继承人作为共同原告参加诉讼，径判决保险人向王某现妻等4名原告履行部分合同债务，不甚妥当。本案未依法通知其余4名继承人以共同原告身份到庭参与庭审，若存在"生活有特殊困难又缺乏劳动能力的继承人"情形，判决结果能否对其具有既判力，不无疑问。

## 六、在难以确认被保险人继承人范围的情况下，保险人得将保险金提存

### （一）提存是消灭债务的一种方式

提存，是指债务人出于债权人之原因而无法向其交付合同标的物时，债务人将该标的物提交给提存机关而消灭债务的一项制度。[①] 提存是一种履行的替代，债务人将无法交付债权人的标的物交付提存部门，消灭债权债务关系。现代各国民法一般均将提存规定为债的一种消灭原因，甚至还制定了专门的提存法。我国《民法典》第 557 条第 1 款规定："有下列情形之一的，债权债务终止：……（三）债务人依法将标的物提存……"第 570 条第 1 款规定："有下列情形之一，难以履行债务的，债务人可以将标的物提存：……（二）债权人下落不明；（三）债权人死亡未确定继承人、遗产管理人，或者丧失民事行为能力未确定监护人……"第 571 条规定："债务人将标的物或者将标的物依法拍卖、变卖所得价款交付提存部门时，提存成立。提存成立的，视为债务人在其提存范围内已经交付标的物。"《提存公证规则》第 3 条第 1 款规定："以清偿为目的的提存公证具有债的消灭和债之标的物风险责任转移的法律效力。"第 5 条规定："债务清偿期限届至，有下列情况之一使债务人无法按时给付的，公证处可以根据债务人申请依法办理提存：……（三）债权人不清、地址不详，或失踪、死亡（消灭）其继承人不清，或无行为能力其法定代理人不清的。"

本案被保险人王某身亡，保险人依约给付保险金的义务业已确定，但究竟哪些人对王某死亡保险金具有继承权，以及各继承人的继承份额，非保险人所能确认和决定。保险人仅仅以"因各继承人对分配比例存在分歧"为由拒绝给付保险金，存在逃避给付保险金义务之嫌。故，保险人得将保险金予以提存以及时解除自己的合同义务。提存成立后，不论谁是王某死亡保险金继承权人，是否提取，皆与保险人无涉。

### （二）保险公司所在地的公证机构为保险金提存部门

提存部门为国家设立的接收并保管提存物，应债权人的请求而将提存物发还给债权人的机构。

我国法律规定，债务履行地的公证机构是提存部门。《中华人民共和国公证法》第 12 条规定："根据自然人、法人或者其他组织的申请，公证机构可以办理下列事务：……（二）提存……"《提存公证规则》第 2 条规定："提存公证是公证处依照法定条件和程序，对债务人或担保人为债权人的利益而交付的债之标的物或担保物（含担保物的替代物）进行寄托、保管，并在条件成就时交付债权人的活动。为履行清偿义务或担保义务而向公证处申请提存的人为提存人。提存之债的债权人为提存受领人。"第 4 条第 1 款规

---

① 王家福、梁慧星：《中国民法学·民法债权》，法律出版社 1991 年版，第 207 页。

定:“提存公证由债务履行地的公证处管辖。”第 18 条规定:“提存人应将提存事实及时通知提存受领人。以清偿为目的的提存或提存人通知有困难的,公证处应自提存之日起七日内,以书面形式通知提存受领人,告知其领取提存物的时间、期限、地点、方法。提存受领人不清或下落不明、地址不详无法送达通知的,公证处应自提存之日起六十日内,以公告方式通知。公告应刊登在国家或债权人在国内住所地的法制报刊上,公告应在一个月内在同一报刊刊登三次。”

因此,保险公司在给付死亡保险金义务已产生,而对于继承权人不能确定时,可通过将保险金向所在地的公证机构提存的方式,替代履行给付义务,以避免陷入继承人之间的继承纠纷乃至与被保险人与被侵权人之间的债务纠纷。

### (三)对于个人保险业务,宜在条款中约定由持有保险单的继承人为代表领取保险金

法定继承人虽冠以“法定”之名,但相关法律仅规定了继承人与被继承人之间的身份关系,现实中并无官方认可、一目了然、现成的法定继承人名单,实际法定继承人范围、人员需综合相关信息与证据判定。且随着经济发展和国际交往的增加,人口流动日益频繁。保险公司作为从事保险业务的商业性机构,不具备国家赋予的司法调查权,保险公司的调查受到各方面的制约,在保单无指定受益人或受益人约款无效的情况下,欲查清被保险人的全部继承人的情况进而通知全部继承人来领取保险金,“一个都不能少”,保险公司凭借现有的调查手段,殊非易事,且不仅要承担巨额调查成本,也存在着调查不到位乃至个别继承人误导欺诈风险。本案被保险人法定继承人均为第一顺序继承人,情形尚为简单,若为第二顺序或涉及转继承、代位继承(很多国家继承法中还存在归扣制度,我国现行继承法律未移植此项制度,有学者认为这是我国立法上的漏洞——既为法律漏洞,则法官负有填补职责),情形将更为复杂。为此,对于个人保险业务,有学者建议在保险条款中增加特别约定:按照法律规定保险金作为被保险人遗产的,保险公司向持有保险合同的被保险人的继承人履行给付保险金的义务。① 因为死亡保险需要被保险人同意,所以特别约定可以推定为被保险人的意志,减少纠纷。

《保险法司法解释(三)》第 14 条也规定“保险金根据保险法第 42 条规定作为被保险人遗产,被保险人的继承人要求保险人给付保险金,保险人以其已向持有保险单的被保险人的其他继承人给付保险金为由抗辩的,人民法院应予支持。”

---

① 王林清:《保险法理论与司法适用》,法律出版社 2013 年版,第 591 页。

# 保险合同中格式条款的认定规则

## ——企业财产保险合同中的赔偿限额约定的效力探讨

窦　兴*

［摘　要］ 在企业财产保险实务中，针对一些风险较高的行业或被保险人，约定每次事故赔偿限额或累计事故赔偿限额是控制风险的一种方式。类似约定应当结合合同背景、缔约过程、风险程度、双方权利义务平衡等因素综合确定是否属于格式条款。若条款系针对被保险人及其行业的特殊风险状况协商达成，且权利义务分配合理，则应认定为非格式条款，无须考虑格式条款的相关信息规制或内容控制规则。

［关键词］ 赔偿限额；格式条款；协商一致；公平性；权利义务平衡

## 一、问题的提出——三则“赔偿限额”条款争议案例分析

**案例 1：A 公司火灾爆炸事故赔偿限额争议**

**基本案情：**

2020 年 A 公司（塑料行业）向甲保险公司投保企业财产损失保险，保险标的包括建筑物、设备和流动资产，总保险金额为 1 500 万元，同时保险合同约定火灾爆炸事故每次事故赔偿限额 200 万元。后 A 公司发生火灾向甲保险公司索赔，甲保险公司认为应以 200 万元作为赔偿上限，双方对此发生争议引发诉讼。

**争议焦点：**

保险合同中约定的“火灾爆炸每次事故赔偿限额 200 万元”是否有效？

**法院观点：**

法院查明：A 公司 2015 年在甲保险公司投保企业财产保险，后该公司发生了火灾事故，甲保险公司赔偿了保险赔款。此后甲保险公司不再接受 A 公司继续投保。至 2019 年，A 公司再次希望在甲保险公司处投保，甲保险公司认为 A 公司火灾爆炸风险

---

*　窦兴，北京市中伦（南京）律师事务所律师，中国法学会保险法学研究会理事，江苏省保险学会常务理事。

较高，经风险评估后同意承保，但以设定火灾爆炸每次事故赔偿限额 100 万元作为承保条件，后双方最终约定了火灾爆炸每次事故赔偿限额 200 万元。2020 年 A 公司提出续保时，甲保险公司经风险评估后认为需要维持上年度承保条件，双方继续约定了火灾爆炸每次事故赔偿限额 200 万元。上述赔偿限额约定记载在投保单、保险单以及 A 公司盖章的投保项目清单上。

法院认为：甲保险公司作为保险公司从基本保险风险控制的角度，提出“火灾爆炸每次事故赔偿限额 200 万元”这一限额设定，是针对 A 公司特殊情况的条款，并非广泛适用的格式条款，该条款应认定为平衡 A 公司对保险服务的需求及甲保险公司进行控制风险的需求所达成的特别约定。该约定也体现了保险合同是最大诚信合同以及权利义务对等的基本原则。上述约定合法有效。

**案例 2：B 公司每次事故赔偿限额争议**

**基本案情：**

2018 年 B 公司（化工行业）向乙保险公司投保企业财产损失保险，保险标的包括建筑物、机器设备、存货等，总保险金额为 2 530 万元，同时保险合同约定每次事故赔偿限额 300 万元。后 B 公司发生火灾向乙保险公司索赔，乙保险公司认为应以 300 万元作为赔偿上限，双方对此发生争议引发诉讼。

**争议焦点：**

保险合同中约定的“每次事故赔偿限额 300 万元”是否有效？

**法院观点：**

法院查明：2017 年之前 B 公司在另一家保险公司投保，后因发生了多次事故被该保险公司拒保。从 2017 年开始，B 公司寻求向乙保险公司投保。乙保险公司认为 B 公司风险较高，双方遂约定了每次事故赔偿限额 300 万元作为承保条件。2018 年续保时双方以上年度的保单作为基础进行确认后延续上述约定。上述约定记载在两个年度的投保单特别约定中，由 B 公司盖章确认。

法院认为：该约定不应被认为是乙保险公司提供的格式条款，而是针对双方的具体情况作出的约定，是在平等的基础上协商而达成的合意，是协商一致对保险责任范围做的约定，该约定不违反法律、行政法规的强制性规定，也不属于格式免责条款，对双方均具有法律约束力。

**案例 3：C 公司火灾爆炸累计赔偿限额争议**

**基本案情：**

2021 年 C 公司（注塑行业）向丙保险公司投保企业财产损失保险，保险标的包括建筑物、机器设备、存货等，总保险金额 4 000 万元，同时保险合同约定火灾爆炸累计赔偿限额 1 500 万元。后 C 公司发生火灾向丙保险公司索赔，丙保险公司认为应以 1 500 万元作为赔偿上限，双方对此发生争议引发诉讼。

**争议焦点：**

保险合同中约定的"火灾爆炸事故累计赔偿限额 1 500 万元"是否有效？

**法院观点：**

法院查明：2020 年 C 公司即在丙保险公司投保，2020 年度无该限额约定，当年 C 公司发生火灾事故并引起保险理赔。本次事故之前 C 公司还有一起火灾事故。本案所涉的火灾爆炸每次事故赔偿限额 1 500 万元记载在投保单后附的特别约定清单中，由 C 公司盖章确认。

法院认为：该约定并非格式条款，而系双方当事人就可能发生的保险事项达成特别合意后形成，加之相关约定亦不违反法律规定，故对双方均发生法律效力。

## 二、格式条款的法律规制背景

合同自由是传统合同法最基本的原则。但格式条款规则是现代合同法发展的一个重要产物和特征。出于节约交易成本和追求经济效率的需要，格式合同（standard for contract）或格式条款在许多领域被大量使用，并且随着社会分工和专业化、技术化的加快，合同当事人在经济实力、信息掌握程度等方面存在显著差异，双方的交涉能力（bargaining power）不平等，此时，定式合同的使用人往往利用自己的优势，在定式合同中事先加入一些对自己单方面有利而对对方不利的不公平合同条款（unfair contract terms），而对方只能在"要么接受、要么走开"（take it or leave it）之间选择，并无讨价还价的余地。导致近代法的合同自由已经演变成一方当事人滥用优势地位，实为合同自由的异化。针对这种情况，现代各国大多采取一些措施，其中立法手段是最主要的措施，用来规制不公平合同条款。① 其中，在立法上通过信息规制和内容控制的方式对格式条款进行规范，前者侧重于从程序控制的角度消弭格式条款相对方之间的信息不对称，直接对条款制定方课加信息提供义务：格式条款提供方若未能善尽义务，则格式条款不纳入合同。后者则直接控制格式条款的内容，即通过司法审查事后确认诉争格式条款无效。② 通过上述方法纠正格式条款可能的不自由和不公平带来的弊端。

## 三、保险合同纠纷案件中格式条款性质认定的司法现状

我们也会注意到，在国内的司法实践中，通过信息规制（即格式条款的订入规则）来否认格式条款效力，比如通过认定保险人没有尽到提示或明确说明义务来否定保险合

① 参见韩世远：《合同法总论》（第四版），法律出版社 2018 年版，第 35 页。

② 参见马宁：《保险格式条款内容控制的规范体系》，载《中外法学》2015 年第 5 期。

同相关约定的效力甚至被一些学者认为是审判者的“法宝”①。随着保险理念的深入，以及经营者风险管理理念的深化和强化，保险市场上保险人与投保人就特定的保险项目，在风险保障需求和风险控制管理上的博弈并不罕见。但审判实务中很少能见到法院认定保险合同中相关条款不是格式合同的判例。笔者以“不是格式条款”“非格式条款”“不属于格式条款”等关键词在“保险合同纠纷”案由下进行案例检索，筛选出 429 个相关案例，其中：明确认定相关约定“不是格式条款”的案例仅有 17 个；相当一部分判决书中并没有对保险人主张的“不属于格式条款”的主张进行明确的回应；还有一部分判决保险人胜诉的案件，淡化了相关约定是不是格式条款的争议，而是以保险人尽到了提示和明确说明义务为由判决保险人胜诉。这既有保险人举证不力的问题，也反映了前文所述的简单地以“信息规制”的方式确认或否定部分保险条款效力的普遍性。

保险合同也是民商事合同的一种，在涉及争议保险合同条款的适用上，应当首先审查相关合同条款是不是格式条款，其次才会涉及相关条款是否适用格式条款信息规制的相关规则。

## 四、保险合同往往是格式条款和非格式条款共同组成

保险合同是格式合同中最重要的形式之一，但不代表保险合同中的条款都是格式条款。保险合同也是民商事合同的一种，也应当适用合同成立生效解释规则。我国台湾地区的学者刘宗荣就提道：保险契约通常由定型化契约及个别协商契约条款所共同组成。由于标的物不同、保险条件不同等，定型化契约无法一一涵盖，更无法切合个案保险之需要，基于契约自由原则，当然可以有个别商议条款。②

《中华人民共和国保险法》第 18 条规定，保险合同应当包括下列事项：(一) 保险人的名称和住所；(二) 投保人、被保险人的姓名或者名称、住所，以及人身保险的受益人的姓名或者名称、住所；(三) 保险标的；(四) 保险责任和责任免除；(五) 保险期间和保险责任开始时间；(六) 保险金额；(七) 保险费以及支付办法；(八) 保险金赔偿或者给付办法；(九) 违约责任和争议处理；(十) 订立合同的年、月、日。投保人和保险人可以约定与保险有关的其他事项……

一份保险合同中的上述相关内容，不太可能出现全部约定都是格式条款的情形。除了诸如保险人、投保人、被保险人名称住所之类内容外，保险合同的其他内容多数是要根据备案的保险条款确定，但也有相当一部分需要通过除了备案条款之外的其他内容进行确定。当然，正如学者所言，判断保险契约条款中，何者为定型化契约条款，何者

① 参见陈群峰：《保险人说明义务之形式化危机与重构》，载《现代法学》2013 年第 6 期。

② 参见刘宗荣：《新保险法：保险契约法的理论与实务》，中国人民大学出版社 2009 年版，第 43—44 页。

为个别商议约款，原则上固然以契约条款的外形作为判断的基础，但只有推定的效力而已，并非已经确定其为定型化契约条款。①

## 五、保险合同中格式条款的认定规则

### （一）法条规范上的要素判断

《中华人民共和国民法典》第496条第1款规定：格式条款是当事人为了重复使用而预先拟定，并在订立合同时未与对方协商的条款。即根据民法典的规定，认定格式条款应当满足"为了重复使用""预先拟定""未与对方协商"三个要素。当然关于格式条款的构成要素，向来存在"2要素""3要素"和"4要素"之争，这在我国民法典编纂过程中也有充分体现，在《最高人民法院关于适用〈中华人民共和国民法典〉合同编通则若干问题的解释》（法释〔2023〕13号）生效之后，关于格式条款的认定较为明确采取的是"2.5要素"，其中对经营者"为了重复使用"这一要素作了举证责任倒置的安排。② 上述司法解释的第9条第2款规定：从事经营活动的当事人一方仅以未实际重复使用为由主张其预先拟定且未与对方协商的合同条款不是格式条款的，人民法院不予支持。但是，有证据证明该条款不是为了重复使用而预先拟定的除外。无论如何，认定格式条款的根本和关键仍在于"未协商一致"。此处的"未协商一致"指的应当是"不能协商"而不包括"相对人可以协商而未协商"。虽然从文义本身来看，"未与对方协商"也包括相对人能协商而不协商的情况，但从立法目的看，此时不应适用格式条款。"未与对方协商"的条款是指合同相对人不能协商的条款，合同相对人没有能力影响条款的内容，仅能表示同意或不同意，无变更、修改的权利，而非能够协商而不协商的条款。③

### （二）立法目的上的价值判断

如前文所述，把合同内容认定为格式条款并进一步适用格式条款相关法律规则，隐含着纠正该条款背后可能的意思自治和公平性的欠缺的意图。合同的订立背景、订立过程、双方的缔约能力、具体的权利义务这些都可能会对"意思自治"和"公平性"有影响。正如有学者认为：司法之所以干预合同格式条款，是因为"交易中诚信失落和显失公平的结果撼动了法律的良知"。具体而言，司法对于合同条款的规制通常是以以下两

---

① 参见刘宗荣：《新保险法：保险契约法的理论与实务》，中国人民大学出版社2009年版，第44页。

② 参见孟强：《合同格式条款效力的法律控制——以〈民法典〉合同编及其司法解释为中心》，载《广东社会科学》2024年第1期。

③ 参见最高人民法院民事审判第二庭、研究室编著：《最高人民法院民法典合同编通则司法解释理解与适用》，人民法院出版社2023年版，第129页。

个条件之一的存在为前提:从形式上看违背了当事人的“自由合意”;从实质上看违背了合同(正义)公平。前者被称为“合意度低下”,后者被认为“均衡度不足”。[①] 诸多国家和地区的民法除了利用上述制度来捍卫给付均衡外,还着眼于解决由合同当事人间的结构性差异引发的问题,逐渐引入了消费者契约法和格式条款规制法制度,以期实现实质意义上的交换正义。[②] 最高人民法院也认为:从立法和司法上对格式条款进行体系化的干预,旨在控制和防止不公平的格式条款造成合同相对方不合理的利益减损。就法律效果而言,既促使格式条款积极作用的发挥,又控制其对社会正义可能造成的伤害。[③]

实际上,在实务中,条款是不是一方预先拟定以及是否“用于重复使用”是相对好判断的,但是否可以“协商一致”确实是一个相对不那么好判断的内容。合同上的协商一致本身就代表着合意形成的过程,除非一方当事人将双方商讨合同条款、推敲合同细节、讨价还价的内容全部事先存证,否则用什么证据来判断经过了“协商一致”呢? 事实上大量的经过协商一致的合同当事人恐怕都没有所谓的“讨价还价”的过程留存。一方提出,另一方同意,甚至通过签字盖章的形式予以确认,此中又如何作出“经过协商一致”或“未经过协商一致”的判断呢? 此时合同的订约过程(不一定是严苛的如前文所述的一丝不苟的讨价还价的过程),是否能反映一定的“合约自由”“合意度”? 更为重要的是,合同订立的背景以及条款本身体现的权利义务的公平性,会反过来影响司法机构对相关条款是不是格式条款的认定。

## 六、赔偿限额条款的司法认定逻辑

### (一) 缔约背景与风险对价

#### 1. 缔约背景

A公司在2015年发生严重火灾事故,并导致了较严重的损失,且甲保险公司还进行了赔付。在此期间A公司已经因发生过严重火灾事故而被甲保险公司拒保。同时A公司本身从事塑料行业,也是火灾爆炸风险较高的行业。

B公司在乙保险公司投保之前在另外一家保险公司保险过程中发生过多次事故,并被该保险公司拒保,从而转向乙保险公司投保。同时B公司所属化工行业的火灾爆炸风险较其他行业要高很多。

---

① 参见张友连:《格式条款司法规制的逻辑分析——以〈最高人民法院公报〉案例为对象》,载《河北法学》2017年第3期。

② 参见解亘:《格式条款内容规制的规范体系》,载《法学研究》2013年第2期。

③ 参见最高人民法院民事审判第二庭、研究室编著:《最高人民法院民法典合同编通则司法解释理解与适用》,人民法院出版社2023年版,第127页。

C公司上年度在丙保险公司保险过程中发生火灾事故导致了保险理赔，在本次火灾事故之前还发生过火灾事故，说明该公司火灾爆炸事故风险较高。

2. 风险对价

从上述缔约背景出发，赔偿上限约定满足了被保险人在高风险条件下获得可能的保险保障的需求，系保险合同双方对双方权利义务合理分担的体现。一方面使得被保险人因高风险被其他保险公司拒保或大幅加费的情况下仍然可以低保费获得保险保障，另一方面也使得保险人在仅收取低额保费的情况下承担相对有限的保险责任。这样的约定充分平衡和考虑了双方在保险合同项下的权利和义务，是双方缔结案涉保险合同的基础，是核心的保险责任约定。

保险合同具有射幸性，个体投保人通过支出少量的保险费获得风险转移，相关保费可能用于整个风险池其他被保险人的损失弥补；也有可能获得远远高于保险费的保险赔偿。保险合同是双务合同，但保险合同的义务履行具有非等价性。[①] 因此保险合同对价平衡原则与其他合同有所区别，双方不仅要考虑单个合同中的对价平衡即“均衡度”，更要考虑保险精算基础所涉的“均衡度”，即对整个保险利益共同体的公平性。保险经营的本质在于风险管理，裁判机关在审理保险合同案件中确实需要考虑保险人风险管理与被保险人保险保障的平衡性。在本文提及的三个案件中，法院认为投保人本身也不应当产生能够得到与其他风险较低的被保险人一样的承保条件的预期。因此，裁判者从权利义务分配结果的角度，认为上述赔偿限额约定满足了实质上的公平性。

### （二）协商一致的形式与实质

A公司与甲保险公司的保险合同中的限额约定，在投保单、保险单以及由A公司单独盖章的保险项目清单中均有约定。B公司与乙保险公司之间的限额约定则体现在投保单的特别约定处，由被保险人盖章。C公司与丙保险公司之间的限额约定也记载在单独的经盖章的特别约定清单上。三个案件中法院都主动调查了具体的保险合同签约过程（尽管并不一定能掌握一丝不苟的讨价还价的全过程）。

基于前述缔约背景以及权利义务实质性平衡的结果，结合前述缔约过程和保险合同展示出来的签字盖章形式，三个案件法院都认为赔偿限额约定是经过了协商一致的条款，不是格式条款，也不是免责条款，也就不必再考虑格式条款中诸如提示和明确说明义务的信息规制方法。

---

① 参见肖和保、杨佳媚：《论保险合同之射幸性——兼评保险合同免责条款的正当性》，载《财经理论与实践》2008年第1期。

## 七、结　语

保险合同不一定是格式条款占比最高的合同,但一定是引起格式条款司法争议最多的合同类型。保险合同中也有大量的非格式条款。保险合同中赔偿限额条款的性质认定需突破“格式条款推定”思维,回归“协商可能性”与“实质公平”的审查框架。对于高风险被保险人,限额条款既是保险人风险管理的必要手段,亦是被保险人获取保障的合理对价。司法实践中,适用“2.5 要素”来判断是不是格式条款,应通过缔约背景、条款形成过程及权利义务平衡三重视角,审慎认定条款效力,避免机械适用格式条款规则。

# 保险条款的解释规则

## ——“因意外事故发生上述两项情形的，无等待期”之“发生”如何理解

强文瑶　卢怡帆*

[摘　要] “被保险人因意外事故发生上述两项情形的，无等待期”之约定，在解释上指的是在等待期内“因意外事故导致重大疾病”，还是“因意外事故就诊，之后发现重大疾病”？按照前一种解释，重大疾病与意外事故之间需有因果关系；按照后一种解释，意外事故与重大疾病之间则无须有因果关系。当前述条款存在于保险合同中，而保险合同又有特殊的解释规则时，探究当事人的真意仍应从最基本的“通常理解”出发，在“通常理解”仍无法弥补表意缺陷时，才有适用不利解释的空间。

[关键词] 格式条款；不利解释；通常理解；等待期

## 一、案情简介

### （一）基本案情

L女士作为投保人和被保险人与Y保险公司签订了重大疾病保险合同一份，合同生效日为2020年1月1日。2020年2月18日，L女士因衣服勾伤右环指到医院创伤中心就诊，经检查，发现手指骨折，于当日入院等待手术治疗。因时值新冠疫情期间，住院手术患者需例行胸部CT术前检查。L女士经胸部CT检查，提示肺部结节，考虑MIA可能，后进行肺癌根治术，出院诊断为肺癌。L女士在出院后向Y保险公司申请重大疾病理赔，Y保险公司认为L女士在等待期患有恶性肿瘤，依据合同约定不予赔付。

保险合同条款约定如下：“本合同的保险责任有以下两种等待期：1. 本合同生效日起或最后一次效力恢复之日起的九十日内（含第九十日）为本合同第一类重大疾病保险

* 强文瑶，北京市中伦（南京）律师事务所律师；卢怡帆，北京市中伦（南京）律师事务所律师。

金、第二类重大疾病保险金的等待期。若被保险人在等待期内被确诊患有第一类重大疾病、第二类重大疾病，或在等待期内因第一类重大疾病、第二类重大疾病或与第一类重大疾病、第二类重大疾病相关的疾病或症状就诊的，则本公司不承担给付相应的第一类重大疾病保险金及第二类重大疾病保险金的保险责任。2. 本合同生效日起或最后一次效力恢复之日起的一百八十日内(含第一百八十日)为本合同生命终末期保险金的等待期。若被保险人在等待期内达到生命终末期状态，则本公司不承担给付生命终末期保险金的保险责任。被保险人因意外事故发生上述两项情形的，无等待期。”

L 女士认为其因意外事故就诊，后被确诊患有合同约定的重大疾病，符合上述条文表述。Y 保险公司认为需被保险人因意外事故导致重大疾病才无等待期。L 女士与 Y 保险公司各执一词，L 女士诉至法院。

### (二) 争议焦点与案件进展

本案的争议焦点即“被保险人因意外事故发生上述两项情形的，无等待期”条款如何解释。如何适用《中华人民共和国保险法》第 30 条“采用保险人提供的格式条款订立的保险合同，保险人与投保人、被保险人或者受益人对合同条款有争议的，应当按照通常理解予以解释。对合同条款有两种以上解释的，人民法院或者仲裁机构应当作出有利于被保险人和受益人的解释”之规定来对上述条款进行解释?

一审法院认为:该条款的合同文义可以解释为因意外事故发生而发现并确诊了重大疾病，L 女士的理解并无不当。根据法律规定，对合同条款有两种以上解释的，应当作出有利于被保险人和受益人的解释。

二审法院认为:首先，该条款的合同文义是指被保险人因意外事故发生在等待期内被确诊患有重大疾病的情形，而非 Y 保险公司所理解的被保险人因意外事故导致重大疾病。上述文义从保险合同后续关于重大疾病保险金的约定中可以得到印证，该条款明确在合同有效期内，若被保险人因意外事故就诊并被专科医生首次确诊患有合同约定的重大疾病，保险公司将给付重大疾病保险金。其次，被保险人因意外事故就诊并被专科医生首次确诊患有合同约定的重大疾病，未对意外事故与最终确诊的重大疾病之间应有因果关系进行明确。在条文约定不明的情况下，应作出有利于被保险人的解释。

简言之，本案一审、二审法院均认为该条款存在两种以上解释，并作出了有利于被保险人 L 女士的解释，判决 Y 保险公司败诉。后续 Y 保险公司向法院申请再审。

## 二、保险条款解释规则的适用逻辑

### (一) 保险条款解释规则的特殊性

为了提高交易效率、节省交易成本，市面上保险合同普遍使用保险人事先拟定的格式条款。使用格式条款缔约，一方面投保人只能全盘接受，缺少协商修改的余地；另一方面保险合同格式条款专业性较强、使用的专业术语较多，投保人一方对很多内容难以理解。因此一旦因为保险条款发生纠纷，保险人往往处于优势地位。用不利解释方法释明保险合同的格式条款的内容，确实有助于改善投保人订立保险合同时的被动状态，以增强对被保险人或者受益人利益的保护。不利解释是为保险合同当事人之投保人（被保险人）提供的一种经济利益平衡的事后救济工具，而且事实上发挥着保护被保险人和受益人利益的积极作用。①

### （二）不利解释规则的适用条件

我们注意到保险实务中，容易出现不加限制适用不利解释规则的情形，即只要格式条款理解有争议，就无条件适用有利于被保险人与受益人一方的解释。这其实是忽略了不利解释规则最重要的前提条件。不利解释原则仅能适用于保险合同条款文字有歧义而致使当事人的意图不明确的场合。若保险单的用语明确、清晰且没有歧义，说明当事人的意图明确，没有解释保险合同的余地，不能作出有利于被保险人的语义解释，不允许通过解释扩大或者缩小保险合同所用语句的文义。同样，若保险合同有文义不清的条款，但经当事人的解释而被排除，也没有适用不利解释原则的余地；再者，若当事人的意图可以通过其他途径予以证实，亦不能适用不利解释原则。②

因此，如前所述，不利解释规则并不是直接作出不利于保险人一方的解释，而是遵循合同解释的一般原则，即我们所说的“通常理解”：既不采纳保险人的解释，也不采纳投保人、被保险人、受益人的解释，而是按照一般人的理解来解释后，条款表意仍有歧义时，才有适用不利解释规则的空间。

### （三）“通常理解”的解释路径

什么是对格式条款的“通常理解”？《中华人民共和国保险法》中并没有规定。因此仍需要回归到最基本的《中华人民共和国民法典》的规定。

《中华人民共和国民法典》第 142 条第 1 款规定：“有相对人的意思表示的解释，应当按照所使用的词句，结合相关条款、行为的性质和目的、习惯以及诚信原则，确定意思表示的含义。”

《中华人民共和国民法典》第 466 条规定：“当事人对合同条款的理解有争议的，应当依据本法第 142 条第 1 款的规定，确定争议条款的含义。合同文本采用两种以上文字订立并约定具有同等效力的，对各文本使用的词句推定具有相同含义。各文本使用的词句不一致的，应当根据合同的相关条款、性质、目的以及诚信原则等予以解释。”

归纳而言，通常理解之解释方法包括文义解释、整体/体系解释、目的解释、习惯解

① 参见邹海林：《保险法学的新发展》，中国社会科学出版社 2015 年版，第 338 页。

② 参见覃有土、樊启荣：《保险法学》，高等教育出版社 2003 年版，第 202 页。

释等基本解释方法。

文义解释:即对文字的字面意义进行的一种法律解释,包括对字义,结合语言规则,语法结构,标点符号等确定其含义,探究当事人真实的订约意图,文义解释不能超过(扩大或缩小)条文所可能表示的文义、不进行较深层次的推理和延伸。应相对客观,不附加解释人的主观意图和情感。

整体/体系解释:即将争议条款放在整个合同文本体系中进行解释,强调条款之间的协调性与一致性。一个法律行为,如一个合同,是一个整体,要理解其整体意思必须准确理解其各个部分的意思;反之,要理解各个部分的意思,也必须将各个部分置于整体之中,使其相互协调,才可能理解各个部分的正确意思。① 保险合同作为合同的一种,保险人的权利义务并非单一条款所能完整表达,某一条款完整意思的表达是以其他条款相互配合补充为条件的。因此,为准确理解条款真意,需联系条款的整体架构,避免断章取义。

目的解释:即基于条款设计目的或预期效果,而非仅从字面、形式出发,强调条款在特定情境中应发挥的作用。因为合同是为了当事人特定目的实现而存在的,合同目的是理解合同条款真意的指南。②

习惯解释:指当合同条款存在模糊、歧义或遗漏时,通过参考相关领域或当事人之间形成的交易习惯(即行业惯例、交易惯例或双方长期形成的惯常做法)来推断当事人的真实意思,其核心是尊重市场规律和行业实践。

综上,上述解释方法的终极目的就是判断条款的真实意思,且"确定该条款的真实意思",即非谓表意人单方的真实意思,而是指当事人双方的真实意思,是表意人和受领人一致表示的意义。③ 只有穷尽这些解释方法仍然存在两种以上解释结论的,方可运用不利解释规则。

## 三、"因意外事故发生上述两项情形的,无等待期"之"发生"进行"通常理解"的结果

### (一)文义解释

"发生"指某种事件、现象或情况从无到有地出现或产生。强调客观事物本身的出现或变化,通常不带主观性,描述事实性存在。例如发生事故、发生地震等。"被保险人因意外事故发生上述两项情形的,无等待期"中"因 A 发生 B"的句式结构即表明了 A

① 参见韩世远:《合同法总论》(第四版),法律出版社 2018 年版,第 873 页。

② 参见最高人民法院民法典贯彻实施工作领导小组主编:《中华人民共和国民法典合同编理解与适用(一)》,人民法院出版社 2020 年版,第 38 页。

③ 参见韩世远:《合同法总论》(第四版),法律出版社 2018 年版,第 870 页。

事件与B事件的因果关系，其中A事件为因，B事件为果，无A事件则无B事件。

L女士是因意外事故导致重大疾病被“发现”，“发现”指通过观察、研究首次找到、揭示某事物或意识、注意到某种现象。强调主观认知或主动探索的结果，可能涉及“隐藏→显现”的过程。例如发现新物种、发现规律。

因此从文字解释来看，“发生”与“发现”解释根本不同。L女士的肺癌本就存在，仅是因为手指意外受伤这一契机才发现肺癌，并非因为手指受伤导致无中生有发生肺癌。因此从文义解释，条款理解不应有争议。

### （二）整体/体系解释

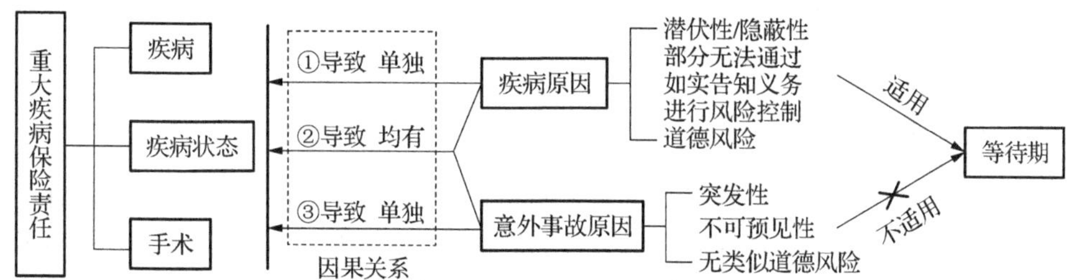


保险条款并非孤立存在，其文字表述及上下条款具有内在的逻辑关系。保险条款所列的Y保险公司承保的重大疾病类型，可划分为三类：① 疾病原因单独导致：如恶性肿瘤、脑卒中后遗症等【疾病定义例如“脑卒中后遗症—指因脑血管的突发病变引起脑血管出血、栓塞或梗死……”】；② 疾病或意外伤害原因导致：如多个肢体缺失、深度昏迷、双耳失聪，以及各种手术等【疾病定义例如“多个肢体缺失—指因疾病或意外伤害导致两个或两个以上肢体自腕关节或踝关节近端（靠近躯干端）以上完全性断离”】；③ 意外伤害原因单独导致：如严重脑损伤、严重Ⅲ度烧伤【疾病定义例如“严重脑损伤—指因头部遭受机械性外力，引起脑重要部位损伤，导致神经系统永久性的功能障碍……”】。

即在条款中有明确释义的承保的重大疾病发生的原因为疾病或者意外伤害，故针对承保疾病所设置的等待期条款自然也以这两种原因作为适用前提。因意外事故确诊重大疾病等待期中的“因意外事故”自然指的是重大疾病的导致原因为意外事故。

### （三）目的解释

等待期间之设置，系为避免健康保险生效后，在保险人及被保险人均不知情之情况下，因疾病潜伏、症状不明显、发现不易等因素，令保险人承作危险实已发生、不符承保要件、却持续有效之保单，致违反最大善意原则。①

即在投保人或被保险人可能在订约当时处于善意不知情时，要求投保人履行如实告知义务难以实现，保险人亦无法适用如实告知的规定进行风险控制。为了既满足被

① 参见叶启洲：《保险法》（修订七版），元照出版有限公司2021年版，第576页。

保险人的健康保障需要，又有效遏制“拖延治疗恶意索赔”道德危险的发生，以此为目的健康保险均设置了疾病等待期条款。但是由于意外伤害具有突发性和不可预料性，基本不会出现类似拖延理赔的道德危险，因此为了保护被保险人的利益，以此为目的设置等待期条款中的意外事故原因不适用。故从等待期的条款以及意外事故排除适用的条款设置目的解释看，等待期系针对疾病原因因素设置；将意外事故单独排除，也应当是基于因意外事故导致保险事故为前提。

而且如果按照 L 女士的理解逻辑，只要是因为意外事故去医院就诊，无论发生的是不是意外事故导致的疾病都没有等待期。那么亦可能会导致被保险人为达到无等待期的条件刻意制造意外事故以获得保险理赔，那么保险人在保险条款中对意外事故与意外事故以外的原因进行区分适用等待期将毫无意义，无法避免潜在巨大的道德风险，显然与保险人设置等待期的缔约真实意思相矛盾。

### （四）习惯解释

国内外的健康保险产品都会基于前述等待期的保险理论基础设置等待期，并在健康保险发展过程中基于对被保险人的保护，将意外事故导致的疾病/疾病状态/手术不适用等待期。该条款的设置是保险人进行风险控制的重要手段，也是厘定保险产品费率的考量因素之一。现行保险实务在计算纯保费时，均将等待期内保险费扣除，对于要保人或被保险人并无不公平之处。[①] 如果该条款被曲解，保险人只有提高保险费率或缩减保险责任来填补等待期失效的风险，这种方法无疑是对整个投保人群体最不经济的，也最不利于交易的持续进行。

综上，我们认为以文义解释、整体/体系解释、目的解释、习惯解释等通常解释方法对“因意外事故发生上述两项情形的，无等待期”之“发生”进行解释，都能得出“发生”强调的是意外事故与重大疾病之间需要有直接因果关系的解释结果。

最终本案经过再审，再审法院支持了 Y 保险公司的主张，再审法院充分运用法律规定的合同条款解释规则，其认为：按照通常理解解释条款文义，应仅为“因意外事故”直接导致“发生上述两项情形”，即“意外事故”与“上述两项情形”之间应具有因果关系，该理解与保险合同约定的部分重大疾病能够互相印证，亦符合等待期条款的设置目的和本案实际。而且，按照对该条款的通常理解，并不能得出“因意外事故”发现“上述两项情形”的结论，L 女士手指受伤只是发现并非导致 L 女士身患合同约定的重大疾病的原因，不应适用无等待期的约定。在按照通常理解解释争议条款能够得到唯一结论，即争议条款不存在两种以上解释的情形下，原审法院作出有利于被保险人的解释，缺乏事实和法律依据。

---

① 参见叶启洲：《保险法》（修订七版），元照出版有限公司 2021 年版，第 576 页。

## 四、结　语

合同条款的歧义根植于自然语言的模糊性、缔约主体的认知差异及外部环境的不确定性，其本质是文字表达与真实合意间的张力。为弥合分歧，司法实践中需借助文义、体系、目的等多维解释方法，在尊重文本的基础上探求缔约初衷，兼顾公平与效率。合同解释不仅是技术性操作，更是平衡商业理性与法律价值的艺术，既要避免机械套用规则，亦需警惕过度自由裁量。未来，或许可以通过精细化条款设计（如明确定义、预设争议场景）提升合同的可预见性，降低交易成本，最大限度实现合同的经济价值。

# 新型业务法律问题研究

# 国内贸易信用保险的解释路径
## ——司法审判的视角

李晓云*

[摘　要]　我国发展内贸险的理论与实践准备并不充分，内贸险也存在是不是将出口信用保险加以改造"出口转内销"就可以的问题，但内贸险不是出口信用保险的简单转化。出口信用保险作为"以章程代替立法"的政策性保险，在投保时存在买方清单、"无限额、不担责"原则等特殊规则，在理赔时又需要经过纠纷先决和定损核赔等待期。因此，内贸险要真正落地还有很长的路要走，需要淡化政策性色彩而回归商业保险，需要重点防范虚假贸易，此外还要考虑兼及实现保险融资功能。

[关键词]　国内贸易信用保险；出口信用保险；政策性保险；买方清单；纠纷先决条款

## 一、引言：重磅文件对国内贸易信用保险的重提①

### （一）七部委联合发文的意蕴

2024年12月16日，国家发展和改革委员会、工业和信息化部、财政部、商务部、中国人民银行、国家金融监督管理总局、中国证券监督管理委员会等七部委联合下发《关于发挥国内贸易信用保险作用 助力提高内外贸一体化水平的意见》（发改财金〔2024〕1731号，以下简称《意见》），充分肯定国内贸易信用保险（以下简称内贸险）在"分散企业贸易风险、降低市场流通成本，有利于促进商品服务畅通流动、优化贸易环境"方面的积极意义。《意见》共有五个部分，除第一部分总体要求外，另从加大对重点企业的内贸险保障力度、深化内贸险供给侧改革、完善内贸险配套制度、加强组织实施和跟踪问效等四个方面，提出了明确具体的意见。由于《意见》的出台积极回应了中央关于"加快建设全国统一大市场、促进内外贸一体化发展工作"的总要求，高度契合党的二十届三中

*　李晓云，最高人民法院民二庭二级高级法官，法学博士。

①　后文将简单回溯内贸险的发展经过，说明其并非全新类型的险种。

全会提出的“强化贸易政策和财税、金融、产业政策协同，打造贸易强国制度支撑和政策支持体系，加快内外贸一体化改革”①，很快引起行业内外的普遍关注，纷纷称赞是重大政策利好，甚至有自媒体将 2025 年称为“内贸信用险元年”②。

当下出台《意见》重提内贸险，能够激起千重浪，或有国内国际多方面的原因。其一，习近平总书记 2023 年 10 月 30 日在中央金融工作会议上提出：“为了提供高质量金融服务，金融系统要着力做好科技金融、绿色金融、普惠金融、养老金融、数字金融五篇大文章。”③这为金融高质量发展助力强国建设和民族复兴伟业提供了基本遵循和行动指南。保险作为传统的“四大金融支柱”之一，在我国金融业内的资产规模近年来屡创新高，从 2023 年底保险业总资产接近 30 万亿元，到 2024 年底就突破了 35 万亿元大关，达到了 35.91 万亿元，年增长 19.86%④，成为越来越重要的一个金融领域。做好金融“五篇大文章”无疑不可小视保险业的发展，同时保险行业的一举一动亦必然愈发引起社会高度关注。其二，2024 年 9 月 11 日，国务院发布《关于加强监管防范风险推动保险业高质量发展的若干意见》(国发〔2024〕21 号，以下简称“新国十条”)，成为继 2006 年国务院发布《关于保险业改革发展的若干意见》和 2014 年发布《关于加快发展现代保险服务业的若干意见》之后的又一重磅文件，被业内对标 2014 年的“国十条”，称之为“千呼万唤始出来”的“新国十条”。“新国十条”围绕强监管、防风险、促高质量发展三大中心任务，提纲挈领地为保险业未来五至十年的改革发展谋篇布局。在“新国十条”中，“提升保险业服务民生保障水平”和“提升保险业服务实体经济质效”两条，都与内贸险关系紧密。“新国十条”中提出的“聚焦国家重大战略和重点领域”“探索提供一揽子风险管理与金融服务方案，助力畅通国内国际双循环”“扩大出口信用保险覆盖面，助力培育外贸新动能”等，虽然没有直指内贸险，但无疑为内贸险的发展留出了空间。因此，《意见》中提出大力支持战略性新兴产业、优势传统产业、现代农业等行业企业投保内贸险，重点支持集成电路、工业母机等高技术产业链有关企业投保内贸险，大力支持与大规模设备更新和消费品以旧换新相关的企业投保内贸险等等，都可以说是对“新国十条”规定的具象化。其三，当前国际地缘政治冲击，全球保护主义加剧，国际宏观经济政策存在不确定性，全球治理失序。乌克兰危机、中东冲突等周边环境变数扰乱全球市场

① 《国家发展改革委、商务部、金融监管总局相关负责同志就〈关于发挥国内贸易信用保险作用助力提高内外贸一体化水平的意见〉答记者问》，载“国家发展改革委”微信公众号，2024 年 12 月 18 日。

② 如，《七部门联合发文！这一业务领域迎政策利好》，载《金融时报》微信公众号，2024 年 12 月 17 日；《迎来政策利好！这一保险正大步走向台前》，载《经济日报》微信公众号，2024 年 12 月 21 日；《事关内贸险，七部门联合发声》，载《国际商报》微信公众号，2024 年 12 月 17 日；《加大内贸险承保力度 提高内外贸一体化水平》，载“人保财险”微信公众号，2024 年 12 月 28 日；《2025，内贸信用险元年》，载“金融街凯闻哥”微信公众号，2025 年 1 月 29 日。

③ 中共中央党史和文献研究院编：《习近平关于金融工作论述摘编》，中央文献出版社 2024 年版，第 60 页。

④ 《金融监管总局最新公布：5.7 万亿元》，载《中国基金报》微信公众号，2025 年 2 月 3 日。

预期和投资信心，加剧大宗商品和金融市场波动，使我国面临新的输入性风险。美国特朗普新一届政府从上台伊始就挥舞起关税大棒，批量“退群”，加剧了国际经贸领域的阵营化、区域化、碎片化，冲击全球产业链供应链稳定，对我国参与国际经济循环造成阻碍。2025 年 4 月 8 日，针对美国威胁进一步对华加征 50%关税的言论，外交部发言人表示：如果美方执意打关税战、贸易战，中方必将奉陪到底。[①] 中央汇金公司、中国石油、中国电子、国家能源集团、社保基金会等多家央企和机构都纷纷表态开展股票增持回购，持续巩固市场对上市公司的信心，维护资本市场平稳运行，受到中国人民银行和国务院国资委等监管机构的充分肯定。[②] 同时，《人民日报》2025 年 4 月 7 日发表题为《集中精力办好自己的事》的评论员文章，旗帜鲜明地提出“坚定不移办好自己的事，以国内经济结构调整应对外部环境调整”“面对高关税持续压缩对美贸易空间，我们更要把扩大内需作为长期战略，努力把消费打造成经济增长的主动力和压舱石，发挥超大规模市场优势”[③]。到 2025 年 4 月 15 日，美国白宫网站发布的清单显示，中国目前已面临最高达 245%的关税。[④] 在此背景之下，七部委出台《意见》重提内贸险，希望发挥保险金融工具作用，促进国内贸易的急切意愿不言而喻。

### （二）当前我国发展内贸险的准备

虽然被寄予厚望，但当前内贸险在我国的实践和理论准备都远不够充分。从实践来看，人保财险的数据显示，其自 2007 年开展内贸险业务至 2013 年底，累计承担保险责任约 1 100 亿元，服务内贸企业 1 000 多家（其中约七成为小微企业），支持企业获得融资 40 多亿元，向企业累计支付赔款 3 000 多万元。[⑤] 这一经营规模对比如今已突破 35 万亿元大关的保险业总资产，确乎显得极为有限，只能说我国内贸险的实践未成气候，聊胜于无。[⑥]

而从理论准备来看，法律制度的规定也极为欠缺。《中华人民共和国保险法》（以下简称《保险法》）第 95 条规定保险公司的业务范围，该条第 1 款第 2 项：“财产保险业务，

---

① 《外交部：中方必将奉陪到底》，载《人民日报》微信公众号，2025 年 4 月 8 日。

② 《增持！多家央企、机构连续出手》，载《人民日报》微信公众号，2025 年 4 月 8 日；《中国人民银行新闻发言人就支持中央汇金公司稳定资本市场答记者问》，载《中国人民银行》微信公众号，2025 年 4 月 8 日；《国务院国资委发声》，载《人民日报》微信公众号，2025 年 4 月 8 日。

③ 《关键时刻，人民日报重磅发声》，载《人民日报》微信公众号，2025 年 4 月 7 日。

④ 《美方称中国目前面临最高达 245%关税，中方发声》，载《人民日报》微信公众号，2025 年 4 月 17 日。

⑤ 《内贸险助企业赊销商业化尚未成熟》，载“五道口供应链研究院”微信公众号，2015 年 7 月 12 日。

⑥ 当然上述数据与人保财险并非我国主要开展信用保险业务的保险公司有一定关系，且相关数据截至 2013 年底，不能反映近十年保险业的飞速发展，但即便考察专门从事信用保险业务的中国出口信用保险公司，由于其主业系出口信用保险，内贸险的规模也可以想见十分有限。

包括财产损失保险、责任保险、信用保险、保证保险等保险业务。"除此之外，对信用保险未再置一词，当然更不可能规定内贸险。最高人民法院2013年对广东省高级人民法院作出《关于审理出口信用保险合同纠纷案件适用相关法律问题的批复》(法释〔2013〕13号)，指出保险法对出口信用保险合同的法律适用问题没有作出明确的规定，人民法院在审理出口信用合同纠纷案件时可以参照适用保险法的相关规定，出口信用保险合同另有约定的从其约定。《中华人民共和国对外贸易法》(以下简称《对外贸易法》)和《中华人民共和国中小企业促进法》(以下简称《中小企业促进法》)虽然也规定了信用保险，但都是倡导性的。① 法律制度关于信用保险和内贸险的规定迄今付之阙如。有鉴于此，要真正扩大内贸险的适用，切实发挥这项制度的功能成效，仅凭出台《意见》的政策性利好或远为不够，尚有必要深入剖析，推动加快制度建设，形成较为完备的内贸险制度体系。

## 二、内贸险是出口信用保险的"返朴"吗?

### (一) 从信用保险到出口信用保险和内贸险

顾名思义，国内贸易信用保险当然是信用保险(Credit Insurance)的一类险种。按照《辞海》对信用保险的定义，"信用保险：财产保险的一种。承保被保险人因客户无偿债能力等而收不到账款的损失。分为国内信用保险和出口信用保险。出口信用保险责任分为商业信用风险和政治风险两大类"②。在法学界，我国台湾地区学者郑玉波先生认为，信用保险"系以债务人不能履行债务，而受损失为标的之保险，如商店因恐顾客赊欠货款，到期不能收回，而以之投保便是"③。其他另有从信用风险管理、信用利益保护、合同等不同角度对信用保险之概念作出界定者，但基本意思大同小异。④ 理论上，信用保险可以包括贸易信用保险、企业贷款信用保险、个人消费信用保险、信用卡保险等多个类型，但在实践中最主要的是保障国内外贸易的信用保险，其中最为常见的又是出口信用保险。这是因为2001年5月23日国务院批准组建了专门的出口信用保险机构——中国出口信用保险公司，同年10月19日该公司正式成立，并于12月18日揭牌运营。按照中国出口信用保险公司(以下简称中国信保)的官网介绍，该公司是由国家出资设立、支持中国对外经济贸易发展与合作、具有独立法人地位的国有政策性保险公

① 《中华人民共和国对外贸易法》第52条：国家通过进出口信贷、出口信用保险、出口退税及其他促进对外贸易的方式，发展对外贸易。《中华人民共和国中小企业促进法》第22条：国家推动保险机构开展中小企业贷款保证保险和信用保险业务，开发适应中小企业分散风险、补偿损失需求的保险产品。

② 《辞海(第七版)缩印本》，上海辞书出版社2022年版，第2535页。

③ 郑玉波：《保险法论》，三民书局2001年版，第158页。

④ 参见赵明昕：《中国信用保险法律制度的反思与重构》，法律出版社2010年版，第10—12页。

司。中国信保的主要产品及服务包括：中长期出口信用保险、海外投资保险、短期出口信用保险、国内信用保险、与出口信用保险相关的信用担保和再保险、应收账款管理、商账追收、信息咨询等出口信用保险服务。截至 2024 年末，其累计支持的国内外贸易和投资规模超过 9 万亿美元，为超过 35 万家企业提供了信用保险及相关服务，累计向企业支付赔款 239.58 亿美元，累计带动 300 多家银行为出口企业提供保单融资支持近 4 万亿元人民币。根据伯尔尼协会①的统计，2015 年以来，中国信保业务总规模连续在全球官方出口信用保险机构中排名第一。② 可见中国信保的产品服务虽然也包括了国内信用保险，但其主营业务是出口信用保险，这也致使业界谈信用保险即主要在谈出口信用保险。

但如果回溯出口信用保险的发展经过，无论在国内还是国外，首先发展起来的信用保险恰恰是内贸险。③ 据考证，不同于许多学者认为的 1989 年中国人民保险公司(以下简称人保公司)试办短期出口信用保险业务系我国信用保险业务的肇端，早在 1979 年冬，人保公司即为澳大利亚客商在深圳投资建造“乌石鼓石矿场”承保了海外投资风险保险。④ 虽然从外商的角度来看其系出口信用保险，但由于承保的风险是外商在我国境内的投资风险，所以其对我国而言是不折不扣的内贸险。之后随着改革开放深化，提出了实践需求，1984 年，当时的对外经济贸易部出口局建议保险公司考虑开办信贷保险和出口收汇保险业务。1985 年，中国人民银行调研后反馈，积极赞成开办出口信用保险业务，并建议由人保公司提出具体实施方案。作为尝试，1985 年 12 月和 1986 年 1 月，人保公司分别在上海和天津分公司小规模试办出口信用保险，拉开我国办理出口信用保险的序幕。1988 年，国务院委托人保公司试办机电产品的出口信用保险，同年 10 月，人保公司成立出口信用保险部，在全国部分地方试办以机电产品为主的短期出口信用保险。1989 年初，按照国务院的指示精神，人保公司制定了开办出口信用保险业务的基本原则，之后短期出口信用综合险业务在国内陆续开展，及至 1992 年人保公司又开始经营中长期出口信用保险业务。1994 年中国进出口银行成立，并于当年 6

---

① 国际信用与投资保险人协会简称伯尔尼协会(Berne Union)，是全球出口信用保险业界的国际组织。1996 年中国人民保险公司代表中国参加了伯尔尼协会，并于 1998 年成为该组织正式会员。2001 年中国出口信用保险公司接替而成为伯尔尼协会会员，并于 2002 年在北京承办了伯尔尼协会年会。(赵明昕：《中国信用保险法律制度的反思与重构》，法律出版社 2010 年版，第 202—203 页)

② 中国出口信用保险公司官方网站，https://www.sinosure.com.cn/gywm/gsjj/gsjj.shtml，最后访问时间：2025 年 5 月 1 日。

③ 因篇幅所限，后文仅介绍了我国信用保险的发展经过。实际上，英国商业保险公司(British Commercial Insurance Company)作为世界上第一家经营信用保险业务的保险公司，当时承保债务人未能履约的风险，并未区分内外贸。19 世纪中叶，法国、德国和瑞士的一些私人保险公司开办国内信用保险业务，成为信用保险的首批经营者。19 世纪后半叶，贩运商品至澳大利亚的英国商人开创了历史上有记载的投保出口信用保险的先河。(参见赵明昕：《中国信用保险法律制度的反思与重构》，法律出版社 2010 年版，第 84—86 页)

④ 赵明昕：《中国信用保险法律制度的反思与重构》，法律出版社 2010 年版，第 199 页。

月设立了保险部，开始与人保公司形成我国出口信用保险“两家办”的格局。再到2001年中国信保组建成立，原由人保公司和中国进出口银行承办的出口信用保险业务全部划归中国信保经营，其成为我国唯一从事政策性出口信用保险业务的国有独资保险公司。[①] 此后到2014年财政部下发《关于引入商业保险公司开展短期出口信用保险业务试点有关问题的通知》（财政部〔2014〕36号文），中国人民财产保险公司、中国平安财产保险股份有限公司、中国太平洋财产保险股份有限公司、中国大地财产保险股份有限公司亦获准试点经营短期出口信用保险业务，当然实践中仍是中国信保在该业务领域“一家独大”。在此过程中出口信用保险与内贸险的发展难以截然两分。2003年，平安保险曾与法国科法斯公司合作推出了国内短期信用保险，之后，人保、美亚、大地等商业性保险公司也采取与跨国保险公司合作的方式相继推出了内贸险业务。2005年，中国信保在原来只有出口信用保险业务的基础上转向国内市场，推出了国内贸易信用保险业务。[②] 2009年，财政部与商务部联合下发《关于2009年度中小商贸企业发展专项资金使用管理有关问题的通知》，其中提出“对符合条件的中小商贸企业投保国内贸易信用险，以及其他企业以中小商贸企业为风险方投保国内贸易信用险的”，按实际缴纳保费给予50%的补助。2012年，商务部办公厅下发《关于做好2012年中小商贸企业融资性担保和国内贸易信用保险补助工作的通知》，其中提及“中小商贸企业融资性担保和国内贸易信用保险补助政策实施三年来”，发挥了积极作用，并确定“在江苏等12省（市）继续开展国内贸易信用保险补助工作试点”“国内贸易信用保险补助政策首次采用因素法进行资金分配，同时取消了对‘家电下乡’中标企业的额外补助，降低了作为投保方的中小商贸企业注册资本金的上限（不超过1亿元人民币）”。由此可见，2024年12月七部委的《意见》并非横空出世，早在2009年商务部与财政部即尝试推出三年内贸险补助政策，只不过可能因为效果不甚明显，加之2008年金融危机的影响逐渐消退，内贸险渐渐淡出决策层的视野，及至当下又被再次提及。

### （二）出口信用保险的特殊规则

与通常商业性质的保险不同，出口信用保险是以实施贸易政策鼓励本国出口为目的，以出口贸易和海外投资中的外国买方信用风险为承保对象的一种信用保险。[③] 因此，出口信用保险对促进国际经贸具有重大意义，通常由各国政府支持的政策性出口信

① 参见赵明昕：《中国信用保险法律制度的反思与重构》，法律出版社2010年版，第199—203页。

② 王燕：《法律关系视角下的内贸信用保险问题研究》，上海交通大学2017年硕士学位论文，第8页。

③ 赵明昕：《中国信用保险法律制度的反思与重构》，法律出版社2010年版，第189页。

用保险机构经营。[①] 我国也不例外，恰如中国信保官网宣示的自我定位："中国信保通过为对外贸易和对外投资合作提供保险等服务，促进对外经济贸易发展，重点支持货物、技术和服务等出口，特别是高科技、附加值大的机电产品等资本性货物出口，促进经济增长、就业与国际收支平衡。中国信保以'履行政策性职能，服务高水平开放'为己任，有效服务国家战略，精准支持企业发展，确保财务可持续，积极扩大出口信用保险覆盖面，在服务共建'一带一路'、全力促进外贸稳中提质、培育国际经济合作和竞争新优势、推动经济结构优化等方面发挥了不可替代的作用。"[②]也正是因为出口信用保险的特殊性，其在实践中形成了以下一些比较明显的独有规则。

1. 以章程代替立法

中国信保系2001年根据《国务院关于组建中国出口信用保险公司的通知》(以下简称《通知》)而组建的从事政策性出口信用保险业务的国有独资保险公司，当时的《通知》中载明："公司按照国务院批准的《中国出口信用保险公司组建方案》和《中国出口信用保险公司章程》运营。待条件成熟后单独立法。"2012年国务院批准中国信保章程修订，中央汇金投资有限公司向中国信保增资200亿元，助力扩展出口信用保险业务。虽然在最早的组建《通知》中表示要单独立法，但如前所述，现行《保险法》仅在第95条规定保险公司可开展的财产保险业务包括信用保险，而《对外贸易法》和《中小企业促进法》提及信用保险也都是倡导性的。加之我国保险法律所规范的主要是商业保险，并不规范包括出口信用保险在内的政策性保险，这就导致我国在出口信用保险方面的法律规范几为空白，主要以中国信保的公司章程作为展业依据。"以章程代替立法"的最大缺陷是：在监管出口信用保险公司业务与解决出口信用保险纠纷方面，均存在法律真空。[③]

实际上，2003年最高人民法院曾公开发布《关于审理保险纠纷案件若干问题的解释(征求意见稿)》，其第33条规定："商业信用保险合同是由保险人承保权利人因债务人破产、解散、政府行为等引起的非正常商业信用风险的保险。商业信用保险合同的投保人为被保险人。商业信用保险的保险人赔偿被保险人的商业信用损失后，有权依照合同向债务人追偿。"该司法解释征求意见稿可谓是我国法律规范距离信用保险最近的一次，但遗憾的是，由于2004年立法机关启动了《保险法》的第二次修订计划，前述司法解释搁置。2013年，最高人民法院又作出了前文已经论及的法释〔2013〕13号批复，指

---

① Anders Grath, The Handbook of International Trade and Finance, Kogan Page Press, 2008, p.110.转引自林诚：《出口信用保险合同理赔条款的效力与适用——以"伯尔尼协会"成员单位的商业实践为借鉴》，载《国际经济法学刊》2021年第1期，第54页。

② 中国出口信用保险公司官方网站，https://www.sinosure.com.cn/gywm/gsjj/gsjj.shtml，最后访问时间：2025年5月1日。

③ 李青武、于海纯：《〈伯尔尼联盟总协定〉制度框架下的中国出口信用保险制度》，载《首都师范大学学报(社会科学版)》2014年第5期，第57页。

出人民法院在审理出口信用合同纠纷案件时可以参照适用保险法的相关规定，出口信用保险合同另有约定的从其约定。此批复相较于司法解释征求意见稿可以说在一定程度上是相当保守的倒退，不仅没有填补立法的空白，反而留下了混淆保险法规范商业保险和政策性保险、纵容保险公司利用保险合同约定滥用优势地位两方面的嫌疑。[①] 及至今日，虽然保险监管机构先后制定了《信用保证保险业务监管暂行办法》(保监财险〔2017〕180 号)和《信用保险和保证保险业务监管办法》[②]，但当年"待条件成熟后单独立法"的承诺却一直未能兑现，使得出口信用保险迄今不得不延续以章程代替法律规范的尴尬处境。

2. 投保时的买方清单和"无限额、不担责"原则

《保险法》第 13 条规定，投保人提出保险要求，经保险人同意承保，保险合同成立。保险合同成立后，保险人有及时签发保险单或者其他保险凭证的义务，而保险合同自成立时生效，除非合同另有约定附条件或者附期限。但出口信用保险不同，其还有一特殊的生效要件，即以提交"买方清单"的形式请求保险人确定特定买方的信用限额，其实质是对特定买方进行风险的前置评估。通常的出口信用保险由保险人与被保险人签订一总括性的信用保险合同，待被保险人与其债务人的信用交易金额得到保险人予以承保的允诺，即被保险人为特定买方申请信用限额，保险人对该限额进行审核批准，被保险人所享有的信用利益数额和保险人的承保范围才得以确定，保险之风险保障始生效。[③] 实践中，这一过程的开始是投保文件中往往要求包含一份买方清单，其内容主要包括填报买方个数、买方信息、最早开始赊销日期、过去 12 个月交易总量、最高应收账款余额等。[④] 这是因为被保险人与保险人签订的保险合同通常是总括性的，不大可能每发生一笔交易"一事一单"地签约，否则缔约成本过高。[⑤] 保险合同签订后，待被保险人确定与之交易的买方时(通常是订立意向书或者草签商务合同后)，由被保险人合理估算可能向买方授予信用的最高额度，向保险人提出买方信用限额申请，并以包括提交买方清

① 李青武、于海纯：《〈伯尔尼联盟总协定〉制度框架下的中国出口信用保险制度》，载《首都师范大学学报(社会科学版)》2014 年第 5 期，第 58 页。

② 该文件于 2020 年 5 月 8 日以中国银保监会办公厅名义印发，但未对外公布文号，详见中华人民共和国中央人民政府网站，https://www.gov.cn/zhengce/zhengceku/2020-05/28/content_5515518.htm，最后访问时间：2025 年 5 月 1 日。

③ 赵明昕：《中国信用保险法律制度的反思与重构》，法律出版社 2010 年版，第 116—117 页。

④ 方晓栋、郭晨、张振华：《试论信用保险之第三人制度》，载《浙江金融》2016 年第 11 期，第 62 页。

⑤ 当然实践中也有单笔交易信用保险合同(specific cover on a single buyer/ a single contract)和单一客户多笔交易信用保险合同(spread cover on a selection of names)，但主要是总括性信用保险合同(spread cover on all agreed buyers)，其最利于节约交易成本，所以也是保险公司普遍采用的信用保险合同形式。(赵明昕：《中国信用保险法律制度的反思与重构》，法律出版社 2010 年版，第 133—135 页)

单在内的形式，向保险人提供尽可能多的买方信用信息，然后由保险人对特定买方进行风险评估，确定相对应的买方信用额度。

保险人审核买方信用限额适用“无限额、不担责”原则，即保险人经过信用风险评估后，根据被保险人的申请和买方的信用风险状况，确定买方信用限额，并向被保险人发出保险通知单，载明买方信用限额，作为对被保险人申请的批复。保险人的批复可以是无条件地同意被保险人申请的买方信用限额，也可以作出缩小信用限额的决定，或者完全拒绝被保险人的申请（即批复“零”限额，保险人对被保险人与该买方的交易不承担任何赔付责任，被保险人也无须支付相对应的保费）。① 显然，此处的买方信用限额指的是保险人对被保险人与某个买方进行交易所承担信用保险责任的最高限额。当然，该限额应在总括信用保险合同约定的一定期间承担赔偿责任的最高限额之下，买方信用限额的确定方才意味着保险人承保范围的确定，同时也意味着投保人应支付的保费金额的确定，保险合同自此生效，保险人也才开始承担相应的保险责任。由于保险人批复确认买方信用限额保险合同方才生效，故有研究者总结认为此系“无限额、不担责”原则。财政部印发的《关于申请办理出口信用保险若干规定的通知》（财商字〔1998〕103号）规定：短期出口信用保险以“买方信用限额”为责任上限。“买方信用限额”是经办机构根据付款方式对进口方进行资信调查，出口企业向某一进口方就某一付款方式将承担的最高保险责任余额。从其内容来看，由于明确规定以买方信用限额为责任上限，该文件实质肯定了“无限额、不担责”原则。而在司法实践中，法院在审理浙江省宁波高天服饰有限公司与中国出口信用保险公司宁波分公司保险合同纠纷一案时指出，保险公司承担保险责任的前提不仅是缴纳保费和签发保单，“同时需要在出运货物前获得保险人批复的买方信用限额。宁波高天应当举证证明其已就特定买方向中国信保宁波分公司申请信用限额，且批复不为零，但其未能提供证据证明其向买方出口前已申请获得信用限额，故中国信保宁波分公司对宁波高天的相应出口不承担赔偿责任”②。所以司法实践实则也认可了“无限额、不担责”原则。

3. 理赔中的纠纷先决和定损核赔等待

出口信用保险合同的理赔条款由纠纷先决条款和定损核赔条款构成。纠纷先决条款通常约定：“因贸易双方存在纠纷而引起买方拒付货款或拒绝接收货物，除非保险人书面同意，被保险人应先行申请仲裁或在买方所在国家（地区）提起诉讼，在获得已生效的仲裁裁决或法院判决并申请执行前，保险人不予定损核赔。”定损核赔条款通常约定：“保险人在受理被保险人的索赔申请后，应在 4 个月内核实损失原因，并将核赔结果书

① 参见赵明昕：《中国信用保险法律制度的反思与重构》，法律出版社 2010 年版，第 121 页。方晓栋、郭晨、张振华：《试论信用保险之第三人制度》，载《浙江金融》2016 年第 11 期，第 62 页。

② 浙江省宁波市中级人民法院（2013）浙甬商终字第 228 号民事判决书。

面通知被保险人。”[①]

关于纠纷先决条款的效力，司法实践中尚存争议，主要问题在于纠纷先决条款是否属于《保险法》第19条所规定的无效格式条款，另外又附带论及该条款如何适用《保险法》第17条、第20条。有研究者分析了2016年至2022年的18份案例，有2例未涉及效力认定、1例倾向于认定无效，其余15例的生效判决均指向或默认有效。[②] 尽管司法裁判案例显示，近年来人民法院对于纠纷先决条款的效力认定已经基本采取了相对统一的裁判立场，但其背后的法理依据却并未辨析清晰。《保险法》第17条对保险人的说明义务分为一般说明义务和明确说明义务，明确说明义务仅针对“免除保险人责任的条款”。如未履行明确说明义务，也即保险人未对“免除保险人责任的条款”作提示或明确说明的，该条款不产生效力。《保险法》第19条规定的是免除保险人义务，或加重被保险人责任，或排除被保险人权利的格式条款无效。《保险法》第20条规定的是保险合同格式条款的不利解释原则。纠纷先决条款是格式条款，在解释上应当适用《保险法》第20条，此自无争议。存在争议的是纠纷先决条款在效力上首先是不是《保险法》第19条所规定的无效格式条款，如果不是，其又是不是“免除保险人责任的条款”而应适用《保险法》第17条，令保险人承担明确说明义务。相关法律问题本文在此不作评析，仅需提请注意的是，纠纷先决条款的设置乃是出口信用保险业务的商业惯例，其对于确定被保险人是否存在损失、因何存在损失，以及损失的金额、将来保险人代位追偿等，均有经过长期实践“存在即合理”的意义，不宜轻易否定颠覆。

再由于定损核赔等待期的存在，出口信用保险的条款约定明显与《保险法》的规定差异较大。《保险法》第23条规定，保险人在收到理赔请求后，应当及时作出核定，情形复杂的，应当在30日内作出核定，当然合同另有约定的从其约定。出口信用保险定损核赔条款约定的“应在4个月内核实损失原因，并将核赔结果书面通知被保险人”，不仅在时长上是《保险法》规定的4倍，更说明出口信用保险存在一类比较特殊的制度——赔款等待期。出口信用保险的核定理赔金额首先要从风险事故发生时的未收账款中扣除卖方信用限额之外的应收账款，剩下保险范围内的款项还应扣除退货和定金，以及事故发生之后收回的如破产债权等资金，从而确定实际损失数额。在确定实际净损失额后，被保险人还要自行承担一定的自留比例（相当于责任险中的不计免赔），从而令被保险人也承担一定损失，防止其逆向选择。[③] 然而即便保险人确定了赔偿数额，也并不立即支付赔款，而是要等待赔款等待期届至，被保险人才能取得赔款。之所以要有赔款等

---

① 相关条款源于中国信保《短期出口信用保险条款(3.0版)》，转引自林诚：《出口信用保险合同理赔条款的效力与适用——以“伯尔尼协会”成员单位的商业实践为借鉴》，载《国际经济法学刊》2021年第1期，第55页。

② 参见莫晓燕：《类案检索机制下出口信用保险贸易纠纷类案件的裁判规则实证研究——以保险法基本原则为核心》，载《保险研究》2022年第10期，第88—90页。

③ 赵明昕：《中国信用保险法律制度的反思与重构》，法律出版社2010年版，第185页。

待期，是因为出口信用保险业务的特殊性一方面决定了保险人客观上的确需要较长时间定损核赔，另一方面保险人和被保险人均有权在赔款等待期内向债务人追收账款①，进一步确认信用风险的保险事故确已发生。中国信保的4个月定损核赔等待期实则并不算长，国际各出口信用保险机构通常采用6个月/180天的“赔款等待期”，且《欧盟委员会第98/29/EC号指令》第6条(c)款亦采纳肯定了这一做法。与我国合同简单约定4个月定损核赔等待期不同的是，国外的做法一是通常明确赔款等待期具有可终止性，如比利时出口信用保险公司的保险合同载明，如果债权债务关系被纳入两国政府签署的双边债务重组协议，鉴于政府双边协议的公信力和证明力，即无须适用赔款等待期；二是明确赔款等待期具有可补偿性，即如果基础交易合同中约定了违约方有支付滞纳利息的义务，则保险机构也承诺支付赔款等待期内产生的迟延利息。② 上述做法可资借鉴，以免我国出口信用保险合同约定的定损核赔等待期过于简单僵化，有违实质公平。

## 三、发展内贸险需注意的几个问题

行文至此，内贸险是不是出口信用保险的“返朴”也当然有了答案。鉴于出口信用保险有诸多显而易见的特殊规则，内贸险不可能是出口信用保险简单转化的“出口转内销”，七部委《意见》的落实落地也还有很长的路要走。笔者认为，当前发展内贸险需要重点关注以下几方面的问题。

### （一）内贸险应淡化政策性色彩而回归商业保险

出口信用保险的初衷是国家实施的一项贸易政策，以出口贸易和海外投资中的外国买方信用风险作为承保对象，从而鼓励本国产品生产商加大出口以及扩大海外投资。由于其为特定的出口损失提供保障，具有积极的心理抚慰作用，在跨境贸易中具有降低风险的价值③，在全球经济不振的大势之下提振贸易信心的效用尤为明显。不过也正因为其起步定位于国家政策，政策性保险的色彩极为浓厚，如中国信保即明确宣称该公司是由国家出资设立、支持中国对外经济贸易发展与合作、具有独立法人地位的国有政策性保险公司。同样也正因为此，世界贸易组织(WTO)的《补贴与反补贴措施协定》中明确将出口信用保险作为一种“禁止性”补贴的可能，其附件一“出口补贴例示清单”中的第(j)项规定：“政府(或政府控制的特殊机构)提供的出口信贷担保或保险计划、针对

① 赵明昕：《中国信用保险法律制度的反思与重构》，法律出版社2010年版，第187页。

② 林诚：《出口信用保险合同理赔条款的效力与适用——以“伯尔尼协会”成员单位的商业实践为借鉴》，载《国际经济法学刊》2021年第1期，第64—65页。

③ 李青武、于海纯：《〈伯尔尼联盟总协定〉制度框架下的中国出口信用保险制度》，载《首都师范大学学报(社会科学版)》2014年第5期，第56—57页。

出口产品成本增加或外汇风险计划的保险或担保计划，保险费率不足以弥补长期营业成本和计划的亏损属于出口补贴。”①但如果发展内贸险，则不宜再将其定位于政策性保险，因为国内贸易的风险承担应由保险机构依据市场化原则理性选择，而不能再作为政府政策性的补贴，否则补贴内贸险不如直接补贴国内贸易，反而能够减少保险中间环节的交易成本。由此也提出一个亟待解决的问题，即内贸险不能再延续出口信用保险的“以章程代替立法”，且一般商业性保险公司的公司章程也不可能具有经国务院批准组建的中国信保公司章程的地位。原中国银保监会办公厅印发的《信用保险和保证保险业务监管办法》属于部门规章，主要是从业务监管的角度提出要求。《保险法》及其司法解释对于信用保险的规定至今几乎还是空白，最高人民法院法释〔2013〕13 号批复明确系针对出口信用保险，能不能直接套用于内贸险，也还值得研究。总之，内贸险应当“去政策性”而回归商业保险，商务部牵头自 2009 年实施三年的国内贸易信用保险补助政策没有再出现在本次七部委联合下发的《意见》中，笔者认为这是理性的认知，希望政府机构在后续的实施中能够克制政策性补贴的冲动，将应由市场商业逻辑决定的交还给市场。

### （二）内贸险需重点防范虚假贸易

出口信用保险有投保时的买方信用额度审批和理赔阶段纠纷先决条款及赔款等待期的双重把关，但即便如此，也不能完全杜绝虚假贸易。② 在广东省广州市中级人民法院二审的“广州某矿产进出口有限公司诉某出口信用保险公司广东分公司出口信用保险合同纠纷案”中③，保险公司即以海外买家之间存在关联增加了赔付风险作为抗辩，提出投保人是否履行了如实告知义务与危险增加通知义务等一系列问题。④ 而当前，融资性贸易是我国企业贸易领域的热词，国务院国有资产监督管理委员会 2017 年曾下发《关于进一步排查中央企业融资性贸易业务风险的通知》，要求中央企业排查以贸易为名、资金拆借为实的违规业务，可见形势之严峻。融资性贸易有买卖型融资性贸易和增信型融资性贸易之分。虚假贸易的融资性贸易多采循环贸易的形式，即多方签订买卖合同，最初的出卖人亦为最后的买受人，从而构成循环、完整的闭环交易链条。有研究者选取分析了 176 个案例，发现循环贸易 52%的标的物都是诸如煤炭、钢铁等大宗商品，采用“走单、走票、不走货”的交易模式。而发生循环贸易的起因是中小微企业特

---

① 李本：《出口信用保险立法的制衡问题》，载《法学杂志》2015 年第 3 期，第 97 页。

② 如上海金源国际经贸发展有限公司合同诈骗案，案情详见李青武、于海纯：《〈伯尔尼联盟总协定〉制度框架下的中国出口信用保险制度》，载《首都师范大学学报（社会科学版）》2014 年第 5 期，第 57 页。

③ 广东省广州市中级人民法院（2022）粤 01 民终 25562 号民事判决书。

④ 叶汉杰、张子恒：《保障企业通过保险机制分散出口信用风险拓展海外业务——广州某矿产进出口有限公司诉某出口信用保险公司广东分公司出口信用保险合同纠纷案》，载《法治论坛》2024 年第 2 辑，第 263—265 页。

别是民营企业从银行贷款的“融资难、融资贵”，相对应的国有企业却资金充裕，故分析显示国有企业在循环贸易链中作为通道方或者最终出借人占比 49.2%，民营企业占比 24.4%。① 内贸险的保险人需要重点审查交易是不是虚假贸易的融资性循环贸易，特别是由于国内贸易的交易各方都在国内，大宗商品的贸易往往选择交付提单、仓单等指示交付的形式，不像出口信用保险涉及对外贸易，还有商品出口报关、货物装船运输等环节把控其真实性。内贸险如果不能有效防范“走单、走票、不走货”这类融资性循环贸易，恐将成为保险领域虚假贸易的重灾区。

### （三）内贸险当考虑兼及实现保险融资功能

七部委联合下发的《意见》中第（十）项规定：“鼓励开展内贸险配套延伸金融服务。鼓励商业银行等金融机构利用内贸险的风险缓释作用，积极开展内贸险保单融资，加大对重点内贸企业融资支持力度。鼓励有条件、有能力的商业银行和保险等金融机构依托全国一体化融资信用服务平台网络开展合作，推广‘保险＋信用＋融资’模式，针对贸易信用良好的企业，开发融资产品、优惠融资利率，发展信用经济。”该项规定实际上是对出口信用保险项下贸易融资的借鉴。传统的贸易融资方式主要包括授信开证、打包贷款、押汇、票据贴现、国际保理、福费廷等。出口信用保险项下的贸易融资则是出口企业在投保出口信用保险并将赔款权益转让给银行后，银行向其提供贸易融资，在发生保险责任范围内的损失时，出口信用保险的保险人根据《赔款转让协议》的规定，将依照保险单规定应当付给销售商的赔款，直接全额支付给融资银行的业务。② 实际上，无论出口信用保险项下的贸易融资还是作为内贸险配套延伸金融服务的融资，实质上都是保单融资，再进一步，如果将依据保险获得赔偿的权益也视作一类应收账款，银行提供的融资实际上近似于保理，而且是无追索权保理。

另外，当前有部分地方政府正在尝试所谓的“政银保”合作模式，如河北省人民政府下发了《关于建立政银保合作模式促进小微企业融资发展的意见》（冀政办字〔2016〕187号）、海南省三亚市人民政府印发的《三亚市政银保合作实施措施的通知》（三府规〔2024〕21号）。这类合作模式主要是推动政府与银行业和保险业合作，由保险公司开发小额贷款的保证保险和出口信用保险，政府通过保费补贴推动保险公司和银行合作，以实现信用险保单项下的融资，覆盖小微企业偿还贷款和出口应收账款的风险，从而拓宽企业融资渠道，帮助小微企业解决“融资难”问题。目前地方政府的“政银保”主要针对小微企业贷款保证保险和出口信用保险，随着内贸险的展业壮大，或也需要考虑如何更好地发挥内贸险的保险融资功能。只不过届时在司法实践中可能又迫切需要回答另

---

① 湖北省武汉市中级人民法院课题组：《融资性循环贸易纠纷裁判路径实证研究》，载《法律适用》2023 年第 5 期，第 154 页。

② 李本：《出口信用保险立法的制衡问题》，载《法学杂志》2015 年第 3 期，第 99 页。

一个问题，即信用保险赔偿受益权的转让问题①，银行依据《赔款转让协议》有无针对保险公司提起诉讼的原告主体资格②。

## 四、结　语

在当前世界经济增长普遍乏力、国际形势波诡云谲、美西方国家对我国围追堵截、全球贸易保护主义重又抬头的大势之下，统筹国际国内两个市场的重心必然只有更多地转向国内贸易，集中精力“办好我们自己的事”。政府决策层受出口信用保险的启发，七部委联合重磅发文重提内贸险，可见其心之殷其情之切。然而内贸险却并不只是简单的出口信用保险“移植”于国内贸易，因为出口信用保险本身就有很多特殊的制度规则，且我国出口信用保险的发展也难谓健全完善，将相关制度规范直接照搬照抄转而运用于内贸险之上，不仅可能产生“南橘北枳”的结果，甚至还可能影响信用保险法律制度的整体架构。我们认为七部委联合发文强调内贸险仅仅是一个开端，其背后的制度建设仍“路漫漫其修远兮”。不过该开端已是一良好的开局，在发展内贸险的过程中应有意识前瞻性地处理好一些风险问题。内贸险作为长期“养在深宫人未识”的保险类型，如今应时而再出发，依然未来可期。

---

① 相关问题的分析论述可参见乔石、李玉泉：《信用保险赔偿受益权转让中的法律争议与规范路径》，载《法学评论》2019 年第 3 期，第 189—196 页。

② 徽商银行股份有限公司合肥分行与中国出口信用保险公司安徽分公司保险合同纠纷案[安徽省高级人民法院(2012)皖民二终字第 00101 号]，案情详见方晓栋、郭晨、张振华：《试论信用保险之第三人制度》，载《浙江金融》2016 年第 11 期，第 65—66 页。

# 融资性保证保险的几点思考

李玉泉　王德明*

[摘　要] 融资性保证保险最主要的功能是为借贷融资还款提供保险，基础法律关系是借贷，主要涉及信用风险管理。从实际运行中的融资性保证保险来看，融资性保证保险的主要功能、风险类型、业务流程等与传统保险业务有根本性的区别。在我国，融资性保证保险经历了以汽车消费贷款保证保险和互联网借贷保证保险为代表的两个高速发展时期，均造成了重大风险，给行业及保险公司带来了一系列严重问题。保险公司对于融资性信用风险的业务风险特征认识不清，缺乏专业化的经营模式和风险管控方法，对抵押物管理也不到位，出现风险后抵押物无效或难以处置等问题屡屡发生。明确界定融资性保证保险的法律属性是开展此类保险业务、有效防控风险的前提。融资性保证保险虽是一种新型的保险合同，与其他具有担保功能的合同相类似，但其根本法律属性应当是保险合同，这样更加符合行业经营的实际，为保险公司经营此类业务提供了法律基础。

[关键词] 融资性保证保险；风险特征；法律属性

近年来，国内保险市场中融资性保证保险快速发展，为借贷等融资性业务提供了风险保障。所谓融资性保证保险，是指由借款人作为投保人向保险人购买保险，当借款人不能履行还款义务时，由保险人负责向被保险人（出借人）赔偿的一种财产保险。从某种意义上说，该保险为借款人的还款提供了信用担保的功能。融资性保证保险的法律属性、风险特征等与财产保险公司开办的产品质量保证保险、工程保证保险、招投标保证保险等传统的保证保险业务存在较大不同。国内保险公司开办融资性保证保险业务出现了诸多问题，形成了比较大的风险，造成了重大的经济损失。因此，研究融资性保

* 李玉泉，法学博士，研究员，资深仲裁员，享受国务院政府特殊津贴，最高人民法院国际商事专家委员会专家委员，中国保险学会法律专业委员会主任委员，曾任中国人民保险集团股份有限公司执行董事、副总裁、党委委员，中国人民健康保险股份有限公司副董事长、总裁、党委书记，中国人民财产保险股份有限公司副总裁、党委委员等职务。

王德明，法学博士，律师，注册会计师（非执业），中国保险学会法律专业委员会委员，北京市兰台律师事务所高级顾问，中国人民大学海商法与保险法研究所研究员，曾任英大泰和财产保险股份有限公司法律合规与风险管理部总经理、公司法律责任人等职务。

证保险的法律属性、风险特征和存在的主要问题,找出对策和解决方法,具有重要的理论和现实意义。

## 一、融资性保证保险的概念和风险特征

### (一) 融资性保证保险的概念

《中华人民共和国保险法》(以下简称《保险法》)对融资性保证保险没有专门的规定。原中国银行保险监督管理委员会 2020 年 5 月出台《信用保险和保证保险业务监管办法》(银保监办发〔2020〕39 号),第一条中对信用保证保险作了界定:"本办法所称信用保险和保证保险,是指以履约信用风险为保险标的的保险。信用保险的信用风险主体为履约义务人,投保人、被保险人为权利人;保证保险的投保人为履约义务人,被保险人为权利人。"该办法对融资性信用保证保险作了定义,"融资性信保业务是保险公司为借贷、融资租赁等融资合同的履约信用风险提供保险保障的信保业务"。从上述规定来看,信用保证保险承保的都是履约信用风险,区别在于投保人不同,信用保险的投保人是权利人,而保证保险的投保人为履约义务人。

2022 年 12 月,《全国法院金融审判工作会议纪要(征求意见稿)》第 48 条规定:"借款人在向贷款人申请贷款时,作为投保人向保险人投保并与保险人约定以自身对贷款机构的履约信用风险作为保险标的,投保人(借款人)未按照其与贷款人订立的借款合同约定履行到期还款义务的,由保险人向被保险人(贷款人)按照约定的条件履行赔付保险金的保险责任,人民法院应当认定该合同属于保险法第九十五条第一款第二项规定的保证保险合同。"这是司法文件首次从司法实践角度对融资性保证保险的法律关系作出阐述。

依据上述监管规定以及《全国法院金融审判工作会议纪要(征求意见稿)》精神,融资性保证保险应包括以下四个要件:一是包括基础法律关系和保险法律关系两层结构。其中基础法律关系是借贷、融资租赁等融资合同关系;二是借款人作为投保人,为自己能否偿还借款的信用风险进行投保;三是银行等金融机构或非金融机构等出借人是被保险人/权利人,通常会在放款时要求借款人购买保险,为还款提供保证保险;四是融资性保证保险属于财产保险公司的业务范围,所以保险人都是财产保险公司。

传统保证保险与普通财产保险的区别主要在于保险标的不同。普通财产保险承保的风险是保险标的因自然灾害、意外事故等导致的财产损失,基于长期的实践积累,通常可以基于大数法则科学厘定费率,合理分散风险,但传统保证保险承保的风险是基础合同的履约风险,其保险标的具有无形性,增加了风险评估与控制的难度。融资性保证保险与传统保证保险又有明显区别:融资性保证保险最主要的功能是为借贷融资还款提供保险,基础法律关系是借贷,这与传统保证保险中的工程保证保险、产品质量保证保险、忠诚保证保险等完全不同,融资性保证保险中借贷业务风险管控逻辑与银行业务

相近，且借贷还款风险具有传染性、扩散性等特征，更大大增加了保险公司经营和风险管控的难度。

### （二）融资性保证保险在我国的发展过程

《保险法》第95条规定，财产保险业务，包括财产损失保险、责任保险、信用保险、保证保险等保险业务。原中国银行保险监督管理委员会2017年首次发布《信用保证保险业务监督管理暂行办法》，之前国内保险市场中融资性保证保险业务已经广泛开办。在我国，融资性保证保险经历了两个高速发展时期，主要以汽车消费贷款保证保险和互联网借贷保证保险为代表。

第一阶段主要是汽车消费贷款保证保险业务。1997年7月，中国人民银行批准在汽车消费领域试办贷款保证保险业务，1998年颁布了《汽车消费贷款管理办法（试点办法）》（银发〔1998〕429号），随着汽车产业大发展，汽车消费贷款保证保险业务（以下简称"车贷险"）也相应快速发展，甚至成为部分财产保险公司的业务增长点。

但"车贷险"因存在保险责任界定不够严谨、条款设计存在一定缺陷、经营管理粗放以及普遍将其混同于担保等方面的问题，经营中造成了巨大的风险。据不完全数据统计，从1997年开办以来，全国车贷险的保费收入为39.7亿元，而保险公司承担的理赔风险却高达2 137亿元。[①] 2004年原中国保险监督管理委员会颁布《关于规范汽车消费贷款保证保险业务有关问题的通知》，废止各保险公司车贷险条款费率，车贷险业务大幅度萎缩，绝大部分公司停办了相关业务。2005年3月，原中国保险监督管理委员会下发《关于进一步做好汽车消费贷款保证保险风险防范与化解工作的通知》，披露了车贷险的不良情况：截至2004年12月31日，全行业尚有未了责任419.56亿元，逾期三个月本息额26.69亿元。

车贷险经营风险形成的主要原在于：一是国内信用体系不健全，缺乏信用监督和惩罚机制；二是保险责任界定、条款设计不合理，产品责任范围过于宽泛，容易诱发借款人道德风险；三是保险公司对车贷险业务的风险认识不足，内控制度和风险控制不健全，缺乏对汽车消费信贷的风险认知和控制经验；四是社会环境变化，借款人风险增加。

2006年国务院印发《关于保险业改革发展的若干意见》（国发〔2006〕23号），提出要"稳步发展住房、汽车等消费信贷保证保险，促进消费增长"；2009年6月，原中国保险监督管理委员会发布《促进汽车消费贷款保证保险业务稳步发展的通知》，要求保险公司在风险可控前提下开展车贷险业务。后经原中国保险监督管理委员会批准，相继只有近10家财产保险公司涉足车贷险业务。经历了车贷险业务的重大损失后，行业对车贷险发展非常谨慎，总体业务规模非常有限。

2000年前后，房地产逐步成为国民经济主导产业，其中住房按揭市场大规模增长，

---

① 引自王俊寿：《车贷险：行至关前》，《金融时报》，2004年11月24日 。参见 http://finance.sina.com.cn/money/insurance/bxcb/20041124/13451177938.shtml。

保险公司相应推出了“个人购置住房抵押贷款保证保险”等融资性保险产品。从经营情况来看，由于同期房地产市场整体稳步上升，作为贷款抵押物的房产价值稳定，因此“个人购置住房抵押贷款保证保险”没有出现重大风险，经营效益比较好。

第二阶段是互联网借贷保证保险业务。2010 年前后，互联网金融进入高速发展期，其中互联网小额贷款发展迅猛，为了控制风险，互联网贷款平台引入第三方增信措施，包括担保公司提供担保等，作为借贷交易的信用背书。后期由于担保公司政策收紧，于是“网络借贷 + 信用保证保险”模式得到蓬勃发展，由保险公司为贷款债务人履约提供信用担保，当借款人不能还款时保险公司承担还款责任。互联网借贷保证保险承保业务范围包括互联网借贷、P2P 及消费金融等各类互联网金融业务。同期，行业内还出现了专业的互联网保险公司，也涉足经营互联网贷款保证保险。

2014 年，国务院印发《关于加快发展现代保险服务业的若干意见》，提出要“加快发展小微企业信用保险和贷款保证保险，增强小微企业融资能力”“积极发展个人消费贷款保证保险，释放居民消费潜力”。在政策引导和推动下，行业内多家公司大力发展互联网融资性保证保险，有的保险公司不仅为互联网金融平台提供助贷保险服务，还组建团队，线上线下同时发力，既做增信服务又做获客，一度相当火热。

2015 年前后，互联网借贷业务出现了大规模爆雷，国家开始整治 P2P 行业，保险公司的互联网借贷保证保险业务大规模下架。在 P2P 行业全面爆雷之后，保险公司遭受了巨大的损失，形成了巨大的风险。从公开数据看，2019 年中国人民财产保险股份有限公司的保证险业务亏损高达 28.84 亿元；保证保险业务占比高的长安责任保险股份有限公司 2018 年净亏损达到 18 亿元，偿付能力充足率跌至 − 162.65%。阳光信用保证保险股份有限公司作为专业的信用保证保险公司，也是 P2P 借贷保证保险的重要参与者，造成了巨大的风险，公司经营陷入困境。平安财产保险股份有限公司凭借平安集团综合金融优势，保证保险业务一度经营良好，但 2022 年亏损 90 亿元，2023 年年报中保证保险承保亏损 68.34 亿元，2023 年四季度暂停融资性保证保险业务。还有个别专业互联网保险公司，互联网借贷保证保险占比很大，已经被接管和风险处置。从全行业来看，保证保险业务也引发了大量诉讼案件，不少案件至今没有处理完毕，给行业声誉造成了严重损害。

回顾两次融资性保证保险经营过程，均造成了重大风险，给行业及保险公司带来了一系列严重问题。车贷险的惨痛教训又在互联网借贷保证保险上再次重演，保险公司对于信用风险的特点缺乏清楚的认识，没有专业化的经营模式和风险管控方法，对抵押物管理也不到位，出现风险后抵押物无效或难以处置等问题屡屡发生。这种现象值得全行业深刻反思！

### （三）融资性保证保险的风险特征

以车贷险及互联网借贷保证保险为代表的融资性保证保险的经营都出现了比较大的风险，也折射出行业对融资性保证保险的法律属性、风险特征、经营规律等的认识很不到位。保险制度的精髓是“一人为众，众为一人”，即集合众人之力在大数法则基础上分散风险，具有共同团体、危险同一性等基本要素。从实际运行中的融资性保证保险来看，融资性保证保险的主要功能、风险类型、业务流程等与传统保险业务有根本性的区别。

1. 融资性保证保险主要承担借贷融资的类似担保功能

从实践来看，融资性保证保险相对于传统保险，其功能有了巨大的转变，最大的特点就是为互联网借贷等业务提供类似担保的保险保障，这和传统保险的分散风险有明显区分。融资性保证保险在性质上属于履约保证保险，主要就是为借贷融资业务提供类似担保的保险保障。《信用保险和保证保险业务监管办法》第一条规定：“本办法所称信用保险和保证保险，是指以履约信用风险为保险标的的保险。”从监管制度看，履约保证保险功能在于分散风险，只不过该风险是投保人（债务人）还款的信用风险。

从互联网金融流程来看，融资性保证保险与担保公司提供的保证职能高度类似，且二者具有互换性。实践中银行机构发放“现金贷”的增信措施包括第三方机构担保，或者是用保证保险形式来提供增信。

2. 所承保的信用风险不符合危险同一性及大数法则

从保险基本原理来看，保险法上的风险指不可预料并无法确定之事故，危险应当不是故意的危险，共同团体意在消化及分散其成员因某种危险发生可能遭受之风险，则风险须符合大数法则。①

有观点认为，履约保证保险在实践中事实上已经成为借款人借以提供担保、获得融资的重要手段，履约保证保险本质上是将资金出借人不能按期收回贷款本息的信用风险转移给保险人，由保险人按照“大数法则”分散给众多保证保险的投保人承担，根本上还是“分散危险，消化损失”的风险管理机制。

但从实践来看，融资性保证保险与危险同一性及大数法则有诸多不同：一是缺少经验数据，损失率难以计量；二是风险通常集中爆发，在统计上并非独立同分布，不符合保险精算的大数法则，与传统保险精算有很大的差异。

3. 保险事故发生有很大的主观意愿，并非完全是客观风险

根据保险基本原理，传统保险强调承保风险的客观性，即只有客观可能存在的风险才属于承保范围，主观的风险不属于可保风险，否则容易带来道德风险问题。有观点认为，应当从被保险人角度判断融资性保证保险所承保的是否属于客观风险，即无论投保人是否故意违约，对被保险人而言均属于客观风险。如果强调对投保人违约主观性评价将不符合交易效率，也不能实现融资性保证保险转移风险、提供保险保障的经济功能。

---

① 江朝国：《保险法基础理论》，中国政法大学出版社 2002 年版，第 22 页。

但是，从行业实践来看，相当数量的融资性保证保险的确是投保人有偿还能力但主观意愿上不还款，导致了风险事故的发生。难点在于主观性难以评价，多大程度属于主观上不还款，实践中很难有具体的标准，尽管保险公司有合理怀疑，但难以有有效的证据。认为履约保证保险中的违约主要还是客观上偿还不能的观点，面对 P2P、网络借贷中大面积的违约事实，还是缺乏说服力的。

4. 风险难以识别与评估，传统保险业务上的风险控制措施难以适用

最大诚信是《保险法》的一项基本原则，保险法从制度层面设计了诸多风险控制措施，具体体现为《保险法》中保险人的说明义务、投保人的如实告知义务、保证义务、危险增加通知义务等。如果投保人没有如实告知或危险程度显著增加的，保险人有解除保险合同或者拒绝承担因危险程度增加而造成损失的权利，以此来防范投机风险，平衡保护投保人、被保险人及保险公司利益。

但在融资性保证保险中，风险难以识别与评估，保险欺诈问题普遍存在。一是通常由网络平台与保险公司直接对接，上述最大诚信原则及如实告知义务、说明义务等实际上难以落实，保险人也无法以投保人未如实告知而解除或变更保险合同；二是此类业务通常来自互联网平台或其他机构，笔数多、单笔金额较小，保险公司难以逐笔人工核保，通常采取批量核保方式，高度依赖于平台的初始风控，无法有效地通过核保来识别风险。

## 二、融资性保证保险经营中存在的问题

从行业实践来看，两个阶段融资性保证保险均出现了重大风险，主要存在以下问题。

### （一）业务风险特征认识不清，经营流程把关不严

在车辆贷款保证保险业务中，行业对融资性保证保险的风险特征认识不清，经营中出现了诸多问题。一是有的保险公司的保险条款不严谨，对是否可追偿等问题约定不清晰。二是对投保人没有进行严格的资信审查和履约能力调查。三是承保时把关不严，汽车消费贷款保证保险的保险标的主要应限于家庭用车，不少保险公司将高风险的大货车、工程车辆及营运车辆等都纳入承保对象。四是对担保抵押措施的重要性认识不足，车辆抵押等手续不齐全，抵押无效的情况经常发生；抵押物作价过高，变现时难以弥补赔偿支出。五是没有意识到追偿的重要性，查勘定损、理赔时不注意收集、保留相关证据，且出险后也没有及时追偿。

在互联网借贷融资性保证保险上，由于互联网金融的技术特点，保险业务呈现了平台化、分散化、单个保单小额化、保费快速规模化等特点，聚集风险远大于车贷险业务。保险公司对此风险特征没有深刻的认识，想通过较高的费用率弥补风险损失率，对于借

款人的资信审核和履约能力调查完全依赖于平台。在和平台的合作方式上，大幅度放宽了标准，承保了大量不符合放贷资质的业务，把保险业务完全等同于融资担保业务，最终造成了巨大的风险隐患。

近年来，还有部分互联网保险公司开展了房抵贷、车抵贷等业务，通过与小贷公司等合作获取个人客户信息，业务模式上进一步变形；有的保险公司已经变成了放贷人，成为资金的出借方，通过平台或小贷公司获客；业务模式上高度依赖小贷公司，并非直接接触个人客户；核查发现大量的房屋、车辆抵押手续不完备，甚至弄虚作假，放款去向不明，经营相关业务的互联网保险公司均出现了巨大的经营风险问题。

### （二）对信用风险缺乏有效的管控，各方风控责任不清晰

在保险公司与银行合作的车贷险业务中，银行通过补充条款几乎将所有风险转嫁给保险公司，银行放松对借款人的资信审查，导致车贷险业务的道德风险成倍放大。整个业务流程中，风控责任不清晰，缺乏真正的风控主体。车商、银行靠保险公司兜底，保险公司又依赖于车商、银行的风控，真正的风控主体缺失。出险之后，银行会要求保险公司先行支付赔偿，保险公司要花费大量时间精力去处置抵押车辆、收回作为动产的车辆也很困难，有的车辆也已经严重贬值，保险公司承担了巨额的损失。

互联网借贷保证保险中，过分宣传大数据的风控作用，但整个行业的征信数据不完整，数据无法共享，最终无法形成完整的能够全范围覆盖的征信报告。保险公司无法获得完整的征信数据，中央银行的征信系统等数据库未对保险公司全面开放，最终导致大数据风控落空。目前国内缺乏信用等级监督和对失信行为的惩戒机制，部分金融消费者信用观念淡漠，加大了主观上违约的可能性。

### （三）保险费用存在较大争议，被指涉嫌高利贷的问题

融资性保证保险风险较高，保险公司通过较高的费用率来控制风险。但该业务开办以来，其保险费率一直饱受诟病，特别是互联网融资性保证保险中，“高利贷”“砍头息”等批评一直存在。从司法实践看，融资性保证保险案件争议集中于保证保险合同中的保险费率条款上，包括保险人根据约定的保险费率收取的保险费，以及要求投保人支付一定比例的违约金。

#### 1. 投保人认为保险费过高

借款人作为投保人，在利息之外还需要按照保险费率标准向保险公司支付保险费，保险费率通常是借款利率的2—3倍，普遍在12%—18%，保险费率和借款利率相加总额往往突破法定利率上限，不少借款人抗辩这是以合法外衣规避利率红线，甚至提出“高利贷”“套路贷”等抗辩。

#### 2. 投保人主张的违约金标准过高

保证保险合同中违约金条款，基本上均是约定以尚欠全部款项为基数，按一定的比

例计算违约金，标准通常高于银行贷款罚息利率。因为法律对融资性保证保险的违约金尚无明确规定，不少借款人抗辩保险人无权就其代偿的借款本息主张资金占用损失或违约金。

### （四）保险公司追偿难度大，追偿效果非常有限

融资性保证保险风险高，追偿是控制风险、降低成本率的有效方式。按照融资性保证保险合同的约定，保险人赔偿债权人之后可以向债务人追偿。但从车贷险追偿实践来看，追偿效果非常有限。一方面，有的条款中对是否可以追偿没有进行明确约定，导致追偿缺乏明确的依据。另一方面，抵押物的调查不到位，有的抵押物手续是虚假的，甚至有的抵押物是虚构的，还有部分抵押物已经多次抵押，都导致保险公司的抵押权落空。

在互联网融资性保证保险业务实践中，债务具有金额小、人数多、地域广、影响大的特点，加之保险公司在承保时缺乏投保人的资料，赔偿后依赖平台等提供的资料进行追偿，资料真实性存疑，追偿难上加难，成功率微乎其微。如果走司法诉讼程序则旷日持久，即使胜诉，能否执行也大有疑问。有的保险公司，赔偿后干脆放弃了追偿的环节。

投保人对于可追偿的问题难以理解，也增加了案件的数量。传统的财产保险中，投保人只要缴纳了保费，就可以将约定的保险事故所引发的风险转移给保险人；融资性保证保险中，尽管投保人缴纳了保费，但在保险人向银行履行了赔偿义务后仍有权向投保人追偿。投保人认为，既要向保险人支付保费，又不能免除借款合同中约定的还本付息义务，支付了保险费不能防范风险，还导致借款人因融资支出的综合成本大幅增加。

### （五）诉讼案件高发，带来了不良社会影响

近年来，法院审理的保证保险案件大幅度增加。其中绝大多数是融资性保证保险纠纷案件，保险公司为借贷、融资租赁的履约风险提供保证保险引发的纠纷；极少数是工程建设、政府采购等领域的非融资性保证保险案件。

北京金融法院统计，近年来保证保险案件主要数据情况如下：① 自 2019 年 1 月至 2024 年 5 月，全国法院共收到保证保险案件 381 133 件。5 年多来，保证保险案件结案 372 466 件。② 自 2019 年 1 月至 2024 年 5 月，按照地域保证保险案件收案数量排名，依次为广东、山东、安徽、河南、陕西、江苏、辽宁、四川、北京等地区。③ 自 2019 年 1 月至 2024 年 5 月，全国法院受理的保证保险案件中，一审案件共 373 924 件，占比 98.1%；二审案件共 6 385 件，占比 1.7%，绝大部分案件集中在基层法院。

上述保证保险案件呈现以下特点：

#### 1. 纠纷案件的金额普遍不高

标的额在 10 万元以下的案件占比约 85%，其中 1 万元以下的案件占比 7.66%，大量的保证保险纠纷案件积压在基层法院。

2. 被告多为自然人借款人或小微企业主或个体工商户

这与保证保险业务针对的客户群体基本上为小微企业主、金融消费者等有关。

3. 案件调解成功率较低

调解案件占已结案件的比例较低，各年度为12%—19%。

4. 纠纷案件高度相似

一般都是借款人无力还款时，保险公司先向贷款人赔付欠款本息，再以保证保险合同纠纷提起诉讼，要求借款人偿付理赔款项、逾期保费、违约金等。被保险人的抗辩集中于不明搭售或强制搭售保证保险产品，以及提高金融消费者融资成本、变相收取高息等方面。

## 三、融资性保证保险的法律属性

保险本质上就是一种契约。明确界定融资性保证保险的法律属性是开展此类保险业务、有效防控风险的前提。法律属性界定不明确，引发了实务中的大量争议和风险问题。

对于融资性保证保险来说，用保证保险的"保险说""保证说""二元说"来解释均存在诸多不协调之处。如果采用"保险说"，一是其功能就是为融资提供类似担保的功能，是以保险的形式但本质上是提供担保的一种手段，性质上与保证担保相类似；二是《保险法》上的如实告知、说明义务等实践中难以履行，不符合《保险法》的基本要求。如果认定为保证担保，也与《保险法》上保险公司的经营业务范围有冲突，存在超范围经营的问题。如果采用"二元说"，则法律属性界定始终不明，导致了更大的困惑，也不利于实践中业务开展和风险管控。

有观点认为，融资性保证保险合同属于"其他具有担保功能的合同"。《民法典》第388条第1款规定，担保合同包括抵押合同、质押合同和其他具有担保功能的合同，其中"其他具有担保功能的合同"的概念，扩大了担保合同的范围，为法律创新提供了解释的路径。① 但是，我们认为，融资性保证保险虽是一种新型的保险合同，与其他具有担保功能的合同相类似，但其根本法律属性应当是保险合同，这样更加符合行业经营的实际，为保险公司经营此类业务提供了法律基础。

### （一）融资性保证保险承担的保险责任具有类似担保的功能

为融资提供类似担保的功能是融资性保证保险区别于传统保证保险最突出的特征。《民法典》第388条第1款规定的"其他具有担保功能的合同"，融资租赁、保理、所

① 李晓云：《保险的功能主义担保再造——以履约保证保险与民事担保并存的法律适用规则为中心》，载《法律适用》2024年第8期，第29页。

有权保留等就属于法律规定的非典型担保合同。融资性保证保险同样承担类似担保的功能，其性质上与融资租赁、保理等具有相似性。显然，融资租赁、保理等不属于保证合同的范畴，而是属于单独的融资租赁合同和保理合同。融资性保证保险虽然能够增强小微企业和普通个人的融资能力，给贷款人提供相当于抵押、保证等传统担保方式的权利救济，减少贷款人届期不能收回信贷资金的顾虑，但不能因此将其归为保证合同。

### （二）融资性保证保险合同具有独立性，与担保合同有明显区别

虽然具有类似担保的功能，但融资性保证保险与担保合同有明显区别。融资性保证保险属于独立的合同，独立性主要体现在其与基础合同不是主从合同关系，而是各自独立的合同。如果基础合同违反金融监管法律、法规或行政规章导致无效，原则上不影响融资性保证保险合同的效力；投保人没有履行如实告知义务，或者有故意、欺诈等行为，保险人不能依据《保险法》来撤销融资性保证保险合同。先行赔付是融资性保证保险合同类似担保功能的主要体现。

实务操作中，保险人还会在融资性保证保险条款中列出较为详细的审查单据清单。一旦债务人逾期还款，经过一定期间，即可认定发生保险事故，被保险人可按照保险合同或保险条款理赔条件列明的单据清单申请理赔。保险人承担保险责任之前，通常还会要求被保险人履行催收、执行抵押担保等保全债权的义务。

### （三）融资性保证保险并不完全符合《保险法》的要求

在融资性保证保险中，只要出现主债务未履行的情形，债权人无须通过诉讼确定债务人的违约行为，即可直接要求保险人承担保险责任。操作方式通常是保险公司与平台等签订合作协议，约定债务人不按期还款的，则先由保险公司承担赔偿责任，债权人将债权转让给保险公司，再由保险公司向债务人追偿，其实也等同于保险人放弃了先诉抗辩权。实务中，出借人/投保人通常是通过中介平台机构来投保，保险公司并不直接接触投保人，资信审查也是委托平台中介机构进行，没有有效履行如实告知和说明义务，实际上很难行使《保险法》上投保人未如实告知等享有的合同撤销等权利。

综上所述，当前保险的环境已经发生了较大的改变，保险功能作用也发生了很大转变，已经从传统的风险保障功能扩展到了部分领域中的增信功能。对融资性保证保险的法律属性，也不应局限于保证与保险“二者不可得兼”的内在矛盾之中，承认融资性保证保险属于保险合同，明确了其法律属性之后，对于今后保险公司经营业务和健康发展，以及法院和仲裁机构准确审理此类案件，均具有至关重要的意义。

刘贵祥大法官在讲话中指出：“保证保险合同是保险法明确规定的具有担保功能的一类财产保险合同，原则上应适用保险法及合同法的规定，主要以合同约定作为确定当

事人权利义务的依据。”[①]因此，融资性保证保险首先应适用《保险法》。《保险法》没有明确规定，应当根据《民法典》第467条的规定，适用《民法典》合同编通则的规定，并可以参照适用信用保证保险合同、财产保险合同等最相类似合同的规定。对保险公司来说，在融资性保证保险业务开办过程中，各方的相关权利义务，应尽可能地通过合同约定的方式来予以完善。

## 四、保险公司开展融资性保证保险业务的具体建议

### （一）建立专业化的组织架构和人才队伍，实行专业化经营

融资性保证保险所承保的是信用风险，与财产保险公司承保的财产损失和意外损失风险有较大区别，也与传统上保证保险承保的履约风险不同，保险公司传统的风险控制手段不能起到有效的作用。从国外经验来看，保险公司从事融资性保证保险业务，通常都是通过专业化经营来运作；传统财产保险公司的组织架构及专业队伍不适应信用风险管理的要求，必须强化组织架构和专业队伍建设。

### （二）以信用风险防范为主线，完善业务流程

目前行业内也有一些专业的信用保险公司，采用了专业化经营模式，但其业务流程没有重塑，依然产生了诸多问题。

一是风险管理手段没有创新。信用风险与银行承担的风险近似，对投保人的资信情况和履约能力要进行详细调查，不能仅靠传统的大数法则来分散风险；

二是加强信用调查。业务流程、风险控制手段要与一般的商业保险有明显区分，风险管理手段上除了对投保人的资信情况和履约能力的调查，还要通过抵押、质押、保证等担保方式管控信用风险。对抵押物的情况要进行深入调查，防止虚构抵押物、虚假抵押手续等问题，同时对于多次抵押等情况，要判断是否有抵押的价值，是否属于无效的抵押，抵押的手续是否办理完备等。对于提供的其他担保措施，要审核担保方的担保能力、担保的手续是否完备等，防止出现无效的担保或实际上没有担保能力的担保。

### （三）进一步完善合同条款中的权利义务，合理确定保险费率条款

融资性保证保险的法律性质为具有担保功能的保险合同，各方的权利义务应尽量在合同内约定清楚。建议保险公司应进一步完善合同条款，对于各方的权利义务进行更明确的约定，如借款人资信审查义务，抵押物和质押物的核实、登记与管理，追偿权的行使等，降低保险公司的经营风险。

---

① 刘贵祥：《关于金融民商事审判工作中的理念、机制和法律适用问题》，载《法律适用》2023年第1期，第18页。

保险公司开办业务应合理确定费用率水平，包括收取的保险费和违约金。司法实务中，法院通常在尊重当事人意思自治的基础上，依法认定违约金条款的效力，并遵循损失补偿原则和公平原则依法确定违约金的合理水平。[①] 从司法实践看，法院也支持违约金的约定，但违约金应以资金占用损失为基础，合理确定违约金水平。

### （四）加强销售环节的信息披露，履行提示说明义务

2020 年 9 月，原中国银行保险监督管理委员会印发《融资性信保业务保前管理操作指引》《融资性信保业务保后管理操作指引》，规定保险公司应维护消费者的知情权和自主选择权，不得违背投保人意愿，强行捆绑、搭售其他保险产品。要求保险公司强化销售环节的信息披露，建立可回溯机制，向投保人履行说明义务，提示相关投保风险。

建议保险公司加强信息披露，向消费者明确投保前的提示内容，让投保人明白不能将融资性保证保险与担保等同为一回事，尤其是责任免除部分，应该向投保人作出明确说明。

### （五）加大对投保人、被保险人的资信审查义务

保险人对投保人有独立的资信审查义务，一直有较大的争议。实务中，保证保险合同约定贷款人应对贷款实施全过程风险管控，尤其是对借款人的资信审查，不能因投保了保证保险而降低贷款发放标准，放松贷款质量追求以及对放贷风险的管控，否则出现保险事故后，保险人不承担赔偿责任。但该免责条款是否有效存在争议，有观点认为，保险人的核保责任是《保险法》的要求，如果保险人同意承保即应视为保险人对投保人的资信状况进行了核保审查并予以认可，最终责任仍由保险公司承担。

从实践来看，保险公司在承保时审核投保人、被保险人的资信状况和履约还款能力，谨慎评估风险和决定是否承保，提高承保质量，降低借款人违约风险以及催收追偿难度，是至关重要的！保险人不能将自身内控管理责任和经营风险完全向外转嫁，保证保险合同是独立于贷款合同的，在保证保险合同中约定第三人（贷款人）的义务，不具有法律约束力。

### （六）扎实做好保险代位追偿工作

追偿是控制风险、有效降低融资性保证保险成本的有效手段，保险公司应下大力气做好追偿工作。首先在承保阶段要获取被保险人的详细资料，包括财产状况，全面评价其风险状况，对于风险较高的业务应要求投保人提供抵押、质押、保证等担保措施。

---

① 张晗庆：《融资性保证保险费用条款的司法规制研究》，载《法律适用》2024 年第 8 期，第 42 页。

保险人的追偿对象既包括违约的借款人，也包括为借贷合同提供担保的保证人。融资性保证保险中，投保人为自身未来的履约行为购买保险，投保人实为保证保险合同约定的“第三者”，向投保人追偿也符合《保险法》的规定。北京金融法院课题组也认为，《保险法》第60条规定的第三者，应当为除被保险人外的，包括投保人在内的第三者。

实践中部分借贷合同还有担保人，保险人在向被保险人赔付保险金后享有法定代位求偿权，该赔偿请求权包括借款合同的从权利，保险人可以请求借款合同的保证人承担担保责任。

# 融资性保证保险合同违约金条款效力研究

曹　中　吴小同*

[摘　要]　实务中融资性保证保险合同往往约定，若投保人陷入债务不履行而致保险事故发生，保险人在给付保险金后即可以所给付的金额为限获得向投保人行使的代位求偿权，但若超过约定的履行期，保险人有权以未付理赔款金额等为基数向投保人收取违约金。该违约金条款给保险人带来了除保险费以外的利益，不符合损失补偿原则中不当得利禁止的要求，并且违约金扩张了代位求偿权的行使范围，不符合保险人代位求偿权的规定。另外，保险费作为风险的对价，若在此过程中另收取一份违约金，则违反了保险法中的对价平衡原则。基础合同通常已经约定了借款人对该债权的违约责任，如果保险人再次约定则对投保人不公平。因此应当否定融资性保证保险合同违约金条款的效力。此时保险人仍然可以请求资金占用损失以弥补投保人迟延履行造成的实际损失。资金占用损失的起算时间应当从履行期限届满的次日或宽展期届满后的次日起算，而不是保险人向被保险人理赔当日。

[关键词]　保证保险；违约金；代位求偿权；对价平衡原则；请求权基础

## 一、引　言

随着商业信用的普遍化和保险技术的不断提高，提供资金融通功能的保证保险业务逐渐兴起，成为保险重要业务之一。保证保险是保险人向被保险人允诺，当特定的第三人作为或是不作为致使被保险人遭受经济损失时，保险人负责赔偿被保险人损失的保险业务。保证保险制度最早起源于美国，而后西欧、日本等也陆续开办了该项保险业务，在美国，保证保险事实上已经成为一种与财险、寿险并列的业务。① 我国保证保险业务近年来保持较快增长趋势，并且在2009年的《中华人民共和国保险法》（以下简称《保险法》）修法中，保证保险被纳入财产保险的业务范畴。② 在保证保险业务中，融资

---

* 曹中，南京大学法学院硕士研究生；吴小同，陆金所控股诉讼管理室经理。

① 参见李玉泉主编：《保险法学》，中国金融出版社2020年版，第207—208页。

② 详见《保险法》第95条第2款。

性保证保险占据了较大份额。2021年，融资性的保证保险累计为177万家中小企业提供3 268亿元融资增信支持[1]，为中小企业和个人融资提供了巨大的便利。

融资性保证保险，又称借款保证保险或贷款保证保险，是指借款人（即投保人）以贷款人为被保险人与保险公司缔结保险合同，当其无法按期履行贷款合同约定的金钱债务时，由保险公司向贷款人给付与债务金额相同的保险金的保险业务。[2] 保险实务中，当投保人陷入债务不履行而致保险事故发生时，保险人应当按合同约定向被保险人即银行等金融机构履行保险金给付义务。依照保险法的规定，保险人在给付保险金后即可以所给付的金额为限当然获得向投保人行使的代位求偿权。然而，如下所示，融资性保证保险合同中往往还约定，对于保险公司的代位求偿，投保人除需依法予以给付外，若超过约定的履行期，则投保人构成违约，保险人有权以未付理赔款金额等为基数按约定的违约金计算方式向投保人收取违约金。例如：

（1）《阳光财产保险股份有限公司个人贷款保证保险合同》特别约定第3条：保险人按照保险合同约定向被保险人赔偿相关款项后，投保人需向保险人归还全部赔偿款项和应付而未付保费。从保险人赔偿当日开始超过30天，投保人仍未向保险人归还全部赔偿款项，则视为投保人违约，投保人需以尚欠全部款项为基数，从保险人赔偿当日开始计算，按每日千分之一，向保险人缴纳违约金。

（2）《中国大地财产保险股份有限公司个人贷款保证保险合同》特别约定第3条：本保险合同的绝对免赔率为0%，投保人拖欠任何一期贷款达到80天（不含），保险人依据保险合同约定向被保险人进行理赔。保险人理赔后，投保人需向保险人归还全部理赔款项和未付保费，从保险人理赔当日开始超过30天，投保人仍未向保险人归还上述全部款项的，则视为投保人违约。投保人需以尚欠全部款项为基数，从保险理赔当日开始计算，按每日千分之一，向保险人缴纳违约金。

（3）《中国平安财产保险股份有限公司平安个人借款保证保险保险合同》特别约定：投保人拖欠任何一期借款达到80天（不含），保险人依据保险合同的约定向被保险人进行理赔，保险人理赔后，投保人需向保险人归还全部理赔款项和未付保费，从保险人理赔当日开始超过30天，如投保人仍未向保险人归还上述全部款项的，需以尚欠全部款项为基数，从保险人理赔当日开始计算，按每日千分之一向保险人支付违约金。[3]

虽然上述违约金条款在融资性保证保险合同中广泛存在，但是对其法律效力的看

---

① 参见《国务院关于加强监管防范风险推动保险业高质量发展的若干意见》（国发〔2024〕21号）。

② 参见王少群、刘浏：《贷款保证保险融资调查》，《中国金融》2015年第8期，第91页。

③ 违约金条款内容详见北京市第三中级人民法院（2021）京03民终7756号民事判决书、北京市第二中级人民法院（2021）京02民终5689号民事判决书、江苏省苏州市中级人民法院（2020）苏05民终9880号民事判决书、浙江省宁波市中级人民法院（2023）浙02民终1174号民事判决书、广东省广州市中级人民法院（2020）粤01民终1505号民事判决书、广东省中山市中级人民法院（2019）粤20民终824号民事判决书、广东省深圳市中级人民法院（2020）粤03民终23426号民事判决书。

法却并不统一。然而，若欲界定该违约金条款的效力，则必先确定保证保险合同的性质。因为，保证保险合同天然具有保证与保险的双重特征，对保证保险的性质进行界定，实际上是为了解决法律适用的问题。如果保证保险合同的性质为保证，解决保证保险合同纠纷，即应当优先适用《中华人民共和国民法典》（以下简称《民法典》）担保制度相关法律规范；反之如果为保险，则应当优先适用《保险法》的法律规范。① 并且，《民法典》担保制度相关法律规范与《保险法》并不存在先后适用问题，而应当择一适用。本文倾向采用“保险说”观点，在文章所涉及的融资性保证保险违约金纠纷的司法案例中，绝大多数法院同样在《保险法》框架内对纠纷进行判决。尽管法院大都以《保险法》为裁判依据，法院之间对该违约金条款效力的看法却并不一致。文章调研的320份裁判文书显示，部分法院基于充分尊重意思自治对该违约金全部支持；也有一些法院则明确表示不支持，因为该条款违反了《保险法》的效力性强制性规定；另有法院对违约金进行酌减以平衡双方诉求。可见，违约金条款的效力问题存在着较大争议，以至于实践中难以形成统一意见。

因此，若要探究该违约金条款的效力，则必然要基于《保险法》的框架，讨论该条款是否突破了保险法中的强制性规定，或是违背了保险制度的设立目的。具体而言，该违约金条款是否属于当事人意思自治范畴而不应作出干涉？是否符合保险法损失补偿原则及代位求偿权范围的要求？是否变相突破了对价平衡原则的约束？另外，从违约金条款的权利来源来看，其请求权基础是否合理？文章将对这些问题进行解答，并给出实务中的应对方法，以期解决实践中广泛存在的此类违约金条款纠纷，促进融资性保证保险朝更好更快方向发展。

## 二、保证保险合同性质的界定

保证保险合同性质的明确，直接涉及法律规范的适用，只有明晰合同的性质，才能精准适用相关的法律规范。《保险法》和《民法典》担保制度规范之间不能简单理解为特别法和一般法的关系②，二者不存在优先适用和补充适用的先后顺序，在司法实践中只能择一适用。如果保证保险合同的性质为保险，实践中则应当优先适用《保险法》，《保险法》规范所不及的部分则应当适用《民法典》总则编或除担保制度之外的相应合同编法律规范；反之如果为保证，则应当优先适用《民法典》担保制度法律规范，若有所不及则也应当适用《民法典》总则编或合同编其他相应的法律规范。

---

① 参见李利、许崇苗：《对保证保险合同性质及相关法律问题的再探讨》，载《保险研究》2020年第11期，第98页。

② 参见李利、许崇苗：《对保证保险合同性质及相关法律问题的再探讨》，载《保险研究》2020年第11期，第98页。

## （一）保证保险合同性质争议

对保证保险合同法律性质的认识，主要有“保证说”“保险说”和“二元说”三种观点。

1. 保证说

“保证说”认为，保证保险形式上具有保险的外观，但实质上是保险公司提供的保证业务，具有担保合同的性质。其理由主要有：① 从合同主体的角度看，保证保险的参加者是三方当事人，即作为担保人的保险公司，作为被担保人的债务人（即投保人），作为被保险人和受益人的债权人。保证保险当事人之间的法律关系符合保证的一般特征。[①] ② 从合同责任的角度看，保证保险责任具有从属性。因为，保证保险存在的前提是债权人与债务人之间有一生效合同的主债存在，而保证人（即保险人）的责任被限制在它的被保证人的范围内，对被保证人责任的免除在同等范围内也免除了保证人的责任，当主合同无效或被撤销时，保证责任也自然失效。[②] ③ 从合同目的的角度看，保证保险乃是借用保险的形式，以实现债务履行担保的目的。换言之，保证保险合同的形式和实质是不一致的，本质上是采取保险形式的一种担保手段。[③] ④ 从保险的特征看，保险承保的对象是具有偶然性的危险，保险事故应当具备偶发性。而保证保险所约定的保险事故为投保人对被保险人的债务不履行，债务人不履行债务明显带有故意性质，因此这是将投保人故意的行为纳入了承保范围，不符合保险的特征。[④]

司法实践中，最高人民法院在早期多持此种观点。如最高人民法院在中保财产保险有限公司青岛市分公司与中国银行山东省分行、青岛惠德工艺礼品有限公司追索信用证垫付款纠纷案民事判决书中认为：“基于该险种的特殊性，以普通财产保险的法律规定不能调整该险种所涉及的三方当事人之间形成的法律关系。所以，从其所形成的民事法律关系来看，更符合保证的法律特征”“对这一关系应适用《中华人民共和国担保法》及相关的司法解释予以调整”。[⑤] 又如最高人民法院在对湖南省高级人民法院关于《中国工商银行郴州市苏仙区支行与中保财产保险有限公司湖南省郴州市苏仙区支公司保证保险合同纠纷一案的请示报告》的复函中认为：“保证保险虽是保险人开办的一个险种，其实质是保险人对债权人的一种担保行为。在企业借款保证保险合同中，因企业破产或倒闭，银行向保险公司主张权利，应按借款保证合同纠纷处理，适用有关担保

---

① 参见徐卫东、陈泽桐：《保证保险合同若干法律问题研究》，《当代法学》2006 年第 3 期，第 64 页。

② 参见樊启荣、李娟：《保证保险性质之探讨——兼论我国保证保险之误区》，《云南财贸学院学报》2005 年第 5 期，第 37 页。

③ 参见梁慧星：《保证保险合同纠纷案件的法律适用》，《人民法院报》2006 年 3 月 1 日，第 B01 版。

④ 参见邹海林：《保险法》，人民法院出版社 1998 年版，第 354 页。

⑤ 最高人民法院（1998）经终字第 291 号民事判决书。

的法律。”[①]并且最高人民法院在中国人民财产保险股份有限公司葫芦岛市分公司与中国建设银行股份有限公司葫芦岛分行保证保险合同纠纷案中引用上述复函，认定人保葫芦岛公司主张本案应优先适用《保险法》相关规定的再审理由不能被支持。[②]

2. 保险说

该说认为，保证保险实际上是具备保证功能的保险业务，保险是它的本质属性。其理由主要有：① 保证合同是单务、无偿合同，保险合同是双务、有偿合同[③]，实践中保证保险合同的投保人需缴纳保费以获得保险保障，其同样也为双务、有偿合同，符合保险合同的特征。② 保证属于民事行为，除少数法律明令禁止担保的情形外，法律对保证人的主体资格并未有过多限制。但是保险是商事行为，保证保险中的保险人必须是依据保险法取得经营保证保险业务资格的保险公司。[④] ③ 保险关系与被保险的法律关系具有独立性，保险关系的存在是依据单独的保险合同而创设的，它是一个独立的商业行为，其效力只取决于保险合同，而并不由其被保险的基础法律关系决定。[⑤] 但是担保关系的核心是从属性，担保合同不能独立于主合同而存在。④ 保证保险约定的保险事故依然具有偶发性特征，因为在保险合同订立时保险人并不能预料投保人是否会违反基础合同约定的义务，并且保险人是依据“大数法则”通过精算确定保费，符合保险的基本特征。[⑥]

在司法实践中，最高人民法院在神龙汽车有限公司与华泰财产保险股份有限公司保险合同纠纷管辖权争议上诉案的民事判决书中认为：“在保险合同法律关系中，其他民事合同的权利义务虽是保险人确定承保条件的基础，但其不能改变两个合同在实体与程序上的法律独立性，其他民事合同与保险合同之间不存在主从关系。”[⑦]此观点实际上肯定了保证保险的保险合同性质。最高人民法院关于神龙汽车有限公司、华泰财产保险股份有限公司与神龙汽车有限公司北京销售服务分公司保险合同纠纷上诉案民事判决书则以直接适用《保险法》作出实体判决的方式，明确肯定保证保险的法律性质是保险而不是保证。[⑧] 此外，在最高人民法院 2003 年 12 月拟定的《关于审理保险纠纷案件适用法律若干问题的解释(征求意见稿)》第 34 条中，规定了法院在审理保证保险合同纠纷案件确定当事人权利义务时，应适用保险法；保险法未作规定的，才适用担保

① 最高人民法院(1999)经监字第 266 号复函。

② 最高人民法院(2013)民申字第 1565 号民事判决书。

③ 参见江朝国：《保险法基础理论》，中国政法大学出版社 2002 年版，第 32—33 页。

④ 参见贾林青：《保证保险合同的法律性质之我见》，《法律适用》2002 年第 9 期，第 23 页。

⑤ 参见宋刚：《保证保险是保险，不是担保——与梁慧星先生商榷》，《法学》2006 年第 6 期，第 113 页。

⑥ 参见施卫忠、王静：《保证保险与保险——保险法与担保法的交错》，《南京大学学报(哲学·人文科学·社会科学版)》2008 年第 3 期，第 49—50 页。

⑦ 最高人民法院(2000)经终字第 295 号民事判决书。

⑧ 最高人民法院(2002)民二终字第 152 号民事判决书。

法。另外，福建省高级人民法院民二庭于2010年7月12日印发的《关于审理保险合同纠纷案件的规范指引》中，明确了：保证保险合同是指借款合同或借款担保合同的债务人向保险人投保，若债务人不履行借款合同或者借款担保合同约定的义务，导致债权人权益受到损失时，由保险人承担保险赔偿责任的财产保险合同。北京市高级人民法院在2005年颁布的《关于审理汽车消费贷款纠纷案件及汽车消费贷款保证保险纠纷案件若干问题的指导意见（试行）》中规定："在以借款人为投保人、银行为被保险人的保证保险合同中，贷款合同是保证保险合同的基础合同，但二者之间不存在主从合同关系，保证保险合同具有独立性。"并且，"在以借款人为投保人、银行为被保险人的保证保险纠纷案件中，贷款合同被认定无效或被撤销，保险合同的效力及保险人的责任应依据合同法、保险法的相关规定以及保证保险合同的相关约定来认定"。1999年8月30日，中国保监会在《关于保证保险合同纠纷案的复函》中指出："保证保险是财产保险的一种，是保险人提供担保的一种形式。"①可见，"保险说"在司法实践中同样影响深远。

3. 二元说

该说认为保证保险制度具有保证与保险的二元属性，不属于保证合同或者保险合同中的任何一种，而是混合合同，在合同中涉及保险和保证的部分应分别适用不同的法律。② "二元说"另外一种解释为，保证保险合同的性质要根据合同的具体内容来确定，不能一刀切地归为保证或者保险，要根据个案的实际内容来确定适用《保险法》还是《民法典》保证合同的相关规定。③ 在司法实践中，广东省高级人民法院2006年6月发布的《关于审理汽车消费贷款保证保险纠纷案件若干问题的指导意见》支持了二元论的观点，指出：应根据合同的主要内容、当事人责任、履约方式及合同目的等确定合同性质属于保险合同还是担保合同，并据此确定相应适用的法律。④

但是批评意见认为，二元说回避了保证保险究竟是保证抑或是保险的性质争议，同一法律关系不能同时适用存在冲突的保险法和担保法律规范，不可能同时采用形式主义和实质主义的法律适用规则，而且在具体的适用上双重或多重法律关系也会带来司法实践中的混乱。⑤

### （二）保证保险合同法律性质剖析

上述争议表明，实务中对保证保险合同法律性质的看法依然存在较大分歧，原因在

① 保监法〔1999〕第16号。

② 参见王颖琼、魏子杰、徐彬：《保证保险二元性思辨及其法律适用》，《河北法学》2004年第4期，第92—94页。

③ 参见李利、许崇苗：《对保证保险合同性质及相关法律问题的再探讨》，《保险研究》2020年第11期，第98页。

④ 粤高法发〔2006〕19号。

⑤ 参见任自力：《保证保险法律属性再思考》，《保险研究》2013年第7期，第78页。

于保证合同与保证保险合同在功能上存在很大的相似性，造成保证保险的性质难以清晰准确界定。笔者认为，保证保险合同本质上来说是保险合同，处理相关纠纷时应优先适用《保险法》。具体理由如下。

1. 保证保险合乎我国现行《保险法》的规定

从比较法角度看，由于保证与保险的关系十分密切，美国专门成立了美国保证保险协会（SAA）作为保证保险的专门协会。尽管保证保险与传统保险存在明显区别，但协会事实上已将其作为与财险、寿险并列的业务，当受批准成立的保险公司从事以货币为对价的保证业务时，该保证业务就会被认定为保证保险业务，应受各州的保险法管辖。① 而有些国家，如爱尔兰的保险法，则将保证保险定义为保证合同或签发的保函。②

我国《保险法》在 2009 年修订后，明确将保证保险列为与责任保险、信用保险并列的财产保险险种之一。③ 从立法的角度来看，保证保险显然属于《保险法》所管辖的险种之一，保证保险合同也应当受到《保险法》，而非《民法典》担保法律规范规制。另外，保证保险业务是保险公司作为专业的商事主体开展的经营性业务，如果将保证保险视作担保，那么保险公司开展的保证保险业务就是以盈利为目的的专业保证业务，但是这突破了关于保险公司经营范围的规定。如原中国保险监督管理委员会于 2011 年 1 月 20 日发布的《关于规范保险机构对外担保有关事项的通知》中明确，各级保险公司、保险资产管理公司不得进行对外担保。④ 因为保险公司并非一般意义上的商业公司，具有负债经营的特点，应当首要维护被保险人和社会公共的利益。而对外提供担保无疑加剧了保险公司经营的不稳定性，违背了保险行业的初衷，不利于行业健康发展。有鉴于此，保证保险如果是保证，即违背了《保险法》关于财产保险范围的规定，也不符合实践中由保险公司开展保证保险业务的实际。

2. 保证保险合同的主体与合同关系不同于保证合同

保证合同的主体包括债权人和保证人，只要保证人和债权人就保证担保的意思表示达成一致，保证合同即告成立。保证合同是单务、无偿合同，在保证关系中，只有保证人对债权人的义务而无债权人对保证人的义务，保证人不能从债权人处获得相应报酬。⑤ 换言之，保证合同中保证人对债权人的义务是单向的。而在保证保险合同中，合同主体不仅包括投保人和保险人，还包括被保险人，具有三方主体。在合同关系上，投保人负有缴纳保费的义务，因而保证保险合同并非无偿合同；保险人承保保险期间内投

① ［美］所罗门・许布纳、［美］小肯尼思・布莱克、［美］伯纳德・韦布：《财产和责任保险》（第四版），陈欣等译，中国人民大学出版社 2002 年版，第 306 页。

② 转引自李玉泉、卞江生：《论保证保险》，《保险研究》2004 年第 5 期，第 25 页。

③ 《保险法》第 95 条第 2 款："财产保险业务，包括财产损失保险、责任保险、信用保险、保证保险等保险业务"。

④ 保监发〔2011〕5 号。

⑤ 谭启平主编：《中国民法学》（第二版），法律出版社 2018 年版，第 526 页。

保人债务不履行的风险，在投保人债务不履行后负有支付被保险人与债务金额相同的保险金的义务，以此作为保费的对价，并且在赔偿保险金后依法享有向投保人代位求偿已经支付的保险金的权利；被保险人作为纯获利益的第三方，在保险事故发生后享有向保险人请求支付合同约定的保险金的权利，并且无须支付相应对价。三者之间关系如下图1所示。因此，保证保险合同与保证合同在合同主体和合同关系上存在明显差别，将保证保险理解为保证并不符合保证合同的形式要求。

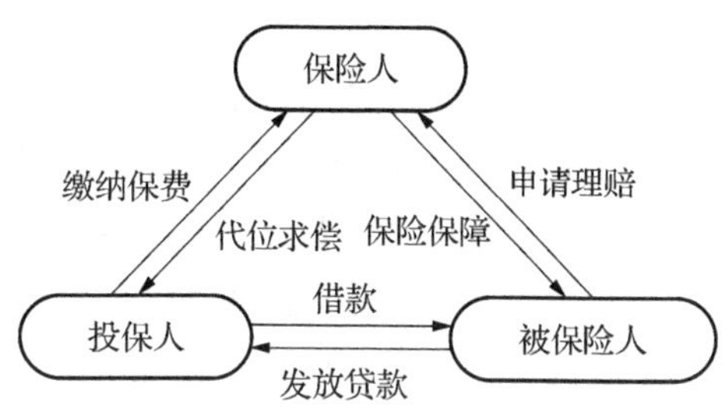


**图1　借款保证保险合同关系图**

3. 保证保险具备保险合同的构成要件

通说认为，财产保险合同应当具有保险利益，保险利益的功能在于限定损害赔偿范围、避免赌博行为和防范道德风险。[①] 我国《保险法》第12条规定："财产保险的被保险人在保险事故发生时，对保险标的应当具有保险利益。"财产保险的保险利益实际归属主体应当是被保险人而非投保人，因为被保险人最有可能发生赌博行为和产生道德风险、不当得利。[②] 在保证保险中，被保险人即贷款人的保险利益来源于基础合同中与投保人即借款人的债权债务关系，保险合同的标的为投保人的债之履行。由此，被保险人显然具备相应的保险利益，符合《保险法》关于财产保险合同保险利益的规定。

"保证说"的理由之一，是保证保险的保险事故为投保人不履行基础合同约定的债务，此属故意且确定的风险，不能视为保险可保对象。诚然，保险上的危险是不可预料或不可抗力之事故，危险的发生为可能、不确定且非故意。[③] 但是，正如财产保险的保险利益的归属主体应为被保险人，危险的客观性、不确定性同样也应针对被保险人而言。被保险人在签订借款合同时并不能预料债务人是否会恶意不履行合同义务，或者债务人的财务状况在未来一定时间是否会难以支撑其履行合同义务，因此保证保险承保的危险同样也属于客观且不确定的危险。至于债务人故意违约的行为是否属于保险法中故意免责的范围，笔者认为，财产保险是帮助被保险人分散风险的工具，保险人在承保时仍然是依据"大数法则"精算得出债务人的违约概率，并以此作为保费的收取基础。因此，从保险人的角度看，保险事故依然是客观性和偶发性的，债务人不履行债务的风险保险人已

---

① 江朝国：《保险法基础理论》，中国政法大学出版社2002年版，第73—74页。

② 参见孙玉芝：《保险利益的概念分析》，《河北法学》2004年第1期，第158—159页。

③ 江朝国：《保险法基础理论》，中国政法大学出版社2002年版，第21—22页。

然知悉，此时保险人承保的仍是债务人债务不履行的风险。

4. 保证保险具有独立性

附从性是保证的诸多特性之中最本质的特征①，其包括成立之附从性、范围及强度之附从性、移转附从性和变更消灭之附从性。由此，保证合同作为从合同只能依附于主合同而存在，其效力以主合同成立并生效为前提。然而，保证保险合同的效力并不当然受到基础合同效力的影响，具有鲜明的独立性。具体而言：

一是保证保险合同的成立虽然需要基础的债权债务关系，但是基础合同不成立、无效、被撤销并不影响基础合同中债之关系的存在，被保险人在该种情况下仍然享有保险利益，因此保证保险合同在此情形下同样有效，发生保险事故时保险人仍需承担保险责任。二是被保险人在合同约定的保险事故发生后享有对保险人的独立请求权，该权利仅来源于保证保险合同，并且此时保险人没有先诉抗辩权，不能以被保险人未先行要求债务人处分抵押物等事由进行抗辩。② 三是保证保险合同不同于一般的民事担保合同，其属于成熟的商事合同，类似于提单、设备租赁、典当等商事行为，具有无因性的特征。③ 这种商事行为的无因性构成了保证保险合同的基础，强化了保证保险的保险属性，赋予了保证保险合同相对独立性。

5. 保证保险的合同目的是分散和转移风险

若要认定一份合同为保险合同，则必须存在风险和风险的转移。但是，风险转移必须是合同的主要目的而并非仅是附带性的目的，因为所有合同都或明或暗地以某种方式在分配风险。④ 而保证保险合同的主要目的即是转移合同风险，为被保险人提供保险保障。一方面，从被保险人角度看，在保证保险合同签订后，投保人陷入债务不履行的风险当然转移给保险人，被保险人在投保人陷入债务不履行时，仅需以保证保险合同为基础请求保险人赔偿与债务金额相同的保险金，而无须面临先诉抗辩权的影响，也无须担心保险人是否有足够的财产给付应付的保险金，使被保险人免于投保人不履行债务的担忧。另一方面，从保险人角度看，保险人运用“大数法则”对承保风险加以精算，得出保费收取标准，并以此作为提供保险期间内风险保障服务的对价，换言之，保险人订立合同的目的就在于将被保险人的风险转移至保险人处，并以此为营业的根基。由此，从被保险人和保险人角度出发，保证保险的主要目的均为分散和转移风险，应当将其视为保险合同。

① 史尚宽：《债法各论》，中国政法大学出版社 2000 年版，第 878 页。

② 参见李利、许崇苗：《对保证保险合同性质及相关法律问题的再探讨》，载《保险研究》2020 年第 11 期，第 101—102 页。

③ 参见任自力：《保证保险法律属性再思考》，载《保险研究》2013 年第 7 期，第 82—83 页。

④ Robert H. Jerry II&Douglas R. Richmond, Understanding Insurance Law, Carolina Academic Press, 2012, pp.22 - 28.

### （三）小结

保证保险合同的法律性质有三种学说争议，分别为“保证说”“保险说”和“二元说”。“保证说”认为，保证保险形式上具有保险的外观，但实质上是保险公司提供的保证业务，具有担保合同的性质。“保险说”则认为，保证保险实际上是具备保证功能的保险业务，保险是它的本质属性。“二元说”认为，保证保险制度具有保证与保险的二元属性，不属于保证合同或者保险合同中的任何一种，而是混合合同，在合同中涉及保险和保证的部分应分别适用不同的法律，或保证保险合同的性质要根据合同的具体内容来确定。各说在司法实践中均有相应的案例支持。笔者认为，保证保险合同的法律性质为保险，具体理由如下。一是保证保险合乎我国现行《保险法》之规定，我国《保险法》在 2009 年修订后，明确将保证保险列为与责任保险、信用保险等并列的财产保险险种之一。另外，如果将保证保险视作担保，那么保险公司开展的保证保险业务就是以营利为目的的专业保证业务，但是这突破了原银保监会关于保险公司经营范围的规定。二是保证保险合同主体与合同关系不同于保证合同，保证保险合同是有偿合同，合同主体不仅包括投保人和保险人，还包括被保险人，合同具有三方主体；保证合同是无偿合同，仅有保证人和债权人两方主体。三是财产保险的保险利益实际归属主体应当是被保险人而非投保人，被保险人的保险利益来源于基础合同中对投保人的债权，符合《保险法》关于财产保险合同中保险利益的规定。四是保证保险合同的成立虽然需要基础的债权债务关系，但是基础合同不成立、无效、被撤销并不影响债权债务关系的存在，换言之具有独立性。五是保证保险从被保险人和保险人角度出发，均以分散和转移风险为合同的主要目的，是保险合同的典型特征。

## 三、融资性保证保险样本案例的统计与分析

笔者通过检索近年来相关裁判文书发现，人民法院在处理融资性保证保险合同纠纷时，基本以《保险法》作为规范适用的依据。然而，对融资性保证保险合同中违约金条款的纠纷，人民法院却存在着不同的审理意见，甚至出现了许多“同案不同判”问题。为全面了解实践中存在的问题，下文通过群案研究的方式对此类问题进行汇总分析，以明晰人民法院在违约金问题上的具体审判意见和背后的原因。

### （一）数据样本及研究方法说明

笔者在“北大法宝”网站（pkulaw.com）的“司法案例”栏目中以“保证保险”为标题关键词，以“违约金”为全文关键词进行检索，共检索出数万例裁判案例。后将法院层级选为“中级人民法院及以上”进行筛选，共筛选出1 360件法院的裁判案例。[①] 笔者又以

① 最后访问时间为 2023 年 12 月 7 日 15 时 59 分。

"法院将违约金条款作为争议焦点之一"为条件进行阅读筛选，在近 5 年的法律文书中共找到有效案例 325 件。将各级人民法院案例数量进行统计后发现，高级人民法院共有 5 件有效案例，占比 2%；中级人民法院共 320 件有效案例，占比 98%（如右图 2 所示）。未发现最高人民法院对此争议有过相应的判决或裁定。

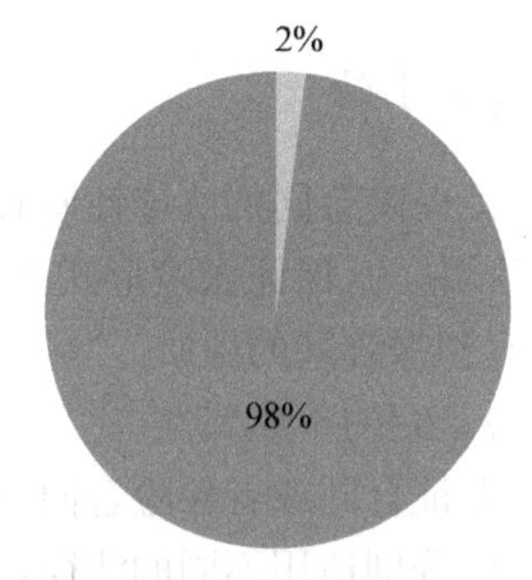


**图 2 各级人民法院案例数量占比**

从地域分布来看，样本案例在空间上主要涵盖了 25 个省份和直辖市。如下图 3 所示，案例主要分布在广东、江苏、安徽、山东等省份。①

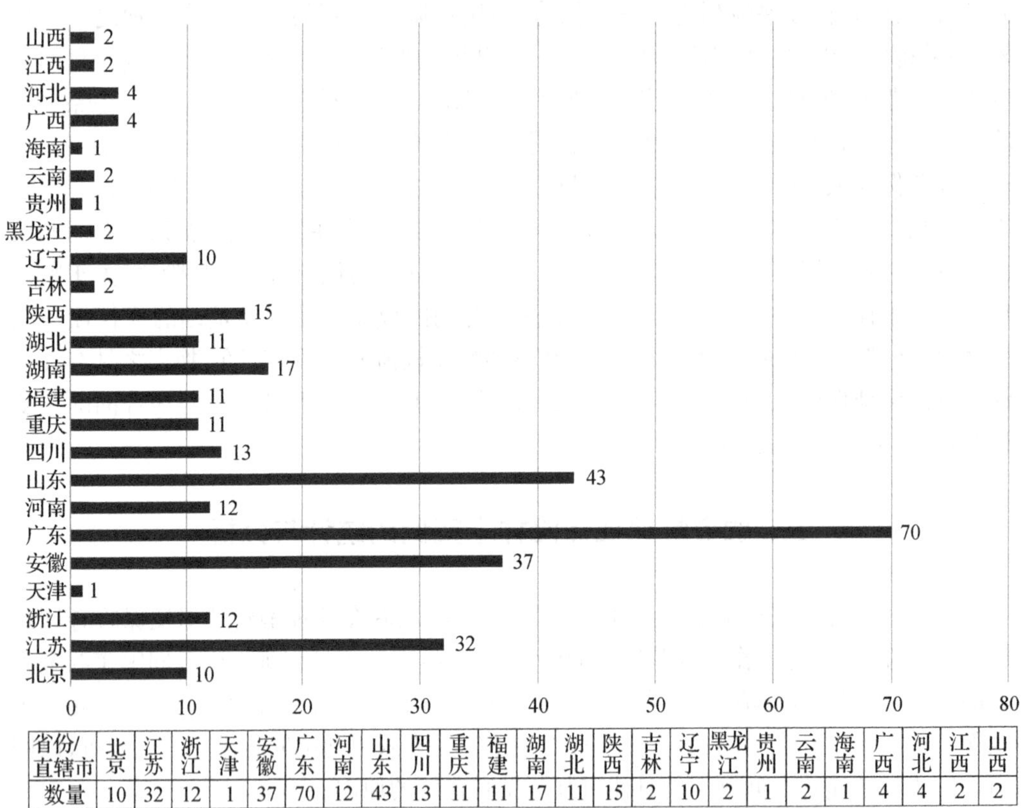

| 省份/直辖市 | 北京 | 江苏 | 浙江 | 天津 | 安徽 | 广东 | 河南 | 山东 | 四川 | 重庆 | 福建 | 湖南 | 湖北 | 陕西 | 吉林 | 辽宁 | 黑龙江 | 贵州 | 云南 | 海南 | 广西 | 河北 | 江西 | 山西 |
|---|---|---|---|---|---|---|---|---|---|---|---|---|---|---|---|---|---|---|---|---|---|---|---|---|
| 数量 | 10 | 32 | 12 | 1 | 37 | 70 | 12 | 43 | 13 | 11 | 11 | 17 | 11 | 15 | 2 | 10 | 2 | 1 | 2 | 1 | 4 | 4 | 2 | 2 |

**图 3 样本案例地域分布情况**

群案研究较之于个案研究，能够在一定程度上真实反映本土司法实践中的经验和

① 个别省份如云南、贵州、海南等因相关案件的基数不多故涉及较少。而新疆、西藏等地，经过筛选后有效案例不足，故文章未涉及。

问题，有助于强化实证研究，提出针对性的解决方案。① 以上样本案例涵盖了主要的经济发达地区和人口大省等融资性保证保险合同纠纷多发地区，这些地区的融资性保证保险合同违约金条款纠纷更具普遍性和代表性，人民法院在这些案件的裁判过程中均呈现了不同意见。并且样本案例多源自不同省份的省会城市和经济发达城市，对整个地区的审判实践具有一定的影响。与此同时，样本案例之所以选取中级以上人民法院的裁判案例，是因为一方面能够避免数以万计的海量案例阅读、选取工作，突出地区内具有代表性的案例进行分析，使群案研究更具有效率；另一方面，中级及以上人民法院相较于基层人民法院，其审判水平通常相对较高，所作出的裁判也有更高的效力层级，因而更具有可参考性。而且在融资性保证保险合同纠纷中，中级及以上人民法院所作出的裁判一般为终审判决或再审裁定，对该违约金条款效力纠纷的问题有“一锤定音”的作用，更能反映一个地区类似案件的审判态度，有一定的影响力和指导作用。

下文笔者将具体分析各个裁判案例中人民法院的审判意见，对各种不同的审判意见进行汇总和类型化分析，以探求不同审判态度背后的理念和法理依据。

### （二）法院审理思路梳理

如右图4所示，在检索的样本案例中，笔者将裁判文书里“违约金条款能否得到支持”这个争议焦点类型化为三种不同的裁判意见，分别是人民法院对保险人关于违约金的诉请予以支持、对保险人关于违约金的诉请不予支持以及不支持保险人诉请的全部违约金而是依法予以酌减。在已检索到的325份关于违约金条款的裁判文书中，依法对保险人关于违约金的诉请予以支持的裁判文书共160件，占比49%，是占比最大的审判意见；对保险人关于违约金的诉请不予支持的裁判文书共21件，占比7%；剩余为不支持保险人诉请的全部违约金而是依法予以酌减的裁判文书，共144件，占比44%。由此可见，在司法实践中，人民法院对于违约金条款诉请的审理相对比较宽松，不会轻易否定其效力，而是依据合同约定予以支持，或是运用司法裁量权调整至法官认为合理的范畴。仅有少数人民法院明确表示此种违约金条款的效力与法律规定相抵触，损害了投保人的利益，不能予以支持。

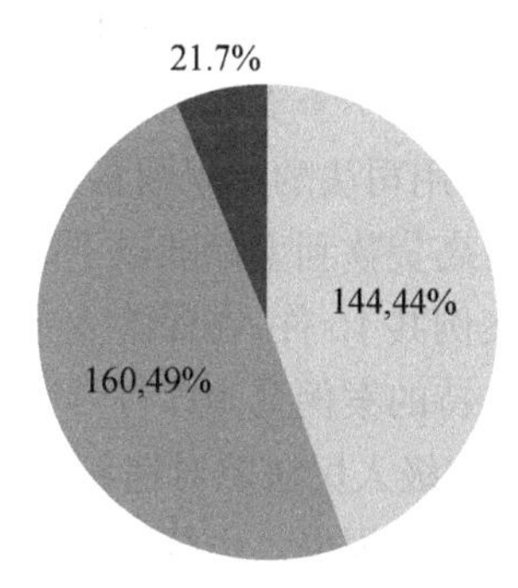


**图4　人民法院审判意见统计**

具体来看，如下表1所示，根据裁判文书所载的具体裁判结果，可以将上文描述的三种裁判意见予以细化，再次进行类型化区分。人民法院依法对保险人关于违约金的诉请予以支持的裁判意见可细化为：一是保险人在一审或二审的诉讼过程中主动降低

---

① 参见章志远：《行政法案例研究方法之反思》，《法学研究》2012年第4期，第23页。

合同约定的违约金至同期中国人民银行授权全国银行间同业拆借中心公布的贷款市场报价利率(以下简称"LPR")水平或者银行贷款利率水平以下[①];二是保险人直接按照借款保证保险合同中约定的违约金计算方式诉请违约金[②],仍予以支持的情形。同样,人民法院不支持保险人诉请的全部违约金而是依法予以酌减的裁判意见也可细化为:一是依法通过司法酌减的方式主动调整为同期一倍 LPR 的水平;二是依法运用司法酌减规则调减为大于同期一倍 LPR 且于法定最高贷款利率标准(2020 年 8 月 20 日前为 24%,之后则为 4 倍同期 LPR 水平)以下的水平。而对于人民法院不予支持保险人有关违约金之诉请的裁判意见,其判决结果一般为仅支持投保人逾期偿付保险人代位求偿的保险金而造成的资金占用损失,即保险人仅可向投保人主张的损失数额,是以保险人代位求偿的保险金为基数按一倍 LPR 标准计算出的数额,而非以合同约定的违约金计算标准得出的数额。

从统计结果来看,高级人民法院在借款保证保险合同案件审理中运用司法酌减规则将违约金约定计算标准主动降低至大于同期一倍 LPR 并且在法定最高贷款利率标准以下的案例共 2 件,未有案例显示直接酌减至同期一倍 LPR 水平;而在保险人主动降低违约金至法定最高贷款利率标准以下而法院对其诉请予以支持的案例共 1 件,但未有案例显示法院径行支持保险人按合同约定的违约金进行诉请;同时高级人民法院对违约金明确不予支持的案例共有 2 件,最终仅支持了资金占用损失。至于中级人民法院,其运用司法酌减规则将违约金约定利率水平主动降低至大于同期一倍 LPR 并且在法定最高贷款利率标准以下的案例共 126 件,而直接将违约金酌减至同期一倍 LPR 水平的案例共 16 件;在保险人主动降低违约金至法定最高贷款利率标准以下时人民法院予以支持的案例共 105 件,同时径行支持保险人按合同约定的违约金诉请的案例共 54 件;而中级人民法院对违约金明确不予支持的案例共有 19 件,这些案件最终也仅支持了资金占用损失。由统计结果可以看出,高级和中级人民法院之间对借款保证保险合同违约金条款的效力问题存在较大的意见分歧,下文将着重分析不同裁判意见背后

① LPR 是由具有代表性的报价行,根据本行对最优质客户的贷款利率,以公开市场操作利率加点形成的方式报价,由人民银行授权全国银行间同业拆借中心计算并公布的基础性的贷款参考利率。2015 年 9 月 1 日开始实施的《最高人民法院关于审理民间借贷案件适用法律若干问题的规定》第二十六条第一款规定:"借贷双方约定的利率未超过年利率 24%,出借人请求借款人按照约定的利率支付利息的,人民法院应予支持。"2019 年 8 月 18 日中国人民银行发布〔2019〕第 15 号公告,规定自 2019 年 8 月 20 日起于每月 20 日(遇节假日顺延)公布贷款市场报价利率。2020 年 8 月 18 日,《最高人民法院关于审理民间借贷案件适用法律若干问题的规定》第二十六条更改为"出借人请求借款人按照合同约定利率支付利息的,人民法院应予支持,但是双方约定的利率超过合同成立时一年期贷款市场报价利率四倍的除外"。因此民间借贷利率由此以 2020 年 8 月 20 日为分界线,之前适用 24% 利率上限的规定,之后适用 4 倍 LPR 的规定。

② 实务中通常为以理赔款及欠缴保费为基数,自理赔日起按每日千分之一或万分之五等计算违约金。年化利率常达 18% 至 36%,大于法律规定的贷款利率上限。

的审判思路以及规范依据。

**表 1 各级法院裁判意见**

| 效力层级 | 裁判意见 | | 数量（件） |
|---|---|---|---|
| 高院 | 依法酌减 | 至同期 LPR 水平 | 0 |
| | | 大于同期 LPR 且于最高贷款利率标准以下 | 2 |
| | 予以支持 | 保险人主动降低违约金至最高贷款利率标准以下 | 1 |
| | | 保险人按合同约定违约金诉请 | 0 |
| | 不予支持 | 仅支持资金占用损失 | 2 |
| 中院 | 依法酌减 | 至同期 LPR 水平 | 16 |
| | | 大于同期 LPR 且于最高贷款利率标准以下 | 126 |
| | 予以支持 | 保险人主动降低违约金至最高贷款利率标准以下 | 105 |
| | | 保险人按合同约定违约金诉请 | 54 |
| | 不予支持 | 仅支持资金占用损失 | 19 |
| 总计 | | | 325 |

1. 对违约金予以酌减的分析

（1）大于同期 LPR 且于最高贷款利率标准以下的审判情况分析。

人民法院在 144 份依法予以酌减的裁判文书中，共有 128 份将违约金酌减至大于同期 LPR 且于最高贷款利率标准以下。从审判结果来看，在高级人民法院的裁判文书中，安徽省高级人民法院在季学军、中国平安财产保险股份有限公司安徽分公司保证保险合同纠纷案再审裁定书中认为："案涉《保证保险合同》约定，'从保险人赔偿当日起超过 30 天投保人仍未向保险人归还全部赔偿款的，视为投保人违约，投保人需以尚欠全部款项为基数从保险人理赔当日开始计算，按每日千分之一的标准向保险人交纳违约金'……由于《保证保险合同》约定的违约金标准过高，一、二审判决予以调减，按月利率 2%标准计算较为允当。"①同时，广东省高级人民法院在张祝生与中国人民财产保险股份有限公司广州市分公司保证保险合同纠纷民事申请再审审查一案中认为："张祝生逾期未依约向光大银行珠江新城支行偿还贷款，人民财保广州市分公司履行代偿义务后要求张祝生向其支付代偿的理赔款、拖欠的保险费及违约金，有事实和法律依据，一、二审法院予以支持并无不当。"②最终支持了一审法院将违约金酌减为年利率 24%的判决结果。此类案件中，高级人民法院的裁判结果都支持了酌减后 24%的年利率标准，处

① 详见安徽省高级人民法院(2020)皖民申 1768 号再审裁定书。

② 详见广东省高级人民法院(2021)粤民申 12632 号再审裁定书。

于2020年8月20日前法院支持的民间借贷利率最高标准，但是低于合同约定的每日千分之一的标准。至于中级人民法院，其自由裁量的区间较大，违约金酌减后的利率区间分布在6%至24%或同期1.3倍至4倍LPR之间。①甚至同一法院，在同类案件中对于司法酌减后的利率标准也存在不同。如广州市中级人民法院在肇庆市齐齐投资咨询有限公司、吴某元等保证保险合同纠纷与黄某怡、中国人民财产保险股份有限公司广州市分公司保证保险合同纠纷中②，保险人均按合同约定诉请每日万分之六的违约金，但广州市中级人民法院对前者酌减为年化4倍LPR、后者为1.5倍LPR的利率水平。此类判决绝非孤例，司法自由裁量权的尺度较大使保证保险合同双方在违约金方面的权利存在较大的不稳定性。

至于审判理由，在对违约金进行司法酌减的法院中，尽管大部分并没有直接触及违约金条款是否有效的问题，但是从逻辑上则是首先预设了违约金条款已经成立并且生效。因为只有保证保险合同中违约金条款已成立并生效，人民法院在涉违约金条款纠纷中才能运用司法酌减的工具对违约金的具体数额或计算方式加以变更，以降低至合理区间。而人民法院认定违约金条款有效的原因，则在于保证保险合同符合《民法典》及《保险法》之规定，是合同双方当事人意思自治的结果，并且不违反效力性强制性规定或违背公序良俗的情形，应当成立并生效。违约金条款既然是合同双方意思自治的范畴，人民法院就不应过分干涉，在不存在无效情形时应给予充分尊重。

至于主动运用司法酌减规则对合同约定的违约金计算标准进行调减的理由，笔者将样本案例中呈现出的理由概括为两个方面。一是违约金条款属于保险人单方提供的格式条款，但是该格式条款的内容显失公平，应当予以变更。人民法院认为保险人作为专业的保险机构，与作为普通消费者的投保人之间在知识、能力和谈判条件上存在明显的不对等。尽管保险人已事先向投保人明确告知违约金条款的内容，但不能认为合同中违约金条款符合投保人的真实意思表示，该违约金条款有违诚实信用原则和公平原则，应当予以酌减以确保合同的公平。如杨某鑫、中国平安财产保险股份有限公司保证保险合同纠纷案中③，一审法院认为："双方关于违约金的约定见于保险单中，系平安财保公司单方制作的格式条款，尽管平安财保公司已将相关条款单独列出，投保人亦声明了知悉、理解、认可相关约定，可视为平安财保公司对相关条款已作出提示说明，符合格式条款的生效条件，但杨某鑫作为投保人，其保险专业知识及谈判能力显然难以与平安

① 详见沈阳市中级人民法院(2021)辽01民终16063号、中山市中级人民法院(2021)粤20民终7376号、东营市中级人民法院(2021)鲁05民终2309号、北京市第一中级人民法院(2019)京01民终9354号、广州市中级人民法院(2021)粤01民终28459号、合肥市中级人民法院(2018)皖01民终7205号、成都市中级人民法院(2020)川01民终9715号、长沙市中级人民法院(2020)湘01民终12074号、珠海市中级人民法院(2020)粤04民终3330号、苏州市中级人民法院(2020)苏05民终9880号二审判决书。

② 详见(2021)粤01民终28459号与(2022)粤01民终17482号二审判决书。

③ 详见广东省广州市中级人民法院(2021)粤01民终12227号二审判决书。

财保公司相提并论，可见该违约金条款并非双方平等协商的结果，不能完全代表双方当事人平等自愿的真实意思表示，"最终将每日千分之一的利率酌减为 1.5 倍 LPR，二审广州市中级人民法院予以维持。[①] 二是基于《最高人民法院关于适用〈中华人民共和国合同法〉若干问题的解释（二）》第 29 条之规定，人民法院对当事人约定的违约金过分高于实际损失的，可以运用司法酌减规则，以实际损失为基础，兼顾合同的履行情况、当事人的过错程度以及预期利益等综合因素予以酌减。在融资性保证保险合同纠纷中，保险人通过代位权向投保人即借款人追偿已经支付的保险金时，若投保人迟延给付，此时投保人造成的实际损失就是资金占用损失，但是合同约定的违约金一般明显高于资金占用损失，所以人民法院可基于合同公平运用司法酌减规则予以调减。实践中大部分案例审判意见的背后就是基于该种考虑。如前述广东省和安徽省高级人民法院基于此支持一、二审将合同约定的违约金调整为年利率 24%；又如马某梅、中国平安财产保险股份有限公司安徽分公司保证保险合同纠纷案中，安徽省合肥市中级人民法院认为："鉴于投保人未按时足额向保险人支付代偿款，该行为确实给保险人造成了资金占用损失，本院酌定被上诉人主张的自 2014 年 5 月 16 日起，以 15 271.29 元为基数，按年利率 6%的标准计算利息至实际清偿之日止的部分予以支持，超出部分本院不予支持。"[②]

（2）酌减至同期 LPR 水平的审判情况分析。

在依法酌减的样本案例中有 16 份裁判文书将违约金调减到同期 LPR 或民间贷款利率水平。该类型的裁判理由同样是当违约金数额过分高于实际损失时，人民法院可以运用司法酌减规则予以调整。事实上，判决违约金数额仅为 LPR 水平，说明其对保险公司因代位求偿不得造成的资金占用损失是予以认可的，但是对实际损失之外的违约金持否定态度。也即，经合意产生的违约金，仅在法定的损失范围内有效，超过该部分不予支持。如深圳市中级人民法院在王某娟、中国大地财产保险股份有限公司深圳分公司保证保险合同纠纷二审民事判决书中认为："保证保险系保险品种之一，作为专业的保险公司，依法收取保费系其维持经营的基础，而非收取标准畸高的违约金，故一审法院酌情将该部分违约金的计算标准调整为全国银行间同业拆借中心于每月 20 日公布的一年期贷款市场报价利率，即该部分违约金应以代偿款为基数，按照全国银行间同业拆借中心于每月 20 日公布的一年期贷款市场报价利率，自代偿之日起计算至实际清偿之日止。"二审对该判决予以维持。[③] 又如淮安市中级人民法院在富德财产保险股

---

① 类似案件详见广州市中级人民法院(2021)粤 01 民终 4502 号、(2020)粤 01 民终 1505 号二审判决书。

② 类似案件详见广东省珠海市中级人民法院(2020)粤 04 民终 3010 号、广东省深圳市中级人民法院(2019)粤 03 民终 34624 号、山东省青岛市中级人民法院(2020)鲁 02 民终 10520 号、湖北省襄阳市中级人民法院(2021)鄂 06 民终 234 号、山西省太原市中级人民法院(2021)晋 01 民终 1911 号二审判决书。

③ 详见广东省深圳市中级人民法院(2021)粤 03 民终 15097 号二审判决书。

份有限公司河南分公司、王某保证保险合同纠纷中[①]，一审法院认为，保证保险合同中约定的违约金条款，在事实上是对保险法代位求偿权范围的超越，不符合损失填补原则的要求，对其违约金主张不予支持。而二审法院淮安市中级人民法院则认为违约金条款"有合同明确约定，且未违反法律禁止性规定，应予以支持"，但是违约金计算标准过高，酌情调整为一年期 LPR 水平。

2. 对违约金予以支持的分析

(1) 保险人主动降低违约金至最高贷款利率标准以下的审判情况分析。

在 160 份人民法院对投保人诉请的违约金予以支持的案例中，有 106 份案例的保险人在起诉时或者诉讼过程中主动将合同约定的违约金数额降至法定贷款利率上限以内。如广西壮族自治区高级人民法院在梁某月、中国人民财产保险股份有限公司梧州分公司保证保险合同纠纷的再审审查中认为："双方当事人约定的违约金按照每日 0.06%(年利率 21.9%)的利率计算，该约定没有违反相关法律法规的规定；而人保梧州分公司在本案诉讼中主张的违约金按年利率 18%计算，已经较合同约定的违约金有所减少。且合同约定的违约金计算方式是双方真实意思表示，梁某月未能举证证明该违约金明显过高，其申请再审提出违约金过高的主张，本院依法不予采纳。"[②]广西壮族自治区高级人民法院首先肯定了违约金条款的有效性，认为该条款并未违反法律的禁止性规定，符合双方真实意思表示。同时，保险人在诉讼过程中主动降低违约金，实质上实现了法院对违约金予以司法酌减的效果，是一种"间接酌减"。但是与实际的司法酌减区别在于，此种情况下不必由法院依照公平原则把握酌减幅度，而是直接由保险人事先作出让步。因为这种方式是当事人对自己享有权利的自由处分，人民法院不能干涉，并且也有利于诉讼经济、简化裁判，所以人民法院对于保险人主动降低违约金的情形通常予以支持。此种审判思路也见于各中级人民法院的审判过程。如南京市中级人民法院在谢某祥与中国平安财产保险股份有限公司江苏分公司保证保险合同纠纷二审民事判决书中所书："合同约定的违约金以谢某祥尚欠全部款项为基数，按每日千分之一计算，平安财险江苏分公司自行调整为按年利率 24%的标准主张违约金，不超过法律规定，予以支持。"[③]又如杭州市中级人民法院在王某辉、中国平安财产保险股份有限公司保证保险合同纠纷二审民事判决书中认为："在庭审中平安财保已将违约金的请求变更为按年利率 24%计算，法院予以准许。最终对平安财保的违约金诉请予以支持。"[④]

(2) 保险人按合同约定的违约金进行诉请的审判情况分析。

除上述 106 份保险人在起诉时或者诉讼过程中主动将合同约定的违约金数额降至法定贷款利率上限以内的案例，另有 54 份案例则是直接认可保证保险合同中约定的违

① 详见江苏省淮安市中级人民法院(2022)苏 08 民终 175 号二审判决书

② 详见广西壮族自治区高级人民法院(2021)桂民申 4264 号再审裁定书。

③ 江苏省南京市中级人民法院(2018)苏 01 民终 9106 号二审判决书。

④ 浙江省杭州市中级人民法院(2019)浙 01 民终 8295 号二审判决书。

约金计算方式，并未有任何直接或间接的酌减。

如在中国太平洋保险股份有限公司深圳分公司与杨某保证保险合同纠纷案中，合同约定的违约金计算方式为每日千分之一，一、二审法院均认为："本案太平洋保险公司与杨某之间签订的保证保险合同，意思表示真实，不违反法律法规的规定，合法有效。太平洋保险公司按照保险合同约定代杨某还清了个人贷款，现其诉请杨某归还上述款项及以上述款项为基数按照每日千分之一支付违约金，具有事实和法律依据，应予支持。"①又如卿某竭与中国平安财产保险股份有限公司保证保险合同纠纷案中，重庆市第一中级人民法院认为："前述合同及保单明确约定了滞纳金的收取及标准问题，未违反法律和行政法规的禁止性规定，现卿某竭违反约定，平安保险公司要求自 2020 年 4 月 22 日起至卿某竭偿清全部款项之日止，以代偿本金 493 690.46 元为基数，按照 0.063%/天计算违约金的诉讼请求符合双方约定和法律规定，本院予以确认。"②据此可以判断，作出此类判决的案例，其背后的审判思路是完全尊重双方当事人的意思自治。违约金条款在未违反法律的禁止性规定、符合双方真意的情况下当然有效。尽管合同约定的违约金计算方式或数额远高于实际损失，但仍应首先尊重意思自治、慎用司法酌减规则，以避免对当合同自由产生干涉。

3. 对违约金不予支持的分析

样本案例中明确对违约金条款不予支持的裁判案例共有 21 份，其中高级人民法院 2 份，中级人民法院 19 份。从数量上来看，总体上不予支持的案例占比较小，远小于予以支持和依法酌减案例的部分。这体现了实践中大部分人民法院并不轻易否定违约金条款的效力，而是从保守角度考虑进行司法酌减。不予支持的案例中有 19 份来自中级人民法院，仅占 320 份样本案例的一小部分。但高级人民法院不予支持的案例 2 件，数量已占其全部案例的五分之二，可见不予支持的裁判意见在高级人民法院中具有一定代表性。如河南省高级人民法院在王某军、中国人民财产保险股份有限公司安阳市分公司等保证保险合同纠纷的再审审查中认为："王某军需要承担的保险费的年化费率为 21.23%，需要承担的首期利息和保险费的年化费率为 27.73%。根据原判结果，王某军除了需要承担利息、保险费等费用之外，还需要承担违约金。原判对金融机构主张的超过目前我国金融借款司法保护利率上限的利息和费用部分予以支持不当，本案需要重新认定王某军的责任承担。"③河南省高级人民法院将违约金计算方式与保费、贷款利率等加总计算得出总融资成本，除去违约金，投保人承担的保费等年化利率已然超过法定利率保护上限，此时若仍然对保险人收缴违约金，其融资成本无疑远高于市场一般水平，将产生极大的融资压力。故从投保人的角度出发，违约金主张因明显加重投保人负担，有违公平，不应予以支持。除此之外，四川省高级人民法院在某财产保险股份有限

① 详见广东省汕尾市中级人民法院(2020)粤 15 民终 24 号二审判决书。

② 详见重庆市第一中级人民法院(2021)渝 01 民终 609 号二审判决书。

③ 详见河南省高级人民法院(2021)豫民申 7967 号再审裁定书。

公司成都中心支公司诉李某保证保险合同案的再审裁定中认为:"……代位求偿权的金额限定为保险人向被保险人赔偿的保险金额。保证保险合同约定投保人向保险人支付逾期违约金,变相突破保险法规定的代位求偿的法定限额,不应受到法律保护。故对某财产保险股份有限公司成都中心支公司主张违约金的诉请不予支持。"①值得注意的是,一审法院四川自由贸易试验区人民法院经审理认为:"李某向某财产保险股份有限公司成都中心支公司投保个人贷款保证保险,在其未按约偿还某银行借款而某财产保险股份有限公司成都中心支公司依约承担保险赔偿责任后,某财产保险股份有限公司成都中心支公司有权依法向其主张代偿款及欠付保费。对于违约金,其主张符合保险合同约定,应予以支持,但日千分之一的约定计算标准过高,法院酌定按照年利率 24% 的标准予以调整。"一审法院认为应当运用司法酌减规则对违约金进行调减,但是四川省高级人民法院否定了一审法院的意见。四川省高级人民法院认为违约金条款突破了《保险法》规定的代位求偿权范围,不符合损失补偿原则的要求,故违约金条款应属无效,诉请不能予以支持。

在中级人民法院的审判案例中,持上述相似观点的还有山东省青岛市中级人民法院。在李某、于某东等保证保险合同纠纷案中,一审山东省平度市人民法院支持了保险人关于每日万分之四的违约金诉讼请求,然而二审山东省青岛市中级人民法院认为:"保证保险合同,是由保险公司为投保人(借款人)向被保险人(出借人)承担履约保证责任,并收取保险费用而成立的保险合同。保险人在承担保证责任后,依法依约取得的权利实为待偿后的追偿权,因此其权利带有从属性,不宜超出原权利人的权利范围。虽然保证保险的费率没有刚性监管标准,但应将贷款人、保险公司向借款人收取的费用作为一个整体,确认借款人的综合融资成本较为公平合理。故在保险人没有其他证据证明其存在其他损失的情况下,其要求投保人按照同期 LPR 支付资金占用损失系合理诉求,应予支持。"②基于以上原因,二审青岛市中级人民法院仅支持同期 LPR 水平的实际资金占用损失,否定了本案保证保险合同违约金条款的效力。与之类似,江苏省无锡市中级人民法院在富德财产保险股份有限公司江苏分公司、肖某保证保险合同纠纷案中也认为:"保证保险合同约定投保人向保险人支付逾期违约金,系将保险人承保的风险向投保人转移,加重投保人的负担,且变相突破了保险法对代位求偿权范围的规定,不应予以保护。"③

---

① 详见四川省高级人民法院(2021)川民申 7365 号再审裁定书。

② 详见山东省青岛市中级人民法院(2023)鲁 02 民终 4411 号二审判决书。

③ 详见江苏省无锡市中级人民法院(2021)苏 02 民终 5587 号二审判决书。类似判决亦可见江苏省徐州市中级人民法院(2021)苏 03 民终 2765 号、浙江省嘉兴市中级人民法院(2018)浙 04 民终 2247 号、北京市第三中级人民法院(2021)京 03 民终 7756 号、广东省广州市中级人民法院(2020)粤 01 民终 3935 号、天津市第一中级人民法院(2020)津 01 民终 5251 号、安徽省合肥市中级人民法院(2020)皖 01 民终 307 号、四川省成都市中级人民法院(2021)川 01 民终 26143 号、湖南省长沙市中级人民法院(2020)湘 01 民终 10356 号二审判决书。

与以上案例不同的是，福建省厦门市中级人民法院在中国平安财产保险股份有限公司、黄某保证保险合同纠纷中认为："平安财险公司现以保险人代位求偿权纠纷起诉，其主张权利的范围应限于其赔偿金额，其诉求的保费及违约金系基于保证保险合同关系产生，不在本案审查范围内，应由其另案主张。"①人民法院认为，违约金条款与代位求偿权相互独立，前者基于合同约定，后者基于法定，若想请求违约金则应另行诉讼，故在此案中不能支持保险人有关违约金的诉讼请求。

### （三）小结

笔者通过群案研究的方式在"北大法宝"网站上检索出中级人民法院及以上法院关于融资性保证保险合同违约金条款纠纷的文书案例共 325 篇，其中高级人民法院 5 篇、中级人民法院 320 篇，基本覆盖了经济大省、人口大省等纠纷多发地区，具有一定的代表性。通过对案例中人民法院的裁判意见进行类型化区分，将融资性保证保险合同中违约金条款的审判意见划分成了三大类，分别是对保险人诉请的违约金予以支持、对违约金不予支持以及虽予支持但依法予以酌减。再进一步细分，则可将依法予以支持的裁判意见分为保险人主动降低违约金至法定最高贷款利率标准以下和保险人按合同约定的违约金诉请；依法予以酌减可分为酌减至同期 LPR 水平以及大于同期 LPR 水平且于法定最高贷款利率标准以下。进行类型化区分后，可具体探究司法实践趋势以及背后的原因。

依法酌减至大于同期 LPR 且于法定最高贷款利率标准以下案件共 128 份，其中高级人民法院 2 份，中级人民法院 126 份。其审判理由为：一方面，融资性保证保险合同的违约金条款符合双方当事人的真实意思表示，不违反法律的强制性规定，不违背公序良俗，应予尊重。另一方面，约定的违约金数额明显高于实际损失，人民法院可运用司法酌减规则予以调减以维护合同公平。除此之外，违约金条款属保险人预先拟定的格式条款，其数额过高则损害了投保人的利益，为维护投保人利益应当予以调减。依法酌减至同期 LPR 水平的案例共 16 份，高级人民法院无此案例。中级人民法院的审判理由为：融资性保证保险合同的违约金条款未有无效事由，其效力应予肯定。但违约金的计算标准明显超过了实际损失的范围，带来了较大融资负担，因而只能在同期 LPR 利率水平内予以支持。保险人主动降低违约金至法定最高贷款利率标准以下并受人民法院支持的案例共 106 份，其中高院 1 份，中院 105 份。其审判理由类似于依法酌减至最高贷款利率标准以下的案例，区别在于前者是由保险人主动作出让步，对自己诉权进行处分，相当于"间接酌减"。保险人按合同约定的违约金诉请并受法院支持的案例共 54 份，全为中级人民法院的裁判案例。其审判理由为：既然违约金条款已然成立并生效，那么就应当首先尊重意思自治、慎用司法酌减规则，以避免对合同自由产生干涉。法院对违约金不予支持的案例共 21 件，其中高级人民法院 2 件，中级人民法院 19 件。其审

① 详见福建省厦门市中级人民法院(2019)闽 02 民终 5130 号二审判决书。

判理由为:违约金条款一方面变相突破了《保险法》规定的代位求偿权范围,有违损失补偿原则;另一方面加重了投保人的融资负担,不利于营造健康融资环境。也有法院认为,违约金条款与代位求偿权相互独立,若想主张应另案起诉。

## 四、融资性保证保险合同违约金条款的效力界定

对于融资性保证保险合同中违约金条款的效力,学界存在三种不同的观点。第一种观点认为违约金条款无效。原因在于《保险法》第 60 条明确规定了保险人的代位求偿权只能“在赔偿金额范围内”行使,若超出此限制则会让保险人获得额外利益,也不符合代位求偿权保护投保人、平衡保险人与第三人之间利益关系的立法目的。① 第二种观点则认为违约金条款有效,因为违约金条款属于当事人意思自治的范畴,只要该约定不违反法律法规的效力性强制性规定,应予认定有效。第三种观点认为,违约金条款虽属当事人意思自治范畴,其效力自有《民法典》予以规制,但不能包含在保险人代位求偿之诉的诉请中,应当另行起诉。② 该种观点既涉及程序法上的诉讼规则,又涉及实体法上违约金条款的效力问题。从实体效力上看,该观点也认为融资性保证保险的违约金条款应属双方当事人合同自由的范畴。

笔者认为,融资性保证保险合同中违约金条款的效力问题不能简单以双方当事人的意思自治为由予以认定。如前文所述,保证保险合同的本质仍是保险合同,所以在保证保险合同纠纷的审判过程中,应当优先适用《保险法》法律规范,若合同约定的条款并无《保险法》法律规范的适用余地,则可以退而适用《民法典》合同编相关法律规范。同理,在融资性保证保险违约金条款效力的纠纷中,人民法院审理时也应当首先适用《保险法》相关规范以探寻该违约金条款是否有效,若《保险法》的相关法律规范能够解决该效力问题纠纷,则无退而适用《民法典》合同编法律规范的必要。反之如果《保险法》的相关规范无法回答此类问题,即可根据《民法典》合同编作出裁判。事实上,对融资性保证保险合同违约金条款的效力问题,仅依据《保险法》便可作出回答。

### (一) 违约金条款与损失补偿原则

#### 1. 损失补偿原则的含义与要求

保险是“受同类危险之人组成共同团体、聚集成员所交付之保险费,以满足成员损害填补之需要,而达分散危险之功能”③。保险本身具备多种要素,在探究保险本质的问题上,损失说,又称损害说,认为保险是由多数人分担少数人损失的一种经济制度,损失补偿应作为保险理论的核心观点。虽然损失说在人身保险上的适用存在争议,但是

---

① 参见张雪楳:《论保险代位求偿权的行使范围》,《法律适用》2011 年第 5 期,第 8 页。

② 参见李慧:《借款保证保险实务问题探究》,《保险研究》2020 年第 12 期,第 116—117 页。

③ 江朝国:《保险法逐条释义》第一卷《总则》,元照出版社 2012 年版,第 19 页。

于财产保险而言，损失说是恰当无误的。所谓“无损失，无保险”。一般认为，经济补偿是保险价值存在的根本[①]，保险的机能在于对损失进行补偿，它将个别经济体因保险事故造成的损失转移给其他具有相同风险的经济单位共同负担，使风险得以转移、损失得以补偿，实现经济生活的安定。[②] 基于保险的经济补偿功能，保险法上的损失补偿原则便得以确立。损失补偿原则是指保险事故发生使被保险人遭受损失时，保险人必须在保险责任的范围内对被保险人的损失进行补偿。损失补偿是财产保险的本质属性，同时又是财产保险的核心原则。尽管许多保险学者并不同意将保险中的一些基本概念视为原则，但大多数人都会认为“补偿”概念具有极为重要的地位，应当作为一项“真正的原则”。[③] 有学者曾言，保险与损失补偿的关系为，保险是对未来可能发生的损失的补偿。[④] 足以见得，损失补偿体现了保险制度的本质特征。

损失补偿原则之所以如此重要，有赖于其能够禁止不当得利，从而防止赌博行为、遏制道德风险。保险制度相较于其他经济制度，其特殊性在于保险合同具有射幸性，保费与保险金额之间相差悬殊，存在巨大套利空间。但保险的目的乃是保障保险共同体免受意外风险影响，以维持正常经济活动，所以，若不以强制性规范加以限制，保险很容易成为赌博套利工具、诱发道德风险。相较于保险法的其他原则，损失补偿原则更能从实践角度避免道德风险、发挥保险的真正价值。例如，英国《1906 年海上保险法》第一次以成文法的方式规定了最大诚信原则[⑤]，随后成为各国保险法的基本原则之一。最大诚信原则要求保险合同的当事人正当行使权利、履行义务，以防范道德风险的发生。然而，最大诚信原则要求的最大善意在本质上与法律坚持的“性恶论”立场是相悖的，最大善意要求人们诚实，法律却始终保持怀疑，二者之间是矛盾的。[⑥] 并且，最大诚信原则要发挥真正效果，需要投保人良心上保持坦诚，但是法律仅能约束行为而非思想，最大诚信原则所依赖的良心仅能依靠投保人自觉。又如，保险利益原则同样也作为遏制道德风险的手段见诸保险法。然而，保险利益原则所建构的经济利益关系只是在被保险人和保险标的之间的内部关系。然而这种内部约束更容易在内部被突破。一方面补偿额过大容易刺激被保险人铤而走险制造保险事故，另一方面与保险标的存在紧密联系的人更容易对风险施加影响。[⑦]损失补偿原则此时就显得尤为重要。它要求一个人

---

① 温世扬主编：《保险法》，法律出版社 2007 年版，第 5—6 页。

② 参见姜南：《论保险法上的损失补偿原则》，《保险研究》2008 年底 3 期，第 85 页。

③ [美]所罗门・许布纳、[美]小肯尼思・布莱克、[美]伯纳德・韦布：《财产和责任保险》（第四版），陈欣等译，中国人民大学出版社 2002 年版，第 46 页。

④ 参见任自力：《保险损失补偿原则适用范围思考》，《中国法学》2019 年第 5 期，第 120 页。

⑤ 《1906 年海上保险法》第 17 条：“海上保险合同是建立在最大诚信基础上的合同，如果任何一方不遵守最大诚信，他方可以撤销该合同。”

⑥ Jeffrey W. Stempel, Interpretation of Insurance Contracts, Little, Brown, 1994, p.403.

⑦ 参见樊启荣：《保险损害补偿原则研究——兼论我国保险合同立法分类之重构》，《中国法学》2005 年第 1 期，第 68—69 页。

不能因为保险获得额外利益，并且是在结果上，也就是在保险金给付的过程中，让保险金仅用于填补保险事故发生所造成的实际损失。由此，在很大程度上可以避免道德风险的泛滥，有助于坚守保险的制度目的。

损失补偿原则的关键在于禁止不当得利，既禁止被保险人借由保险事故获取超额补偿，也禁止保险人因保险事故获得除保险费以外的不当收益。在融资性保证保险合同中，被保险人按照合同约定，当发生投保人即借款人债务不履行的保险事故时，能够获得的保险金补偿的范围仅限于借款合同本金及其利息、违约金，被保险人在获得保险金补偿后即失去保险金范围内的对借款人的债权，因此对被保险人的补偿实际上符合损失补偿原则的要求。但是保险人在融资性保证保险合同中，除了可以收取相应的保险费，还可以通过附加于保险人代位求偿权上的违约金条款收取高额的违约金。该笔违约金虽然不影响被保险人的保险金补偿，却为保险人带来了保险费以外的收益。倘若该违约金能够顺利实现，那么在保险业务中，保险人极有可能通过违约金条款的方式在保险合同上设置多种违约责任，并以此作为增加保险人收入的方式之一。尽管从个体角度看，违约行为能否发生取决于义务履行主体是否能够按照约定履行义务，但是如果义务履行主体的数量足够多，则可以通过精算的方式得出违约的概率，进而计算出违约金条款的设置能够在总体上带来多少收益，最终变相成为保险人增收的方式之一。所以，这种违约金条款的设置实际上违背了利得禁止的要求，让保险人获得了不正当的利益，长此以往将可能使保险制度成为营利的工具而非分散风险的经济制度。

2. 保险代位权与违约金条款的冲突

在具体的制度安排上，损失补偿原则通过保险代位、重复保险的分摊和保险竞合的处理得以贯彻。保险代位，是指由保险法赋予保险人代位求偿权，以防止被保险人获得超额补偿。我国《保险法》第 60 条明确规定了保险人代位求偿权制度，在发生保险事故时，如果损失是由被保险人以外的第三人造成的，被保险人可以民事规则要求第三人赔偿，也可依据保险合同要求保险人赔偿。如果向保险人赔偿，保险人依约给付保险金后，将在赔偿金额范围内代位行使被保险人对第三人请求赔偿的权利，以此避免第三人逃避责任和被保险人获取双重利益。通说认为，保险代位权系法定的债权让与①，在保险人赔付保险金之后，被保险人对第三人的损害赔偿请求权将于保险金额范围内全部或部分地移转至保险人处，此系法律强制规定，无须保险人和被保险人之间另行约定。

融资性保证保险合同约定，由投保人即借款人购买保险为被保险人即贷款人提供保险保障，然而依据保证保险合同，只有投保人在陷入债务不履行时保险事故才会发生。如果投保人陷入债务不履行而导致保险事故发生，保险人向被保险人赔付后能否通过保险代位权向投保人主张已支付的保险金？《最高人民法院关于适用〈中华人民共

① 参见武亦文、丁婷：《保险代位权的非定义化解读：内涵、区分及构成——基于〈保险法〉第 59、60、61 条》，《华东政法大学学报》2013 年第 2 期，第 103 页。

和国保险法〉若干问题的解释(四)》的出台解决了该问题。其第 8 条规定，当投保人和被保险人为不同主体时，如果投保人造成保险事故，投保人同样也可以作为保险代位权所指的对象。

既然保险代位权是法定的债权转让，那么保险代位的范围也应当仅限于被保险人对第三人享有的债权，而不能超过此范围。我国《保险法》第 60 条第 1 款规定了保险人应当在赔偿金额范围内代位行使被保险人对第三者请求赔偿的权利。法律规定的赔偿范围受限于保险金额，显然只能小于或等于被保险人对第三人享有的债权，否则便是突破了保险利益原则和利得禁止原则的限制，会让被保险人因保险事故获取不当得利，违背保险制度的运行目的。另外，《保险法》对代位求偿权范围的限制并未设定意思自治的空间。代位求偿权法定的应有之义，其中之一即是该规定为效力性强制性规定而非任意性规定，根据民法典的规定，违反法律的强制性规定的民事法律行为无效。[①] 由此，在融资性保证保险合同中，保险人在保险事故发生后，依保险合同应当向被保险人赔偿保险金，当保险人理赔完毕，即取得在赔偿的保险金额范围内被保险人对投保人的债权。实践中，被保险人对投保人的债权仅涵盖了基础合同项下的借款本金及其利息、违约金、实现债权的费用等款项，保险人的代位权自然只能在债权涵盖的范围之内。但是，融资性保证保险合同又约定了保险人向投保人代位求偿的违约金条款，违约金的数额往往远高于保险人的实际资金占用损失，显然，该违约金明显超过了保险人能够向投保人因代位求偿权而主张的最大范畴，进而突破了代位求偿权的范围限制。这不仅让保险人因保险事故的发生获得了不当得利，也使投保人凭空多出一项负担。

保险代位制度是平衡被保险人、保险人、第三人权利义务关系的最佳选择[②]，其能够防止被保险人获得双重赔付、避免第三人脱责以及有助于维系保险公司的正常经营和偿付能力，从而最终有利于社会尤其是投保人的福祉。但是，融资性保证保险合同中的违约金条款却打破了这样的平衡。该违约金不属于被保险人因保险事故遭受的实际损失，被保险人并未因此获得利益。但是保险人却获得了利益，代价便是加重了投保人的负担，如此结果有违保险代位制度的公平性，也不是损失填补原则的应有之义。所以在司法实践中，四川省高级人民法院在再审裁定中认为："保证保险合同约定投保人向保险人支付逾期违约金，变相突破保险法规定的代位求偿的法定限额，不应受到法律保护。"[③]

---

① 参见《民法典》第 153 条——违反法律、行政法规的强制性规定的民事法律行为无效。但是，该强制性规定不导致该民事法律行为无效的除外。

② 参见温世扬、武亦文:《论保险代位权的法理基础及其适用范围》,《清华法学》2010 年第 4 期，第 29—31 页。

③ 详见(2021)川民申 7365 号再审裁定书。

## (二) 违约金条款与对价平衡原则

### 1. 对价平衡原则的含义

保险法上的对价平衡原则,是为求保险制度合理运作,保险费的支出与收取必须合理,且保险人承担的风险与投保人交付的保险费之间应维持必要的平衡。① 对价平衡原则源自保险学上的收支相等原则,即所有投保人支付的保险费总额同保险人赔付的保险金总额是相等的。收支相等原则与对价平衡原则的区别在于,收支相等原则是从宏观上反映危险共同体的保险费收入和保险金支出之间的平衡,对价平衡原则则是个体意义上保险人与投保人之间给付与对待给付的均衡。②德国学者 Wilhelm Lexis 用 NP = RZ 的数学等式描述收支相等原则,P 为保险费,Z 为保险金,N 为被保险人数量,R 为保险事故发生数量;若等式两边同时除以 N,则得到 P = (R/N)Z,其中 R/N 即为保险发生概率,记为 W,当被保险人数量 N 足够多时,保险事故发生概率 W 接近于真实值,投保人缴纳的保险费计算公式可表示为 P = W × Z。③如此,侧重宏观角度的收支相等原则便以数学公式的形式转化为描述个体的对价平衡原则。所以,每个保险加入者应当缴纳的保费,是按照保险人对该保险加入者之危险发生概率来计算,危险发生概率越高,所承担的保险费越高,彼此之间相当。④因此,保险加入者支付的保险费是危险转让的正当对价,保险人和保险加入者之间不存在救济或是慈善关系,保费仅是危险的对待给付。而且此对待给付基于严格的计算,这是现代保险制度与其他类似制度最大的不同之处。⑤

### 2. 保险费与违约金条款的冲突

有观点认为保证保险的保费与传统商业保险的保费有所不同,前者实际上是一种"服务费"。⑥ 因为资格审查、风险监控、追偿手段等保障措施,理论上不会使保险人承担违约风险带来的损失,保费实际上就成了保险人向投保人提供信用支持而收取的一种"服务费",其费率的厘定并非建立在严格的精算基础上,而是更多地考虑了经济周期、市场竞争、信用风险水平等因素。对此,笔者认为,保证保险合同的保险费仍应当是

---

① 欧千慈:《保险法上对价平衡原则之研究》,台湾中正大学 2007 年硕士学位论文,第 7 页。

② 参见武亦文、杨勇:《保险法对价平衡原则论》,《华东政法大学学报》2018 年第 2 期,第 148 页。

③ 转引自武亦文、杨勇:《保险法对价平衡原则论》,《华东政法大学学报》2018 年第 2 期,第 148 页。

④ 奚晓明主编:《最高人民法院关于保险法司法解释(二)理解与适用》,人民法院出版社 2013 年版,第 7 页。

⑤ 郑子薇:《论保险法上告知义务之改革——以对价平衡原则与消费者保护为中心》,台湾政治大学 2013 年硕士学位论文,第 8 页。

⑥ 参见谢菁、赵泽皓、关伟:《我国保证保险发展现状、困境与优化建议研究》,《金融理论与实践》2022 年第 6 期,第 85 页。

保险人承保风险之对价。具体而言，一方面，保证保险的保费计算仍以“大数法则”和精算为基础。保险公司在开展保证保险业务时，往往会与银行签订合作协议，主要内容为银行等金融机构在向借款人发放贷款时会要求借款人与保险公司签订一份融资性保证保险合同，以保证当借款人陷入债务不履行时，银行等金融机构仍能收回贷款。合作协议不仅让银行发放的资金得到了担保，保障了资金安全，同时也让银行的贷款资格审查义务得到分担，由保险公司对借款人进行调查分析，最终确定风险等级进而适用合理保费。如平安财险会根据借款人的信用记录、职业等将其划分成 6 个等级，保费调整系数 0.4～1.52 不等；阳光财险也会根据借款人的信用情况划分成 4 个等级，保费调整系数 0.4～1.4 不等。① 因此，保证保险的保费设计中同样会把风险因素纳入考量，是与建立在精算基础上的保险制度相一致，符合保险对价平衡原则的个体性要求。另一方面，保证保险合同的本质仍属于保险合同，也应受到保险法对价平衡原则的约束。对价平衡原则强调保险费与保险加入者的危险发生概率相当，融资性保证保险合同中保险人提供保险服务的对价就是投保人缴纳的保险费，如果保险费的费率水平是以商业运作的方式决定，那么也就相当于投保人即借款人的违约风险与保险费之间的相关性被打破，不符合对价平衡原则的要求和保险分散风险的目的。

保证保险的保险费是风险之对价，这种风险也应当包含投保人即借款人在保险人代位求偿的过程中无法偿还保险人先行向被保险人支付的保险金的风险。实践中，若无任何担保财产或担保财产较少时，投保人想要获取被保险人即银行等金融机构的贷款就需要同保险人签订融资性保证保险合同以提供保险保障。这类投保人往往抗风险能力较弱，若保险事故发生后保险人向被保险人履行赔付义务，保险人能否经代位求偿权向借款人即投保人全额追回保险金，也是存在着极大的不确定性的。保险人在承保前的资格审查、风险控制阶段应当做好这种不确定性风险的调查工作。如果投保人数量较大，保险人便能基于精算得出具体的风险系数和与之相关的保险费水平。投保人的信用水平此时不仅仅是保险事故发生概率赖以参照的标准，也是在保险人代位求偿时能否顺利取得理赔款的风险依据。因为投保人的责任财产、信用水平等核算风险应当考虑的重要因素在投保时已然明确，投保人即借款人在合同履行的过程中是否会违约实际上已经得到了概率上的客观答案。易言之，保证保险的保费实际上包含了投保人即借款人无法偿还保险人代位求偿的保险金的风险对价。

既然保费中含有投保人无法偿还保险人代位求偿的保险金的风险对价，那么如果再以违约金条款的方式对投保人无法偿还的行为再一次“惩罚”，保险人实际上对一种风险收取了两份“风险对价”，投保人承担了两份不利益，显然对投保人并不公平。如无锡市中级人民法院在富德财产保险股份有限公司江苏分公司与肖剑保证保险合同纠纷案判决书中所言：“保证保险合同约定投保人向保险人支付逾期违约金，系将保险人承

① 参见许荣、黄彧、张俊岩、刘灿阳：《基于裁判文书披露的消费贷保证保险实证研究》，《保险研究》2021 年第 9 期，第 86 页。

保的风险向投保人转移，加重投保人的负担。”[①]淮安市中级人民法院在仲从军、洪忠丽与中国平安财产保险股份有限公司保证保险合同纠纷案判决书中亦认为：“保险公司通过经营保险业务收取保费而获利，那么也应承担借款人不按期还款需由其赔偿保险金的经营风险和经营成本。”[②]所以，借款保证保险的保险人既然已经收取了风险的对价——保险费，便应当承担相应的风险，而不能通过其他手段又转移到投保人身上，此举明显违反对价平衡原则，故而违约金条款的效力不能得到法律上的肯定。

### （三）违约金条款的请求权基础及其合理性分析

#### 1. 违约金欠缺相应的请求权基础

当存在复数的请求权基础时，按照合乎逻辑和诉讼经济的标准，请求权基础的检视次序依次可列为：基于合同的请求权、类似合同的请求权、无因管理的请求权、基于物法的请求权、不当得利与侵权请求权。[③] 一般合同约定的违约金，其请求权无疑来自双方当事人意思表示一致的协议，并且以合同请求权为首要的请求权基础，排斥其他各类请求权基础。所以，如果保证保险合同的违约金请求得以发出，其基础便一定来源于保证保险合同的约定。违约金是附有停止条件的给付允诺[④]，在融资性保证保险合同中，投保人迟延履行向保险人偿还理赔保险金的行为即视为促使停止条件成就的违约行为，并因此引发违约金请求权。换言之，违约金请求权能够行使的前提条件有二：一是保险人行使代位求偿权向投保人追偿理赔的保险金；二是投保人迟延履行还款义务。然而，保险人代位权的本质是债权的法定转移，是将被保险人对投保人在基础合同关系中的债权部分或者全部转移至保险人，保险人可以自己的名义起诉投保人，要求给付欠付保险金范围内的债权，投保人对被保险人的抗辩也可对保险人主张。因此，可以认为，保险人的代位权仅是权利的“外壳”，其实质仍旧寓于被保险人与投保人的基础合同关系之中。与之相应，在融资性保证保险合同中保险人与投保人约定的违约金条款，其请求权基础看似源于保险人和投保人关于代位求偿权的约定，实际上仍然是源于被保险人对投保人的债权；而违约金看似是投保人对保险人代位求偿权的履约担保[⑤]，实际上依旧是其对被保险人债权的履约担保。

实践中，被保险人即贷款人往往会与投保人即借款人在基础合同中约定投保人迟延履行还款义务的违约责任，在保险事故发生后，保险人填补被保险人的损失一般仅包含债务本金以及相应的违约金。既然被保险人已在基础合同中约定了投保人的违约责

① 详见(2021)苏02民终5587号判决书。

② 详见(2020)苏08民终第42号判决书。

③ 吴香香：《请求权基础：方法、体系与实例》，北京大学出版社2021年版，第10—12页。

④ 崔建远：《合同法》(第三版)，北京大学出版社2016年版，第388页。

⑤ 违约金从债权人视角观察具有履约担保的功能。姚明斌：《违约金论》，中国法制出版社2018年版，第76页。

任，如果在权利转移后再向投保人收取一份违约金，则相当于投保人对同一违约行为承担了两份违约责任，明显有违合同公平。即便被保险人在借款合同中并未附加违约金条款，被保险人仍有请求投保人给付迟延履行造成的实际损失的权利。如果保险人在被保险人实际损失请求权的基础上又额外添加一份违约金请求权，同理仍旧是对投保人极为不公的，保险人亦不可在此基础上通过自身获利而减损他人利益。

2. 违约金加重投保人的融资负担

纵然合同严守原则应当维护，但若过分强调合同自由，违约金就会成为一方压榨另一方的工具，有违合同公平的价值理念。在融资性保证保险合同中，违约金的计算标准通常为基数的每日千分之一或万分之五，对于投保人来说是一项不可忽视的负担。而违约金应兼具补偿性与惩罚性，并且应以补偿性为主，不以严厉惩罚违约方为目的。[①]从结果角度看，如此高额的违约金，加上应当支付的保费、利息等，无疑加重了投保人获取贷款的融资成本，让服务大众的普惠金融难以发挥其本来的作用。违约金条款的惩罚性过重也是实务中其饱受诟病的原因之一。正如前文提及的河南省高级人民法院在王某军与中国人民财产保险股份有限公司安阳市分公司等保证保险合同纠纷案中不予支持违约金诉请的裁判理由：王某军需要承担的保险费的年化费率已达 21.23%，加上首期利息已至 27.73%，若还对违约金予以支持就超出了司法保护利率上限，对王某军是极大的负担，因此对违约金不予支持。

### （四）小结

融资性保证保险合同中的违约金条款效力问题可以从三个角度分别展开，一是违约金条款是否符合保险法损失补偿原则的要求；二是违约金条款是否符合保险法对价平衡原则的要求；三是违约金条款自身是否合理、是否存在有效的请求权基础。针对第一个问题，我国《保险法》第 60 条明确规定了损失补偿原则具体的制度安排之一——保险人的代位求偿权。通说认为保险人的代位权是法定的债权转移，而且从解释论角度看，代位求偿权是强制性规定，而非任意性规定，所以保险人代位权必须在法定的范围内行使，换言之，保险人只得在赔偿的保险金范围内行使代位求偿权。然而约定的违约金明显扩大了代位求偿权的范围，不符合《保险法》的规定。针对第二个问题，对价平衡原则反映了投保人支付的保费与保险人承保的风险大致相当的对应关系。其中保费作为风险的对价，要综合投保人各方面的投保条件，以“大数法则”通过精算得出的具体数值。其中必然囊括了投保人即借款人可能难以给付保险人通过代位求偿权请求投保人偿还已支付的保险金的风险。所以，违约金条款在保险费之外又收取了一份风险的对

---

① 最高人民法院在韶关市汇丰华南创展企业有限公司与广东省环境工程装备总公司广东省环境保护工程研究设计院合同纠纷案中认为：“违约金具有补偿性和惩罚性双重性质……违约金的性质仍以补偿性为主，以填补守约方的损失为主要功能，而不以严厉惩罚违约方为目的。”参见姚明斌：《〈民法典〉违约金规范的体系性发展》，《比较法研究》2021 年第 1 期，第 91 页。

价，违反了对价平衡原则。针对第三个问题，违约金本身并不具备合理的请求权基础，原因在于保险人对投保人代位追偿的保险金本质上是由被保险人即贷款人对投保人即借款人的债权转移而来，违约金的真正请求权基础应当基于此。但是实践中被保险人在基础合同中通常已经约定了相应的违约责任，如果保险人再次约定则是对同一违约行为施加两次惩罚，对投保人不公平。并且，违约金综合保费、利息等已然形成了很高的融资成本，加重了投保人的融资负担，并不合理。

因此，笔者认为，融资性保证保险合同中的违约金条款的效力应予否定，在司法实践中人民法院对保险人诉请的违约金应当不予支持。但是，这并不意味着保险人在此期间内承受的损失无法得到弥补，保险人仍可通过其他方式填补所遭受的资金占用损失。

## 五、违约金条款效力否定后保险人的实务应对

在否定违约金条款的效力后，如何对保险人的权利作出合理安排便成为实务中面临的主要问题。因为，保险人虽然只能在理赔范围内行使代位求偿权，但是如果投保人迟延履行，保险人必然会承受因迟延履行带来的资金占用损失，这部分损失并非由保险人的过错引起，自然不能由其承担。此外，保险人若想诉请赔偿实际资金占用损失，其起算时间关乎损失的实际数额，亦有必要加以讨论明确。保险人固然不能对赔偿的保险金加收违约金，但对实务中多发的投保人欠缴保险费问题，保险人是否有权对此约定迟延履行的违约责任？此亦需要回答。

### （一）保险人可向投保人主张资金占用损失

赔偿性违约金，又称损害赔偿额的预定，是双方当事人预先估计的损害赔偿额。[①]违约金如果是针对迟延履行的约定，只要当事人没有特别表明其属于惩罚性违约金，那么就应当推定为对迟延履行所引发损害的赔偿总额的预定，此时债权人既享有债权履行的请求权，也享有违约金请求权。[②]在融资性保证保险合同中，保险人关于违约金的约定，实际上也是针对投保人迟延履行的损害赔偿额的预定。但是，违约金条款若无效，则意味着这种损害赔偿额的预定失去了意义。具体而言，一方面，赔偿性违约金不要求以过错为成立要件[③]，保险人因此失去了严格责任下免于过错举证的便利；另一方面，违约金条款圈定的赔偿范围将不再具有参考价值，保险人需从实际出发举证损失的范围。换言之，保险人在违约金条款下因简化举证带来的便利性受到了极大的影响。

---

① 韩世远：《合同法总论》（第四版），法律出版社 2018 年版，第 825 页。

② 韩世远：《合同法总论》（第四版），法律出版社 2018 年版，第 836 页。

③ 参见韩世远：《违约金的理论问题——以合同法第 114 条为中心的解释论》，《法学研究》2003 年第 4 期，第 20 页。

然而，这并不意味着保险人相关权利都将消灭，因为保险人仍可“退而求其次”，通过损害赔偿请求权请求投保人赔偿因其迟延履行造成的实际损失。只不过在此项诉请中，保险人需要承担相应的证明责任，提交相关的证据以证明由投保人造成了保险人的实际损失。

资金有时间价值。投保人不支付理赔保险金，保险人的损失每时每刻都在实际发生。即使在资金成本最低的民间借贷中，最高人民法院也规定双方未约定利率，在借款人逾期之日起应该按一倍 LPR 计算资金占用损失。① 相较于民间借贷，保险公司作为金融机构，其融资成本更高，资金占用损失远高于民间借贷。另外，最高人民法院在民法典担保部分司法解释征求意见时也曾明确，“保险人同时请求债务人按保险金支出时一年期贷款市场报价利率计算的保险金占用损失的，人民法院应予支持。保险人请求债务人按照约定支付违约金以及其他费用的，人民法院不予支持”②。

近年来实务判决及观点也多支持资金占用损失。如荣获全国法院系统 2023 年度优秀案例三等奖的中国平安财产保险股份有限公司诉郭某某保证保险合同纠纷案——保证保险合同法律性质及违约金计算标准的确定③，即主张支持保险公司的资金占用损失。2024 年浙江省高院在其提审的一起案件中纠正了原审判决支持违约金的判项，改判仅支持一倍 LPR 的资金占用损失。④ 最高人民法院专委刘贵祥也在《法律适用》发文，指出“保险人理赔后，要求投保人按照同期 LPR 支付资金占用损失，属于合理诉求”⑤。

另一方面，投保人同时作为借款人在保险事故发生前需要就借款向银行支付利息、罚息等，若保险理赔后，其仅需要偿还理赔款甚至利息都不需要付，投保人极易选择成本更低、更有利于自己的违约行为。这不利于合同的稳定性、金融的稳定性，也无形中产生了更多的纠纷、诉讼。这种逆向选择危害更大，也严重违反了“任何人不得从其违法行为中获利”的基本原则。

有关资金占用损失的计算标准，笔者认为，该项损失主要反映的是保险人最少可因该笔保险金的可得利益，同期一倍的 LPR 为基准较为适宜。因为该标准能够准确反映保险人的损失范围，也理应在投保人能够预见的范围之内，对投保人和保险人双方都较为合理。

① 《最高人民法院关于审理民间借贷案件适用法律若干问题的规定》第 28 条第 2 款第 1 项：“既未约定借期内利率，也未约定逾期利率，出借人主张借款人自逾期还款之日起参照当时一年期贷款市场报价利率标准计算的利息承担逾期还款违约责任的，人民法院应予支持”。

② 参见最高人民法院官网，https://www.court.gov.cn/zixun/xiangqing/270021.html。

③ 详见(2023)川 1803 民初 671 号民事判决书。

④ 详见(2023)浙民再 223 号民事判决书。

⑤ 参见刘贵祥：《关于金融民商事审判工作中的理念、机制和法律适用问题》，《法律适用》2023 年第 1 期，第 18 页。

## （二）资金占用损失的起算时间

实践中，保证保险合同通常约定，保险人通知投保人偿还理赔保险金而投保人迟延履行引起违约时，违约金的起算时间应当从保险人向被保险人理赔当日起算，而非保险人通知投保人还款之日或宽展期结束之日。如《中国平安财产保险股份有限公司平安个人借款保证保险合同》特别约定条款所书："保险人理赔后，投保人需向保险人归还全部理赔款项和未付保费，从保险人理赔当日开始超过 30 天，如投保人仍未向保险人归还上述全部款项的，需以尚欠全部款项为基数，从保险人理赔当日开始计算，按每日千分之一向保险人支付违约金。"虽然如前文所述，该违约金条款效力不能得到肯定，但是保险人诉请的资金占用损失的起算时间能否适用该条款的起算时间，即理赔当日？若不可，那么起算时间应当在何时最为合理？

第一，笔者认为资金占用损失的起算时间不能为保险人理赔当日。由以上条款可见，投保人需向保险人偿还理赔款的债务履行期限为 30 天，在合同签订时，双方当事人既已就投保人需于理赔后 30 日内偿还理赔款的义务在意思表示上达成一致。从合同角度而言，投保人债务履行期限已然在订立时确定，投保人享有履行期限内的期限利益。该期间终了后如果投保人仍未履行，自然陷入迟延履行而无须保险人另行催告。[①]但是在这期间内投保人的期限利益是确定的，即便不履行也是权利所容许的范畴。而只有在保险人理赔后的第 31 日，投保人未偿还理赔款则构成迟延履行，违约责任也自此展开。因此，实践中将违约责任的起算时间回溯至理赔当日的做法欠缺合理性。保证保险合同中既然已经赋予了投保人还款的期限利益，却在诉讼中又将违约责任的起算时间回调至履行期限之前，如此做法实际上剥夺了投保人的期限利益，对投保人施加了不合理的负担。所以，只有在经过一定的宽展期或者约定的还款期限后，投保人未履行偿还保险人现行支付的保险金的，才能视为投保人违约。[②]

第二，资金占用损失的起算时间应当从约定的还款期限或宽展期结束后的次日起算。虽然融资性保证保险合同中违约金的相关约定应属无效，但是保险人代位求偿权的行使并不存在障碍，投保人仍需向保险人履行相应的还款义务。在该项义务下，投保人迟延履行的开始时间始于履行期限届满后，即期限利益消失之后。如果没有履行期限或履行期限经过但仍给予一定的宽展期，那就应当在催告后的合理履行期限经过或宽展期经过后的次日，视为投保人迟延履行的开始。也只有在这时，投保人真正失去了期限利益的保护，保险人的权利受到违约行为的侵害，因此资金占用损失应当从此时开始计算。

---

① 参见韩世远：《履行迟延的理论问题》，《清华大学学报(哲学社会科学版)》2002 年第 4 期，第 46 页。

② 参见李慧：《借款保证保险实务问题探究》，《保险研究》2020 年第 12 期，第 117 页。

### （三）迟延缴纳的保费能否适用违约金条款

除了保险人赔偿的保险金，在融资性保证保险合同中一般还会约定，投保人违约后，需要以欠付保费为基数支付相应的违约金。如前文提到的《中国平安财产保险股份有限公司平安个人借款保证保险合同》特别约定条款，其中就约定了若投保人违约，需向保险人赔偿全部理赔款项和未付保费为基数的违约金。以理赔款为基础的违约金的法律效力自无须赘言，以保费为基数的违约金是否应当和前者保持一致？笔者认为，以保费为基数的违约金条款当属有效，应遵从保险人和投保人的约定，必要时可适用司法酌减规则。

一方面，保险费与理赔款不同，保险费不受保险代位权的限制。保险费是保险人与投保人在保险合同中约定的保险人承保风险的对价，保险人在保险事故发生后对被保险人负担的给付义务是给付保险金，二者本无交集。保险人代位求偿权是追回赔付的保险金的权利，保费不是代位求偿权涵盖的范围，因此不受其追偿范围的限制。另一方面，以保险费为基数的违约金请求权的基础是保险合同关系，与以理赔款为基数的违约金有所不同。保险费的请求权基础来源于保险合同中约定的投保人应当给付的对价。保险合同是双务、有偿合同，保险人的主要权利也是投保人的主要义务，只要投保人享受了保险人提供的风险保障服务，就应当给付保险费作为相应的对价。与之相比，以理赔款为基础的违约金，请求权来自保险人的代位权，本质上是基础合同中债权人享有的债权，与保险费有明显不同。

所以，只要保险合同有效，以保险费为基数的违约金条款应当承认其有效性。此项违约金也能够发挥压力功能和补偿功能，更好地保护保险人的合法权利。如果违约金过分高于实际损失，人民法院也可运用自由裁量权予以调整。

### （四）小结

融资性保证保险合同中以理赔款为基数的违约金条款的效力被否定后，保险人并非失去了所有权利救济的手段，还可以请求投保人赔偿因违约造成的实际损失，即资金占用损失，只是在权利行使方面失去了违约金的“免证”便利，需要由保险人承担相应的举证责任。而资金占用损失的起算时间则应当从履行期限届满的次日或宽展期届满后的次日开始起算，而不能以保险人的理赔日开始计算。因为投保人在履行期限内具有期限利益，如果保险人直接将违约时间回溯至理赔日，则忽视了投保人的期限利益，于投保人不公。借款保证保险合同中一般还会约定，在投保人违约后，需要以欠付保费为基数支付相应的违约金，该违约金与前文讨论的违约金不同，其不受保险人代位求偿权范围的限制，请求权基础也是来自保险合同关系中关于保险费的约定，在保险合同有效的情形下，该违约金条款效力亦应得到肯定。

## 六、结 语

融资性保证保险业务近年来在我国有了长足的发展,业务总体保持着较快增长趋势,业务发展潜力巨大。然而,大量融资性保证保险合同纠纷案例显示,融资性保证保险合同的违约金条款审判情况十分混乱,究其原因还是对保证保险和该违约金条款的性质认识不清,要解决实务中的问题就需要对违约金条款的效力进行界定。然而,解决上述问题的前提是要确定保证保险的性质,从而确定规范适用。保证保险的性质有"保证说""保险说"和"二元说"三种,且均有相应的司法实践支撑。文章认为,"保险说"更能反映保证保险的性质,具体而言:第一,我国现行《保险法》明确将保证保险列为与责任保险、信用保险等并列的财产保险险种之一,保险公司也不能经营保证业务;第二,保证保险合同具有投保人、保险人、被保险人三方主体,保证合同只有两方主体;第三,保证保险合同中被保险人的保险利益来源于基础合同中对投保人的债权,具备保险利益要件;第四,保证保险具有独立性,基础合同不成立、无效、被撤销并不影响债权债务关系的存在;第五,保证保险从被保险人和保险人角度出发,均蕴含分散和转移风险的主要目的,是保险合同的典型特征。由此,保证保险应当优先适用《保险法》而非《民法典》担保法律规范。所以,融资性保证保险合同中的违约金条款效力问题可以从三个角度分别论述,一是保险人只得在赔偿的保险金范围内行使代位求偿权,违约金扩张了代位求偿权的行使范围,不符合保险法损失补偿原则的要求;二是保险费必然包含了投保人可能难以偿还保险人代位求偿现行支付的保险金的风险,违约金是保险费之外又一风险的对价,违反了对价平衡原则;三是违约金条款的请求权基础本质上是被保险人即贷款人对投保人即借款人的债权,基础合同中通常已经约定了相应的违约责任,如果保险人再次约定则是对同一违约行为施加两次惩罚,对投保人不公平。因此,应当否定融资性保证保险合同中违约金条款的效力。效力否定后,保险人可以请求投保人赔偿违约造成的资金占用损失,起算时间则应当从履行期限届满的次日或宽展期届满后的次日开始起算。另外,如果保险人需要以欠付保费为基数请求投保人支付相应的违约金,在保险合同有效的情形下,该违约金条款效力应得到肯定。

融资性保证保险合同的违约金纠纷是保证保险合同纠纷中多发的纠纷之一,但是没有相关的司法解释或指导意见出台,实践中针对该争议的审判较为混乱,"同案不同判"的问题显著,不利于司法安定和当事人权利的维护。本文基于案例分析给出此类问题的见解,希望能够对司法实践有所裨益。若想从根源上解决此类问题,还应出台相应的司法解释或指导意见,以统一裁判意见。

# 我国长期护理保险立法研究
## ——以日本介护保险制度为启示

许 扬 冯 锐 倪 承 陆 娟*

[摘 要] 本文以日本介护保险制度为借鉴，探讨我国长期护理保险立法的构建路径。随着人口老龄化加剧，我国亟须建立完善的长期护理保险制度以应对失能老年群体的照护需求。日本自2000年实施《介护保险法》以来，通过扩大覆盖范围、优化资金筹措机制、提升服务质量及动态调整政策，形成了较为成熟的制度体系，其经验对我国具有重要启示。我国长期护理保险制度虽已进入试点深化阶段，但仍存在法律基础薄弱、资金依赖医保基金、保障公平性不足、服务标准碎片化等问题。对此，建议通过单独立法明确制度定位，构建政府、企业与个人共担的多元化筹资渠道，统一失能评估标准并逐步扩大保障对象，同时借鉴日本居家与社区护理结合的模式，丰富服务内容与支付方式，以实现制度的公平性、可持续性与适应性，助力我国社会保障体系完善。

[关键词] 长期护理保险；介护保险；社会保障；立法研究

## 一、引 言

2024年7月21日，党的二十届三中全会审议通过的《中共中央关于进一步全面深化改革 推进中国式现代化的决定》中提出，要积极应对人口老龄化，完善发展养老事业和养老产业政策机制。改善对孤寡、残障失能等特殊困难老年人的服务，加快建立长期护理保险制度。

人口老龄化①已成为全球发展趋势，联合国经社部2024年7月11日发布的《世界人口展望2024》报告中预测，到21世纪80年代中期前，全球65岁及以上人口的数量将达到22亿，超过18岁以下人口的数量。自2001年我国正式进入老龄化社会以来，发

* 许扬，江苏金融监管局；冯锐，扬州金融监管分局；倪承、陆娟，宝应金融监管支局。

① 根据联合国的定义，65岁及以上老年人口比例大于7%低于14%时属老龄化社会；65岁及以上老年人口比例大于14%低于21%时属老龄社会，而65岁及以上老年人口比例大于21%时称为超老龄社会。

展至2023年末,65周岁以上人口飙升至2001年底的2.39倍①,社会老龄化程度不断加深,预计随之而来的老龄人口照护问题将会日渐凸显。因此,为应对我国人口老龄化问题,应通过长期护理保险立法,进一步完善我国社会保障体系。

长期护理保险制度主要是以提供照护保障和经济补偿为主的制度安排,在被保险人日常生活能力丧失、年老生病或身故等情况下给予保障。② 日语中一般用"介护"来表述,日本《介护保险法》第1条的"目的"中将介护定义为:帮助被介护人进行入浴、排泄、饮食等日常行为,在保证被介护人基本生活顺利进行的基础上,尽可能帮助被介护人基本实现生活自理,维持尊严的医疗保健服务。③ 由此可见,"介护"是一种介于"照料"与"护理"之间的服务,"介护"的范围更加广泛,包括为有介护需求的老年人、残疾人等提供预防、医疗、护理、康复以及日常生活照料的援助。

日本作为目前全球老龄化问题最严重的国家,2023年其65岁以上老年人口占总人口比例高达29.1%,再次刷新1971年以来历史最高纪录。日本自2000年实施《介护保险法》以来,经过多次改革,积累了不少经验教训。因此,本文以我国长期护理保险立法研究为角度,对日本《介护保险法》的立法背景、目的与理念、改革历程等方面进行了梳理分析,发现日本通过优化完善相关制度、提升护理服务质量、改善资金来源机制、推动制度可持续化发展等举措来保障介护保险制度的顺利实施。根据上述梳理,结合我国长期护理保险立法现状,分析了我国在立法定位、经费来源、标准等方面存在的问题,并就确定法律地位、拓宽保障范围、完善统一标准等方面提出了具体建议,以期为构建长期护理保险体系提供符合我国国情的参考依据。

## 二、日本《介护保险法》的确立及实施

1997年12月9日,日本政府审议通过了日本《介护保险法》,并于2000年4月开始正式实行,这一法律制度的实施,有效缓解了日本家庭和社会的护理压力,对其应对老龄化挑战、提升养老服务质量具有重要意义。

### (一) 日本《介护保险法》出台背景

#### 1. 人口老龄化问题严峻

日本社会老龄化问题是从20世纪70年代开始的,当时65岁以上的老龄人口占总

---

① 国家统计局数据显示,2001年末,我国65岁及以上人口9 062万人,占总人口比例7.10%;2023年末,65周岁及以上人口21 676万人,占总人口比例15.38%。载https://data.stats.gov.cn/easyquery.htm? cn=C01,2025年3月27日访问。

② 郑新钰:《如何为失能者撑起一片天》,载《中国城市报》(2020年6月1日第21版),载http://paper.people.com.cn/zgcsb/html/2020-06/01/content_1989759.htm,2025年3月27日访问。

③ 日本《介護保険法》(平成九年法律第百二十三号),载https://laws.e-gov.go.jp/law/409AC0000000123,2025年3月27日访问。

人口比例超 7%。截至 2024 年 1 月 1 日，日本 65 岁以上人口占该国人口总数的 28.77%。同时，日本国立社会保障和人口问题研究所在每五年发布一次的预测中表示，到 2050 年，将有 1 080 万老年人独居，占所有家庭的 20.6%。

2. 传统家庭护理弱化

20 世纪 50 年代，日本 80%以上老年人介护为家庭内介护，且护理多由家庭女性来承担。随着社会的发展，进入劳动力市场的女性越来越多，女性进入社会参加工作的比例已由 1968 年的 54%增长至 2022 年的 74%，家庭规模缩小，承担护理责任的能力大幅下降。

3. 医疗系统压力凸显

日本《介护保险法》实施之前，主要是通过老年医疗保障制度来应对老年护理需求，由于社会护理设施的匮乏及居家护理服务的欠缺，众多老年患者在医院结束治疗后，不得不长期滞留医院接受护理服务，即“社会性住院”①，导致医疗保险系统压力上升。

### （二）日本《介护保险法》的创设历程

日本《介护保险法》经历了漫长的创设过程，其起源可以追溯到 20 世纪 60 年代，为了应对人口老龄化问题，日本政府积极探索一系列政策并试行，如《老人福祉法》、《老人保健法》、“黄金计划”等都是日本在老年人护理方面的尝试（见表 1），为日本出台《介护保险法》奠定了基础。

**表 1　日本《介护保险法》创设进程**

| 时间 | 主要标志 | 重要措施 |
|---|---|---|
| 1963 年 | 《老人福祉法》 | 日本第一部关于老年产业的法律；建立老人福利院；家庭护理师法制化。 |
| 1982 年 | 《老人保健法》 | 解决社会性住院问题；提出“40 岁保健，70 岁医疗”。 |
| 1986 年 | 黄金计划 | 鼓励民间参与修建特别养老院等养老机构。 |
| 1999 年 | 黄金计划 21 | 服务认知症老人，如疾病控制、生活支持。 |
| 2000 年 | 《介护保险法》 | 老年医疗保健、康复、护理等法制化。 |

日本《介护保险法》从 1997 年开始拟制，2000 年 4 月正式实施，主要经历了四个阶段：探索阶段（1997—2000 年）：日本政府通过调研研讨、征求意见等方式探索介护保险的可行性，为该法出台奠定基础。试点阶段（2000—2005 年）：日本政府于 2000 年开始在部分地区进行介护保险试点工作，通过专业的服务为老年人提供全方位的介护服务。

① 张瑾：《日本介护保险制度分析和启示（一）》，载中宏网研究报告 2021 年 10 月 9 日，https://www.zhonghongwang.com/show-278-218386-1.html。

综合实施阶段(2005—2007年):经过试点过渡,日本政府于2005年正式全面推行介护保险,覆盖全国老年人。动态改革阶段(2007年至今):在介护保险制度全面实施后,日本政府根据人口结构、护理需求、财政负担等变化进行动态调整。

### (三)日本《介护保险法》目的与理念

日本《介护保险法》的目的:该法规定"要根据其现有的能力尽量使其能够生活自理,并为其提供相关必要的保健医疗服务及福利服务(第1条,目的)。"简言之,要把医疗保险和介护保险结合起来,实现被介护者生活自理。当被介护者出现生活自理困难时,特别是对不能按自己意愿生活的被介护者来说,对被介护者的生活援助,维护其做人的基本尊严,即介护应有的目的。

日本《介护保险法》的理念:该法规定"以国民共同团结理念为基础(第1条)","日本国民在共同团结理念基础上,公平地承担介护保险业务所需的费用(第4条:国民的付出和义务),"以国家共同团结的理念为基础,以国家共同团结的利益为基础,为介护保险业务提供必要费用"。同时介护保险制度概要中提出了"自立支援、保健医疗服务、社会保险方式相结合"的基本理念。①

### (四)日本《介护保险法》的法律主体

1. 主管机关

日本的介护保险是由政府主导的社会保险制度,由国家、都道府县(行政级别相当于中国的省级)、市町村(行政级别相当于中国的区县级)三级政府负责。

厚生劳动省中设置老健局作为直接主管部门,负责指导全国都、道、府、县及市町村各层级,主要职责是提出政策咨询,制定护理服务整体性规划、相关建议,推动制度实施等,为社会团体和被保险者营造有利于制度实施的政策环境。地方主管部门包括都、道、府和县,负责指导市町村层面具体执行介护保险制度,并提供与政策相关的咨询服务;负责制定城市、乡镇政府及县级护理保险事业的总体规划,并为社会各界创造有利于制度实施的基础条件等。

2. 参保主体

保险者,即保险事业的经营责任人。该法规定"由市町村及特别区实施介护保险,同时负责介护保险的收入及支出,并按规定设置专职会计(第3条)"。介护保险的保险主体是市町村和特别区,市町村负责保险金的支付、征收,被保险人的申请手续办理以及被保险人介护服务项目给付核定等。

被保险者,即介护保险的参保对象,指保险申请人。该法指出"居住在市町村内的

① 参见厚生劳动省:《介护保险制度概要》,载 https://www.mhlw.go.jp/content/000801559.pdf,2025年3月27日访问。

65 岁以上的投保人为第一号被保险人，年满 40 岁不满 65 岁的投保人为第二号被保险人(第 9 条)”。也就是说，介护保险的参保者为 40 岁以上的国民，参保者在交付保险金的同时，在符合条件的情况下也可以享受保险制度提供的保险费。

在参保人中，65 周岁以上为 1 号被保险者，因卧床、痴呆或穿衣、家务等日常生活困难需要提供支援的，可以申请介护保险服务；年龄为 40 周岁以上 65 周岁以下的为 2 号被保险者，此年龄段的投保人虽未达到享受介护保险的年纪，但因年龄老化(特定疾病 16 种)①所致疾病如(肌萎缩性侧索硬化症、痴呆症、脑血管疾病)等而需要支援护理时，可以享受介护保险服务。

3. 服务提供(服务类型、服务程序)

服务类型：介护保险服务主要分为居家介护服务和设施介护服务两大类。关于居家介护服务，《介护保险法》第 8 条规定，“居家服务是指由服务提供者上门提供介护、入浴、护理、康复医疗、居家疗养指导、日间介护、日间康复诊疗、短期入所生活介护、短期入所疗养介护、特定设施入居者生活介护”②。与居家介护服务相比，设施介护服务是为长期住在介护保险机构的被照护者提供服务，主要有特别养护老人院、老人福祉设施、老人保健设施、疗养型医疗设施等(见表 2)。特别养老院与老人福祉设施主要是对被介护者的生活起居进行护理，并训练其身体功能，老人保健设施和疗养医疗设施主要侧重于专业医疗护理管理。

**表 2　介护设施概要**

| 介护设施 | 设施数 | 利用者数 | 特色 |
|---|---|---|---|
| 特别养老院 | 约 8 000 所 | 约 69 万人 | 为需要护理的低收入老年人准备的生活设施。 |
| 门诊护理(日间服务) | 约 24 000 所 | 约 160 万人 | 从家里接送去日间服务中心，进行功能训练、吃饭、洗澡等。 |
| 上门护理 | 约 33 000 所 | 约 145 万人 | 护理专员到用户家中提供身体护理或生活援助。 |

数据来源：根据厚生劳动省介护保险制度概要整理

服务程序：当自己或家人需要介护服务时，可向市町村等单位(保险人)提出申请；市町村行政机关委派调查员到被保险人家中开展实地调查，调查员将调查结果反馈给介护认定审查委员会；护理审查委员会根据国家标准对调查报告进行审核，做出判定，判定结果 30 个工作日内通知申请人，认定结果分为 8 档：需要支援 1—2、需要护理 1—5 及不符合；进行护理服务时，护理专员要结合本人及家属需求、身心状态等

① 厚生劳动省：《介护事业所介护保险解说》，载 https://www.kaigokensaku.mhlw.go.jp/commentary/about.html，2025 年 3 月 27 日访问。

② 参见日本《介護保险法》(平成九年法律第百二十三号)，载 https://laws.e-gov.go.jp/law/409AC0000000123，2025 年 3 月 27 日访问。

实际情况制定护理服务计划书；根据护理服务计划，与护理服务事务所签订合同，开始服务。

4. 保险资金筹集与使用（国家财政、社会保险缴纳、个人自付）

日本《介护保险法》规定，介护保险是社会保障制度，以“国民共同连带”为理念，主要由政府、用人单位和个人共同负担所需资金。其中：中央和地方政府筹集税金，中央政府、都道府县和市町村三级的承担比例为 2∶1∶1，即公费 50%（国家 25%、都道府县 12.5%、市町村 12.5%）；保险金 50%，由参保个人缴纳，保险金按照人口比例、收入原则分别计算。第 1 号被保险人（65 岁以上的老年人）承担 18%，第 2 号被保险人（40—64 岁的参保人）承担 32%。

### （五）日本《介护保险法》的动态改革

虽然日本政府不断完善医疗介护体系，但随着时间的推移，由于家庭少子化、人口老龄化进程不断深入，制度实施的财政压力凸显、护理供需矛盾等问题逐渐暴露。为了解决这些问题，日本政府不得不扩展思路，从完善法律、改善就业环境、引进海外人才以及加强官民合作等多个方面，加大介护保险改革的力度，旨在提升服务效率、提高服务质量、降低财政压力。

自 2000 年 4 月实施以来，日本《介护保险法》分别于 2005 年、2008 年、2011 年、2014 年、2017 年、2021 年进行了修订，至今已修订了 6 次，基本做到了 3 年一次动态调整（见表 3）。

**表 3 日本《介护保险法》改革背景及具体内容**

| 时间 | 改革背景 | 改革内容 |
| --- | --- | --- |
| 2005 年 | 1. 老年人轻度护理需求上升；<br>2. 高龄阿尔茨海默病患者人数增加；<br>3. 独居老年人增加。 | 1. 建立划分护理等级的新型介护和护理预防制度；<br>2. 成立地区综合援助中心；<br>3. 满足高龄老人护理需求。 |
| 2008 年 | 1. 介护护理从业人员不稳定；<br>2. 护理专员发生不正当事件；<br>3. 日本规模最大的民间介护公司因违法经营倒闭。 | 1. 改善护理专员待遇；<br>2. 完善介护服务机构、从业人员政府监管措施；<br>3. 建立长期介护服务供给方业务管理制度。 |
| 2011 年 | 1. 重度护理需求的老年人大幅增加；<br>2. 享受介护服务的老年人是 2000 年的 3 倍。 | 1. 建立地区性综合介护体系，丰富介护服务内容；<br>2. 提供 24 小时定期巡逻和临时介护服务；<br>3. 再次提高护理专员薪酬。 |
| 2014 年 | 1. 老龄化问题日益严峻；<br>2. 介护保险费用支出不断上涨。 | 1. 增设特别养护老人院入院条件，降低介护保险费用；<br>2. 提高高收入人群自身保险缴纳比例；<br>3. 设立新基金，加大医疗、养老合作力度。 |

**续　表**

| 时间 | 改革背景 | 改革内容 |
| --- | --- | --- |
| 2017 年 | 1. 护理理念由机构养老向自立援助转变；<br>2. 护理需求结构发生变化。 | 1. 推动实现地域共生社会，构建老年人与残疾人均可享受服务的"共生型护理服务机构"；<br>2. 通过强化保险公司的职能，推进支持自力更生和防止恶化的举措；<br>3. 设立新的介护保险设施：长期护理医疗诊所。 |
| 2021 年 | 1. 实现费用负担的公平性；<br>2. 控制人均护理费用。 | 1. 提高高额护理服务费的上限额度，根据年收入来决定不同梯度的上限额度；<br>2. 强化护理人员保障及提高业务效率；<br>3. 促进医疗和护理数据基础设施的开发。 |

### （六）日本《介护保险法》实践与变迁

1. 制度的优化与完善

一是扩大覆盖范围。将更多的人群纳入介护保险的覆盖范围，确保所有需要的人都能获得相应的保障。截至 2024 年 4 月，日本介护保险第 1 号被保险人申请人数达 3 591万，受惠人达 710.1 万，受惠比例达 19.79%。而在 2000 年 4 月末，这三项数值分别为 2 165 万人、218 万人和 10.07%。① 二是完善缴费方式。为满足不同人群的需要，允许被保险人选择适合自己的支付方式。根据护理需求和严重程度，提供不同的支付方式和标准，使支付更加合理和公平。同时加大对特殊人群、困难群体的倾斜力度，实现费用负担的可及性与公平性。具体表现为：个人所得超过 160 万日元（含）的高收入人群，个人所承担的费用由 10%提高到 20%。在 2017 年第五次改革时，按收入调整被保险者的自费比例，并将自费比例由最高 20%提高至 30%。

2. 护理服务质量提升

一是保障专业护理人才。根据日本《介护保险法》，专业护理人员在介护保险服务领域不可或缺，为护理人员提供专业培训，提高他们的技能和服务质量。二是建立服务评价机制。建立护理服务质量评价机制，保障服务质量和效率。三是提供多元化的服务。按照被保险人的需求及偏好，提供包括家庭护理、社区护理及机构护理在内的多样化服务。四是护理人员待遇改善。日本《介护保险法》规定，专业护理人员工资水平以不逊色于其他产业的工资水平为目标，总额 2 000 亿日元（年）。

3. 资金筹措来源机制

一是公平的费用分担。建立公平合理的费用分担机制，保障参保人员与政府支出的分担比例。二是改进支付方式。按护理需求和严重程度，采取不同的费用支付方式

① 参见《厚生劳动省介护保险事业状况报告月报试行版》，载 https://www.mhlw.go.jp/topics/0103/tp0329-1.html，2025 年 3 月 27 日访问。

和标准,确保费用支付的合理性。第 1 号被保险人的护理费用缴纳比例从 17%提高至 22%;第 2 号被保险人的护理费用缴纳比例从 33%降为 28%。三是控制成本。通过优化服务流程、提高效率、降低成本等措施,控制介护保险的费用。四是设立最高支付限额。为防止过度使用和浪费,设立最高支付限额,确保费用的合理使用。从 2021 年 8 月起提高高额护理服务费的上限额度。在 2021 年 7 月之前,高额护理服务费的个人负担上限为 44 400 日元,但之后这一政策变更为根据年收入来决定不同梯度的上限额,最高可达 140 100 日元。

4. 制度的可持续发展

一是适应社会变化。根据社会经济和人口结构的变化适时调整政策,确保制度的可持续性。最新数据显示,日本 15 岁以下人口占 11.4%,创历史新低,而 65 岁以上人口占 29.1%,创历史新高;75 岁以上人口由 2000 年 901 万增长至 2024 年 2 007.8 万,突破 2 000 万,预计 2030 年将达 2 288 万。二是引入市场机制。通过市场竞争机制,鼓励更多民营企业参与介护服务。三是加强国际合作。借鉴国际经验,与各国开展国际合作,推动长期护理保险制度创新发展。

## 三、我国长期护理保险制度立法现状

作为社会保障体系的重要补充,长期护理保险制度在我国已被明确为继养老、医疗、失业、工伤及生育保险之后的第六大社会性保障项目,其核心目标是为因年龄增长、疾病或伤残导致生活无法自理的群体提供经济补偿与专业护理支持,是应对人口老龄化问题的战略性制度设计。以下从立法脉络、立法统筹及立法现状三方面展开分析。

### (一) 立法脉络

以日本介护制度立法阶段为参考,我国长期护理保险制度立法发展,具体可分为三个阶段:

制度探索期(2006—2016 年):我国长期护理保险制度的雏形可追溯至 2006 年,当年 12 月,国务院办公厅印发《人口发展"十一五"和 2020 年规划》,首次在政策层面提出"探索建立老年服务志愿者、照顾储蓄、长期护理保险等社会化服务制度"的构想。随后十年间,国家陆续出台关于医养结合、养老服务业的政策文件,如《关于加快发展养老服务业的若干意见》(2013 年)、《关于推进医疗卫生与养老服务相结合的指导意见》(2015 年)等一系列政策文件,为长期护理保险制度的建立奠定了政策基础。2015 年 10 月,党的十八届五中全会提出"探索建立长期护理保险制度"。

试点推进期(2016—2020 年):2016 年是我国长期护理保险制度发展的关键转折点。当年 3 月,国家"十三五"规划(2016—2020 年)中明确提出要"探索建立长期护理保险制度,开展长期护理保险试点"。同年 6 月,人社部印发《关于开展长期护理保险制度试点的指导意见》①，宣布在全国15个城市进行长期护理保险试点工作，其中吉林和山东两省作为国家试点的重点联系省份。2019年，十三届全国人大二次会议国务院政府工作报告明确指出，要扩大长期护理保险制度试点。2020年，国家医保局、财政部发布《关于扩大长期护理保险制度试点的指导意见》②，在总结前期试点经验的基础上新增试点城市名单，进一步扩大试点范围，探索适合中国国情的长期护理保险制度框架。至此，全国范围内，共49个地区成为长期护理保险制度试点。

**表4 我国长期护理保险制度试点城市名单**

| 序号 | 省份(直辖市、兵团) | 试点城市 |
| --- | --- | --- |
| 一、原有试点城市(括号部分为重点联系省份扩大城市) | | |
| 1 | 河北省 | 承德市 |
| 2 | 吉林省 | 长春市(吉林市、通化市、松原市、梅河口市、珲春市) |
| 3 | 黑龙江省 | 齐齐哈尔市 |
| 4 | 上海市 | 上海市 |
| 5 | 江苏省 | 南通市、苏州市 |
| 6 | 浙江省 | 宁波市 |
| 7 | 安徽省 | 安庆市 |
| 8 | 江西省 | 上饶市 |
| 9 | 山东省 | 青岛市(济南市、淄博市、枣庄市、东营市、烟台市、潍坊市、济宁市、泰安市、威海市、日照市、临沂市、德州市、聊城市、滨州市、菏泽市) |
| 10 | 湖北省 | 荆门市 |
| 11 | 广东省 | 广州市 |
| 12 | 重庆市 | 重庆市 |
| 13 | 四川省 | 成都市 |
| 14 | 新疆生产建设兵团 | 石河子市 |
| 二、新增试点城市 | | |

① 参见《人力资源社会保障部办公厅关于开展长期护理保险制度试点的指导意见》(人社厅发〔2016〕80号)，载中华人民共和国中央人民政府网站2016年7月8日，https://www.gov.cn/xinwen/2016-07/08/content_5089283.htm 。

② 参见《国家医保局 财政部关于扩大长期护理保险制度试点的指导意见》(医保发〔2020〕37号)，载中华人民共和国中央人民政府网站2020年11月5日，https://www.gov.cn/zhengce/zhengceku/2020-11/05/content_5557630.htm。

**续 表**

| 序号 | 省份(直辖市、兵团) | 试点城市 |
|---|---|---|
| 1 | 北京市 | 石景山区 |
| 2 | 天津市 | 天津市 |
| 3 | 山西省 | 晋城市 |
| 4 | 内蒙古自治区 | 呼和浩特市 |
| 5 | 辽宁省 | 盘锦市 |
| 6 | 福建省 | 福州市 |
| 7 | 河南省 | 开封市 |
| 8 | 湖南省 | 湘潭市 |
| 9 | 广西壮族自治区 | 南宁市 |
| 10 | 贵州省 | 黔西南布依族苗族自治州 |
| 11 | 云南省 | 昆明市 |
| 12 | 陕西省 | 汉中市 |
| 13 | 甘肃省 | 甘南藏族自治州 |
| 14 | 新疆维吾尔自治区 | 乌鲁木齐市 |

规范发展期(2020—至今):进入“十四五”时期,长期护理保险制度建设进入提质增效阶段。2021年3月,国家“十四五”规划(2021—2025年)进一步提出“稳步建立长期护理保险制度”,并配套制定了护理型人才培养、养老机构床位供给等具体措施。2022年10月,党的二十大首次将“建立长期护理保险制度”写入党的代表大会报告,体现了党中央对该项工作的高度重视。2024年7月,党的二十届三中全会审议通过的《中共中央关于进一步全面深化改革 推进中国式现代化的决定》①提出“积极应对人口老龄化,完善发展养老事业和养老产业政策机制”,强调要“改善对孤寡、残障失能等特殊困难老年人的服务,加快建立长期护理保险制度”。2024年7月25日,国家医保局发布《2023年全国医疗保障事业发展统计公报》。② 公报显示,2023年,49个试点城市参加长期护理保险人数共18 330.87万人,享受待遇人数134.29万人。2023年基金收入243.63亿元,基金支出118.56亿元。定点服务机构数量增长至8 080家,专业护理人员队伍扩大至30.28万人。

① 参见《中共中央关于进一步全面深化改革 推进中国式现代化的决定》(2024年7月18日中国共产党第二十届中央委员会第三次全体会议通过),载中华人民共和国中央人民政府网站2024年7月21日,https://www.gov.cn/zhengce/202407/content_6963770.htm。

② 参见《2023年全国医疗保障事业发展统计公报》,载中华人民共和国中央人民政府网站2024年7月26日,https://www.gov.cn/lianbo/bumen/202407/content_6964551.htm。

## （二）立法统筹

我国在长期护理保险制度的探索实践、试点运行及体系完善过程中，形成了多层级协同推进、权责主体合理划分、区域差异化施策与全局资源统筹相结合的推进策略。在服务供给方面，鼓励各类医疗机构、养老服务机构开展长期护理服务，形成了医疗机构、养老机构、社区组织等多方参与的服务网络。截至 2023 年底，全国长期护理保险定点服务机构数量已达 8 080 家。[①] 商业保险机构在经办服务中发挥着重要作用。2021 年，中国银保监会办公厅印发《关于规范保险公司参与长期护理保险制度试点服务的通知》（银保监办发〔2021〕26 号），对保险公司参与经办服务进行规范。据统计，截至 2022 年底，共有 31 家保险公司参与试点地区经办服务。在标准化体系建设方面，2021 年国家医保局办公室、民政部办公厅印发了《长期护理失能等级评估标准（试行）》，2023 年国家医保局、财政部印发了《长期护理保险失能等级评估管理办法（试行）》，2024 年国家医保局又印发了《长期护理保险失能等级评估机构定点管理办法（试行）》，这些文件构建了从评估标准到机构管理的完整规范体系，为制度运行提供了技术支撑，促进行业有序发展。在从业人员发展方面，2023 年长期护理服务人员已达 30.28 万人。2024 年人社部办公厅、国家医保局办公室印发了《关于颁布健康照护师（长期照护师）国家职业标准的通知》，规范从业者的工作领域、工作内容、技能水平等，引导职业教育培训方向。同时，各试点城市也根据本地实际情况和承受能力出台了相应的配套政策。

## （三）立法现状

基于日本介护制度研究成果，本文研究围绕参保主体、资金渠道及标准、保障范围、待遇给付方式以及服务内容与形式五个维度，对当前多个试点区域的长期护理保险立法政策开展差异化对比分析。尽管当前试点范围已扩展至 49 个城市，但鉴于法律政策可获取性及试点区域发展成熟度的考量，本研究选取以吉林省和山东省为省级单位代表的 15 个首批试点区域作为分析样本。

### 1. 参保主体

参保主体主要可分为三大类：一是参加城镇职工基本医疗保险的参保人员；二是参加城乡居民基本医疗保险的参保人员；三是参加职工基本医疗保险和居民基本医疗保险的参保人员，即覆盖医保参保者全部人群（具体分类见下表，下同）。

---

① 参见《2023 年全国医疗保障事业发展统计公报》，载中华人民共和国中央人民政府网站 2024 年 7 月 26 日，https://www.gov.cn/lianbo/bumen/202407/content_6964551.htm。

**表 5　我国长期护理保险试点地区参保对象比较**

| 试点地区 | 参保对象 | 备注 |
| --- | --- | --- |
| 承德市、齐齐哈尔市、宁波市、安庆市、山东省、广州市、重庆市 | 参加城镇职工基本医疗保险的参保人员 | |
| 成都市 | 参加城乡居民基本医疗保险的参保人员 | |
| 南通市、苏州市、上饶市、上海市、荆门市、石河子市、吉林省 | 参加职工基本医疗保险和居民基本医疗保险的参保人员 | 上海市附加城乡居民基本医疗保险人员达到 60 岁的条件 |

资料来源：各地政府网站等渠道公布的长期护理保险实施政策整理汇总，下同

2. 资金渠道及标准

基于区域经济发展水平的差异性，我国长期护理保险的资金来源与筹资标准呈现分散化特征，尚未形成全国统一的筹资规范。具体而言，资金构成可分为两种典型模式：

第一，单一来源模式。该模式以医疗保险制度框架内的统筹基金划拨为主要支撑，完全依托既有医保体系实现资金归集。

第二，多元渠道筹集。此类模式突破医保制度边界，整合财政补贴、社会捐赠、福彩公益金等外部资金渠道。例如，齐齐哈尔市与重庆市构建"医保统筹账户 + 个人缴费"双轨筹资体系；承德市、南通市等地则形成"医保基金 + 个人缴费 + 财政补贴"三维筹资架构。

就筹资标准维度而言，试点区域可归纳为三类实施路径：

第一种定额筹资制：以固定金额确定年度筹资标准，区间分布于 30—150 元/人，以南通市、安庆市、上饶市等 8 个城市为代表。第二种按比例标准筹资制：依据参保人员收入或医保基数按比例征收，典型城市有承德市、山东省、荆门市等。第三种混合筹资制：吉林省创新性实施差异化标准，城镇职工医保按比例征收，城乡居民医保则实行定额缴费，两类群体分类施策。此外，部分试点地区建立动态调节机制，根据基金收支平衡情况灵活调整筹资标准。

**表 6　我国长期护理保险试点地区资金渠道及标准比较**

| 试点地区 | 资金渠道 | 资金筹集标准 |
| --- | --- | --- |
| 广州市、宁波市 | 医保统筹基金 | |
| 齐齐哈尔市、重庆市 | 医保统筹基金、个人缴费 | |
| 承德市、南通市、荆门市、苏州市 | 医保统筹基金、个人缴费、财政补助 | |

**续 表**

| 试点地区 | 资金渠道 | 资金筹集标准 |
| --- | --- | --- |
| 安庆市、成都市 | 医保统筹基金、个人缴费、财政补助、社会捐助 | |
| 吉林省、上饶市 | 医保统筹基金、个人缴费、单位缴费、财政补助、社会捐助 | |
| 山东省 | 医保统筹基金、个人缴费、单位缴费、财政补贴、福彩公益金 | |
| 石河子市 | 医保统筹基金、个人缴费、单位缴费、财政补贴、福彩公益金 | |
| 上海市 | 第一类人员:单位缴费+个人缴费<br>第二类人员:个人缴费+财政补贴 | |
| 南通市、安庆市、上饶市、齐齐哈尔市、重庆市、广州市、苏州市、石河子市 | | 按定额标准筹资 |
| 承德市、山东省、荆门市、上海市、宁波市、成都市 | | 按比例标准筹资 |
| 吉林省 | | 定额标准和比例标准相结合 |

3. 保障范围

我国长期护理保险制度自试点启动以来，始终聚焦于年老、疾病或伤残导致生活功能障碍的参保群体，其保障对象界定以功能障碍程度为核心评价标准。各试点区域在具体政策设计中呈现差异化特征，主要形成三类实施路径：

功能等级导向型。多数试点地区以重度功能障碍作为主要准入条件，吉林省拓展保障范围，将失智症患者及长期中度功能障碍的困难群体纳入覆盖范围，突破传统仅覆盖“因年老、病残致完全失能”参保人的限制。

评估流程规范型。以齐齐哈尔、安庆等 8 个试点城市为代表，建立严格的功能障碍认定机制，明确要求参保人需满足“持续卧床或经 6 个月以上治疗、丧失自理能力超过 6 个月、通过专业评估”三重条件方可享受待遇，强化制度实施的精准性。

区域特色适配型。部分地区结合经济社会发展水平细化准入规则，如上海市设定四项复合标准(年龄下限、参保类型、养老金申领状态及专业评估结果)，苏州市则将参与社会基本医疗保险作为前置条件，构建起与本地保障体系相衔接的门槛机制。这种差异化设计既体现制度弹性，也折射出我国社会保障体系多层次发展的现实需求。

**表 7　我国长期护理保险试点地区保障对象比较**

| 试点地区 | 保障对象 |
| --- | --- |
| 山东省、荆门市、石河子市、宁波市 | 长期处于失能状态的参保人员 |
| 齐齐哈尔市、安庆市、上饶市、广州市、重庆市、成都市、南通市、承德市 | 经过不少于 6 个月的治疗以及失能鉴定后需要长期护理的失能参保人员 |
| 吉林省 | 长期处于失能、失智状态的参保人员 |
| 上海市 | (1) 年满 60 周岁及以上；<br>(2) 参加本市职工医保或居民医保；<br>(3) 参加本市职工医保的人员，还需按照规定办理申领基本养老金手续；<br>(4) 经老年照护统一需求评估，失能程度达到评估等级二至六级，且在评估有效期内的参保人员。 |
| 苏州市 | 参加社会基本医疗保险，具备社会基本医疗保险待遇资格，且参加长期护理保险的参保人员 |

4. 待遇给付方式

我国长期护理保险的待遇给付机制呈现显著的区域性特征，各地政策设计形成“服务供给为主、现金补偿为辅”的双轨模式。基于支付方式的差异性，可归纳为四类典型实施路径：固定金额给付制、比例分担式支付、混合型支付体系、失能程度分级给付制。

**表 8　我国长期护理保险试点地区待遇支付比较**

| 试点地区 | 待遇支付 | 备注 |
| --- | --- | --- |
| 南通市、安庆市、苏州市、上饶市、承德市、宁波市、重庆市 | 固定金额给付制 | 按固定金额支付，又可以根据服务形式进行划分，机构护理与居家护理采用不同的标准。一般情况下，居家护理的待遇支付低于机构护理。如安庆市规定居家长期护理支付标准为 15 元/天，参加医疗机构护理按 60 元/天的标准结算，参加养老服务机构长期护理的按照 50 元/天给付 |
| 吉林省、齐齐哈尔市、荆门市、上海市、广州市 | 比例分担式支付 | 规定了长期护理保险基金和个人自付的具体比例，其中，吉林省的护理费用实行限额管理，按照重度失能程度，分档次按比例进行支付 |
| 石河子市、山东省 | 混合型支付体系 | 石河子市设定了最高限额 |
| 成都市 | 失能程度分级给付制 | |

5. 服务内容与形式

我国长期护理保险的服务供给体系呈现多维覆盖特征，其服务内容主要包含五大功能模块：①

(1) 日常生活支持服务。

覆盖个人卫生维护(沐浴、口腔清洁等)、起居协助(如厕辅助、体位转换等基础照护)，上海、苏州等地区还将日常活动协助(购物代办、外出陪护)纳入服务清单。

(2) 医疗辅助服务。

提供导尿护理、生命体征监测(血压/血糖检测)、药物管理(用药提醒与协助)等临床技术支持。

(3) 健康预防干预。

通过定期健康评估、跌倒预防指导等服务降低失能风险。

(4) 功能康复训练。

涵盖肢体运动康复、认知功能训练等专业化恢复性服务。

(5) 心理支持服务。

为失能群体及其家属提供心理咨询、社会适应指导等精神关怀。

在服务供给模式方面，形成两类典型架构：

复合型服务网络：12个试点区域构建"机构专业护理+居家社区服务"协同体系，通过养老机构、社区服务中心与家庭场景的联动实现服务全覆盖。

定点机构主导模式：南通等3个城市采取定点医疗机构集中供给模式，依托专业医疗资源提供标准化护理服务。这种差异化布局既体现了服务可及性的提升路径，也反映出我国医养结合模式的多元化探索。

**表9 我国长期护理保险试点地区服务形式比较**

| 试点地区 | 服务形式 |
|---|---|
| 承德市、齐齐哈尔市、上海市、苏州市、安庆市、上饶市、山东省、荆门市、广州市、重庆市、成都市、石河子市 | 机构护理(医疗机构护理、养老机构护理)、居家社区服务 |
| 南通市、吉林省、宁波市 | 定点机构 |

① 根据现有资料整理。

## 四、我国长期护理保险制度立法构建的问题与启示

### （一）立法存在的问题

#### 1. 法律基础薄弱

我国长期护理保险试点区域推行的实施办法与实施细则，虽以国家层面指导意见为政策依据，但本质上仍属于地方行政规范性文件体系。这种制度载体存在法律效力层级不足的显著缺陷，而长期护理保险制度涉及城镇职工医保、城乡居民医保等社会保障体系的系统性整合，关乎全民福祉与代际公平，其制度运行需直面三大核心问题：待遇给付的普惠性平衡、经办服务的标准化管理及保险基金的风险防控机制。若实现全国性制度推广，亟须通过立法程序构建具有强制约束力的法律保障体系。

在制度属性界定层面，学界存在两种代表性观点：

独立险种论：主张长期护理保险具有区别于医疗保险的独立保障功能，应参照养老、医疗等险种进行专项立法。① 其核心依据在于长期护理服务聚焦"失能照护"而非"疾病治疗"，资金运行需独立核算以避免挤占基本医疗资源。

附属险种论：强调社会保障体系的整合性，认为可通过修订《社会保险法》将长期护理保险纳入医疗保险框架，作为应对老龄化风险的补充性制度安排。② 该观点着眼于降低制度创设成本，利用现有医保管理体系实现快速覆盖。

两种路径的争议本质上反映出我国社会保障立法"体系化构建"与"渐进式改革"的价值取向博弈，需通过立法评估机制平衡制度独立性与体系协同性。

#### 2. 资金筹集渠道可持续性不佳

梳理试点地区的资金来源与资金筹集标准（详见表 6），各试点地区资金筹集模式各异，主要来源是医保统筹基金、个人缴费、单位缴费、财政补助的结合。约六成试点区域仍以医保统筹基金作为核心筹资渠道，个人与单位缴费贡献度普遍低于 20%，地方财政补贴机制尚未形成稳定投入预期。这种结构性失衡暴露出两个深层次问题：其一，制度功能定位偏差。长期护理保险本质上属于"失能风险分担机制"，其服务核心应聚焦生活照护与功能维持，而非疾病治疗。现行过度依赖医保基金的筹资模式，易导致资金被医疗化服务挤占。其二，主体责任划分模糊。现有筹资结构中政府、企业、个人三方责任边界不清晰，特别是中央与地方财政分担比例缺乏法定依据。这种权责错配导

① 黄亚德：《我国老年人长期护理保险法律问题研究》，西北大学 2019 年硕士学位论文，第 25 页。

② 刘欢：《中国长期护理社会保险制度的功能定位、价值理念与实施路径》，载《求实》2021 年第 1 期，第 48 页。

致部分试点区域出现“筹资责任下移、支付压力上行”的治理困境。

3. 保障公平性不足

我国长期护理保险制度在参保主体界定与保障范围设计方面存在双重制度性缺陷，具体表现为：

第一，参保主体泛化引发的制度碎片化。首先，当前试点政策虽以职工医保参保群体为制度起点，但在实践层面形成三类差异化准入标准（见表5）：

（1）职业身份型准入：72%试点城市限定参保对象为城镇职工医保群体，形成制度覆盖的“职业壁垒”。

（2）户籍身份型准入：15%试点区域突破制度限制，将城乡居民医保参保人员纳入覆盖范围。

（3）复合条件型准入：13%城市增设年龄（≥60岁）、养老金申领状态等附加条件。

其次，保障范围方面存在制度冲突。将重度残疾人纳入长期护理保险的保障范围，这与重度残疾人护理补贴制度相重叠。2014年，财政部、民政部、全国老龄工作委员会办公室印发《关于建立健全经济困难的高龄、失能等老年人补贴制度的通知》，2015年，国务院印发《关于全面建立困难残疾人生活补贴和重度残疾人护理补贴制度的意见》等，这些制度意见针对的人群与长期护理保险中一些经济困难的失能的老年人群体相重叠。

第二，制度叠床架屋导致的政策效能损耗。在保障范围维度上，长期护理保险与既有社会保障体系存在三重制度冲突：

（1）对象覆盖重叠。将重度残疾人纳入护理保险保障范畴，与2015年国务院《关于全面建立困难残疾人生活补贴和重度残疾人护理补贴制度的意见》形成双重给付，诱发“福利依赖陷阱”。

（2）资金渠道交叉。经济困难失能老年人同时符合民政部门“高龄失能补贴”与护理保险给付条件，导致财政资金重复配置。

（3）服务供给重复。基础生活照护项目与社区居家养老服务内容重合度较高，造成有限护理资源的低效耗散。

（4）待遇支付和服务标准参差不齐。通过梳理各试点地区的相关政策，同时结合表8、表9，各地区待遇支付方式和服务标准差异性较大。大致包含三种服务类型：医疗机构护理、养老机构护理和居家护理，有条件的试点地区已经增加社区护理等形式。待遇支付方式不同，同一失能等级的人员享受到的待遇就会出现很大差别。同时，就目前来看，现金给付与服务给付是我国长期护理服务的两种主要实现形式。

日本介护保险改革经验表明，标准化给付框架与弹性化区域调整的结合，是平衡制度公平性与地方适应性的有效策略。①

## （二）立法构建的启示

### 1. 确立长期护理保险制度的法律地位

日本通过构建以《介护保险法》为核心的制度框架，形成"定期法律修订（每三年一次）—配套制度更新—服务标准迭代"的动态优化机制，其立法体系以权利义务法定化、筹资责任社会化、服务供给精细化为核心特征。反观我国，现行政策体系已明确长期护理保险的社会筹资属性（医保基金划拨、个人与单位缴费、财政补贴的多源共担模式）及社会保险式基金管理规则。基于此，从法理层面可明确两点定位：

制度属性归属：长期护理保险的法理归属应纳入社会保险制度框架，因其具备社会保险的强制性、互济性及代际再分配特征，与商业保险的营利性本质存在根本差异。

立法路径选择：现阶段可通过修订《中华人民共和国社会保险法》②增设"长期护理保险"专章，定位应是与医疗、养老、失业、工伤保险并行的一项保险制度。待制度成熟后启动单独立法程序，形成"基础法 + 实施细则 + 配套规章"的完整法律体系。这种渐进式立法策略既符合我国社会保障改革"试点先行—经验总结—法律固化"的传统路径，又能有效规避制度突变引发的系统性风险。

### 2. 拓宽资金来源渠道、统一资金筹集标准

可靠的资金来源是长期护理保险持续发展的关键，过度依赖医保统筹基金，必然会影响基本医疗保险的有效运行。我国需通过立法固化"财政保底 + 社会共担 + 市场补充"的筹资结构，构建既能抵御人口结构冲击，又可实现代际公平的可持续发展模式。试点区域经验表明，要符合当地经济发展水平、护理需求、护理服务成本以及保障范围和水平等因素，合理确定分担比例、筹资标准和筹资总额，建立与经济社会发展和保障水平相适应的筹资动态调整机制。

### 3. 逐步扩大保障对象范围

我国人口基数大，失能人口规模在逐步扩大，同时也面临着"未富先老"的现实情况，长期护理保险立法要在综合判定、保险精算的基础上合理划定参保对象和保障范围。也要充分考虑城乡之间的差异，并结合地方实际，实行差别化长期护理保险政策，不断扩大保障对象的范围，逐步覆盖全体社会成员、提高保障水平。这种"分层推进 + 动态校准"的制度框架，也能规避福利刚性膨胀风险。

---

① 厚生劳动省：《介护事业所介护保险解说》，载 https://www.kaigokensaku.mhlw.go.jp/sorry/sorry.html? v=20231027，2025 年 3 月 27 日访问。

② 参见《中华人民共和国社会保险法》第 2 条："国家建立基本养老保险、基本医疗保险、工伤保险、失业保险、生育保险等社会保险制度，保障公民在年老、疾病、工伤、失业、生育等情况下依法从国家和社会获得物质帮助的权利。"

4. 多样化待遇支付和丰富服务

根据日本《介护保险法》梳理可以看出，日本介护保险制度通过构建“专业服务 + 社区整合”的照护体系，形成了可持续的长期护理供给模式，其核心经验对我国具有重要启示。基于我国老龄化进程加速与区域发展差异显著的国情，建议我国可选取长三角、川渝等区域开展集成改革试点工作，通过 3 年时间形成可复制的“东方介护模式”，最终构建起既能满足大规模失能照护需求，又能实现高质量发展的长期护理保障体系。

# 浅析“保险＋养老社区”业务相关法律风险与防范

杨　雄　方海龙*

［摘　要］“保险＋养老社区”业务项下，保险机构通过自建自营或与养老机构合作等方式，将保险产品与养老社区入住权益绑定，保险客户通过缴纳高额保费获取其指定对象未来入住特定养老社区的权益。由于横跨保险与养老两个领域，涉及保险机构、保险客户、养老机构、养老服务权利人等多方法律主体，且存在客户完成投保与实际行使入住权益、接受养老服务在时间上的错配等现实情况，实操中该类业务面临如下潜在法律风险：保险端的产品适当性、销售规范性、客户个人信息保护等，其中轻资产运营模式下养老社区项目及合作方养老机构的风险问题较为突出。本文围绕上述潜在法律风险，重点从产品条款的完善、销售流程的优化、合作方与项目风险的防控以及客户纠纷的处理这四个方面提出相关建议，以期为“保险＋养老社区”业务开展提供法律风险防范的若干参考。

［关键词］养老社区；保险＋养老社区业务；法律风险防范

## 一、引　言

国家卫健委公开信息显示，目前国内养老整体呈“9073”格局，即约90%的老人居家养老，7%的老人依托社区养老，3%的老人入住机构养老。① 随着人口抚养比上升与家庭规模小型化趋势的逐步深入，能够提供专业的、全天候照料和护理服务的机构养老在整个养老体系中将起到越来越重要的作用，其中包含以“养老社区”为代表的、迎合更高层次服务需求的中高端机构养老。国内保险机构涉足养老社区的投资乃至运营迄今已有十余年的发展历史，最早在2009年原保监会批准某机构试点设立养老社区股权投资计划，运用保险资金参照国外CCRC（持续照料退休社区）模式投资建设养

*　杨雄，友邦人寿保险有限公司法律部总监；方海龙，友邦人寿保险有限公司法律部经理。

①　参见《国家卫生健康委员会2022年9月20日新闻发布会文字实录》，载国家卫生健康委员会网站2022年9月20日，http://www.nhc.gov.cn/xcs/s3574/202209/ee4dc20368b440a49d270a228f5b0ac1.shtml。

老社区。[①]

该业务最重要的特点，即保险机构通过自建自营或与第三方合作运营养老社区，在年金险、两全险、终身寿险等保险产品中内嵌特定养老社区的未来入住资格或权益，投保人在实际缴纳一定保费后由保险机构通过出具入住确认函等形式承诺投保人或其指定第三人（业务实操中一般称为“保障入住权对象”）确定入住或优先入住特定养老社区的权益。原银保监会发布的《关于规范保险公司销售保险产品对接养老社区服务业务有关事项的通知（征求意见稿）》（以下简称《业务规范通知（征求意见稿）》）将之定义为“保险公司销售保险产品，向购买相关产品累计缴纳保费达到一定金额的投保人，提供入住养老社区权益等增值服务的业务”。

自 2009 年国内首单落地迄今十余年间，市场同类保险产品与业务规模不断增长。截至目前已有近 20 家保险公司（绝大多数为寿险机构）涉足养老社区业务，2023 年我国商业保险机构养老社区项目建设数量（含在建与建成）达 129 个。[②] 从市场供需关系来看，保险行业的资金长期性、风险保障性和服务连接性，与客户跨生命周期的养老资金需求及养老服务需求高度匹配；从行业发展角度来看，布局这一业务也是保险机构延伸产业链、布局养老产业的重要途径，并能带动终身寿险、年金险、医疗险、护理险等关联保险产品的销售增长。然而，该业务横跨保险与养老两个不同的行业领域，同时存在保险人、投保人、养老权益权利人、养老服务提供方等多方法律主体，涉及以保险合同、养老服务合同、保险机构与养老机构之间的委托管理、租赁、合作协议为基础的不同法律关系，导致该业务底层的法律问题较为复杂、不同类型纠纷交织且矛盾突出，目前已引起监管部门的特别关注和全行业的广泛讨论。从新闻报道及案例检索结果来看，目前该类业务最突出的问题，仍是供需两端失衡、客户权益保障的问题：部分地处一线城市的成熟养老社区“一房难求”，若干年前销售的同批次保单客户行权需求集中释放，导致此前保险合同中承诺的养老社区入住权益因保单超卖而无法得到兑现；部分地处二、三线城市的、尚未得到市场认可的新建养老社区又存在入住率不足无法自负盈亏而难以为继的问题，最终损害已入住社区客户的合法权益。在时间和空间两个维度上都存在供需失衡的问题，客户因此向行政监管部门投诉或诉诸司法维权的案例屡见不鲜。

为规范该类业务，原银保监会于 2023 年 1 月公布《业务规范通知（征求意见稿）》。从目前获知的内容上看，监管机构主要针对前述高发问题所暴露的潜在风险，包括保单“超卖”导致的养老社区供给不足风险、防范养老社区业务经营风险传导至保险公司的风险、客户对未来养老社区服务支付能力不足导致的养老社区经营风险等，提示保险机

① 刘涛、赵勇：《商业养老保险参与养老产业发展面临的问题、国际经验及路径》，载《老龄科学研究》2022 年第 10 期，第 25 页。

② 中国保险行业协会：《2023 年度中国保险行业社会责任报告》，第 46 页，载中国保险行业协会网站 2024 年 7 月 26 日，https://www.iachina.cn/art/2024/7/26/art_44_107842.html。

构做好相应风险防范应对准备，并充分履行提示、明确说明与信息披露义务。同时，文中还明确了能够开展此类业务的保险公司主体条件，意图通过提高市场准入门槛、凭借市场参与主体的信用和资质从根本上降低展业风险。虽然该文尚未生效，但仍可以看出监管部门收紧业务与审慎监管的态度。下文将在监管机构重点提示的前述业务层面的风险之外，梳理保险机构面临的重要潜在法律风险，并就风险应对防范提出若干建议。

## 二、“保险＋养老社区”业务相关法律风险

保险机构参与养老社区投资运营的模式，目前可大致分为重资产、轻资产、轻重资产结合这三种典型模式。[①] 其中，重资产运营模式即保险机构以保险资金独立投资建设并运营养老社区，因项目投资规模大、投资周期长、收益回报慢等因素，目前市场上仅有少数大型保险机构涉足此类业务模式；而轻资产运营模式即保险机构与养老机构等第三方机构采用租赁、合作、委托管理等方式运营养老社区，有些养老社区所有权甚至为第三方机构所有，因占用资金较少、业务开展相对灵活，现为更多保险机构所采用。相较而言，重资产运营模式下保险机构对养老社区的管控更为直接和深入，法律风险相对自主可控；而轻资产运营模式下还需考量合作方的履约能力与信用水准，法律风险更为复杂。

从此类业务法律风险产生的来源来看：部分是保险产品固有的问题，只是产品与服务中叠加了养老属性、保险客户多为老年人等特殊因素使得问题进一步凸显，如产品适当性、销售规范性及客户个人信息保护等；部分问题与养老社区投资与运营相关，如养老项目用地；还有部分问题涉及第三方养老机构违规违法风险对保险机构的传导与波及，如合作方资金监管。下文就前述几项法律风险分别论述。

### （一）保险产品适当性

就该类业务保险端的产品性质而言，一般为年金险、两全险以及专属商业养老保险等带有投资理财属性的保险产品，在销售产品时应遵守金融监管法规，满足产品适当性管理要求，结合客户金融需求、财务状况、风险承受能力等因素，充分提示产品基本属性和风险特征。此外，与常规保险产品相比，该类产品嵌入了养老社区入住权益等非标准化条款，对权利人范围、行权时间、行权条件、权益内容等有着诸多限制。而该类保险产品的投保人多为老年人，对于保险合同、养老服务合同签署与履约过程中存在的若干风险，甚至合同条款本身未必具有充分理解的能力。此外，因客户入住养老社区后还需定期缴纳养老服务费，在评估客户风险承受能力时，还应将客户真实的养老需求以及后续

① 朱文佩、周宇轩：《中国养老产业金融：发展现状、国际经验借鉴与推进路径》，载《西南金融》2025 年第 1 期，第 5 页。

交费能力一并进行评估。

### （二）销售规范性

相较于其他保险产品销售过程中存在的销售规范性问题，此类保险产品的这一问题主要体现在未向客户如实介绍养老社区实际情况，以及对客户未来可实际行使的养老社区入住权益、养老服务权益的虚假宣传与不当承诺方面。从保险客户投保到保障入住权对象实际入住养老社区并接受养老服务，往往有数年乃至更长时间的间隔，在行权时点可能发生养老社区床位紧张或周转不及时导致客户无法兑现入住权益的情况；此外，该类产品保费较高，客户多为高净值群体，对于养老社区及养老服务有着较高品质要求，一旦入住养老社区后发现社区环境、设施或养老服务不及预期，也多会以销售误导为由要求全额退保或赔偿损失。即使合同文本制作严密，严格区分保险合同与养老服务合同，但仍存在未来养老机构与入住老人之间发生纠纷后，保险机构被动卷入客户与养老机构之间纠纷的可能性。

### （三）客户个人信息保护

由于此类业务涉及保险机构与养老机构、医疗机构等不同市场主体之间的合作，个人信息保护的问题也就更多体现在合作机构之间对客户信息的不当传输、分享与利用方面。任何经营主体从业务发展需要的角度都有着收集更多客户个人信息的天然冲动。就保险机构而言，通过养老机构、医疗机构等合作方可以系统采集到入住养老社区的老年客户的一系列个人信息与数据，包括日常活动、饮食偏好、运动频率等行为数据，以及医疗病史、用药记录等健康数据。依托丰富的数据资源与大数据分析技术，保险机构得以更精准地评估老年客户的健康状况与潜在风险，设计更加贴合其健康需求的保险产品和保障方案，并且优化精算模型以实现产品的合理定价。然而，前述客户数据属于受个人信息保护法规制的个人信息，且很多属于敏感个人信息，依法应当适用更为严格的处理规则，如未经客户同意即在机构间传输和使用，则涉嫌侵犯客户对其个人信息处理的知情权与决定权，养老机构与保险机构双方都可能为此承担相应的侵权责任。此外，双方机构同时作为个人信息处理者共同处理客户个人信息，如侵害个人信息权益造成损害，根据个人信息保护法的规定需承担连带责任。

### （四）养老社区用地

该问题与养老社区运营的稳定性直接相关，进而涉及客户入住养老社区权益的实现与保障问题。相较而言，重资产运营模式下养老社区多为保险机构自持物业，保险机构凭借资金来源充足稳定的优势，取得的项目用地多为城镇住宅用地与商业服务业设施用地，土地来源清晰、权利状态稳定且使用权年限较长，能够较好地匹配养老项目长期经营的特点。而轻资产运营模式下部分养老社区所有权人为第三方合作机构，保险机构对于养老社区的把握力度较弱，养老社区用地方面的问题隐患也会更多，特别集中于由其他用途的存量用房改造而来的养老社区。

自然资源部《关于加强规划和用地保障支持养老服务发展的指导意见》(自然资规〔2019〕3 号)、《关于支持整合改造闲置社会资源发展养老服务的通知》(民发〔2016〕179 号)均提到对社会力量利用存量资源建设养老服务设施实行过渡期政策。鼓励利用商业、办公、工业、仓储存量房屋以及社区用房等举办养老机构,所使用存量房屋在符合详细规划且不改变用地主体的条件下,可在五年内继续按土地原用途和权利类型适用过渡期政策。上述规定对于过渡期满后如何办理土地使用功能变更手续,是否会有额外成本(如补缴土地出让金),如届时未能成功办理用途变更手续是否将无法继续用作养老服务设施等相关政策均未给出明确答案。仅前述自然资规〔2019〕3 号文中提道,“过渡期满及涉及转让需办理改变用地主体手续的……新用地主体为营利性的,可以按新用途、新权利类型、市场价格,以协议方式办理,但有偿使用合同和划拨决定书以及法律法规等明确应当收回土地使用权的情形除外”,也只是对保障养老用地政策延续性的笼统约定,过渡期满后用地是否一定能够续期仍存在不确定性,进而从根本上动摇了养老社区业务的稳定性和可预期性。

### (五) 合作方资金监管

轻资产运营模式下,合作方养老机构的资金监管风险需要保险机构予以特别关注。市场上该类产品中,客户在缴纳一定保费后一般仅获得对应养老社区的入住资格,客户入住养老社区后,还要按照养老服务合同的约定另行缴纳养老服务费、押金或会员费等各种费用。上述费用目前均被监管机构认定为“养老机构预收费”。养老机构采取预收费方式运营的主要目的,在于尽早回笼资金、缓解运营压力。然而,少数养老机构出现了资金管理使用不规范,资金链断裂后“退费难”“爆雷”“跑路”等问题,甚至有不法分子借此实施非法集资、诈骗等犯罪行为。为此,民政部、国家发展改革委、公安部、财政部、中国人民银行、市场监管总局、金融监管总局于 2024 年 4 月联合发布了《关于加强养老机构预收费监管的指导意见》,明确了上述养老机构预收费用的收费与退费标准、使用用途,并对押金、会员费实行银行第三方存管与风险保证金方式管理,要求上述预收费用全部存入养老机构基本存款账户或存管的专用存款账户。然而,实操中部分养老机构出于利益动机仍会隐瞒预收费用、逃避存管要求,或在按规定存管后以各种名义挪用或套出存管资金;另一方面,养老机构按规定在监管部门公布的名单范围内自主选择存管银行,在资金存管交易和营销中银行通常处于“乙方”地位,更多是按照养老机构指令进行划款,对资金用途不进行实质审查,对预收费用的监管力度和效果较为有限。

此外,实践中有部分养老机构利用发售养老会员卡实施非法集资行为,已经引起监管部门的重视。全国老龄工作委员会、公安部、民政部、原银保监会于 2021 年 5 月联合发布的《关于养老领域非法集资的风险提示》列举了养老领域非法集资的典型表现形式,其中包括以提供“养老服务”为名非法集资,即“明显超过床位供给能力承诺服务,以办理‘贵宾卡’‘会员卡’‘预付卡’、预交‘养老服务费用’等名义，以向会员收取高额会员费、保证金或者为会员卡充值等形式非法集资”。合法的养老会员卡与利用发售养老会员卡非法集资的本质区别体现在是否具有利诱性这一特征上。前者以获得高品质养老服务的准入和优惠的服务价格为主要目的，而后者的主要目的并非得到消费准入和消费优惠，而是通过民间借贷或所谓“投资理财”的形式，获得超出消费权益之外的所谓“投资收益”。

## 三、“保险十养老社区”业务相关法律风险的防范应对

2023 年 10 月中央金融工作会议上养老金融被明确为需要做好的“五篇大文章”之一，将养老金融产业的发展提升至国家政策顶层设计的高度。2024 年 5 月国家金融监督管理总局公布的《关于银行业保险业做好金融“五篇大文章”的指导意见》(金发〔2024〕11 号)对养老金融业务的发展提出若干指导要求，其中包含“支持保险机构以适当方式参与养老服务体系建设，探索实现长期护理、风险保障与机构养老、社区养老等服务有效衔接”。2025 年 3 月国家金融监督管理总局办公厅印发的《银行业保险业养老金融高质量发展实施方案》中进一步明确“支持资本实力较强、经营规范的保险机构，稳健有序投资养老机构、康复医院、专科医院等，参与发展居家、社区及机构养老服务”。可以说，国家宏观政策对于保险机构开展养老社区业务的支持是明确的、一贯的。保险机构规范开展养老社区业务，既是响应国家政策号召、提升服务民生保障水平、体现社会责任担当的重要体现，也是老龄化趋势不断深入大背景下拥抱“银发经济”、借力康养产业实现业绩增长第二曲线的重要途径，更是迎合社会上多样化养老需求、满足人民群众对美好晚年生活的向往、体现保险行业政治性人民性的重要依托。

然而，如前所述，该类业务在十余年发展过程中，也出现了一些问题亟待解决和规范，笔者认为其深层原因在于前述探讨的若干法律风险。从该业务的法律特征分析，因“保险＋养老”的复合型特征，客户同时存在与保险机构之间的保险合同关系，以及与养老机构之间的养老服务合同关系。基于监管要求与风险隔离的考虑，目前保险机构即便采用自建自营的运营模式，也会通过设立专门的养老子公司与客户另行签署养老服务合同；而与第三方合作运营模式下则由第三方养老机构与客户签署养老服务合同。因此从时间段上来看，可大致划分为客户入住养老社区前、保险销售过程中的法律风险，以及客户行使养老社区入住权益后、保险合同与养老服务合同履行过程中的法律风险。前者主要涉及常规保险合同关系项下的一般法律风险，而后者则可能涉及合作协议项下合作机构违约，以及养老服务合同项下养老机构对客户违约、侵犯入住客户权益并导致保险机构承担连带违约或侵权责任的法律风险。

前一类法律风险主要通过完善产品条款、加强销售管理、提高运维水平予以防范；而后一类法律风险，则主要通过严格落实合作协议、明确责任划分以建立风险防火墙，以及借助外部评估与纠纷解决机制来应对。前述《业务规范通知(征求意见稿)》中在向

保险机构提示该业务相关风险的基础上，已经从确定合理的产品销售规模区间、养老社区独立运营确保风险隔离、制定专门保险销售制度、对养老社区服务方进行充分评估与审核等方面提出了概括性的风险防控要求。笔者尝试在前述监管已经作出的若干要求之外，从更加具体和实务的层面就保险机构应对防范前述法律风险建议如下：

### （一）产品条款完备严谨与简明易懂之间的平衡

尽管从保险法角度来看，养老社区入住权益并不属于保险责任的范畴，且该类业务实操中，保险机构一般也会通过另行向客户出具养老社区入住确认函的形式来明确客户可享受的养老社区入住权益、避免与保险责任混淆，但鉴于客户购买该类产品的主要目的为满足以后入住养老社区接受专业养老服务的需求，且保险机构以养老社区入住权益作为产品宣传卖点，因此入住确认函仍可能被视为保险合同的一部分，进而依据《保险法》的规定适用相关规则（如对免责条款的提示与明确说明义务等）。因此，需要围绕入住权益的方方面面进行重点提示与明确说明，包括权利人范围、权利类型（是否保证入住，还是仅为优先入住）、行权时点、行权条件、潜在风险等。此外，考虑到该类业务目标客户多为老年客户，保险端的产品多为具备养老属性的商业养老保险产品，属于商业养老金融产品的范畴，根据《中国银保监会关于规范和促进商业养老金融业务发展的通知》（银保监规〔2022〕8 号）的规定，“商业养老金融产品宣传材料和销售文件应当简明易懂，不得包含与事实不符或者引人误解的宣传”。因此在设计产品条款时，应当在完备严谨与简明易懂之间取得平衡，同时满足要素完整、结构清晰、文字准确、表述严谨、通俗易懂等原则，既要避免条款简单导致后端纠纷或保险机构承担过多责任，也要尽量做到表述清晰无歧义且易于理解，防范客户后续因重大误解撤销合同或对同一条款存在多种解释时按照不利于保险机构一方解释的法律后果。

### （二）销售规范与交易效率之间的平衡

对于绑定养老社区入住权益的保险产品，除按照《保险销售行为管理办法》规定从售前、售中、售后等不同阶段规范保险销售行为以外，还应从充分考量投保人的特殊性（年龄、行为能力）以及客户真实需求（包括养老资金需求、养老服务需求等）与产品的匹配度这两个主要方面出发，进一步完善产品销售流程，实现销售规范与交易效率之间的平衡。具体可从适当性管理、完善投保流程、销售人员管理这三个方面展开：

就适当性管理而言，主要包括在投保前通过适当方式对投保人进行财务支付水平、风险识别和承受能力的评估，并特别针对投保人或保障入住权对象的养老需求通过单独问卷调查等形式留痕，真正做到“将适当的产品销售给适当的客户”，满足保险产品适当性管理要求以实现“卖者尽责买者自负”。

就投保流程而言，现行《保险销售行为可回溯管理暂行办法》主要针对保险机构向60 周岁（含）以上年龄的投保人销售保险期间超过一年的人身保险产品情形施加了投保双录要求，而就绑定养老社区入住权益的保险产品而言，即便投保人未超过 60 周岁，仍建议采用双录等形式进行产品销售行为可回溯管理。如投保人年龄较大或存在失能失智的倾向，则建议在投保时采用公证等手段充分确认投保人的真实意思，确保投保行为符合其真实意愿，通过上述方式保留保险人尽职履责的证据，避免将来发生纠纷时法院以保险人未考察投保人购买该类产品的主体适格性为由追究责任。此外，鉴于该业务中多存在投保人、被保险人等保险客户与保障入住权对象主体不一致的情况，建议在可行的情况下，由保障入住权对象一并参与双录过程，或至少在投保环节签署确认包含养老社区入住权益内容、相关风险提示、权利义务责任等在内的书面文件。

就销售人员管理而言，可以借鉴目前业内逐步推广的保险销售资质分级管理体系，根据销售人员对于养老领域、养老产品的专业知识，从业背景或培训时长等设定评级标准，对该类产品的销售资质实行差别授权，通过提升销售人员专业素质来尽量避免销售误导情况的发生。

### （三）合作方、项目风险防控与商业利益之间的平衡

对于任何商业活动而言，风险和收益都是一体两面并立共存，对于客户购买金融产品而言如此，对于保险机构投资养老社区亦是如此。拟定和实施投资决策、投资方案，虽然通常以商业利益的考量为主，但也应特别关注相关法律与合规风险并做好事先防范。其中，合作方与项目风险传导至保险公司的风险属于该类业务的核心风险。监管部门在《业务规范通知（征求意见稿）》中已经从保险合同与养老服务相关合同分别签署、强化信息披露、销售材料重要信息提示以及产品回访等不同层面作出要求，以防范这一风险。笔者认为除此之外，还应重点针对合作机构的主体信用风险、养老社区运营风险这两方面构建相应的风险排查与防控机制。尤其在轻资产业务模式下，从上述两个角度入手构建外部风险防火墙对于保险机构的稳健运营至关重要。

就前者而言，保险机构应严格筛选合作方养老机构，建立合作机构白名单机制，定期评估与更新入库标准，并在项目设立及运营过程中的各阶段对养老机构资质、财务状况、信用评级、新闻舆情与司法纠纷情况保持密切关注，建立对合作养老机构的常态化风险监测机制。

后者则主要包括三方面：项目设立前应充分调查养老社区用地的合规性问题，特别关注土地性质、土地取得方式、土地使用权权属、使用年限及是否存在前述过渡期问题等。项目设立及运营过程中涉及客户个人信息时，应依据个人信息保护法规定遵循告知同意原则、最小必要原则以及对敏感个人信息的特殊处理规则，来实现与养老机构等合作方之间客户个人信息的传输与共享，尽量要求合作方依据保险机构较为严格的个人信息保护标准处理客户个人信息，并在合作协议中明确相关违约责任。项目运营过程中，应重点关注合作方养老机构是否落实资金存管的监管要求以及是否存在非法集资风险。为此，除要求养老机构提供资金存管证明、风险保证金凭证外，还可从养老机构发售的会员卡着手，从以下几方面评估与防范非法集资风险：① 向客户收取的预收费用金额应当与养老机构以实际能力能够提供的产品和服务的市场价值相当；② 在销

售养老会员卡过程中不得向客户承诺投资收益、高额返利、固定结息，也不得以任何形式明示或暗示客户通过购买会员卡可以取得投资收益，不得将购买养老会员卡的行为宣传或包装成投资、理财；③ 针对实践中普遍存在的养老机构向客户承诺购卡后将协助其出租养老房屋或到期回购会员卡的情形，养老机构不应承诺保底出租收入，在回购会员卡时的回购价款也不应超过最初的购卡价格扣除客户持有会员卡期间养老房屋租赁、接受养老服务对应的市场价值折现后的余额；④ 养老会员卡所包含的会员权益，应该主要是入住养老物业、利用养老设施、享受养老服务的权益，所有权益都应当围绕养老两个字展开，不应超出养老的基本范畴过度延伸或扩展到其他领域。上述事项应由养老机构向保险机构承诺并设置违约责任，同时保险机构也应对合作方违法违规情况建立相应的预警和处理机制。

### （四）客户纠纷的适当介入处理与限定保险机构责任之间的平衡

虽然实操中保险合同和养老社区服务相关合同分别签署，法律上保险合同关系与养老服务合同关系系相互独立的两个法律关系，且从保险机构划清责任范围、避免承担不必要的法律义务与责任的角度来看也确有必要，但是在保障入住权对象与养老机构之间发生纠纷后，很多情况下仍会选择向保险机构或金融监管部门投诉并要求保险机构介入处理，保险机构因其主体信用实质承担了养老社区运营过程中较多纠纷的最终风险。为此，需要保险机构将风控措施前移，从源头控制化解和灵活应对各类纠纷风险，具体可从以下几方面展开：

① 保险机构对养老机构与保障入住权对象等主体签署的养老社区服务相关合同进行审核，一方面确保其与保险机构出具的入住确认函中的相关内容（主要为养老社区使用权事项）统一，另一方面对于养老社区服务相关合同中的违法违规或不合理内容予以纠正，保障客户合法权益；② 探索建立常设或长期的纠纷解决机制，在客户与养老机构发生纠纷时，在划清责任边界的前提下，通过适当方式介入纠纷处理中，利用金融机构的公信力居中调解，在维护客户权益的同时，保障产品与养老社区两方面的平稳运营；③ 在与养老机构签署的合作协议中，除明确养老社区服务提供方式、合作时限、服务质量要求、违约赔偿责任等内容外，还应重点明确养老机构与保障入住权对象等养老客户发生纠纷时的处理机制及最终责任归属；④ 对于客户集中投诉或反映的养老机构服务问题，应予以特别关注，对同类问题进行全面排查，并梳理典型案例给出标准解决方案，必要时应根据与养老机构之间合作协议的约定追究其违约或侵权责任；⑤ 因该业务横跨保险与养老两个领域，同时受到金融监督管理部门、市场监督管理部门以及民政部门的监管，可由相关监管部门牵头建立专门的调解组织，调解员由各监管部门及双方行业协会人员组成，确保调解结果能够在保护消费者合法权益的前提下，兼顾双方行业利益，保障此类业务的长远健康发展。

## 四、结　语

《中庸》有云"致中和，天地位焉，万物育焉"。万物相生以中和、平衡为其要义。笔者认为对于"保险+养老社区"业务而言，其稳健经营、长远发展的关键亦在于"平衡"二字。在商业语境下，需要各市场参与主体的利益与需求的平衡，在保险机构与养老机构实现商业利益的同时，也通过保险服务与养老服务之间的协调衔接同时满足客户的养老资金需求与养老服务需求；而在法律范畴内则意味着各方法益的平衡，应以金融产品投资者、养老产品消费者权益保护为核心，兼顾保险机构与养老机构的合法正当权益。具体到保险机构开展此类业务而言，需要在法律权责明确清晰的同时，有所为有所不为，从前述产品条款完善、销售流程优化、合作方与项目风险防控、客户纠纷处理这四个方面着手，实现"四个平衡"以防范应对相关潜在法律风险，促进业务的长远健康发展。

# 保险金信托风险隔离效力研究
## ——以模式演进与利益平衡为视角

白月明*

[摘　要]　近年来，保险金信托作为一种融合保险与信托双重功能的财富管理工具，在中国金融市场中快速发展。其独特的制度优势不仅满足了高净值人群对财富传承、风险隔离的迫切需求，更在金融产品创新与法律制度融合层面展现出显著价值。然而，风险隔离作为保险金信托的一项重要功能，在理论和实践层面还面临着一定争议及不确定性。在此背景下，亟须从法律与实务层面厘清：保险金信托在不同模式下风险隔离效力的差异，并充分探讨如何在防范恶意侵害债权人利益的基础上，充分发挥保险金信托的风险隔离效力。

[关键词]　保险金信托；独立性；风险隔离；债权保护

## 一、研究背景

### (一) 保险金信托的快速发展

保险金信托自2014年首次推出，在十年多的时间里实现了爆发式的增长。根据中国信托业协会的统计，截至2023年底，共有超过39家信托公司开展了10 764笔保险金信托业务。据行业估测，全行业保险金信托规模已超过3 000亿元。① 根据财联社电报，截至2025年4月，平安信托保险金信托规模已突破1 700亿，市场占比超40%，即行业全市场保险金信托规模近4 250万元。这一增长态势的背后存在多重驱动因素：其一，高净值人群的财富管理需求在演变，《2023中国私人财富报告》显示，约73%高净值人群在着手准备财富传承，在代际传承的方式上，首选方案是为子女购买保险，占高净值人群的63%，创设家族信托的方式占比38%；②其二，保险金信托通过“保险＋信

*　白月明，江苏省国际信托有限责任公司家族信托部资深经理。

①　于晗：《保险金信托成为信托转型新风口》，载《中国银行保险报》2024－07－31，第1页。

②　贝恩公司、招商银行：《2023中国私人财富报告》，第23页。

托”的嵌套结构，有效弥补了单一保险产品在受益人保护与传承灵活性上的不足，同时也充分利用了保险杠杆功能，解决了家族信托门槛较高的问题，使信托功能得以普惠化发展；其三，监管部门对信托业务转型的引导，《关于规范信托公司信托业务分类的通知》（简称“三分类新规”）的出台促使信托公司从传统资产管理类业务向资产服务业务领域转型。

## （二）保险金信托的功能价值

《关于加强规范资产管理业务过渡期内信托监管工作的通知》（简称“37号文”），首次对家族信托给予“官方定义”；三分类新规进一步明确了财富管理服务信托的分类，其中即包含家族信托、保险金信托等业务类型。根据监管定义，家族信托的主要信托目的是家族财富的保护、传承和管理，核心功能价值包括资产配置、风险隔离、子女教育、家族治理、公益慈善事业等定制化事务管理和金融服务。虽然以上功能价值在政策指引层面是针对家族信托，但信托行业的一般性认知是，保险金信托和家族信托的主要区别在于设立门槛和交付财产类型的不同，在财富传承、风险隔离等核心功能上，保险金信托和家族信托具有一致性。因为家族信托中亦可以装入保单类资产，所以本文探讨的保险金信托从广义来讲，也包括三分类新规中包含保单资产的家族信托。

### 1. 财富传承

财富传承是保险金信托最为重要的本源功能，可以实现财富的长期管理和跨代传承，避免复杂的继承程序和可能产生的继承争议。

首先，相较于保险法律关系中，保险人一次性将身故赔付金给付受益人，保险金信托法律关系中，当保单约定的理赔事件发生后，保险人将理赔金赔付至作为受益人的信托公司，再由信托公司作为受托人进行管理运作。委托人可通过设置定期分配、附条件分配等条款实现财富的长期管理，也可以通过临时分配条款满足资金的应急需求。例如，信托合同可约定保险赔付金每月定期向受益人支付固定生活费，剩余资金仅用于受益人教育、婚嫁和医疗保障等特定用途。通过信托架构下灵活的分配机制，委托人可以充分传承个人意志，实现子女行为指引和家风管理，防止财富传承过程不同阶段的道德风险，包括但不限于受益人监护人侵占资金、受益人挥霍家产的风险。

其次，保险金信托还可以突破保险受益人的限制，扩大受益人的范围。在信托法律关系上，包括配偶、血亲和姻亲在内的亲属均可以作为受益人，慈善机构和信托也可以作为受益人。一方面，在信托存续期间，委托人有权根据婚姻家庭的变化增减受益人；另一方面，在受益人身故后，其享有的受益权份额可以选择由受益人的继承人继承或由其他受益人按受益权相对比例进行分配。委托人通过信托法律关系，能够真正通过受益人管理实现财富跨代传承，避免复杂家庭关系中继承程序可能产生的争议。

美国信托专家斯科特有一句名言:“信托的应用范围可以与人类的想象力相媲美。”笔者所在信托公司已落地的案例中,为了更好地适应未来宏观经济形势的变化,定制化分配条款设置了通胀指数动态调节系数;为了满足客户代际传承的需求,增设了后代受益人机制,比如委托人未来的直系血亲后代出生、结婚或满足成为信托项下受益人的亲属身份条件后,可以向受托人提交证明,申请成为受益人,并可以提前为不同类型的受益人制定不同的分配方案,以实现财产和家风的代际传承。

2. 风险隔离

保险金信托中,委托人为保障信托受益人未来的生活所需设立信托,未来保险赔付金进入信托账户,原则上信托账户内的信托资金具有独立性,能够起到风险隔离的作用。信托财产的风险隔离功能是信托制度基本优势的体现。保险赔付金转付至信托专户后:其一,能够隔离委托人债务和婚姻风险。委托人的债权人不可以对信托财产申请强制执行,委托人离婚的信托财产也不属于待分割的夫妻共同财产。只要设立家族信托的目的正当,其便具有资产隔离的效果,可防范财产混同、债权人追索、婚姻夺产等原因造成的财产损失风险,因此家族信托可以提供比遗嘱继承和人寿保险更为全面的风险隔离功能①。其二,能够抵御受托人破产风险。受托人破产的,受托人管理的信托财产不属于受托人责任财产。其三,能够规避受益人挥霍风险,信托受益权不可被强制执行,可以实现财富代际传承的安全可控。因此保险金信托实现了与委托人、受托人和受益人三方面的资产隔离,信托财产原则上不可以被强制执行。

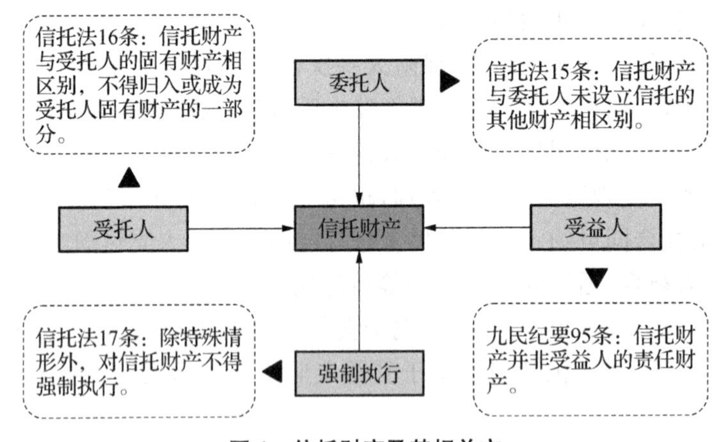


**图1　信托财产及其相关方**

① 陈汉:《资本市场中的家事法》,首都经济贸易大学出版社2022年版。

### （三）风险隔离功能争议的凸显

信托财产的风险隔离功能作为信托制度的核心价值，在《中华人民共和国信托法》（以下简称《信托法》）与《全国法院民商事审判工作会议纪要》（以下简称《九民纪要》）中已确立基本原则，信托财产具有独立性和风险隔离效果，信托专户的资金原则上不可以被强制执行。但是关于风险隔离功能，理论界对以下问题一直存在争议。首先，从风险隔离的基本功能出发，如何在债权人利益保护与风险隔离功能之间实现平衡，风险隔离功能的实现需要满足什么前提？其次，保险金信托作为"信托＋保险"的创新模式，其财产形态的特殊性加剧了风险隔离的认定难度。对于保险金信托而言，其成立时委托人交付的财产不是现金，而是和保单有关的权益。在保险金信托 1.0 至 3.0 模式的模式演变下，和保单有关的权益内容也有所不同。尤其在保险金 1.0 模式下，在受托人只享有保险金请求权，投保人仍是委托人的情况下，信托在保险赔付前能否实现风险隔离功能？最后，根据《信托法》的规定，信托受益权原则上可以用于清偿债务，信托文件限制信托受益权强制执行是否具有效力？

现有研究对信托财产的隔离效果和保单现金价值的强制执行均有所探讨，但没有以"信托＋保险"的融合视角，针对性地对保险金信托的风险隔离效力进行研究；现有研究有对信托受益权清偿债务的问题进行研究，但没有对三分类新规实施后以保险金信托、家族信托为代表的财富管理服务信托的特点进行针对性研究。

本文立足于我国《信托法》《保险法》及《民法典》的规范体系，通过梳理保险金信托 1.0 至 3.0 模式的演变，剖析不同模式下风险隔离功能的法律依据，并以模式演进和利益平衡为视角，从信托财产、保险现金价值和信托受益权的强制执行层面，充分探讨如何在防范侵害债权人利益的基础上，充分发挥保险金信托的风险隔离效力。

## 二、保险金信托模式演进

保险金信托在模式演进上，经历了 1.0 模式到 2.0 模式的演进，在目前市场业务实践中，仍以保险金信托 1.0 模式为主，2.0 模式为辅，各家信托公司也在积极进行保险金 3.0模式的探索。根据行业内的普遍观点，保险金信托 2.0 模式的主要优势在于其资产隔离效果，中国信托业协会在《中国信托业发展报告（2023—2024）》中就提到，保险金信托 2.0 模式避免了投保人身故后保单作为投保人财产被强制退保或作为遗产被分割等风险。所以可以说，保险金信托作为实务的产物，其模式演进是基于充分发挥风险隔离目的而进行的创新。

### （一）保险金信托 1.0 模式

在传统的保险金信托 1.0 模式下，保险关系先于信托关系。委托人作为投保人先在保险人处购买人身保险，后经被保险人同意，将人身保险的受益人变更为信托公司。

信托公司有双重角色，即信托法律关系中的受托人和保险法律关系中的受益人。当保单约定的理赔事件发生后，保险人将保险金赔付至受益人账户，即信托公司管理的信托产品专户。自此，保险金信托正式开始运作，由受托人按照信托合同的约定管理运作，向受益人分配信托利益。由于保险金信托 1.0 模式只是将保单的受益人变更为信托公司，投保人仍是委托人本人，以保险金赔付至信托专户这个时点为界限，存在两个期间，管理中止期间和管理运作期间。

在管理中止期间，信托财产仅为保险金请求权。保险金请求权所依附保险合同的现金价值仍在委托人名下，如发生经济纠纷或诉讼等情形，信托行为不能对抗第三人或司法查封、冻结、扣划的法律效力，在保险金请求权实际转化为货币资金并进入信托专户前，信托风险隔离的作用存在不确定性。

在管理运作期间，信托财产为明确的现金资产，此时根据信托财产独立性的基本原则，信托财产不能被委托人的债权人强制执行，具有风险隔离的效果。虽然人身保险中的身故赔偿金本来即具有人身属性，不属于投保人的财产，即使委托人没有设立保险金信托，本身也不可被投保人的债权人强制执行，但是设立保险金信托后，能够进一步实现保险赔付金和受益人的个人财产的风险隔离。

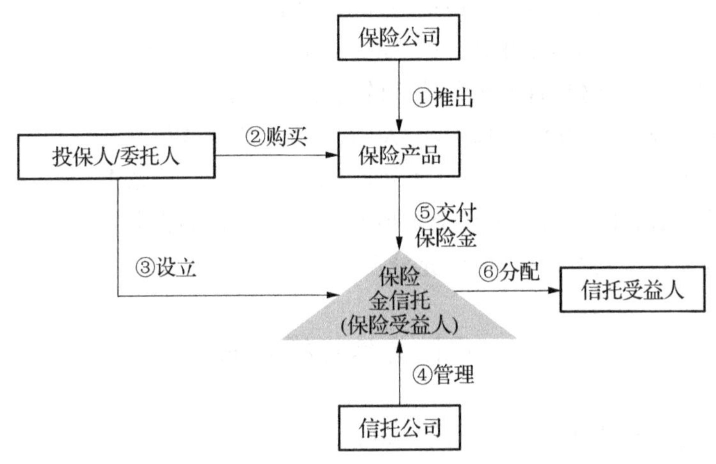


**图 2　保险金信托 1.0 模式下保险金信托运行示意图**

### （二）保险金信托 2.0 模式

保险金信托 2.0 模式下，仍是保险关系先于信托关系。核心区别在于，委托人除了将受益人变更为信托公司，也将投保人变更为信托公司。

保险金信托 2.0 模式下，由于投保人已变更为信托公司，且委托人将代缴保费一次性打入信托专户，此时不会出现保险金信托 1.0 模式下投保人变更保险受益人、未按时缴纳保费导致的保险金请求权不确定情形。当投保人变更为信托公司后，原投保人已不再享有投保人权益，投保人的债权人即使对保单进行强制执行，退保后现金价值仍返还至信托专户，属于独立的信托财产，具有风险隔离功能。

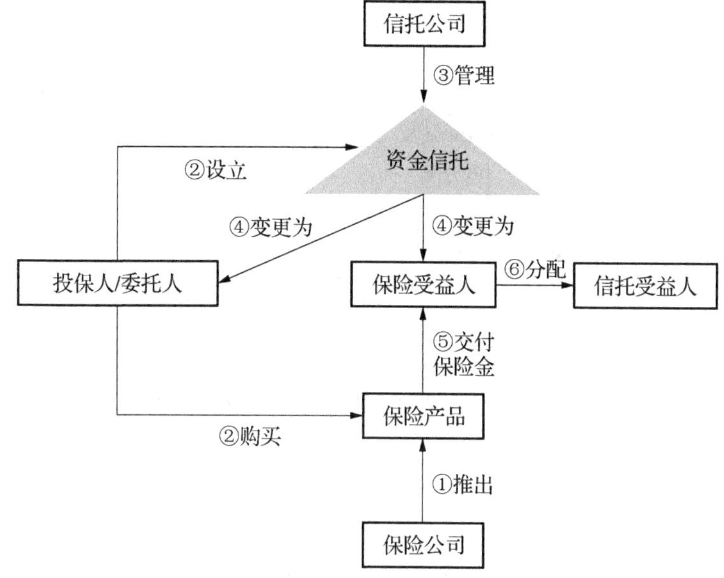


**图 3　保险金信托 2.0 模式下保险金信托运行示意图**

（三）保险金信托 3.0 模式

保险金信托 3.0 模式下，信托关系先于保险关系。委托人先行交付资金设立家族信托，并在信托关系中指令受托人作为投保人以信托财产直接购买保险、缴纳保费，并将信托公司（代表家族信托产品）设置为保险的受益人。根据三分类定义，保险金信托是信托公司接受单一自然人委托，或者接受单一自然人及其家庭成员共同委托，以人身保险合同的相关权利和对应利益以及后续支付保费所需资金作为信托财产设立信托。当保险合同约定的给付条件发生时，保险公司按照保险约定将对应资金划付至对应信托专户，由信托公司按照信托文件管理。严格根据三分类新规定义，保险金信托 3.0 模式在分类上应属于家族信托，是一种根据委托人指令以部分交付资金购买保单的定制化家族信托产品。

保险金信托 3.0 和 2.0 模式下，信托公司均有三重角色，即信托法律关系中的受托人和保险法律关系中的受益人和投保人，核心不同之处在于 3.0 模式下信托公司对保险关系的介入更深，为初始投保人，自始享有包含保单现金价值（如有）、红利分配（如有）及退还的保险费（如有）等所有款项在内完整的投保人权益，信托财产的隔离效果更为充分。目前市场上还未有保险金信托 3.0 模式落地，主要的障碍还是在于对《中华人民共和国保险法》第 31 条投保人对被保险人保险利益的理解，信托对被保险人没有法定保险利益，经被保险人同意的约定保险利益的效力，也存在理论争议和实操障碍。

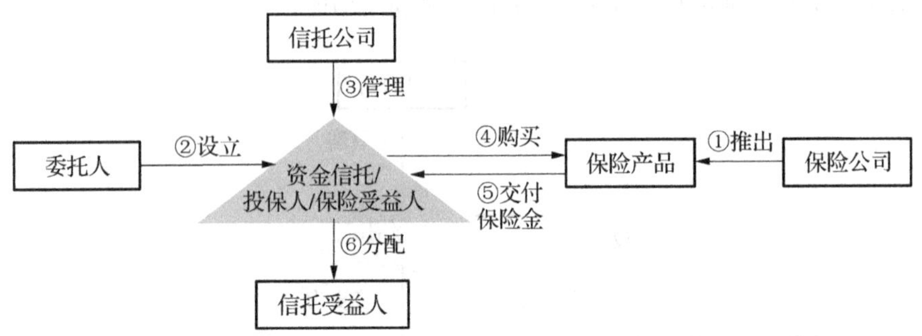


**图 4　保险金信托 3.0 模式下保险信托运行示意图**

## 三、保险金信托的风险隔离机制

### （一）信托财产的独立性和风险隔离效力

信托财产的独立性是信托制度的基石，信托财产的风险隔离功能是信托的本源功能。我国通过《信托法》与《九民纪要》构建了信托财产独立性的制度框架，根据信托法理，委托人将财产交付信托的过程构成法律意义上的转让，受托人代表信托产品取得信托财产的所有权并承担管理职责，受益人享有受益权。这种权利结构的重构使得信托财产独立于委托人、受托人和受益人的责任财产，形成三重隔离。值得强调的是，风险隔离功能的正当性基础在于信托目的的合法性——委托人设立信托时不存在资不抵债情形，且非以逃避债务为核心意图。

《信托法》第 15—18 条系统规定了信托财产与委托人、受托人财产的分离规则：其一，信托财产独立于委托人未设立信托的其他财产（第 15 条）；其二，信托财产和受托人固有财产相区别，不得归入受托人破产财产或遗产（第 16 条）；其三，非因法定事由不得强制执行信托财产（第 17 条）；其四，禁止信托财产与受托人固有财产抵销（第 18 条）。这些条款形成了信托财产"独立性"的基础保障。《九民纪要》第 95 条进一步强化了司法实践对信托财产独立性的认可，信托财产在信托存续期间独立于委托人、受托人、受益人各自的固有财产；该条进一步明确了除符合《信托法》第 17 条规定的情形外，不得对信托专户的信托资金采取保全措施，已经保全的，存管银行或者信托公司能够提供证据证明该账户为信托账户的，应当立即解除保全措施。

信托财产的独立性是其最本质、最核心的特征，信托的风险隔离效力在实践中展现出多维度的制度优势。委托人一旦设立信托，信托的风险隔离功能就能有效地保障委托人交付财产的安全和稳定。但是这种风险隔离功能的实现需要考量两个要素，委托人权利限制和债权人利益保护。如果委托人在信托文件中保留了实质的裁量权，行使了频繁的变更权，可能被认为信托财产并未实质上被处分；如果委托人设立信托的目的是规避自身债务，可能会被认为损害债权人利益或信托财产上存在在先债权。在以上情形下，允许委托人的债权人强制执行信托财产则具有一定的合理性。因此，信托财产想要更为确定地实现风险隔离效果，需要特别注意委托人权利限制和债权人利益保护。

1. 委托人权利限制

委托人将资产交付信托的过程应该是一个所有权和控制权完全转移的过程，委托人交付财产后，不应对财产再享有控制权。在我国现行的家族信托和保险金信托业务环境下，除了权利的法定保留外，委托人往往倾向于对权利进行一定程度的意定保留，通过对信托财产投资运用和传承分配更强的控制权，充分贯彻委托人的意志。但相对应的是，如果委托人保留大量意定控制性权利，则会在一定程度上突破信托的独立性，仍被视为委托人的财产，而无法完全抵御债权追及。这和美国法院在 Loux v. Gabelhart 案中确立的“真实出售”标准具有一致性。委托人的意定权利类型主要包括信托终止权、投资决策权、财产管理权和变更权等。根据学界研究及司法实践，委托人对信托财产不具有实质控制权具体表现为以下信托文件要点：

（1）信托终止权剥夺：委托人不可保留无条件的信托终止权，如果委托人单方可以终止信托，信托财产将会无条件复归为委托人的资产，在此情形下，很难认定信托财产不属于委托人财产，具有隔离性。比较法视角下，美国《统一指示信托法》明确指示信托不适用于可撤销信托，可撤销信托不能起到资产隔离的效果。[①] 相应的，符合美国税法定义的外国授予人信托正是因为委托人保留了撤销权，即使将财产交付信托，仍被视为委托人的资产，由委托人纳税，不具有风险隔离功能。

（2）财产管理权让渡：委托人不可单方无条件提取信托利益，干预信托财产的分配。在信托文件中，委托人可以为受益人设置信托利益分配方案，比如固定分配项下的基本生活费、附条件分配项下的医疗补助资金，委托人设立分配方案后，由受托人按照既定的方案去进行管理运作并不会影响到信托财产的独立性。如果委托人可以随时申请向任一受益人进行临时分配，且没有明显限额，虽然委托人不是受益人，但是基于受益人均为委托人亲属，不排除委托人可以通过临时分配来实现对信托财产的实际控制，在此情形下，将会极大程度地削弱信托的风险隔离效果。

（3）变更权减少适用：委托人根据信托文件当然地享有信托方案的变更权，包括但不限于变更受益人及其收益分配方案等。但是如果在实践中委托人频繁地行使变更权，且在结果上直接影响到了信托财产的分配和债权人权利的行使，也有较大可能影响信托财产的风险隔离效果。

（4）投资决策权适当保留：从更为审慎的角度出发，委托人亦不应全权负责信托的投资管理，虽然从实务界普遍认知来看，委托人根据其专业能力进行投资运作，只要投资运作产生的信托利益分配权不由委托人控制，则委托人不具有实质控制权。但更为

---

① 于文卿：《家族信托委托人权利保留研究》，华东政法大学 2021 年硕士学位论文。

有利的方案是，委托人可以提前确定好投资策略和投资方向，由受托人进行投资管理或委托第三人进行管理。

2023 年，俏江南创始人张兰的海外家族信托被法院判决“击穿”①，根据法院的裁定，核心原因即上述的两个关键要素，张兰设立信托包含逃债目的，张兰对信托财产保有实质的控制权。对于以上标准，在委托人和被保险人为同一人的保险金信托中，信托财产正式管理运作时，委托人已经去世，因此本不存在委托人对信托财产具有实质控制权的情形。对于委托人和被保险人非同一人的保险金信托和含有保单资产的家族信托，则需要在信托文件中特别注意。

2. 债权人利益保护

委托人将资金交付至信托应当具有合法的目的，以逃避债权为目的的信托不能抗辩债权人的撤销权。《信托法》就委托人和债权人的利益平衡问题作出规定，委托人设立信托损害其债权人利益的，债权人有权申请人民法院撤销该信托（第 12 条），设立信托前债权人已对该信托财产享有优先受偿的权利，并依法行使该权利的，信托财产可以被强制执行（第 17 条）。《信托法》第 12 条是关于债权人撤销权较为笼统的规定，没有明确损害债权人利益的认定标准。从立法目的来看，在认定标准确认上，既要保障债权人行使撤销权维护自己的合法权益，又要防止债权人撤销权过度扩张而损害委托人和受益人的合法利益。笔者认为，应基于此原则对认定标准进行细化。比如可以参考《民法典》和《企业破产法》的相关规定，确定可撤销信托的基本认定要件，对委托人设立信托一年后宣告破产以及设立一年内无清偿能力的情形，应推定委托人具有信托欺诈的主观恶意。②

从债权人信赖利益保护的视角来看，委托人财产转让至信托，涉及财产登记的，应该依法完成登记。基于资金占有即所有的原则，用资金设立家族信托时并不需要履行信托登记手续表征特定财产独立于家族信托委托人，因此资金型家族信托风险隔离的关注要点应在于信托财产是否合法。倘若设立家族信托的委托人并非合法拥有部分或全部财产权利，那么其将资金装入家族信托时就存在信托财产不合法使得风险隔离被击穿的可能性。③ 对于股权、不动产等财产，因其分别基于登记对抗和生效，是否完成登记、能否在登记上通过标注的方式明确其属于受托人管理的信托财产，则很大程度影响债权人的信赖利益和信托财产的风险隔离效果。2024 年 12 月，北京金融监管局会同市规划自然资源委联合印发《关于做好不动产信托财产登记工作的通知（试行）》，

① 张飞雪：《信托财产独立性的边界——家族信托资产保全的功能及其挑战》，【法宝引证码】CLI.A.264841。

② 张叶东、王智伟：《家族信托破产隔离功能滥用的法律规制——兼议信托法和个人破产制度的协调》，《南方金融》2020 年第 8 期，第 92—99 页。

③ 王姊懿：《家族信托风险隔离的合法性进路与机制设计》，西南财经大学 2022 年硕士学位论文。

2025 年 4 月北京金融监管局与北京市市场监督管理局联合下发《关于做好股权信托财产登记工作的通知(试行)》,在全国率先打通不动产和股权信托财产登记路径,实现了不动产和股权作为信托财产的明确登记,通过试点推进,解决了《信托法》实施依赖登记机制的难题,很好地解决了信托财产独立性基本原则下债权人的信赖利益保护难题,也能更好地实现信托财产的风险隔离。

### (二) 保单现金价值的强制执行

根据目前理论界的通说,保单现金价值来源于投保人长期缴纳的保费积累,除非另有约定,保单的现金价值原则上归属于投保人,在司法实践中,法院通常认定保单现金价值属于投保人的财产权益。因此本部分讨论的逻辑前提是保单现金价值属于投保人所有。保险金信托 2.0 和 3.0 模式下,投保人是信托公司,委托人的债权人不能对保单的现金价值进行强制执行。所以本部分主要探讨在保险法律关系中和保险金信托 1.0 法律关系中,投保人的债权人是否可以对保单的现金价值申请强制执行。

在保险法律关系中,根据《保险法》第 15 条和第 47 条的规定,债权人能够强制执行保单现金价值的前提,应该是投保人先行解除保险合同,保险人按合同约定向投保人退还现金价值。在司法实践中,法院执行保单现金价值的方式就是直接从保险人账户划拨现金价值。鉴于现金价值返还请求权乃以投保人解除合同为前提,该执行方法实质是由法院代位行使了投保人的合同解除权。根据以"保单现金价值""执行异议"整理的执行异议/复议裁定书,在 709 份样本中,异议/复议人得到支持的裁决仅 5 份,体现出法院对保单现金价值的强制执行普遍持支持态度。① 虽然保单的现金价值原则上可以被强制执行,但是区别于投保人一般财产,比如存款等财产,保单的特殊性在于对保单现金价值的强制执行不可避免地会影响到受益人保险金请求权的实现,需要考量投保人债权人和受益人之间的利益平衡,防范债权人权利滥用。比如以下典型情形,被保险人即将身故的、债务金额与现金价值相比明显较小的、投保人于合同解除后因年龄限制将无法订立新保险合同的、保险赔偿金是受益人基本生活保障来源的。② 部分支持异议的裁决也是基于以上考量,对受益人利益进行平衡保障。

在保险金信托 1.0 法律关系中,其核心变化是将人身保险的受益人变更为信托公司,由信托公司代表具体的保险金信托产品来享有和行使保险金请求权。笔者在"北大法宝"上进行案例检索,还未有针对保险金信托项下保单现金价值强制执行的案例,但由于在保险金信托法律关系中,投保人并未发生变更,因此保单的现金价值原则上还是可以被投保人的债权人申请强制执行的。唯一区别是,基于受益人利益均衡考量,此时

---

① 王一家:《人身保单现金价值强制执行中的利益平衡路径——以利他保险合同为视角》,华东政法大学 2023 年硕士学位论文。

② 参见岳卫:《人寿保险合同现金价值返还请求权的强制执行》,载《当代法学》2015 年第 1 期,第 86—93 页。

保单的受益人为保险金信托，属于具有独立性的信托财产，应当考量对独立信托财产价值的保护。投保人现金价值的强制执行将会使保险金信托的信托财产灭失，此时因结合保险金信托的性质和设立目的进行综合判断，如果在信托安排上是以照护心智障碍儿童等特定受益人基本生活需求为目的设立的特需信托，信托中分配条款主要是为了支付照护机构照护费用，则应该更倾向于不可以对保单的现金价值进行强制执行。

总体而言，债权人对投保人享有的债权是确定的，虽然在以死亡为给付条件的人身保险合同中，受益人享有的保险金请求权的实现也有确定性，但是由于投保人和被保险人享有变更受益人的权利，从不特定受益人视角出发，会一定程度削弱保险金请求权的确定性，在利益衡量的视角下，债权人的利益应当被优先保护。

### （三）信托受益权的强制执行

关于信托受益权能否被强制执行的问题，我国《信托法》第 47 条规定“受益人不能清偿到期债务的，其信托受益权可以用于清偿债务，但法律、行政法规以及信托文件有限制性规定的除外”；《九民纪要》第 95 条规定“受益人对信托财产享有的权利表现为信托受益权，信托财产并非受益人的责任财产。当事人申请对受益人的受益权采取保全措施的，人民法院应当根据《信托法》第 47 条的规定进行审查，决定是否采取保全措施。决定采取保全措施的，应当将保全裁定送达受托人和受益人”。

根据现行法律规定，信托受益权可以用于清偿债务，既包括受益人可以主动通过受益权转让来实现债务清偿，也包括债权人可以申请强制执行受益权来回收债权。但是信托受益权的强制执行是有限制的，法律上预留了但书条款，实践中信托公司也都会在信托文件中明确信托受益权不可以用于清偿债务，但是基于债权人保护视角和司法执行难的背景，私权约定效力很大概率无法对抗公权力的强制执行，所以单从法律规定来看，信托受益权是可以被强制执行的。

现行法律规定对于信托受益权是否可以清偿债务的规定较为笼统，《信托法》通过于 2001 年，《九民纪要》印发于 2019 年，基本很难考虑到 2023 年信托业三分类之后以家族信托、保险金信托为代表的服务信托的基本情况。家族信托、保险金信托有一个基本要求是其不能为自益信托，也就是委托人不得为唯一的受益人。在保险金信托中，受益权作为期待权，区别于传统自益型的资产管理信托，其受益权具有根本上的不确定性，不仅受益权比例无法确定（保险金信托中一般只有终止分配的分配比例，附条件分配取决于是否触发相应分配条件，固定和临时分配金额取决于委托人存续期间分配申请），甚至有可能随时因为委托人变更受益人而使受益人根本性丧失受益权。这种特征的实质效果类似于英美信托法的裁量信托，即委托人行使裁量权之前，裁量信托中并无确定的受益人，申言之，并无确定受益债权发生。[①] 在此情形下，即使受益权被申请强

① 参见岳卫：《信托受益权的强制执行与规避可能性》，《南大法学》2021 年第 6 期，第 101—116 页。

制执行，且不论受益权不具有能够确定的价值，即使按终止分配比例来确认其价值，委托人也可以变更受益人，使债权人不具有可执行对象。信托财产并非受益人的责任财产，受益权作为期待权在保险金信托项下具有很强的不确定性，因此强制执行具有不确定性的期待权不具有实际的可行性。

同时，我国保险金信托的基本特征又类似于英美信托法的反挥霍信托。首先，信托项下一般都会对受益权的转让做出限制性规定，受益人不得通过转让、担保、赠与等方式将其信托受益权转由第三人享有。其次，受益人的受益权的取得具有无偿性，且根本不具有相对于所有权的权限，不能独立决定自己受益权的实现；最后，信托中的分配条款中会常规性地包含基本生活费、医疗补助、教育基金等分配情形，在信托设立的基本目的上也是防止保险理赔金一次性赔付给受益人，而出现被挥霍的风险。在此背景下，从法理来看，受益权并非能够支配的财产，而是委托人无偿为受益人生活保障设立的附条件期待权，受益人没有处分期待权的任何权利，不应当被作为强制执行的对象。

从债权人利益视角进行考量，保险金信托的受益权具有私密性，不构成受益人的财富外表，债权人不应对此产生信赖利益，且债权人也无法对完全没有确定价值的期待权产生信赖。所以对债权人的保护应体现在，如果受益人的受益权已经得以实现，受益权转化为受益人的个人责任财产，在此情形下，笔者认为债权人对其主张权利，申请强制执行则具有合理性。

## 四、结　论

### （一）信托财产独立性的实现条件与法律挑战

信托财产的独立性是风险隔离效力的基石，但其实现需满足严格的法律要件。首先，委托人需完成财产的真实转移，避免保留实质控制权。如张兰海外信托被“击穿”的案例所示，若委托人对信托财产仍享有终止权、频繁变更权或干预分配权，信托财产的独立性将受到质疑。其次，信托目的需合法正当，不得以逃避债务为核心意图。根据《信托法》第 12 条，恶意损害债权人利益的信托可能被撤销，因此信托设立需在财产合法性与债务清偿能力评估上保持审慎。此外，信托财产登记制度的完善对风险隔离效力至关重要。我国近年来在不动产与股权信托财产登记上的试点突破，通过明确标注信托财产权属，既保护了债权人信赖利益，又强化了信托财产的公示效力。

### （二）保险金信托模式演进对风险隔离效力的影响

保险金信托的 1.0 至 3.0 模式演进，体现了市场对风险隔离功能需求的深化与法律结构的优化。在 1.0 模式下，信托财产仅为保险金请求权，其风险隔离效力存在显著局限性。由于投保人仍为委托人，保单现金价值归属委托人财产范畴，在保险赔付前，信托财产可能因投保人债务纠纷而被强制执行，导致风险隔离效果不确定。相较而言，

2.0模式通过将投保人变更为信托公司，实现了保单现金价值与信托财产的完全隔离，显著提升了风险隔离的确定性。而3.0模式下，信托公司作为初始投保人，全面介入保险关系，理论上可进一步强化信托财产的独立性，但因保险法对投保人保险利益的限制，其落地仍面临法律与实践障碍。模式演进的核心逻辑在于通过法律关系的重构，逐步剥离委托人对信托财产的控制权，从而增强风险隔离效力。

### （三）保单现金价值与信托受益权强制执行的利益平衡

在保险金信托中，保单现金价值与信托受益权的强制执行问题凸显了债权人利益与风险隔离功能的冲突。对于1.0模式，由于投保人未变更，保单现金价值仍属委托人财产范畴，债权人可通过解除保险合同强制执行现金价值。尽管司法实践中法院普遍支持此类执行，但需在个案中平衡受益人利益，例如以特需信托形式保障弱势群体的基本生活需求。

信托受益权的强制执行则需兼顾《信托法》第47条与实务特殊性。保险金信托的受益权具有高度不确定性与附条件分配特征，其本质上属于期待权而非既得财产权，强制执行缺乏可操作性。同时，信托文件对受益权转让的限制及受益人的可变更性，进一步削弱了债权人主张权利的基础。

### （四）风险隔离功能优化的路径建议

一是完善法律规范：建议相关部门完善法律规范，明确允许信托公司通过约定方式取得对被保险人的保险利益，为3.0模式落地扫清障碍；明确信托法中债权人撤销权的适用条件，减少司法裁量分歧。二是强化信托财产登记制度：参照北京试点案例，推动全国范围内股权和不动产信托登记制度的完善，通过公示公信机制增强信托财产的隔离效果。三是优化信托文件设计：在信托合同中限制委托人保留权利的范围，避免被认定为非真实转让，影响资产隔离的效力；明确受益权分配规则与不可转让条款，降低被“击穿”风险。

# 保险业法研究

# 论法规制视角下的保险公司可持续发展

袁建华　李正宜*

[摘　要]　在全球范围内，环境、社会和公司治理(ESG)已成为企业可持续发展的核心议题。特别是在保险行业中，头部公司通过ESG工作，不仅为客户提供了更高质量的服务，还积极承担社会责任，推动绿色环境保护和社会的可持续发展。本文将通过比较友邦人寿保险和其他两家头部保险公司近年的ESG报告，深入探讨三家公司在ESG方面的努力和成效，揭示ESG工作对保险公司的重要性以及其对行业可持续发展的深远影响。

[关键词]　ESG;金融"五篇大文章";可持续发展;保险监管;保险法修订

## 一、什么是ESG

ESG是环境(Environment)、社会(Social)和治理(Governance)的缩写，其概念源于对全球可持续发展的关注，最早可以追溯到20世纪60年代的环境保护运动，之后随着社会责任投资的兴起，企业开始将环境和社会因素纳入经营考虑范围。[①] 环境方面包括企业在环境保护、资源利用、能源消耗和污染控制等方面的措施和表现；社会方面则关注企业在员工福利、社区关系、消费者权益、供应链管理等方面的责任；治理方面则涉及公司治理结构、管理层透明度、股东权利、反腐败和道德规范等。

渐渐地，ESG成为评估一个企业在可持续发展领域表现情况的重要因素，投资者关注企业在ESG方面的表现，因为它关系到企业的声誉、品牌价值和财务健康。良好的ESG实践不仅能提升企业的社会责任感和形象，还能吸引长期投资者，增强市场竞争力。

## 二、法律法规和监管规定里的ESG体现

### (一) 法律法规

在中国的ESG生态体系中，法律法规是重要的支柱和框架，督促企业在追求短期

*　袁建华，友邦人寿保险有限公司法律部负责人；李正宜，友邦人寿保险有限公司法律部高级经理。

①　参见李辛:《ESG理念发展现状及发展建议》，载清华大学互联网产业研究院网，2023年。

经济效益的同时，积极履行社会责任和环境保护义务，关注企业在科技化战略、绿色环境价值以及社会责任与人才价值方面的长期发展。

1. 科技化战略

在科技化战略方面，专利法、反不正当竞争法和数据安全法是主要的法律依据。

专利法保护企业的创新成果，鼓励技术进步和创新。例如，《中华人民共和国专利法》第 22 条规定，授予专利权的发明和实用新型，应当具备新颖性、创造性和实用性。

反不正当竞争法则旨在维护市场竞争的公平性，打击不正当竞争行为，保障企业的合法权益。根据《中华人民共和国反不正当竞争法》第 12 条，经营者不得利用技术手段，通过影响用户选择或者其他方式，实施列举的妨碍、破坏其他经营者合法提供的网络产品或者服务正常运行的行为。

此外，随着数字化时代的到来，数据安全法的重要性日益凸显。数据安全法旨在保护个人信息和企业数据的安全，预防数据泄露和滥用，保障公众的隐私权和信息安全。例如，《中华人民共和国数据安全法》第 19 条规定，国家建立健全数据交易管理制度，规范数据交易行为，培育数据交易市场。

2. 绿色环境价值

在绿色环境价值方面，环境保护法和可再生能源法是主要的法律依据。

环境保护法要求企业采取有效措施减少污染排放，保护自然资源和生态环境。例如，《中华人民共和国环境保护法》第 6 条规定，企业事业单位和其他生产经营者应当防止、减少环境污染和生态破坏，对所造成的损害依法承担责任。第 40 条规定，企业应当优先使用清洁能源，采用资源利用率高、污染物排放量少的工艺、设备以及废弃物综合利用技术和污染物无害化处理技术，减少污染物的产生。通过实施环境保护法，政府希望推动企业采取环保措施，减少对环境的负面影响，促进可持续发展。

此外，国家还制定了碳排放交易制度和可再生能源法，以推动企业减少碳排放，增加可再生能源的使用。例如，《中华人民共和国可再生能源法》第 4 条规定，国家将可再生能源的开发利用列为能源发展的优先领域，通过制定可再生能源开发利用总量目标和采取相应措施，推动可再生能源市场的建立和发展。国家鼓励各种所有制经济主体参与可再生能源的开发利用，依法保护可再生能源开发利用者的合法权益。

3. 社会责任和人才价值

在社会责任和人才价值方面，社会保险法和养老金投资规范是主要的法律依据。

社会保险法规定了企业为员工提供社会保险的义务，保障员工的基本生活和医疗需求。例如，《中华人民共和国社会保险法》第 2 条规定，国家建立基本养老保险、基本医疗保险、工伤保险、失业保险、生育保险等社会保险制度，保障公民在年老、疾病、工伤、失业、生育等情况下依法从国家和社会获得物质帮助的权利。

养老金投资规范则指导企业如何管理和投资员工的养老金，确保员工在退休后的生活保障。例如，《企业年金办法》第 17 条规定，企业缴费应当按照企业年金方案确定的比例和办法计入职工企业年金个人账户，职工个人缴费计入本人企业年金个人账户。此外，企业还需遵循劳动法等法律，保障员工的合法权益和职业安全，营造良好的工作环境。例如，《中华人民共和国劳动法》第 76 条规定，用人单位应当创造条件，改善集体福利，提高劳动者的福利待遇。

综上所述，通过遵守相关法律法规，企业不仅能够提升自身的可持续发展能力，还能够赢得公众的信任和支持，通过优秀的 ESG 表现，为社会的可持续发展贡献力量。

### （二）监管规定

近年来，国际社会对气候变化、社会公平及公司治理的重视推动了 ESG 标准的制定和实施，各国监管机构相继出台相关文件，目的是提高企业透明度，保障长期投资者利益，并促进可持续的经济发展。

在中国，国家金融监督管理总局、上海证券交易所（简称上交所）以及香港联合交易所有限公司（简称联交所）等也相继发布了一系列有关 ESG 的文件，对企业的环境、社会责任和公司治理提出了具体要求，例如：

2022 年，银保监会（现金融监督管理总局）发布了《银行业保险业绿色金融指引》[①]，详细规定了保险公司在绿色金融战略、气候治理和 ESG 信息披露方面的具体要求。接着，在 2023 年，中国保险行业协会发布了《保险机构环境、社会与治理信息披露指南》。这是专为保险行业制定的自律性文件，首次明确了保险公司在环境、社会和治理三个方面的披露要求。

此后，国家金融监督管理总局又出台了《银行业保险业绿色金融高质量发展实施方案》[②]，在推动 ESG 理念落地方面起到了重要作用。《绿色金融指引》为金融机构在绿色金融业务中的操作提供了详细的规范和标准，旨在推动金融机构增加对绿色项目的资金投入，从而促进环保和可持续发展。

上交所发布的《上海证券交易所上市公司环境信息披露指引》则要求上市公司必须披露其环境保护相关的信息，包括污染物排放、资源使用及环保措施等。这一文件旨在提高企业环境信息披露的透明度，推动企业履行环境责任。

联交所发布的《企业管治守则》和《环境、社会及管治报告指引》则规定，上市公司需定期对其 ESG 表现进行报告。文件明确指出，企业需披露其在环境保护、社会责任和公司治理方面的具体措施和成效，以便投资者了解企业的 ESG 表现和风险管理

① 参见中国银保监会《关于印发〈银行业保险业绿色金融指引〉的通知》，2022 年。

② 参见国家金融监督管理总局办公厅、中国人民银行办公厅《关于印发〈银行业保险业绿色金融高质量发展实施方案〉的通知》，2025 年。

能力。

综合来看，上交所侧重于上市公司的环境信息披露，联交所则强调 ESG 绩效在年度报告中的透明度，而国家金融监督管理总局的指引则更具广泛性和深度，涵盖了绿色债券和可持续金融等方面。

## 三、保险公司的可持续发展报告

在上文背景下，许多保险公司都发布了 ESG 报告，展示其在可持续发展方面的努力。保险公司致力于减少碳足迹，推动绿色投资，承担更多的社会责任。

1. 中国人寿保险(集团)公司

中国人寿 2023 年企业社会责任报告强调了公司在绿色金融、普惠金融和养老金融领域的创新与发展。全面践行金融报国、保险为民初心使命，发挥保险经济减震器和社会稳定器功能，助力强国建设、民族复兴伟业。①

2. 中国平安保险(集团)股份有限公司

在中国平安 2023 可持续发展报告中，我们看到平安重视行业交流的开展和可持续生态的共建，参与行业自律规范及可持续发展标准的制定，与此同时积极与全球领先的可持续发展标准保持同步，致力于“走出去”，树立中国企业的可持续发展形象。②

3. 友邦人寿保险有限公司

友邦人寿作为一家外资保险公司，在企业文化的营造、人才培养的规划和全面战略布局上有独特、突出的表现。在友邦人寿的 2023 企业社会责任报告中，我们看到公司秉持“客户驱动的业务革新”的初心、坚持贯彻“长期主义”的理念，在绿色发展、公益慈善的道路上坚守稳健经营的决心。③

通过比对三家企业在 ESG 报告中宣传的可持续发展目标(Sustainable Development Goals，简称 SDGs)情况，就几个重点领域情况整理形成下表：

**三家企业可持续发展目标比对**

| SDGs | 中国人寿 | 中国平安 | 友邦人寿 |
|---|---|---|---|
| 1 无贫穷 | 开展结对帮扶，构建“三农”保险服务体系。 | 助力乡村振兴，践行志愿服务。 | 援建山区学校，减小教育资源差距。 |

① 参见中国人寿保险(集团)公司 2023 企业社会责任报告。

② 参见中国平安 2023 可持续发展报告。

③ 参见友邦人寿保险有限公司 2023 企业社会责任报告。

**续 表**

<table>
<tr><th>SDGs</th><th>中国人寿</th><th>中国平安</th><th>友邦人寿</th></tr>
<tr><td>3 良好健康与福祉</td><td>提升养老服务供给，打造康养服务生态。</td><td>利用医疗养老生态圈提供健康养老服务。</td><td>开展养老生态、职场防护、特殊儿童关爱项目。</td></tr>
<tr><td>4 优质教育</td><td>深度参与教育公益事业，关爱未成年人成长。</td><td>坚持教育公益，积极回报社会。</td><td>关注人才培养和教育宣传、帮扶女童完成学业。</td></tr>
<tr><td>5 性别平等</td><td>坚持平等雇佣原则，维护女员工合法权益。</td><td rowspan="3">开展年度员工满意度调查，员工整体满意度相较去年有所提升。</td><td>提供公平的就业机会，构建平等的职场环境。</td></tr>
<tr><td>6 清洁饮水和卫生设施</td><td>持续加大在清洁能源、生态环境等领域的布局。</td><td>净水计划为缺少净水的偏远学校捐赠设备。</td></tr>
<tr><td>8 体面工作和经济增长</td><td>为员工提供良好福利与发展机遇。</td><td>完善薪酬福利体系，建立和谐稳固劳动关系。</td></tr>
<tr><td>10 减少不平等</td><td>保障职工同工同酬，打造多元的人才队伍。</td><td>普惠银行业务规模同比增长。</td><td>为次标人群定制保障，为残障人士提供岗位。</td></tr>
<tr><td>12 负责任消费和生产</td><td>参与有前瞻性、战略性的重大科技项目投资。</td><td>资本支持经济发展、社会进步和环境改善。</td><td>优先选用安全健康环保的场所和产品。</td></tr>
<tr><td>13 气候行动</td><td>传递绿色低碳理念，守护生态文明。</td><td>致力于2030运营碳中和，贡献最佳实践。</td><td>强化风险管理，逐步实现“净零排放”的承诺。</td></tr>
<tr><td>16 和平、正义与强大机构</td><td>持续发力惩治腐败，加强清廉金融文化建设。</td><td>检视公司治理，秉持道德价值。</td><td>建立落实业务合规、网络安全、反腐败等要求。</td></tr>
<tr><td>17 促进目标实现的伙伴关系</td><td>采购项目提出绿色环保、节能等认证要求。</td><td>将可持续发展原则纳入采购关键环节。</td><td>引导供应商积极履行社会责任。</td></tr>
</table>

**附：可持续发展目标（SDGs）介绍①**

在查阅了几家公司的ESG报告后，我们了解了各家公司在可持续发展方面的独特做法和亮点。不论在经济增长、减少不平等，还是负责任消费和生产等方面，都展现出了值得关注的努力。其中：

中国人寿2023年企业社会责任报告全面展示了其在可持续发展和社会责任领域的杰出表现。作为中国最大的保险公司之一，中国人寿在报告中强调了其对环境保护、社会公益，以及公司治理的持续投入和贡献。公司积极推动绿色投资，支持可再生能源和环保项目，并开展了多项扶贫和公益项目，尤其是在教育、医疗和乡村振兴领域。公司通过捐赠和志愿服务，为贫困地区提供支持和帮助，展现了强烈的社会责任感。

中国平安拥有MSCI ESG评级A，并参与制定多项行业标准。公司通过绿色投资、科技创新及高效管理，致力于推动可持续发展。平安的乡村振兴与公益实践在行业内有目共睹，开展"三村工程"提供帮扶，涵盖教育、医疗和扶贫三大领域，深度服务于贫困地区，助力乡村全面振兴。同时，平安持续通过科技赋能，申请多项科技专利，并推动智能化和数字化转型。公司推出"保险＋居家养老"服务，旨在提供更全面的养老保障，助力养老金融的发展。

友邦人寿则坚持"长期主义"和"新五年规划"，重视数字化平台的搭建，新单、保全

---

① 联合国 经济和社会事务部，https://sdgs.un.org/zh。

(1) 无贫穷：在全世界消除一切形式的贫困。

(2) 零饥饿：消除饥饿、实现粮食安全，改善营养状况和促进可持续农业。

(3) 良好健康与福祉：确保健康的生活，促进各年龄段人群的福祉。

(4) 优质教育：确保包容和公平的优质教育，让全民终身享有学习机会。

(5) 性别平等：实现性别平等，增强所有妇女和女童的权能。

(6) 清洁饮水和卫生设施：为所有人提供水和环境卫生并对其进行可持续管理。

(7) 经济适用的清洁能源：确保人人获得可负担、可靠和可持续的现代能源。

(8) 体面工作和经济增长：促进持久、包容性和可持续的经济增长，充分的生产性就业和人人获得体面工作。

(9) 产业、创新和基础设施：建设具有适应力的基础设施，促进包容性和可持续的工业化，推动创新。

(10) 减少不平等：减少国家内部和国家之间的不平等。

(11) 可持续城市和社区：建设包容、安全、有抵御灾害能力和可持续的城市和人类住区。

(12) 负责任消费和生产：确保采用可持续的消费和生产模式。

(13) 气候行动：采取紧急行动应对气候变化及其影响。

(14) 水下生物：保护和可持续利用海洋和海洋资源以促进可持续发展。

(15) 陆地生物：保护、恢复和促进可持续利用陆地生态系统，可持续管理森林，防治荒漠化，制止和扭转土地退化，遏制生物多样性的丧失。

(16) 和平、正义与强大机构：倡建和平、包容的社会以促进可持续发展，让所有人都能诉诸司法，在各级建立有效、负责和包容的机构。

(17) 促进目标实现的伙伴关系：加强执行手段，重振可持续发展全球伙伴关系。

和理赔的线上平台申请率均超过96%。友邦还积极参与清洁能源和绿色出行的建设投资，支持国家"双碳"目标，并高度重视公益慈善和社会责任。例如，友邦人寿开展常态化的绿色低碳文化宣传，积极鼓励员工及营销员践行绿色办公管理措施。此外，友邦还赞助各类环保和教育相关的公益活动，通过资助贫困学生等方式回馈社会。这一系列举措不仅体现了友邦作为企业公民的责任感，也为推动可持续发展贡献了自己的力量。

## 四、金融"五篇大文章"中的ESG理念

金融是国民经济的血脉，是国家核心竞争力的重要组成部分，中央金融工作会议提出，做好科技金融、绿色金融、普惠金融、养老金融、数字金融五篇大文章。在全球范围内，科技金融、绿色金融、普惠金融、养老金融和数字金融的发展也成为各国提升金融服务水平和竞争力的重要方向，做好金融"五篇大文章"是金融服务实体经济高质量发展的重要着力点，也是深化金融供给侧结构性改革的重要内容。① 这与上文中ESG的理念完全契合。

1. 科技金融

以友邦人寿为例，通过其ESG报告可以看到，友邦人寿从2017年开始制定科技战略，向智能化、数据化转型。目前，通过TDA(技术、数据、分析)策略，友邦人寿开发了一系列科技工具和平台，推动全面智能化。包括优化智能服务机器人和建立AI理赔系统，实现理赔智能化处理。2022年，推出了"友邦领航"一站式平台，帮助营销员高效提供定制化产品和专业服务。

在科技化战略的探索过程中，友邦人寿也斩获多项发明专利和奖项，在2022年，公司"基于预测模型的来电量预测方法"②国家发明专利获批；2023—2024年，公司"大语言模型业务分析"③、"AI保险重投回访服务"④等创新实践，连续获《中国银行保险报》数字化服务、运营及服务创新优秀案例，彰显行业领先的数字化转型实力。

未来，友邦人寿将继续建设"数据集市"，优化数据平台，实现全流程线上客户服务，并坚持依靠科技实现转型与突破。

---

① 参见刘璇：《做好金融"五篇大文章"》，《经济日报》2024年9月25日第10版。

② 基于预测模型的来电量预测方法：基于预测模型的话量预测方法，综合线上引流推广、外部环境影响、业务体量、忙闲波动等梳理出几百种测算因子，构建全新方法论实现话量的精准预测，提升联络中心效率，激活人力效能。

③ 大语言模型业务分析：借助大语言模型，短时间完成大量服务工单文本数据的分析分类，分析洞察客户对一年期不保证续保产品的真实反馈，从而更有针对性地对该类产品进行优化迭代，使得更新后的产品贴合客户真实的需求。

④ AI保险重投回访服务：从公司层面优化和升级了保单重新投保服务，在原人工提醒的基础上，通过拓展智能机器人服务场景向客户提供AI赋能的保单重投回访服务。

2. 绿色金融

绿色金融的发展理念则与多项 SDGs 不谋而合，各保险公司也在加强气候变化减缓、适应、减少影响和早期预警等方面的教育和宣传，加强人员和机构在此方面的能力。其中：

中国人寿响应国家绿色发展战略，推动绿色投资，通过多项绿色债权投资计划，支持一系列绿色项目的发展，持续加大在节能环保、清洁能源、生态环境、基础设施绿色升级等领域的布局。①

中国平安依托综合金融优势，充分发挥绿色金融作用，采取有力措施践行绿色发展理念，明确由董事会领导的四层治理架构对气候变化与碳中和议题进行监督与管理。②

友邦人寿协同友邦保险集团，不断强化气候变化的风险管理，逐步实现“净零排放”的承诺。同时将 ESG 要素融入投资组合管理，以可持续投资策略进行负责任投资。③

3. 普惠金融

普惠金融在减少不平等等方面有重要作用，有助于促进金融资源的公平分配，通过降低金融市场摩擦来解决金融排斥问题，促进经济和社会包容性增长。中国特色市场经济体制下，金融发展注重效率和公平，普惠金融则实现了这一平衡。普惠金融涵盖多维度金融服务，有利于支持小微企业和低收入群体，推动共同富裕。做好普惠金融有利于防范金融风险，增强金融体系稳定性。加快建设中国特色普惠金融体系，是实现共同富裕和支持中国式现代化的重要措施。④

在保险行业，普惠型的保障产品也越来越充分，有城市定制型补充医疗保险惠民保，针对外卖骑手、货运司机等新就业形态人员的职业伤害保障，为失能人群提供长期护理的长期护理保障，还有专为弱势群体设计的寿险、疾病、医疗和意外等诸多险种。普惠保险产品的意义和社会作用不可忽视。作为普惠金融的重要组成部分，普惠保险产品通过提供广泛而有效的保障，确保低收入群体和小微企业能够获得必要的风险保护。这类产品不仅降低了这些群体面对意外事件和经济困境时的风险，还促进了社会公平和经济包容性增长。

4. 养老金融

2024 年底，中国人民银行、金融监管总局、国家发展改革委、民政部、财政部、人力资源社会保障部、国家卫生健康委、中国证监会、国家医保局等九部门联合印发《关于金融支持中国式养老事业 服务银发经济高质量发展的指导意见》，明确指出要完善金融

---

① 参见中国人寿保险(集团)公司 2023 企业社会责任报告。

② 参见中国平安 2023 可持续发展报告。

③ 参见友邦人寿保险有限公司 2023 企业社会责任报告。

④ 参见张栋浩、刘锡良：《做好普惠金融大文章 走中国特色金融发展之路》，《光明日报》2023 年 11 月 28 日第 11 版。

支持银发经济的服务体系和管理机制，扩大银发经济经营主体和产业集群发展的信贷投放，加大直接融资支持力度，拓展多元化资金来源渠道。

实际上，养老金融和 ESG 投资理念相辅相成。ESG 理念是大概念，它着眼于长期投资周期，关系到环境、社会和公司的治理。而养老金融、养老金的资金属性同样具备长期属性，养老金融的投资涵盖了一个人的生命周期，是典型的代际投资。两者均厌恶风险，预期追求持续低波动的正向收益。①

5. 数字金融

与前述金融类型相比，数字金融技术和 ESG 的关联性则更加紧密，区块链和大数据分析可以提高 ESG 数据的透明度和可追溯性，帮助企业更好地披露其环境和社会影响；先进的分析工具和算法也可以更有效地识别和管理 ESG 相关风险，这有助于金融机构在投资决策中更好地考虑环境和社会因素；移动支付和在线贷款平台则可以扩大金融服务的覆盖面，促进普惠金融的发展。

专业研究结果显示：(1) 数字金融能促进企业 ESG 整体表现的提升，且数字金融对企业环境治理、社会责任承担方面均有激励作用。(2) 数字金融主要通过提高企业绿色创新能力和缓解其融资约束来提升企业 ESG 表现。(3) 数字金融对于位于非低碳试点城市和低碳试点城市的企业 ESG 表现均有显著激励作用，但是对于非低碳试点城市的企业 ESG 表现的提升作用更明显。(4) 与中小型企业相比，数字金融对大型企业 ESG 表现的提升效应更强。(5) 数字金融对于年长型企业的 ESG 表现有显著激励作用，但是对于年轻型企业 ESG 表现的提升作用并不明显。(6) 数字金融对于受到较强金融监管的企业 ESG 表现的促进作用更显著。

在中央金融工作会议提出做好“五篇大文章”要求后，国家金融监督管理总局也随即发布了《关于银行业保险业做好金融“五篇大文章”的指导意见》，对银行保险机构提出加强内部管理机制建设、完善激励约束机制、坚守风险底线等工作要求，旨在确保“五篇大文章”相关工作的实效，推动金融服务实体经济的质量和水平不断提升。相关要求共同构成了一个系统性、全面性的支持框架，为做好“五篇大文章”奠定了坚实的基础。

友邦人寿作为外资保险企业代表，认真践行上述国家金融监督管理总局的工作要求，研究一系列落实措施，在深入推进新五年战略高质量落地过程中，以客户驱动、卓越渠道、区域拓展为发展引擎，坚持“长期主义”的发展决心。未来，友邦将继续扎根故里、投资中国，逐光而行做好“五篇大文章”，坚定不移地踏上金融强国新征程。

---

① 参见汪泓：《从“生存型养老”向“生活型养老”跨越》，《经济观察报》2022 年 1 月 17 日第 12 版。

## 五、友邦人寿在坚持可持续发展过程中的特点

友邦人寿作为一家有外资背景的人寿保险公司，始终以协助大众实践“健康、长久、好生活”作为目标和工作基础。据此，友邦人寿致力于建立ESG策略的五大支柱，即健康和保健、可持续投资、可持续运营、员工及文化和有效的管治。通过这些支柱，友邦人寿不仅希望为股东创造价值，还希望对社会产生积极影响。

在健康和保健方面，友邦人寿提供了一系列健康保险和服务，旨在提高客户的健康水平，并帮助客户管理长期健康问题。公司还注重可持续投资，通过选择具备良好ESG表现的企业进行投资，从而推动更环保、更公平的商业实践。

在可持续运营方面，公司致力于减少自身运营对环境的影响，采取措施提高资源利用效率，减少碳排放。友邦人寿还注重员工及文化，倡导多元化、平等和包容性，提供各种职业发展机会和员工福利，确保每位员工都能在安全、支持性的环境中工作。

最后，有效的管治是友邦人寿ESG策略的重要组成部分。公司严格遵守相关法律法规，建立透明、公正的公司治理体系，确保公司的长期稳定和发展。

在建立上述支柱的情况下，友邦人寿的ESG数据表现也呈现出以下特点：

1. 重视股东股权管理

友邦人寿非常重视公司治理，严格遵守国家法律法规，努力提升公司治理能力和水平，建立以股东、董事会、监事会为核心的治理体系，推动公司的高质量发展。

2023年，公司严格管理股东股权承诺及行为，并通过制订股东权利义务手册将具体措施细化落地，进一步确保股东的权利和义务得到合理分配和执行。董事会也积极推动绿色金融发展，将ESG治理纳入决策过程，制定明确的绿色金融发展策略，致力于可持续发展和社会责任。在信息披露方面，公司建立了完善的机制，确保所披露信息的真实、准确、完整和及时。

2. 热心公益慈善、关怀弱势群体

友邦人寿注重关怀儿童、老人等弱势群体，通过多项不同类型的公益项目，帮助改善他们的生活环境和条件。

(1) 通过“友邦天使心”项目帮助身心障碍儿童家庭，2023年是友邦人寿携手关爱身心障碍儿童“爱奇儿”及其家人的公益机构“天使心家族”的第9个年头，坚持并倡导“父母先走出来，孩子才有希望”，通过好声音、喘息讲座、亲子游等多种形式帮助“爱奇儿”家庭走出阴霾。

(2) 通过“新阳光病房学校教室”支持长期住院儿童教育，帮助病房儿童保持学习的兴趣和能力，避免因长期与社会脱节而出现社交障碍，为每个孩子创造公平接受教育与发展机会的条件，让生命的光彩得以绚烂绽放。在2023年，又与上海儿童医学中心(张江院区)达成合作，新的病房学校将于2024年6月启用。

（3）通过“春蕾计划”帮助贫困地区女孩改变命运，从 2021 年帮扶云南省困境女孩完成学业，到 2022 年拓展到四川、湖北、河北三地，再到 2023 年六一期间，携手中国儿童少年基金会捐出百万物资礼包，送到湖北、河南、河北三地的“春蕾”女童手中，助力女童们的学习和生活。

（4）通过“乐龄计划”改善困境老人养老环境，通过适老化入户、社区改造、无障碍设施增设、居家风险排查、智慧养老、助老志愿服务等一系列措施，配以乐龄学堂、乐龄食堂等服务板块，为老年人提供更加安全、温馨的社区与居家环境。

3. 重视长期发展，推出“新五年计划”

友邦人寿的“新五年计划”主要围绕三个核心关键词：客户驱动、创新驱动和区域发展，并以四大战略支柱为基础：产品与服务、卓越营销员渠道、卓越多元渠道和区域发展。该计划旨在通过创新和数字化手段，满足客户的多元化需求，提升客户体验和满意度。①

## 六、保险法赋能保险行业的 ESG 发展

法律是社会运行的基石，保障了社会的和谐与稳定，也在推动保险行业的环境、社会和治理（ESG）发展方面起着至关重要的作用。在推动保险行业可持续发展的进程中，法律不仅可以提供规范和指引，还可以通过各类实际措施督促、推进 ESG 目标的实现。

在从事保险业工作时，《中华人民共和国保险法》是业务活动中最重要的法律依据。作为一部专门调整保险关系和保险当事人权利义务等的保险行业“部门法”，《中华人民共和国保险法》自 1995 年 6 月 30 日公布以来，至今经历 4 次修订，无论哪一版均涵盖了体现 ESG 可持续发展理念的导向性内容。比如在现行有效的保险法中：

首先，总则部分明确规定，从事保险活动必须遵守法律、行政法规，尊重社会公德，不得损害社会公共利益。这一条款强调了保险业在运营过程中需要考虑社会责任和公共利益，确保保险活动不损害社会公共利益，可以促进保险公司的可持续发展。

其次，保险法要求保险活动当事人行使权利、履行义务应当遵循诚实信用原则；订立保险合同应当协商一致，遵循公平原则。这些原则不仅有助于建立公平透明的市场环境，还能增强公众对保险行业的信任，强调企业在运营过程中应保持透明度和诚信，推动行业的长期健康发展。

此外，保险法还规定保险公司开展业务，应当遵循公平竞争的原则，不得从事不正当竞争。强调企业应遵守法律法规，维护市场的公平竞争环境，有助于维护市场秩序，防止垄断行为，促进市场的健康发展。

---

① 参见友邦人寿保险有限公司 2023 企业社会责任报告。

综上所述，现行保险法通过强调社会责任、诚信原则、公平竞争等方面，有效地支持和反映了 ESG 可持续发展理念。保险公司可以在遵守这些法律条款的基础上，进一步推动 ESG 目标的实现，促进社会、环境和经济的可持续发展。在实际操作中，保险公司应积极回应法律的要求，内部建立健全的 ESG 政策和制度，增强全体员工的法律意识和 ESG 意识。通过全面的培训和教育活动，确保每一位员工都能理解并践行 ESG 理念，推动公司整体向可持续发展方向迈进。

最后，在《中华人民共和国保险法》修订的当前背景下，我们看到在修订过程中也处处体现了 ESG 的文化和要素。当前热议的几项重大变化包括①：

(1) 犹豫期延长至 30 天、条款通俗化、现金价值公开化等更有助于消费者和保险公司负责任消费和生产，增强消费者对保险产品的信任和提升其满意度。

(2) 跨境监管联网的推进，使得消费者在香港等地购买保险也能享受内地投诉通道，进一步拓宽了消费者的维权途径，建立更有效、负责和包容的机构。

(3) 规范互联网保险服务，在互联网保险快速发展并为消费者提供了更加便捷的投保渠道的同时，加强对互联网保险销售人员的资质管理，可以奠定更稳固的产业创新基础。

总而言之，通过保险法推动保险业 ESG 发展的作用可以看出，法律不仅是社会和谐稳定的基石，也是推动保险行业环境、社会和治理发展的重要力量。通过法律的强制、规范和导向作用，保险行业能够在可持续发展的道路上不断前行，实现经济效益与社会效益的双赢。

---

① 参见晓保呗：《30 年来首次大修！2025 年〈保险法〉拟修订：全方位守护保险消费者权益》，2025 年 4 月 7 日。

# 日本禁止性保险销售行为规制体系论

陈昊泽*

[摘　要]　日本禁止性保险销售行为规制体系同时调整保险公司、保险销售人在信息提供与销售流程中的行为，前者包括禁止虚假告知重要事项、误导性产品比较、对不确定事项作断定的判断等；后者涉及禁止妨碍投保人履行告知义务、不当转换销售及特别利益提供等。日本禁止性保险销售行为规制的演进，体现为通过保险业法及相关规范性文件与法律体系的衔接，实现刑罚导向转向多层次"要件-效力"程式的规范模式。日本禁止性保险销售行为规制体系具有自我指涉特征，其与积极的保险销售行为规制结合，形塑了保险销售行为的应然样态："合法"符码通过意向把握义务与说明义务塑造应然销售流程，"非法"符码则聚焦行为排除功能。日本禁止性保险销售的启示在于，中国立法需突破现有抽象立法模式，细化禁止性条款类型化标准，建立法律规范与行业指引的联动机制，通过功能分化的制度设计实现保险销售合规监管与市场活力的动态平衡。

[关键词]　系统论法学；适合性原则；保险业法；保险销售误导；保险监管；《保险法》修订

## 一、引　言

随着金融、证券交易的制度缓和与消费者保护规制的整备①，日本保险销售行为制度项下的保险意向把握义务、保险说明义务改革成为中心，在这之下还有日本金融厅《面向保险公司的综合监督指南》（以下简称《监督指南》）和业界自主规制，这使得日本保险销售行为制度体系趋于复杂②。日本保险销售行为制度的二元符码在保险自由化

---

*　陈昊泽，福州大学法学院副教授，法学博士。

①　相关情况可参见谭茜元、陈昊泽：《日本保险公司破产应对模式的演变与启示》，载《现代日本经济》2025 年第 1 期。从历史脉络来看，日本保险销售行为规制改革是滞后于经营健全性规制与经营危机应对制度改革的。

②　有关积极的保险销售行为规制的论述，可参见何丽新、陈昊泽：《保险销售适合性原则对我国的启示》，载《法治论坛（第 63 卷）》，中国法制出版社 2021 年版。为避免重复论述，本文仅在分析部分涉及相关内容。此外，在体系层面还应关注保险冷静期制度对保险销售行为导致影响。参见陈昊泽：《日本法上的保险冷静期制度及启示》，《民商法论丛（第 73 卷）》，社会科学文献出版社 2022 年版。

的背景下[①]趋于明确：在以往限定于禁止虚假说明等不适当行为的基础上，通过将"积极的顾客应对"导入保险销售行为制度，以细致对应从把握顾客需求开始至保险合同缔结的全过程中的各阶段。[②] 但由于其"合法（适当）/非法（不适当）"承载着化约保险销售实践复杂性的内容，其二元符码运作并非没有争议，而是在立法、司法、监管、理论等层面不断深化的过程。

"非法（不适当）"符码的架构早在日本《保险销售管理法》时期就已经形成，1995 年日本《保险业法》修改仅增加了一个兜底条款。以往，保险销售行为的禁止性规定与刑罚相连接。日本《保险业法》第 317 条之 2 第 7 号规定了刑罚（惩役刑与罚金刑）。由于违反禁止性规定被作为刑罚的对象，基于刑法的谦抑性就要对之作严格解释，而这会阻碍消极的销售行为制度发挥使销售过程妥善化的效果。2014 年日本《保险业法》修改将积极的销售行为制度与消极的销售行为制度相结合，在"要件-效力"程式的区分之下实现制度间的联动。[③] 易言之，"非法（不适当）"符码不再需要通过扩大解释以填补"合法（适当）"符码，而能够更好地专注于其本身的运作。[④] 日本保险销售行为制度的"非法（不适当）"符码主要包括日本《保险业法》第 300 条第 1 项的 6 类禁止性内容，可分为信息提供中的禁止性保险销售行为规制与销售流程中的其他禁止性保险销售行为规制。此外，日本《保险业法》第 300 条第 1 项第 9 号赋予了内阁府令进一步设置可能使投保人方欠缺保护的行为的权限。

既有研究多聚焦保险销售制度中积极义务的教义学建构，却忽视禁止性规则体系化演进对合法与非法二元符码重构的深层影响。本文通过解构日本禁止性保险销售行为规制的结构化逻辑，揭示金融自由化背景下行为治理的范式转型机理，以期为中国消解保险销售治理中规则体系断层与监管协同不足的积弊提供体系化镜鉴。

## 二、信息质量管控型禁止性保险销售行为规制

保险销售行为的正当性始于信息供给的充分性。在金融消费场景中，投保人决策高度依赖保险人提供的信息质量，但产品复杂性、条款专业性与消费者认知局限的张力，使得单纯依靠传统契约自由原则难以实现实质公平。日本立法者基于这一现实困境，将信息质量管控确立为销售行为规制的逻辑起点，通过体系化的禁止性规则构建投保人信息获取的保障框架。这一制度建构既非对既有诚信原则的简单重申，亦非对销

---

① 日本保险自由化的具体情况可参见何丽新、陈昊泽：《日本保险的自由化及其限制——以制度变迁为切入点》，《现代日本经济》2019 年第 3 期。

② 金融庁「保険業法等一部を改正する法律の概要」https://www.fsa.go.jp/common/diet/186/02/gaiyou.pdf(2014.05.30)。

③ 山本哲生「顧客への情報提供義務」ジュリスト1490 号(2016)14 頁。

④ 系统论保险法学的理论展开可参见陈昊泽《系统论法学视角下保险说明义务的反思与建构》，载《政治与法律》2025 年第 1 期。

售环节的碎片化干预，而是以信息筛选机制的程式化设计，为投保人自主决策创设可验证的制度条件，从而为后文所述的销售流程适正型规制奠定基础。

### （一）禁止虚假告知与不告知重要事项

日本《保险业法》第 300 条第 1 项第 1 号设置了禁止虚假告知与不告知重要事项规则，禁止保险公司、保险销售人①对投保人、被保险人告知虚伪事项，不告知保险合同条款中会影响到投保人、被保险人判断的重要事项。前者禁止投保人、被保险人进行虚假告知，违反则作为刑事处罚的对象。该条在规则上并不要求主观认识要件，根据文义解释，只要客观上保险销售人做出了虚假告知的行为，则不问故意或过失都会成为刑事处罚的对象。但是，若结合日本《刑法》第 38 条作体系解释，可以发现该款仅调整故意虚假告知。此外，该款不仅涉及对保险合同条款的虚假告知，只要是与保险合同缔结、保险销售行为相关的情况，均是该款的禁止对象。典型的例子如，保险销售人没有融资权限，却许诺投保人、被保险人如果加入保险的话就可以获得保险公司的融资；尽管实际上如果投保人中途解约了，其解约退还金额将较保险费的总额更低，保险销售人还是许诺投保人、被保险人自由满期保险在一定年限后将全额返还责任准备金，退还保险费（包括利息）。

后者禁止的是不告知保险合同的条款中可能对投保人、被保险人的判断产生影响的重要事项。这一制度的法理依据在于，如果不告知保险合同的重要条款的话，那么就有使投保人产生误解的可能性。由此就产生了到底什么是重要事项这个问题。在通常的理解上，重要事项是会影响到投保人判断是否缔结保险合同的必要事项，一般包括保险费、保险金、免责条款等。2014 年日本《保险业法》修改将“重要事项”的范围限定于会对投保人方的判断造成影响的事项。但“重要事项”的判断，仍需要结合保险的种类展开。因不告知的逻辑对立面就是告知，该条款在 2014 年日本《保险业法》第 294 条第 1 项出台前，被扩大解释为积极的保险说明义务。积极的说明义务出现与禁止性功能回归后，禁止性规定不必再做广义解释，而做限定解释足矣。② 这也反映了保险销售行为规制二元符码的特性，即二元符码并非具有终局特性，可以明确判断何为“合法”、何为“非法”，二者的关系更近似“合法为合法，非法为非法”的“同义反复”，以实现自我指涉的循环。③ 与前者相同，目前该款规则在体系解释上被理解为仅调整故意不告知重要事项的行为。

前后两者的区别在于，虚假告知意味着告知的内容是虚假的，即虚假告知以告知行为的存在为前提。也就是说，如果保险销售人针对保险合同条款中会对投保人、被保险

① 日本保险销售主体规制的相关概念可参见陈昊泽、何丽新：《日本保险销售主体规制的改革与启示》，载《现代日本经济》2021 年第 6 期。

② 山本哲生「顧客への情報提供義務」ジュリスト1490 号(2016)18 頁。

③ 福井康太『法理論のルーマン』(勁草書房，2001)8—9 頁。

人的判断产生影响的重要事项做出了告知，那么无论告知的内容是否真实，都不再受到禁止不告知重要事项规则的影响。如果进行了虚假告知，则同时违反了日本《保险业法》第 294 条第 1 项的保险说明义务（即违反了说明真实信息的义务）与第 300 条第 1 项的禁止虚假告知规则。由于此种情况下重要事项是被说明的，那么就不构成不告知重要事项。反之，如果没有进行告知，则更谈不上虚假告知，且虚假告知并不限定具体的告知内容。

在日本《保险业法》第 294 条第 1 项的保险说明义务规定出台以后，第 300 条第 1 项的禁止不告知重要事项的规定转变为以刑事、行政处罚担保适当的保险销售行为。而由于禁止虚假告知本身就被包含在第 294 条第 1 项的保险说明义务中，即提供真实信息的义务，因而禁止虚假告知的相关规定既没有与第 294 条第 1 项形成一般规制与特别规则的关系，也没有增添许多实质内容，因为该制度在第 294 条第 1 项出台后，已没有太大意义。① 日本《保险业法》第 294 条第 1 项所要求进行说明的信息的范围大于第 300 条第 1 项第 1 号，即“保险合同的内容及其他可能成为投保人方参考的信息”。如果仅对超出第 300 条第 1 项第 1 号的内容进行虚假告知的话，那么仅违反了第 294 条第 1 项的保险说明义务与第 300 条第 1 项第 1 号的禁止虚假告知规则；如果对超出了日本《保险业法》第 294 条第 1 项的范围进行虚假告知的话，仅违反第 300 条第 1 项第 1 号的禁止虚假告知规则。

### （二）禁止在比较推荐保险产品时采用可能引起误解的表达

比较不同的保险产品进行销售是理所应当的做法。在比较数个保险产品，从中选择一个保险产品并进行销售的情况下，如果选中的这个保险产品的优势不能被客观事实证明，不能概括性地向顾客展示的话，很可能因为保险公司、保险销售人的恣意性给顾客带来错误的判断，从而使投保人发生错误判断的危险，影响到顾客在正确理解保险产品的基础上加入保险。② 从内部视角来看，经由日本《保险业法》第 294 条第 1 项的提供真实信息的要求，同时也就禁止了虚假告知。但是数个保险产品间优越性的错误判断，并非属于保险说明义务、禁止虚假告知规则可以排除的内容。因为即便是判断优越性，提供的也是客观的事实。

因此，日本《保险业法》第 300 条第 1 项第 6 号基于比较数个保险产品的销售形式，要求确保保险产品间的公平性、中立性，禁止保险公司、保险销售人向投保人、被保险人以及不特定的人在将一个保险合同的内容与其他保险合同进行对比的时候，采用可能引起误解的表达方式。这就意味着，如果保险销售中存在着比较推荐行为的，就应该向顾客展示该类商品的整体情况与特性，说明所推荐的商品的优越性，由此帮助顾客对保险合同的内容进行正确的判断。根据《监督指南》II－4－2－2(9)②，在不造成误解的情

① 細田浩史『保険業法』(弘文堂，2018)479 頁。

② 石田満『保険業法』(文真堂，2019)716 頁。

况下，可以对合同条款进行比较推荐，具体可以展示基于客观事实的事项与数值、正确判断保险合同内容的必要事项等。

### （三）禁止对不确定性采用断定的判断表示

保险公司、保险销售人向顾客说明时，对保险合同的内容、条件可能含有超越客观事实的主观判断，这一判断不具备能够客观断定的性质。若对此下了断定的判断，可能导致顾客无法正确认识商品的风险。因此，日本《保险业法》第 300 条第 1 项第 7 号禁止对有变动可能性的将来事项采用断定的判断。即禁止向投保人，被保险人以及不特定的人，就将来金额上的不确定事项提供断定的判断，或者让他们误认为这一情况是确定的。根据日本《保险业法施行规则》（以下简称《施行规则》）第 233 条，“将来金额上的不确定事项”限定于与顾客利益有直接联系的事项。该款具体列举了两类事项：其一，将来对投保人的分红或对相互保险公司成员的剩余资金分配；其二，资金运用情况导致的保险金、解约金等给付金与保险费的金额变动。断定的判断与虚假告知同样是为了确保顾客在正确理解保险产品的内容、风险的基础上加入保险。但二者也有着清晰的界限，虚假告知提供的是违反客观事实的事项，断定的判断提供的并不是事实，而不过是基于保险销售人等的判断而作出的设想。对于将来事项的判断，在提供断定的判断的时间点并不能被证实或证伪。

## 三、销售流程适正型禁止性保险销售行为规制

保险交易的程序正义不亚于信息实质真实的价值。当信息质量管控型规则关注“知的权利”时，销售流程适正型规制聚焦于“行的边界”——销售行为的时空延展性要求监管从静态信息披露转向动态行为序列控制。日本立法者洞察保险销售作为连续性法律行为的本质，将禁止性规则嵌入缔约磋商、合同成立及后续服务的全流程：既通过禁止程序失范行为（如强制搭售）维持缔约自由的空间，又以阻断操作风险（如代签名）保障合同履行的纯粹性。这种程式化控制并非对信息规制的简单补充，而是通过构建销售行为的时空坐标体系，使抽象合规要求转化为可验证的操作标准，最终形成对前文信息质量管控机制的闭环支撑。

### （一）禁止教唆、妨碍投保人履行告知义务的行为

日本《保险法》第 4 条、第 37 条、第 66 条项下，投保人、被保险人应向保险人告知与保险事故发生可能性相关的保险人要求的事项。是否承保以及保险费数额的决定源于保险人对每个投保人或被保险人发生保险事故可能性的正确把握，否则将导致保险金支出相对增加，扰乱保险公司业务的健全运营。基于上述理由，日本《保险业法》第 300 条第 1 项第 2 号、第 3 号禁止妨碍上述义务履行的行为，包括教唆投保人方不实告知、妨碍投保人方告知及教唆投保人方不告知。

其一，教唆不实告知、妨碍告知及教唆不告知等行为的对象是“重要事实”或“重要事项”。结合对日本《保险法》第 4 条、第 37 条、第 66 条的体系解释，“重要事实”或“重要事项”可以被理解为与保险事故的发生具有相关性的重要事项。

其二，根据日本《保险法》第 28 条、第 55 条、第 84 条，保险人在投保人、被保险人对应当告知的事项存在不告知或不实告知的情况下，拥有解除权。但是，保险人已经知道了告知事项的事实，保险人因过失而未能知道告知事项的事实，保险销售人存在教唆不实告知、妨碍告知及教唆不告知等行为的情况下，保险人不能解除保险合同。

其三，保险销售人教唆不实告知、妨碍告知及教唆不告知等行为成立的前提是，投保人、被保险人以作为或不作为的方式进行了虚假告知或不告知，而投保人、被保险人的行为是受到保险销售人的行为影响的。在一般情况下保险销售人的行为被要求具有积极的形态，但认识到投保人、被保险人告知的是虚假事实而放任的，也可能根据具体情况的不同而成立“教唆”。①

其四，对此的救济主要是日本《保险法》第 28 条、第 55 条，如果投保人、被保险人违反了告知义务，保险人可以解除保险合同，但是作为保险合同缔结的媒介的人，如果妨害告知义务或者教唆不履行告知义务，则原则上要限制保险人解除保险合同的权利。

### （二）禁止不当的转换销售

转换销售，指保险公司、保险销售人劝诱投保人方解除既有的保险合同而使其加入新的保险合同的行为。这主要出现在生命保险合同项下，取出既有的保险合同的累积保险费和累积分红，作为新保险合同的保险费。保险合同的转换销售发生于保险期间较长的生命保险、疾病保险上，如生命保险销售人劝说投保人解除旧合同、缔结新合同的情形。其中的核心问题在于，保险销售人是否对这一过程可能给投保人方带来的不利作出充分说明。转换销售体现出生命保险合同长期性下对灵活性的兼顾，例如保险合同存续期间因投保人与保险金受领人的关系发生变化而要变更保险金受领人的情况、投保人的保障需求大幅变化的情况、保险合同成立后出现了与投保人的保障需要更为契合的保险产品的情况。

在这一过程中，投保人方大多被更低廉的保险费或同等保险费下更全面的保障的说法所吸引。但同时，转换销售中有很多隐藏问题，投保人方若没有得到良好的说明，很可能受到损害。因而日本《保险业法》第 300 条第 1 项第 4 号禁止不当的转换销售，禁止向投保人或被保险人不告知可能产生不利的事实，而要求投保人或被保险人解除已经成立的保险合同，然后缔结新的保险合同，又或者撤回已经提出的保险合同要约，转移到新的保险合同上。在此情形下，如果不告知可能存在的不利事实，则这样的转换也是被禁止的。简言之，该条款要求投保人方能够在认识到转换销售风险的基础上加入保险。

---

① 細田浩史『保険業法』(弘文堂，2018)546 頁。

其一，说明的内容上，日本《保险业法》第 300 条第 1 项第 4 号要求说明的事项是“不利的事实”。那么就要求保险销售人综合比较既往保险合同与新保险合同的条件，判断新保险合同可能给投保人、被保险人带来的不利情况。《监督指南》第 II－4－2－2(7)具体列举了一些“不利的事实”，包括解除旧合同的解约返回金要被扣除一定金额、解除旧合同会造成以旧合同的一定存续期间为条件的分红请求权的丧失、被保险人的健康状况恶化等原因可能导致新合同无法缔结等情况。

其二，说明的标准上，在东京高级法院的判例中①，罹患抑郁症的投保人(同时是被保险人)，在生命保险销售人的劝诱下，解除了定期保险，加入了死亡保险金额差不多的生命保险。而后，投保人自杀，保险公司以违反告知义务为理由解除了保险合同。作为保险金受领人的投保人的妻子辩称，生命保险销售人在转换销售的劝诱中没有说明投保人的病症会导致不能受领保险给付。但法院认为，生命保险销售人不知道投保人有这一病症，已经对投保人作了必要的合同说明。大阪高级法院的判例中②，有重要既往病史的投保人(被保险人)，从定期保险转换至死亡保障微薄的以医疗保障为中心的积累型保险。但是，投保人在转换保险后立刻死亡了。遗属认为生命保险销售人做出了旧合同不能继续更新的虚假说明，并且也怠于说明新保险的死亡保障十分微薄。但法院认为，生命保险销售人不知道投保人的入院经历，转换风险已经根据保险设计书做出了必要说明。从上述两个案例可以发现，日本司法裁判中对转换销售说明的要求基本与一般保险销售说明相同。

其三，适用的范围上，虽然在文义解释上，该条款同时禁止不同保险公司间保险产品的不当转换销售与同一保险公司间不同保险产品的转换销售，但结合《施行规则》第 227 条之 2 第 3 项第 9 号，解除既往的保险合同与成立新的保险合同不应当是两个完全独立的存在，而应当存在一体性，同一保险公司间不同保险产品的转换销售不在日本《保险业法》第 300 条第 1 项第 4 号的调整范围内。

### (三) 禁止特别利益提供行为

随着保险销售环境的变迁、保险销售渠道的多样化，以吸引顾客为目的的利益提供方式也日渐多样化。一般商事交易中，根据日本《独占禁止法》，只要不违反第 3 条的差别对价、第 6 条的不当贱卖、第 9 条的不当利益诱致，特别利益的提供是被允许的。保险系统的运行遵循着一物一价的原则，因而需要同质的保险产品对所有的投保人设置同一的对价，由此才能够保障支付保险费的主体间的公平性。③ 日本《保险业法》第 300

---

① 参见东京高判 17・8・30 生判 17・641。

② 参见大阪高判平 13・5・25 生判 13・462。

③ 細田浩史『保険業法』(弘文堂，2018)549 頁。

条第 1 项第 5 号禁止保险公司、保险销售人为投保人、被保险人[①]提供保险费打折、回扣及其他特别利益。[②] 这对于一般的商事交易而言是更为严格的。特别利益的提供本身不会对投保人的利益造成损害，保险销售中的特别利益提供违反了投保人间的平等[③]，有可能诱发不正当竞争的危险[④]，进而危害保险公司的事业与保险市场整体的健全性[⑤]，因而这一特别利益的提供者是该保险公司等的特定关系人也不行[⑥]。应注意的是，这一规则不仅拘束实际的特别利益提供，也拘束特别利益提供的约定。

日本法并非禁止全部的特别利益提供行为，被禁止的行为的程度，需要达到与保险费的折扣、返利等同等重要的利益提供。保险费的折扣不仅包括不按保险合同的基准收取保险费，还包括免除投保人方已经对保险人、保险销售人承担的债务。[⑦] 通说认为，需要同时不满足下列两个要件才不构成特别利益提供：(1) 与保险合同的缔结或保险销售相关；(2) 打折、回扣及其他特别的利益提供。[⑧] 前者的范围很难划分，典型例子如信用卡公司的积分制度，顾客通过信用卡公司的信用卡支付保险费，可以获得相应的积分或礼品，这与保险销售本身并无关系。其他类型行为要求达到与折扣、返利同等要求。其他类型行为的典型例子包括，以缔结保险合同为条件由保险公司提供融资的行为、变额保险等特殊保险合同中保证填补损失或返利的行为等。

根据《监督指南》II－4－2－2(8)①，对于"特别利益"的判断主要包括(1) 提供的服务，经济价值与内容是否超过了社会相当性；(2) 提供的服务根据现金价值与使用途径是否实质导致保险费的打折；(3) 提供的服务是否会显著阻碍投保人间的公平性。应注意的是，特别利益提供的判断要点并非对价的形式、名目，而是特别利益是否带有降

① 在解释论上，禁止特别利益提供的对象还包括保险商品的潜在顾客，但并不包含保险金受领人。参见川口幸雄「募集取締法の特別利益(1)」生命保険経営 30 巻 4 号(1962)44 頁。

② 应当注意的是，即便折扣、返利是由保险募集人自己负担的，也被禁止。参见石田満『保険業法』(文真堂，2019)713 頁。

③ 山下友信『保険法(上)』(有斐閣，2018)252—253 頁。

④ 日本金融厅对保险销售中特别利益提供监管的启动，并非基于顾客投诉，而是基于同业之间的举报为多。例如顾客对 B 保险销售人说 A 保险销售人提供特别利益，B 保险销售人向金融厅举报。或者，A 保险销售人因特别利益提供行为过多形成了业界传言，引发了金融厅的关注。

⑤ 榊素寛「保険料のリベート規制の根拠に関する批判的考察——保険料の割引・割戻し・特別利益提供の禁止は必要か?」(1)損害保険研究 68 巻 1 号(2006)177 頁；潘阿憲「特別利益の提供に関する法規制」保険学雑誌 587 号(2004)23 頁。

⑥ 日本《保险业法》第 300 条第 1 项虽然统一限制的主体是保险公司及其职员、保险销售人、保险经纪人，但如果这些主体通过第三人提供特别利益，且这些行为与保险合同的缔结、保险销售有关联，就会损害投保人间的公平性。因而，《施行规则》第 234 条第 1 项第 1 号特别规定了漏洞填补规则，即不论谁是特别利益提供的直接主体，排除的都是特别利益提供的行为。

⑦ 大野徹也「近時の保険募集における特別利益の提供と実務的な検討視点」金融法務事情 64 巻 19 号(2016)31 頁。

⑧ 錦野裕宗「保険商品の販売勧誘と保険業法・顧客本位の業務運営」損害保険研究 79 巻 4 号(2018)182 頁。

低保险对价的目的。例如保险公司以事务处理对价的名目向投保人、被保险人交付金钱，而投保人、被保险人没有实际从事这个事务的话，那么很可能这一金钱的交付就是以降低保险费为目的。可以说，实务中主要采取的是实质性的判断基准。保险公司、保险销售人不能向顾客提供直接金钱利益的主要原因在于，保险监管部门对保险产品、保险费率采用许可制，一旦保险公司破产将对顾客造成很大的损害，因而保险监管部门需要通过许可制审查保险费率设置的合理性。保险监管部门许可了一个保险产品的价格为 10 000 元，并不意味着保险监管部门许可该商品的价格可以降为 9 999 元。①

在经济价值与内容的社会相当性的判断上，主要考察以下内容：其一，销售时间。发生特别利益提供行为的时间要在保险销售前后，即这一行为与销售行为具有时间的接续性。其二，经济价值。经济价值即保险公司、保险销售人承担的经济负担。其三，社会相当性。一般从经济价值与内容角度加以判断，例如与一般人的价值观相对应的不同程度的保险费水平。其四，社会礼仪。如果是婚丧嫁娶、重大节日的礼金或者是保险销售相关的日历分发（低价的纪念品），不认为是“提供特别利益”。在保险费打折的判断上，现金或电子购物卡具有很强的变现属性当然属于保险费打折，而如果物品、服务实质具有与现金同等的机能，那么也属于保险费打折。日本实践习惯中，以保险公司提供融资为条件缔结保险合同，在变额保险等特定保险合同中约定填补损失或固定收益。一般而言，并非禁止所有的为投保人提供特别利益的行为，而是要求与提供保险费折扣、保险费的比例返还同等程度的行为。

在特别利益提供的私法效果上②，以往主要观点认为这违反了契约平等原则当然无效，现在流行的观点则认为，要区分保险合同的效力与特别利益提供的约定的效力，前者是有效的，而后者在投保人方知道或者应当知道特别利益的提供是违法的情况下则是无效的。

## 四、禁止性销售行为规制的分析与启示

日本禁止性保险销售行为规制的制度价值，在于消极义务与积极规制的结构性协同。信息质量管控与销售流程适正的禁止性规则，通过设定行为底线维护交易基础真实与程序正义，但其效能实现需依托说明义务、适合性原则等积极规制的正向引导。这种否定性边界与肯定性路径的互动，实质构建了保险销售行为治理的双层框架：前者划定不可为的禁区，后者指明如何为的基准。对禁止性规制的系统性解构，既要揭示其通过信息筛选与流程控制的程式化验证机制实现风险防控的本体特征，更需在消极与积极规制的功能耦合中探寻制度协同的深层逻辑。此种进路，也将为理解中国禁止性规

① 錦野裕宗「保険商品の販売勧誘と保険業法・顧客本位の業務運営」損害保険研究 79 巻 4 号(2018)184 頁。

② 山下友信『保険法(上)』(有斐閣，2018)254 頁。

制的法理内核及其实践优化提供完整的认知坐标。

### （一）日本禁止性保险销售行为规制的分析

日本禁止性保险销售行为规制的体系性价值源于其通过规则内部的自我指涉特征构建起动态风险防控机制。该体系以信息质量管控与销售流程规范的双重维度为框架：信息质量层面通过产品分类分级标准（如复杂程度、保费负担等要素）建立差异化的信息对称保障机制，销售流程层面则以禁止强制搭售、默认勾选等程序性违规及阻断代签名、唆使退保等操作风险为核心，形成全链条行为约束。二者通过功能联动实现深度耦合，例如高复杂度产品对应更严格的销售资质要求，风险警示内容直接决定流程中的说明义务履行强度。尤为重要的是，该规制体系的禁止性规则通过行业自律组织主导的销售能力分级机制与司法判例的规则解释实践，形成规则解释、市场行为与监管政策之间的动态调适系统。这一制度架构既以程式化规范确保合规要求的确定性，又通过动态反馈机制维系规则对市场创新的适应性，在监管稳定性与制度弹性之间构建起结构性平衡，从而确立了保险销售行为治理的系统化范式。

适合行为的劝诱（"合法"符码）与不适合行为的禁止（"非法"符码）并非完全是补集的关系，而是存在着"灰色地带"。正如有学者所言，对于禁止性规范而言，事业者与当事人的选择幅度较小，而对于适当的销售行为而言，经营者的裁量幅度更大一些。[①] 2014年日本《保险业法》修改，塑造了保险销售过程中保险公司、保险销售人与顾客的沟通方式。[②] 监管法上的"要件—效力"程式[③]，在实践运行中带来了良好的行为调整效果，有助于提升保险销售人、保险代理店的公信力，促进保险行业良好发展。日本《保险业法》的保险销售行为规制的衍变亦是功能分化的过程，由"非法"符码中分出"合法"符码以实现系统更好自我指涉，其核心就在于引入适合性原则将意向把握义务与信息提供义务塑造为反身法，二者的结合能够加强保险销售行为制度对环境的认知开放。

法律系统的运行依赖于二元符码。在日本保险销售行为制度中，从未缺乏二元符码。在"合法"符码缺失的年代，"非法"符码就是合法符码的对立面。这种逻辑上的关联填补了制度的不足之处。最初，日本以负面清单方式设置保险销售行为制度，这是监管部门在行业发展和规范之间艰难妥协的结果。然而，在快速发展的保险业中，许多问题被隐藏起来，并直到环境变迁极大时才暴露出来，给日本保险业带来更严重冲击。条文所反映出来的积极或消极并不一定是最终结果，因为非法符码也可以揭示合法符码，反之亦然。只有将两者结合起来才能形成制度运作模式。其中一个方面是基于条文显

---

① 河上正二「投資取引における『適合性原則』をめぐって」先物取引被害研究 31 号（2008）8 頁。

② 山下徹哉「保険募集規制のあり方に関する基礎的考察」生命保険論集 210 号（2020）123 頁。

③ 根据日本《保险业法》第 132 条、第 306 条、第 307 条，相关效力主要包括解除保险销售人的登记、停止保险销售人的业务、停止保险公司的业务、业务改善命令等。

示出来的合法、非法二元符码；这基本上符合立法逻辑：某些行为需要积极划定范围，而其他则只需消极禁止。但在实践中，有时候积极与消极相对应，有时候消极也可以划定积极，这是因为法律系统运行必须依赖于合法、非法二元符码。然而，这种补全是有限度的，因为合法和非法符码的逻辑不同。更合理的模式是以合法和非法符码圈定范围。在更大范围内，仍存在着漏洞。二元符码的稳定性需要程式设置灵活性来配合。从后续立法情况来看，日本立法者实际上意识到"合法"和"非法"符码虽为硬币正反面，但"合法"和"非法"处理的仍是不同场域的问题。

由保险意向把握义务与保险说明义务的结合，"合法"符码勾勒出了保险销售过程的应然样态；"非法"符码的运作远不止是对"合法"符码的补充，除了消极的保险说明义务之外，还禁止保险销售人教唆或妨碍投保人履行告知义务、禁止不当的转换销售、禁止特别利益提供、禁止在比较推荐时采用可能引起误解的表达、禁止对不确定性采用断定的判断表示，这些内容的反面并不能被推理出积极的意涵。就此，"合法"符码的功能在于要求、允许，"非法"符码的功能在于排除、限制。这样的表达虽然比较接近"权利-义务"的表达方式，但是二者的区别也是明显的。"合法"符码既意味着权利，也意味着义务。"非法"符码被限制在义务层面更为合理。日本《保险业法》第 300 条第 1 项第 1 号的变迁即是典型的例子。法律的发展需要时间的积淀，法条之间存在着很强的耦合关联。在 1948 年至 2014 年间的数次改革中，日本保险销售行为制度得到了大幅度的充实。保险销售行为制度作为一个系统而全效能运作毕竟是理想状态，系统与环境间认知的双重偶然性下，冗余或许并非坏事。"非法"与"合法"并非同一件事物，双方结合方构成一个适合的销售过程。二者的区分标准是，能够被纳入一个正常的保险销售流程，还是在这些正常的流程之外，增加某些行为导致了销售行为的不适当。

### （二）日本禁止性保险销售行为规制的启示

我国禁止性保险销售行为规制存在着法律规范抽象、法规内容匮乏等问题。我国《保险法》第 116 条与第 131 条的保险销售行为规制仅为禁止保险销售人欺骗保险人、投保人、被保险人、受益人，隐瞒与保险合同有关的重要情况。2013 年原保监会《人身保险销售误导行为认定指引》明确了"保险销售误导"概念，即"保险销售人员通过欺骗、隐瞒或者诱导等方式，对所销售保险产品功能与使用价值，作引人误解的宣传或者说明的行为"，关注点亦未超越信息质量管控。2023 年《保险销售行为管理办法》将调整范围延展至信息提供外的保险销售行为，要求规制强制搭售与默认勾选、未经授权的销售行为、炒作停售与价格变动、资金代管与账户干预、离职人员怂恿退保、代理退保黑产等。比较日本法，我国禁止性保险销售行为规制的本体性内容虽一定程度上关注了社会重点问题，但部分重要规制内容并未纳入。同时在体系维度上，其仍然缺乏对积极的保险销售行为规制与消极的保险销售行为规制关系的思考。

从本体性维度来看，我国可借鉴日本禁止性保险销售行为规制的立法经验，在我国《保险法》第五次修订浪潮中，在法律层面丰富禁止性保险销售行为规制的内容，并经由规范性文件实现进一步细化与量化：明确界定“重要事项”的范围，包括保险费、保险金、免责条款等关乎投保人判断的核心信息，并严禁销售人员故意隐瞒或虚假陈述这些关键信息；同时，应禁止销售人员教唆或妨碍投保人如实披露其健康状况、风险承受能力及其他相关信息，确保投保人在完全真实、充分的信息基础上作出决策。此外，对于转换销售行为，销售人员在诱导投保人解除原有合同、缔结新合同时，必须全面披露解约可能带来的不利后果，如退保费用扣减、分红权损失等，防止利用转换销售误导消费者；对于提供特别利益的行为，如保险费折扣、返利等，也应明确规定其范围和量化标准，防止通过不当利益诱导投保。

从体系性维度来看，中国现行的禁止性保险销售规制主要侧重于在合同缔结时禁止虚假告知和隐瞒重要信息（毋为），而缺乏对销售全过程中积极行为标准的明确规定（应为），致使很多问题在保险合同缔结后甚至在保险事故发生后才暴露。单纯依托禁止性条款对虚假告知、不当劝诱等行为施以负面评价，虽能划定销售行为底线，却难以应对缔约后说明义务履行瑕疵、隐性销售误导等制度盲区。借鉴日本经验，这一问题的解决可通过适合性原则重构法律义务群落的立法技术，将“意向把握义务”与“说明义务”作为积极性规范嵌入现行禁止性体系：前者要求保险人在缔约前运用标准化风险评估工具，系统识别投保人风险属性（质）与财务承受力（量），形成“需求—产品”适配性判断的客观基础；后者则通过“实质说明标准”的司法续造，要求以常人可理解方式揭示保险产品的核心风险与权益限制，并建立“说明充分性推定规则”缓解消费者举证困境。

# 保险合同的变更与转移

## ——一种外法史的考察

谭茜元[*]

[摘　要]　泡沫经济崩坏催生了以保险合同变更转移制度为主轴的日本保险经营危机应对模式。保险合同变更转移制度的核心目标是维持保险系统可持续性，为此需要平衡保险经营健全性与投保人保护。保险合同变更转移制度具体包括保险合同变更制度对事前风险的化解；保险合同转移制度对现实化风险的处置；投保人保护机构制度对风险的兜底。日本保险合同变更制度具有启迪意义，应转变投保人保护观念，明确保险合同变更转移的启动标准，赋予保险公司启动申请权，发挥股东大会等的能动性，完善保险保障基金参与模式。

[关键词]　保险业法；保险合同变更转移制度；《保险法》修订；破产法；投保人保护原则

在自由化转轨的背景下，1995年日本《保险业法》的修订标志着保险业传统保障模式的转变，并逐步构建起以投保人保护法理为核心的制度框架。这一框架主要包括保险合同变更制度、保险合同转移制度以及投保人保护机构制度。这些制度与《中华人民共和国保险法》(以下简称《保险法》)修订草案中的相关制度具有直接对应关系，为我国《保险法》的修改提供了重要参考。

## 一、日本保险合同变更转移制度的历史背景

### (一) 泡沫经济崩坏对保险业的冲击

在战后长达半个世纪的时间里，日本保险业始终保持着稳健的发展态势，未曾出现保险公司破产的案例，这一现象被业界誉为“日本保险公司不会破产的神话”。[①] 然而，这一神话最终在泡沫经济崩坏后破灭。随着日本经济腾飞，日本政府一度对保险公司

---

*　谭茜元，澳门科技大学法学院博士研究生。

①　武田久義「生命保険会社の経営破綻(11)」桃山学院大学経済経営論集 2 号(2006)86 頁参照。

的稳健性深信不疑，几乎未曾考虑其破产的可能性。然而，泡沫经济的崩坏带来了经济环境的剧变。1990 年，日本 10 年期国债利率从 8%骤降至 1%，日经平均股价也从巅峰时期的 39 000 日元大幅下滑至 10 000 日元。① 这一系列经济指标的恶化，导致战后建立的保险系统运转失灵，迫使日本政府启动了保险自由化改革。②

生命保险合同的长期性特征，要求其利率水平必须长期稳定。然而，实际资金运用中难以维持长期固定的利率水准，使得利率逆差的风险始终存在。日本生命保险公司在泡沫经济时期设定了极高的预定利率，而在泡沫经济崩坏后，面对政策性的超低利息环境，这些公司陷入了经营困境。在“同一商品，同一价格”的政策下，日本生命保险公司遭遇了外部环境的急剧恶化。保险业的监管体系从直接管制转向更为宽松的环境，从“护送船队”式的经营健全性确保方式，转变为“自我规制”“行政规制”“市场规制”三者的结合。③ 然而，长期习惯于政府指导与保护的生命保险业，难以迅速适应这一转变。

最初，为了保护消费者权益和维护行业声誉，日本仅对新签发的保险合同进行预定利率的下调，而对已生效的合同则不予追溯。然而，随着时间的推移，日本保险业发现，仅调整新产品的预定利率无法有效缓解寿险“利差损”带来的压力。最终，这一困境导致了日本保险公司破产潮的爆发。1997 年至 2001 年间，日本共有 9 家保险公司破产，这些公司的资本份额占据了保险业总份额的 10%以上。④ 这一系列破产事件，不仅打破了“日本保险公司不会破产”的神话，也深刻揭示了保险业在经济环境剧变下的脆弱性。

### （二）破产危机下保险合同变更转移制度的诞生

在蔓延至保险业整体的经营危机中，打破传统的保障模式成为不得不提上议程的重要议题。这一转变主要体现在 1995 年日本《保险业法》的大规模修订中，该修订是日本“金融大爆炸”改革的重要组成部分。1995 年日本《保险业法》确立了三大支柱：“规制缓和、促进自由化”“确保公正的事业运营”以及“维持保险事业的健全性”，旨在通过早期发现可能存在经营危机的保险公司，实现早期应对。

此次修订的核心内容之一，是日本《保险业法》在第 135—141 条中详细设置了破产保险公司合同转移制度，允许在破产保险公司转移保险合同时调整保险合同的主要条款。这一制度的引入，为应对保险公司破产提供了法律依据和操作路径。

此外，由于保险业安全网承受了超乎预期的负担，1997 年创立的投保人保护基金因处理日产生命的破产而枯竭。为此，日本设立了强制加入的投保人保护机构制度（日本《保险业法》第 259—265 条之 48），并在保险公司相继破产导致财源不足的情况下，

① 植村信保「生命保険会社の経営破綻要因」保険学雑誌 598 号(2007)40 頁参照。

② 关于日本保险自由化的动因及整体制度改革的情况，可参见何丽新、陈昊泽：《日本保险的自由化及其限制——以《保险业法》制度变迁为切入点》，载《现代日本经济》2019 年第 3 期。

③ 植村信保「保険会社経営の健全性確保について」保険学雑誌 604 号(2009)61 頁参照。

④ 植村信保「保険会社経営の健全性確保について」保険学雑誌 604 号(2009)63 頁参照。

引入了公共资金的介入机制。

2003 年，日本《保险业法》再次修订，允许下调既存保险合同的预定利率，即引入保险合同变更制度（日本《保险业法》第 240 条之 2—第 240 条之 13）。这一制度的实施，进一步增强了保险公司的经营灵活性，同时也为投保人提供了更多的保障。

## 二、日本保险合同变更转移制度的法理基础

### （一）保险系统运作可持续性的维持

从功能性维度考量，保险合同中支付保险金的承诺并非一定需要被改变，这取决于具体的社会经济环境。更需要关注的是，在保险公司经营危机达到一定程度时，应设置最低的投保人保护标准，以确保投保人免于遭受一般破产法项下债权人可能无法得到债务清偿的损失。合理调整支付机制的核心目的是在保险公司面临经营危机时维持保险系统的运作，因此，需要意识到合理调整支付机制是手段而非目的。

保险合同旨在回避未来的风险，如果投保人无法继续根据长期支付的保险费获得保障，将可能影响其对未来保障的信心。维持保险合同的继续履行是保护投保人利益的重要手段。这不仅涉及如何处置保险公司破产的具体风险，还要防范保险公司财务状况的恶化。因此，即便保险公司破产，也应提供一定水准的保险保障。与此不同，一般破产法项下并没有类似规定。如果按照一般清算型破产程序，保险合同原则上会被解除；即便适用一般的再建型破产程序，投保人的权利也会受到大幅限缩。

例如，一般破产管理人拥有合同解除权，但若保险管理人拥有合同解除权，将违反保险的团体性原则①，显著侵害投保人利益。这种情况在一般法框架内难以通过解释实现对保险公司破产的有效规制。在保障保险业整体健全性的措施上，日本经历了观念的转变。战后型保险系统在面对泡沫经济时的脆弱性表明，在愈加开放的经济环境下，固守保险公司不破产的做法已显得低效且具有脆弱性。而真正具备强韧性，甚至反脆弱性的做法，是做好保险公司经营危机应对的流程控制。这不仅包括存在前端风险隐忧时的合同变更，还应包括后端风险显现时的合同转移机制，同时设立投保人保护机构制度作为兜底保障。

---

① 保险团体性理论是日本保险法中的一种特殊理论。早在 1932 年，田中耕太郎博士就指出："投保人之间并不是孤立的，他们之间存在着集体的联系。因此，存在着团体法理的空间。如果投保人只是在普通的合同关系中与保险人相对，而不与其他投保人交往，那么就不能禁止保险人以任何方式对待其他投保人，特别是提供比另一个投保人更有利的待遇。但是，如果每个投保人都受到团体的限制，那么团体法理就可能占上风，并要求每个成员得到平等的待遇，就像他是一个股份公司的股东一样。"田中耕太郎「保険の社会性と団体性(2)」法学協会雑誌 10 号(1932)32 頁参照。因此，不能仅将保险看作投保人与保险人的单一交易关系，而应将所有投保人视为一个分散风险的团体。山下友信『保険法(上)』(有斐閣，2018)71 頁参照。

## （二）保险经营健全性与投保人保护的平衡

考量保险业是否合理调整支付承诺，不仅需要关注投保人利益的保护，还需考虑到保险业经营健全性的维持。关于法律如何保障保险经营健全性，理论观点存在两极分化。反对者认为，法律的干预将助长保险公司不负责任的经营，以极低费率投保的人的损失将由健全的保险公司的投保人承担。即便需要保护破产保险公司的投保人，让尚未破产但财政困难的保险公司承担救济支援责任是不合理的。同时，投保人保护不应由政府强制实施，而应由行业自发推动。支持者则认为，保障保险经营健全性不仅是为了保护投保人利益，还在于维持保险业整体信用的稳定。①

1997 年至 2001 年的破产浪潮中，日本政府对银行、信用金库、信用组合的处理方式是注入公共资金，全额保护存款稳定（在法律层面，银行破产时，存款保险机构将以1 000万日元为限支付保险金）。而生命保险破产的处理则通过投保人保护机构将风险分散给其他投保人，其核心是确保保险合同能够继续履行。

合理调整支付承诺意味着保险法消费者保护理念的革新。日本对于保险消费者的态度并非完全保护，而是要求其承担相应的责任。② 在这一意义上，保险合同法并非“保姆”，而是“慈母”与“严父”的结合。投保人需要承担自己的责任，这意味着并非无条件保护投保人，而是要求其在一定程度上承担责任。投保人责任原则是对保险公司经营危机下优先保护保单持有人的平衡，要求投保人主动关注保险公司的经营状况，并审慎投保。正如有学者指出的，投保人保护的本质意义不是依赖政府的强保护，而是消费者在享受某些便利的同时，也应保护好自己。③

投保人责任原则的根源也在于保险监管本身对保险经营健全性之维持的限度。过度监管会导致高额成本，从而降低行业效率；若监管不足，则可能导致经营危机频发，进而产生更大的救济成本。保险公司发生经营危机后，相关成本将进一步行业化、社会化，投保人承担一定损失也具有必然性。保险业本身的经营危机主要发生在寿险领域，其根源在于经济环境的变动。合理调整支付承诺是释放行业风险的一种措施。打破过度的支付承诺并非全然不利，它也有其积极的一面，比如释放行业风险。④

---

① 竹内昭夫『保険業法の在り方（上巻）』（有斐閣，1992）239—240 頁。

② 在销售行为规制上也存在类似的理念，具体可详见何丽新、陈昊泽：《保险销售适合性原则对我国的启示》，载《法治论坛（第 63 卷）》，中国法制出版社 2021 年版。

③ 堀田一吉『保険システムとセーフティーネット』三田商学研究 4 号（2007）99 頁。

④ 需注意的是，保险合同的转移不仅发生在寿险中，也会在财产保险中出现。例如 2001 年 11 月大成火灾海上损害保险公司破产，其破产具有偶发性因素。2001 年发生的“911 事件”中，为客机航空保险提供海外再保险的即是大成火灾海上保险公司。这起事件让该公司支付了 744 亿日元保险金，从而导致该公司破产。九條守『保険業界戦後 70 年史——生保と損保成長の激動の軌跡』（保険毎日新聞社，2018）207 頁参照。

## 三、日本保险合同变更转移制度的规范展开

### （一）以保险合同变更制度化解事前风险

保险合同变更制度的主干包括三个核心内容：保险合同条件变更的申请与承认、保险合同条件变更的范围、保险合同条件变更的决议。

第一，合同条件变更的申请与承认（日本《保险业法》第240条之2、第240条之3）。鉴于保险公司可能面临经营困难，无法继续正常运营，保险公司可以向内阁总理大臣提出申请，要求削减保险合同金额或变更其他合同条款（日本《保险业法》第240条之2第1项）。在提出合同条件变更申请时，保险公司必须书面说明变更合同条件的理由（日本《保险业法》第240条之2第2项）。这些理由限定于存在无法继续经营保险业务的可能性，并且为了保护投保人，必须在特定情况下调整保险合同，具体包括：当前不存在经营困难；①基于对未来业务、财务状况的预测，若不调整合同条件，保险公司可能无法完全清偿债务。如果内阁总理大臣确认合同条件变更的理由合理，则会作出承认（日本《保险业法》第240条之2第3项）。此时，为了保护投保人，内阁总理大臣可以命令采取附带期限的停止解约等必要措施（日本《保险业法》第240条之3）。

第二，合同条件变更的范围（日本《保险业法》第240条之4）。在获得内阁总理大臣的承认后，保险公司可以制定具体的合同变更计划。尽管该制度的立法初衷是解决生命保险公司面临的利率逆差问题②，但实际上，合同条件的变更不仅限于通过下调预定利率来削减保险金额。例如，还可以调整预定死亡率、解约返还金、未来的保险费等条款。截至合同条件变更基准日之前积累的责任准备金所对应的保险合同权利不受影响（日本《保险业法》第240条之4第1项）。这是因为保险合同变更制度的目的是应对未来可能发生的保险公司经营危机，而基准日前的投保人权利已被确认为既定债权，不在该制度的调整范围内（日本《保险业法》第240条之2第4项、日本《保险业法施行令》第36条之2）。

第三，合同条件变更的决议（日本《保险业法》第240条之5、第240条之6）。在获得内阁总理大臣的承认后，保险公司可以制定合同条件变更计划。该计划需要通过股东总会或社员总会的决议（日本《保险业法》第240条之5第1项）。股东总会的决议需要至少半数的股东出席，并且出席股东的议决权达到2/3的多数。社员总会的决议要求半数以上社员出席，且出席社员的人数需达到3/4的多数（日本《保险业法》第240条之5第2项）。鉴于其紧急性，即便出席人数未达到规定的足够人数，若股东总会出席股东达到2/3多数，或相互公司出席的社员达到3/4多数，也可进行暂定决议（日本《保

---

① 若当前存在经营困难，则应当适用其他应对保险公司经营危机的制度。

② 安居孝啓『最新保険業法の解説（改訂三版）』（大成出版社，2016）657頁参照。

险业法》第 240 条之 6 第 1 项、第 3 项)。若进行暂定决议,保险公司需在决议后一个月内再次召开股东总会/社员总会,并通知股东或社员暂定决议的情况(日本《保险业法》第 240 条之 6 第 4 项、第 7 项)。若此次决议与暂定决议一致,并获得多数同意,则视为正式决议通过,完成保险合同条件变更事项的决议(日本《保险业法》第 240 条之 6 第 5 项、第 7 项)。

### (二) 以保险合同转移制度处置现实化风险

日本的保险合同转移制度经历了从行政强制到行业自治的转变。1995 年《保险业法》修改之前,若保险公司遭遇经营危机,保险监管机构可命令保险公司转移保险合同。在旧《保险业法》中,若保险公司出现经营困难,经过大藏大臣的指导,可以通过行政命令实施保险合同的强制转移,并通过行政处分措施削减保险金。这一制度在 20 世纪 70 年代,琉球生命公司因经营危机将所有合同转移至日本生命公司时曾经被执行。

尽管这些投保人保护措施能在一定程度上保障投保人利益并防止保险公司破产风险,但该制度也存在授予行政机构过大权力的问题。例如,大藏大臣可以在无视保险公司意愿的情况下,命令合同转移;同时,大藏大臣还可通过行政处分方式变更投保人权利内容,如削减保险金额。若强制实施保险合同转移,可能导致某一保险公司因政府命令而接受陷入经营危机的保险公司合同。然而,政府不可能完全中立地平衡各方利益,且行政机关对于接受合同转移的保险公司标准并不明确。

1995 年《保险业法》修改,合理化了破产保险公司合同转移的制度。大藏大臣的合同转移命令被合并为"转移协议命令"制度,基于行政命令变更合同条件的制度也被废除。保险公司之间的合同转移将由双方协商决定。此外,投保人提出异议的条件也得到了合理化。然而,缺乏政府强制力的情况下,可能出现没有保险公司愿意接受问题保险公司合同的情况。为此,《保险业法》设立了投保人保护基金制度,以促进双方达成协议。

2000 年,《保险业法》进一步细化了保险合同转移的制度。保险合同的转移不仅限于全部转移,也可进行部分转移(日本《保险业法》第 251 条第 1 款第 2 项)。具体制度包括以下内容:

其一,启动条件。根据《保险业法》第 135 条第 1 项,若保险公司整体或部分难以继续经营,可以与其他保险公司达成协议,将责任准备金及保险合同转移给对方。需要注意的是,这一条款仅明确了基于《保险业法》进行保险合同转移,不排除根据民法规定(即取得合同相对方同意)进行转移。①

其二,转移模式。在合同转移时,相关的责任准备金需一并转移(《保险业法》第 135 条第 2 项)。但若保险公司陷入经营危机且资金不足,这一要求可能会使得接收保险合同的公司面临较大负担,因此没有公司愿意接手这样的合同。已发生保险事故的

① 細田浩史『保険業法』(弘文堂,2018)262 頁参照。

合同,不包括在转移的范围内(《保险业法》第137条第1项)。完整的合同转移需签订转移协议,且合同中必须明确财产转移的具体事项(《保险业法》第135条第3项)。

其三,决议制度。由于合同转移对股东和投保人均有重大影响,转移公司和被转移公司均需就该事项在股东总会/社员总会中进行特别决议(《保险业法》第136条第1项、第2项)。根据《保险业法》第137条第1项—第4项,转移的特别决议作出后两周内需要公告合同转移的基本情况;投保人可在期间内提出异议。若提出异议的人数超过转移合同投保人总数的1/5,且异议金额超过合同总债权的1/5,则保险合同不能转移。若未达到该标准,视为所有投保人同意转移。

其四,效力确认。保险合同转移的效力需要内阁总理大臣的认可(《保险业法》第139条第1项)。

然而,日本学者指出,破产保险公司合同转移的行政程序存在诸多缺点①,例如:该程序通常不能变更投保人以外的债权人权利;行政程序不够灵活,难以及时启动;且行政程序缺乏透明度。面对这些问题,1999年8月,金融审议会第2部会在山下友信教授的领导下成立了"保险基本问题工作组",该小组于同年12月发布了《保险公司风险管理与破产法制的整备——中期总结》,并基于此提出修改《保险业法》和《金融更生特例法》的草案,最终该新法于2000年6月30日施行。

除了调整保险公司破产的司法程序外,2000年的修改还对《保险业法》中的行政程序进行了以下改进:一是完善了破产处理程序,明确了保险公司在经营困难时必须向监管部门申请破产程序;二是通过附加条文扩充了监管部门的调查权限;三是允许部分转移保险合同,以减轻保险公司负担;四是赋予生命保险投保人优先权;五是强化了投保人保护机构制度,并扩展其资金来源。

实际上,行政程序的适用已经大幅减少,后续发生的破产如千代田生命保险公司、协荣生命保险公司和东京生命保险公司等,均以《金融更生特例法》为核心处理。然而,行政程序与司法程序并非完全分割,两者均以《保险业法》的投保人保护机构制度和保险合同转移制度为前提。从法律体系的角度来看,保险业法程序和更生程序可以择一适用。更生程序是处理保险公司破产的主要方式,而行政程序则更像是更生程序启动前的过渡措施。由于涉及法院参与,司法程序能确保公正性,因此法院主导破产处理在一般公司中也是通行做法。

### (三) 以投保人保护机构制度提供兜底保护

投保人保护机构制度的演进反映了保险行业对破产公司与投保人之间利益保护的深刻思考。从最初的投保人保护基金制度到后来的投保人保护机构制度,制度的变革主要集中于提高救济效率与保障投保人权益的明确性。

最初的投保人保护基金制度旨在通过业界相互扶助的形式为破产的保险公司提供

① 山本和彦『倒産法制の現代的課題』(有斐閣,2014)243頁参照。

支持。这一机制的核心在于通过向愿意救济的保险公司提供资金援助，帮助其承担原本破产保险公司转移的合同。然而，基金制度的局限性在于其完全依赖行业内公司自愿参与，并缺乏法律强制性，导致在某些情况下难以有效保障投保人的权益。例如，1997年日产生命保险公司的破产没有出现愿意接管的公司，这也暴露了该制度的不足。①

随着日本《保险业法》的修改，投保人保护机构制度于1998年开始实施，明确要求所有保险公司加入该机构并强制承担相关责任。该制度的建立不仅大大提升了系统的稳定性和透明度，还将资金来源转为事前提出制，避免了事后依赖救济的局面。每个加入机构的保险公司需按其保险业务规模定期缴纳负担金，确保资金池的充足。该制度的亮点之一是它不仅能提供救济资金，还能参与保险公司破产后的经营管理，并确保在破产过程中投保人的利益不被忽视。②

投保人保护机构的具体功能包括代理投保人的债权申请、提供保险金支付资金支持等，其执行职责时需遵循公平和诚实的义务。此外，制度明确了补偿标准，特别是针对生命保险和损害保险的不同性质进行差异化补偿。在生命保险领域，补偿率通常为90%，而对于损害保险，尤其是短期保险，补偿方式则更为灵活，允许在保险公司破产后提供短期全额补偿，帮助投保人尽快转移到新的保险公司。③

从这一系列制度变革来看，日本的投保人保护机制不仅通过资金支持和管理介入为投保人提供保障，还通过法律强制性和财务透明度降低了保险公司破产带来的社会风险。这种系统逐步从以往的"业界援助"向更加稳固、具备法律保障的"机构管理"转型，有效确保了投保人利益的持续保护。

## 四、日本保险合同变更转移制度的理念启迪

### （一）日本经验教训的可借鉴性

日本的保险破产制度随着行业的实际需求和历史经验逐渐发展，尤其是在1995年《保险业法》修订后，其破产处理机制逐步扩展与完善。从初期的31条规定，到现行法的143条，体现了日本法律在应对保险公司破产和投保人保护方面的强大实操性和针对性。④ 这对于中国而言，是一个重要的参考。

与日本的做法相似，我国的保险法律体系在这一时期确实存在相对薄弱的破产处

---

① 堀田一吉『保険システムとセーフティーネット』三田商学研究4号(2007)100頁参照。

② 堀田一吉『保険システムとセーフティーネット』三田商学研究4号(2007)100頁参照。

③ 吉澤卓哉『保険の仕組み——保険を機能的に捉える』(千倉書房，2006)201頁参照。

④ 1995年日本《保险业法》项下保险公司破产规则仅有31条。现行日本《保险业法》则扩充破产规则至143条。

置机制，主要表现为缺乏针对保险公司破产的专项法律规定及实践操作。虽然中国近年来在金融稳定方面采取了一些积极措施，但相较于日本在保险破产处理方面的长足进展，仍显得比较滞后。我国当前的法律框架和实际操作中，缺乏类似于日本那样完备的破产处理机制和投保人保护机构，使得在保险公司破产时，投保人的权益未必能得到充分保障。①

日本通过"损失承担的社会化"实现了风险转移的目标，确保了金融体系的稳定。其破产制度的成熟，不仅避免了风险外溢，还能够在保险公司破产的情况下，有效地通过行业内部机制处理问题，防止将风险传导至其他金融领域。2008 年金融危机期间，虽然全球保险公司遭遇重大压力，但日本的保险行业却保持了相对稳定，只有大和生命一家保险公司破产。这一结果表明，日本的保险破产制度在一定程度上起到了"源头管理"和风险隔离的作用，避免了更大范围的连锁反应。

因此，从基础理论到具体立法实践，日本的经验对我国的保险破产法律改革都具有重要的借鉴意义。加强对保险公司破产机制的立法设计，完善投保人保护制度，可以有效降低保险公司破产带来的社会风险，并确保保险市场的长期健康稳定发展。

### （二）投保人保护的观念转变

保险合同变更与转移制度的法理正当性在于，其作为保险公司经营危机下的应对机制，既体现了保险公司的可破产性，又旨在维持保险经营的健全性。保险作为一种准公共产品，具有广泛的社会影响，因此我国长期以来对保险公司破产问题持谨慎态度。然而，随着国内外经济环境的复杂化和严峻化，保险公司出现经营危机甚至破产已成为市场经济运行中不可避免的现象。②

近年来，随着大量外资保险公司和民营保险公司的涌入，保险行业的竞争日益激烈。然而，中国保险监管长期以来侧重于市场准入和市场行为监管，市场退出监管规则相对匮乏。这种监管失衡状态存在潜在风险。正如学者所指出的，市场经济的本质要求在于有进有退，缺乏有效的市场退出机制可能导致道德风险和逆向选择，进而引发系统性危机。③ 因此，保险监管的核心目标并非完全杜绝保险公司经营危机的发生，而是通过降低行业整体风险水平，最大限度地保护投保人利益。

在这一背景下，如何平衡保险合同变更、转移制度下的投保人保护与保险经营健全性之间的关系，成为亟待解决的问题。有学者指出，保险公司风险处置的根本目标在于保护投保人合法权益和社会公共利益，保障保险业健康发展，维护金融稳定；其直接目

① 韩长印、韩永强：《保险法新论》，中国政法大学出版社 2010 年版，第 4 页。

② 目前我国金融监管总局下调人身险行业预定利率，即是市场利率不断下行大背景下，压低负债成本、防范利差损的方式之一。

③ 参见鉴学恒、张梅玲：《保险公司市场退出及其保护机制的法律问题研究——基于法律视角保险公司市场退出的国际比较研究》，载《金融会计》2013 年第 3 期，第 52 页。

标则是通过合法有效的措施控制和化解保险公司的风险。① 这一目标体系既涵盖了整体行业的稳定，也聚焦于问题保险公司的具体处置。值得注意的是，投保人合法权益的保护范围不仅限于问题保险公司的投保人，而是涉及整个保险市场的参与者。

关于保险业健康发展与金融稳定的关系，有观点认为二者是一体两面的。然而，笔者认为，保险业的健康发展需要建立正常的市场准入与退出机制，这在一定程度上可能对金融稳定性构成短期挑战。但从长期来看，完善的保险经营危机应对制度能够提升金融体系的稳定性基准值。正如有观点指出，中国保险公司破产立法的目标应定位于最大范围内保护被保险人利益，维护保险市场的稳定与安全；其功能在于预防保险公司破产，避免因淘汰率过高引发社会动荡。② 然而，从日本的经验来看，过度强调破产预防可能导致效率低下，并引发其他问题。在日本法中，投保人保护虽是首要目标，但并非唯一考量。

进一步而言，保险公司经营危机中的投保人保护需要明确其能度与限度。日本在经历大规模保险公司破产后，民众对保险公司财务可靠性的敏感度显著提升，这一过程为消费者教育提供了宝贵的实践案例。反观中国，保险消费者教育仍显不足，社会大众对保险业的信任度较低，甚至存在将保险业视为“骗子”的普遍认知。③ 因此，引入保险合同变更与转移制度可能面临社会认知与实际需求之间的脱节。

一方面，这一制度的引入具有跨越性质，而我国社会大众对保险业的信任尚未完全建立，投保习惯也未普遍形成。打破传统的保障模式可能进一步削弱社会大众对保险业的信任，进而引发社会信任危机。以日本为例，1997 年日产生命保险公司破产后，其清算方案仅能保障投保人收回 70%的投保额，部分终身年金的领取额甚至被削减至 72%。这一事件直接引发了公众对保险业的信任危机，导致退保潮的出现。④ 投保人的信任直接影响保险公司经营的稳定性。保险作为一种风险预防工具，其社会信任度直接关系到保险系统功能的发挥。消费者购买保险的意愿很大程度上取决于对保险公司的信任。只有当保险行业信用体系健全，且消费者普遍信任保险时，保险行业才能实现良性发展。东京生命保险公司的案例即印证了这一点。受 2000 年生命保险公司破产浪潮的影响，投保人对生命保险公司的不信任感加剧，导致东京生命保险公司退保率显著上升。⑤

---

① 参见薄燕娜：《保险公司风险处置及市场退出制度研究》，北京大学出版社 2013 年版，第 14 页。

② 参见王静：《保险公司破产处置若干问题研究——以企业破产法修订与保险法的协调衔接为视角》，载《法律适用》2022 年第 9 期，第 153 页。

③ 参见陈昊泽、何丽新：《日本保险销售主体规制的改革与启示》，载《现代日本经济》2021 年第 6 期，第 38 页。

④ 孙立娟：《保险公司破产与危机预测问题研究》，经济科学出版社 2016 年版，第 8 页。

⑤ 参见冯占军：《日本保险公司破产风潮及启示》，载《当代亚太》2005 年第 7 期，第 50 页。

另一方面,对于中国保险业而言,打破传统的保障模式已迫在眉睫。① 若不及时推出相应的制度,可能导致法律真空,进而引发行政过度干预,增加市场不确定性,进一步削弱保险行业的社会信用。保险业的发展建立在社会大众的信任基础之上,强化对投保人利益的保护不仅有利于保险业的健康发展,也有助于维护社会稳定。如果保险公司在经营危机中无法履行赔付义务,很可能导致社会大众对保险失去信任,进而削弱保险的本质功能。只有建立有效的投保人保护机制,保险公司的风险处置活动才能有序开展,市场化的保险公司退出机制才能真正实现。

### (三)构建保险合同变更转移制度的方略

#### 1. 保险合同变更转移的启动标准

根据我国《企业破产法》第 134 条和《保险法》第 90 条、第 149 条,保险公司破产的原因仍然要依据《企业破产法》第 2 条规定的现金流标准与资产负债表标准。简言之,企业破产共通的"资不抵债"标准。但是,这就要面临与保险经营的负债性特点的关联性问题。"资不抵债"作为保险公司破产的原因并不合适。这源于保险经营具有高负债性,债务杠杆率高。保险业处于保险监管部门的严密监管之下。其缺陷在于,流动性标准、资产负债标准不足以揭示保险公司的风险隐患,不足以衡量保险公司的风险程度。二者均具有"启动时间上的后置性",对保险公司破产的预防作用存在缺失。② 相较之下,日本将保险合同变更制度的启动标准设置为保险公司财务状况存在难以继续经营的盖然性,而保险合同转移制度的启动标准则为保险公司事业的全部或部分难以进行,此种标准更符合保险公司的实际情况。

#### 2. 保险合同变更转移的启动主体

除规定行政机构的启动主导权外,还应赋予保险公司启动申请权。行政机构要处理好启动保险合同变更、转移制度的必要性与谦抑性的关系问题,调和好申请启动主义与职权启动主义的关系。事实上,我国《企业破产法》第 134 条并不排斥金融机构的破产申请权,只是该破产申请需要被监管机构经相应程序批准。在保险公司破产浪潮中,不安的投保人大量解约导致资金流出保险业界。保险公司的流动性风险进一步明显。具体而言,解约返还金支出增加,而保险费收入减少,使得保险公司的财政基础薄弱。③ 小型保险公司的生存空间进一步被挤压。小型保险公司本身大多抗风险能力弱。缺乏行业兜底将导致社会大众更倾向于选择大型保险公司。鉴于打破刚性兑付可能导致保

① 当前,我国保险业面临数千亿元的债务违约风险。参见吴雨俭:《处置问题险企》,https://weekly.caixin.com/m/2024-03-15/102175684.html,最后访问日期:2025 年 1 月 1 日。

② 参见赛铮:《论我国保险公司破产原因立法之妥适性——兼论我国第 90 条、第 149 条之规定》,载《时代法学》2020 年第 1 期,第 66 页。

③ 武田久義「生命保険会社の経営破綻(12)」桃山学院大学経済経営論集 3 号(2006)86 頁参照。

险系统社会信任下降、系统性风险增加，保险是经济环境的写照，在立法上打破刚性兑付并非意味着每一件保险公司经营危机案件中都需要打破刚性兑付。相较而言，易安财险的经验更值得吸收。易安财险的司法重整通过市场化方式公开招募引入实体企业投资，用于对易安财险职工债权、保单债权、普通债权等各类债权在重整计划执行期内全额现金清偿，实现了金融风险处置涉群众层面的无感推进。不过此举可以推进的原因是，重整前的资不抵债仅有 1.2 亿元，当面临数百亿、数千亿的问题险企时，是否仍然能维持此种状态，值得怀疑。

3. 保险合同变更转移的决议模式

保险合同变更转移的决议应发挥保险公司股东大会、成员代表大会的能动性。中国现阶段的保险公司经营危机应对模式，与前 1995 年日本《保险业法》时期的保险公司经营危机应对模式类似。彼时，日本大藏大臣可以通过行政处分的方式变更投保人的权利内容。由此，二者的问题也是近似的。社会大众担心的是行政权对自身保险合同的干涉，这使得他们存在很大的不安全感。警惕行政过度干预，要尊重保险人方、投保人方、保险行业的意志。日本打破保险业刚性兑付的历史即是保险破产法权衡行政与司法关系的历史，也是平衡保险人与投保人利益的历史，其核心是非以行政强制为主，而是以合议达成合意为主。

4. 保险保障基金的参与模式

与日本投保人保护机构制度相对应的是中国的保险保障基金制度，后者被视为保险业的“最后一道防线”。目前，中国保险保障基金公司主要通过两种方式参与风险处置：财务救助和管理救助。财务救助是指在保险公司被依法撤销或破产时，使用保险保障基金按法定标准对保单持有人和保单受让公司等提供救助；管理救助则是指在保险公司存在重大风险、可能严重危及社会公共利益和金融稳定时，通过注资入股、流动性支持等方式参与风险处置，推动公司治理改善和经营风险化解。根据《保险保障基金管理办法》第 8 条和第 17 条的规定，保险保障基金通常作为最后手段介入，即在没有其他保险公司愿意或能够接管破产保险公司保单时，根据监管机构的安排介入，确保投保人利益得到保护。

然而，保险业法的完善是一个系统性工程。在引入保险合同变更、转移制度的同时，需要明确保险保障基金在这些制度中的作用，这是当前我国相关立法尚未充分关注的问题。事实上，引入这一制度在中国具备实践基础。从历史经验来看，我国保险保障基金公司动用的方式均为管理救助，这为其在财务支援之外的其他举措提供了宝贵经验，例如参与保险公司风险处置、推动公司治理改善以及有效化解经营风险。在借鉴日本投保人保护机构制度的基础上，我国可以从以下两个方面对保险保障基金制度进行改良：

一方面，强化保险保障基金在保险公司破产中的兜底作用。日本的投保人保护机构在保险公司破产时扮演了中间人的角色，确保投保人利益得到妥善保护。我国可以借鉴这一机制，进一步提升保险保障基金在破产程序中的参与度，确保投保人权益不被忽视，同时减少破产事件对社会造成的冲击。具体而言，可以通过立法明确保险保障基金在破产程序中的职责和权限，使其能够更主动地介入破产保险公司的合同转移和资产清算过程。

另一方面，提升保险保障基金对救济保险合同的支持力度。日本的投保人保护机构不仅提供资金援助，还积极参与救济保险合同的管理。我国可以借鉴这一做法，提升保险保障基金在危机时期对保险合同接管与转移程序的参与度，确保保险合同的延续性和投保人利益的最大化。例如，在保险公司经营危机初期，保险保障基金可以提前介入，协助制定保险合同变更或转移方案，避免危机进一步恶化。

# 比较法研究

# 澳门特别行政区保险法律制度调研报告

黄宇轩*

**[摘　要]** 澳门保险业在严格且灵活的监管体系下市场竞争力强劲，成为地区金融行业的重要支柱。澳门保险业发展以《保险业务法律制度》与《保险中介业务法》为核心监管准则，在保险公司偿付能力监管、投资策略规管以及保险中介人专业素质保证等方面均取得显著成效；《澳门商法典》保险合同编为地区保险实践提供了指引性实定法依据，以其先进的立法例为消费者权利保障奠定了坚实的基础。此外，澳门金融管理局通过发布法则与指引的方式实现了对地区保险活动有针对性的高效监管，在保险纠纷调解、强制保险规范化管理、保险产品风险管治及保险产品创新方面的实践已臻于成熟。随着《中华人民共和国保险法》修订工作的不断推进，澳门保险业所积累的先进经验可为内地保险市场的发展提供宝贵的参考与借鉴，进而促进双方保险行业的互利共赢与协同发展。

**[关键词]** 澳门保险业；偿付能力；金融纠纷调解；澳门商法典；保险中介人

澳门特别行政区作为一个开放程度较高的微型经济体系，其保险业在完备的监管体制下展现出强大的市场竞争力与行业活力，成为区域内金融领域的一大亮点。长期以来，内地对澳门保险法律制度及其实践状况的了解与关注均有不足，缺乏对澳门保险业的系统考察与研究。2021年，中共中央、国务院发布的《横琴粤澳深度合作区建设总体方案》进一步强调支持合作区对澳门扩大服务领域开放，通过降低澳资保险机构准入门槛、拓展跨境保险服务等方式促进与澳门保险产业的合作与发展。① 故值澳门回归祖国25周年之际，上海交通大学保险法研究中心交流团赴澳门特别行政区展开调研，共参访澳门金融监管机构、保险公司、行业组织以及法律院校等6家单位②，围绕澳门保险法律制度的实践与监管情况、保险行业的发展与创新状况以及保险法学界的最新

*　黄宇轩，上海交通大学凯原法学院博士研究生。

①　中共中央、国务院印发《横琴粤澳深度合作区建设总体方案》，中国政府网 https://www.gov.cn/zhengce/2021－09/05/content_5635547.htm，最后访问：2024年9月28日。

②　特此感谢澳门特别行政区立法会王世民议员、澳门金融管理局、澳门大学法学院、中国人寿保险（海外）股份有限公司澳门分公司、中国人民保险（香港）有限公司澳门分公司、澳门保险业专业人才协会、澳门律师公会对本次调研活动的鼎力支持！

研究成果等主题与各机构进行了深入交流，汇集了丰硕成果并形成调研报告，以期推动澳门保险业先进实践成果在内地的引介和传播，填补内地保险法学界相关研究空白，为两地保险业的共同发展提供理论支持和实践指导。

## 一、澳门保险行业概况

澳门陆地面积约33平方公里，人口约68.6万。2023年，澳门特别行政区本地生产总值(GDP)约为3 795亿澳门元，较2022年增长92.3%，整体经济回升向好。① 根据澳门金融管理局的统计数据，受内地访客恢复前往香港投保、利率持续高企等影响，2023年澳门保险业的毛保费总额由2022年的382亿澳门元减少至371亿澳门元，其中寿险业务毛保费整体下跌3.9%，占整体毛保费收入的92.3%；非寿险业务升幅9.1%，占整体毛保费收入的7.7%。②

整体而言，澳门特别行政区的保险业具有保险深度大(9.8%)③、保险密度高(5.42万澳门元/人)④以及寿险业务占据主导地位的特点。根据瑞士再保险研究院(Swiss Re Institute)2022年的统计数据，中国内地与澳门虽同为“亚太保险新兴市场”，但二者存在显著差异(详见下表1.1)。中国内地保费收入虽依靠较大的人口基数跻身全球第二，但其保险密度与澳门存在较大差距，仅以489美元/人位列第42位，而同期澳门特别行政区的保险密度已达到6 605美元/人，位列全球第六；着眼于保险业务结构，中国内地的寿险业务并未体现出明显的主导优势，与澳门以及亚太保险发达市场存在显著差异，仍具有较大的发展空间；此外，综合考察不同统计机构口径，中国内地的保险深度为3.8%—4%，澳门特别行政区的保险深度基于本地生产总值的波动通常处于10%—20%的水平，保险业成熟度整体高于中国内地。

在保险市场及监管方面，截至2023年底，澳门共有27家保险公司，其中13家从事寿险业务及私人退休基金管理业务，14家经营非寿险业务，保险中介人7 958名(其中个人保险代理人5 999名、保险代理人公司73家、保险推销员1 875名以及保险经纪人

① 统计数据来自：澳门特别行政区政府统计暨普查局官方网站，https://www.dsec.gov.mo/zh-MO/，最后访问时间：2024年9月29日。

② 统计数据来自：《澳门金融管理局2023年报》，第62页。澳门金融管理局：https://www.amcm.gov.mo/zh-hant/research-statistics/annual-reports/year-2023，最后访问时间：2024年10月6日。

③ 根据澳门金融管理局提供的公开数据计算，2023年度澳门特别行政区的保险深度约为9.8%(2022年度约为19.36%，主要受到本地生产总值实质收缩的影响进而畸高)。

④ 根据澳门金融管理局提供的公开数据计算，2023年度澳门特别行政区的保险密度约为5.42万澳门元/人。

公司 11 家)。[①] 澳门保险活动的监管、协调及监察是行政长官的权限,通常由澳门金融管理局(后文简称"AMCM")下辖的保险监察厅根据以《保险业务法律制度》(第 27/97/M 号法令)与《从事保险中介业务的法律制度》(第 38/89/M 号法令)[②]为核心的相关法例实际行使其职权。此外,《澳门商法典》(第 40/99/M 号法令)第十八编"保险合同"虽为现行有效的法例,但其内容并未及时回应澳门商业实践的快速发展,存在部分冗余或虚置的制度[③],因此基于澳门保险业"重经营监管,轻实体规范"的特点,《澳门商法典》在保险业实践中通常仅起到指引的作用,并在偶发的保险诉争实务中作为法院裁判的依据。

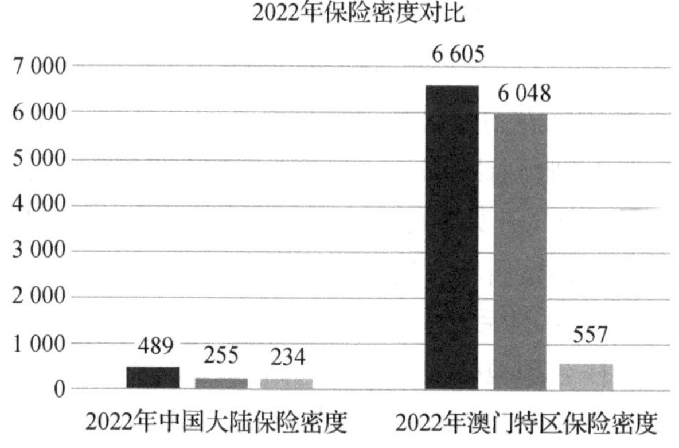


**图 1　2022 年中国大陆与澳门特区保费收入与保险密度对比**

① 统计数据来自:澳门金融管理局官方网站,https://www.amcm.gov.mo/zh-hant/insurance-sector/insurance-sector-introduction/insurance-system,最后访问时间:2024 年 11 月 4 日。

② 《保险中介业务法》(第 15/2024 号法律)已于 2024 年 7 月 31 日获立法会通过并刊宪,其将于 2025 年 8 月 1 日起正式生效,并取代《从事保险中介业务的法律制度》,重新订定的《保险中介业务法》完善了保险中介人准照及持续监管制度。

③ 参见何志辉:《葡萄牙商法在澳门的延伸适用及其影响》,载《"一国两制"研究》2016 年第 3 期,第 71 页。

此外，澳门保险业对内地投保者的吸引亦成为近年来的重要趋势，澳门保险市场特别是个人人寿保险业务对内地访客的吸引力显著增强。2021 年至 2023 年，内地访客年度保费收入分别为 72.10 亿、126.23 亿与 130.09 亿澳门元，分别占当年寿险行业总保费收入的 21.8%、35.5%与 38%。内地客户赴澳投保的增长态势使得关注并拓展内地客户成为行业的主要趋势，这也侧面反映出澳门寿险行业的发展潜力与强大竞争力。

## 二、澳门保险业的主要特点

### （一）保险纠纷涉诉案件较少：金融监管与金融调解机制的分流成效

澳门保险业最显著的特点之一是保险纠纷很少进入诉讼程序，受访的多家机构均表示这一现象得益于澳门完备的金融监管体系与纠纷调解先行的特色机制。相较于澳门保险纠纷较低的涉诉比例，中国内地法院（尤其是基层法院）常常需要处理数量庞大的保险诉讼案件。“北大法宝”数据库显示，2020 年全国法院共审理保险纠纷案 193 690 件，其中基层法院共审理 156 342 件，占比 80.7%。整体而言，尽管保险纠纷平均标的额较小，但基于保险公司拒赔成讼的惯性，在缺乏有效的案件分流机制的情况下，基层法院审理保险纠纷的压力甚巨。因此，澳门特别行政区的保险纠纷多元化解经验尤其值得学习与借鉴，其大体可分为两条路径：第一，以 AMCM 受理消费者投诉并启动监控措施的方式形成监管威慑；第二，以澳门世界贸易中心仲裁中心提供的调解服务前置解决金融消费争议。

根据 AMCM 的指引①，在与保险公司发生保险纠纷时，消费者应首先向该保险机构提出投诉，若保险机构在收到该投诉后 30 天内没有向投诉人作出回复或投诉人对保险机构的投诉处理方法不满，消费者可以向 AMCM 以书面方式提出投诉。征得投诉人同意后，AMCM 会将投诉资料转交给保险机构，要求该机构向投诉人进行解释答复，并向 AMCM 提交复函副本，随后 AMCM 将审核保险机构作出的回复，以确保相关机构已遵循其投诉处理程序合理地处理了投诉，并且该机构符合相关的监管要求。若经审查发现保险机构存在不合理行为或存在监管问题，AMCM 有权要求保险机构修改管理监控程序、执行改善行动甚至对该保险机构采取更为严厉的处罚或纪律行动。据此可知，尽管 AMCM 无权解决保险合同纠纷及以讼裁的方式要求保险机构向投诉人作出赔偿、补偿或退还保费，但金融监管的介入整体具有较强的“威慑作用”，能够有效遏制保险公司无正当理由拒赔的情形，进而实现了强监管背书下的保险纠纷源头化解。

① 澳门金融管理局：《处理对保险公司、再保险公司、保险中介人及退休基金管理公司作出投诉的政策文件》，https://www.amcm.gov.mo/zh-hant/insurance-sector/insurance-sector-complaint-handling/policy-statement-handling-complaints-insurance-sector，最后访问时间：2024 年 9 月 30 日。

若消费者经金融投诉后未能实质解决保险合同纠纷，此时纠纷之化解会转介到金融调解程序，以实现诉讼案件的前置分流。2019 年 5 月，澳门金融管理局、消费者委员会及澳门世界贸易中心仲裁中心联合推出了“金融消费纠纷调解计划”，该计划鼓励以磋商解决分歧，覆盖了索赔金额不超过 100 万澳门元的金融消费争议，投诉人应在首次知晓其损失之日起 2 年内提出调解请求。AMCM 推动本地 27 家保险公司中的 26 家签署了《金融消费纠纷调解协议》，成为调解计划的成员。当计划成员与客户发生符合受理条件的金融消费争议时，将优先采用由澳门世界贸易中心仲裁中心提供的调解服务解决，调解不成功时才会考虑其他争议解决方法或在法院进行诉讼。① 同年 7 月，澳门世贸中心仲裁中心与湾区 9 市的金融消费纠纷调解中心及调解委员会签署了《粤澳金融纠纷调解合作框架协议》，实现了大湾区“9 + 2”金融调解合作，有利于湾区金融市场的互联互通及民生金融的发展。

在我国内地继续推动金融消费纠纷多元化解决工作的背景下，澳门地区 AMCM 强监管体制以及调解中心与保险公司之间的紧密协作，可以为内地的法院和监管机构提供宝贵的经验与启发。目前，北京、上海等地均进行了“能调尽调”“法院 + 同业公会 + 调解中心”联动机制以及保险公司试点的推进与尝试②，未来应进一步强化金融监管机构对保险公司理赔流程与拒赔理由的监督与审查，畅通消费者投诉渠道并健全反馈机制，最终实现保险纠纷的诉前治理。

### （二）强制性商业保险成熟度较高

目前澳门特别行政区共有 7 类强制性保险，分别以统一保单条款及费率来规范，包括：汽车民事责任强制性保险、工作意外及职业病保险、旅行社职业民事责任保险、装置宣传物及广告物之民事责任保险、游艇民事责任保险、律师职业民事责任强制保险以及医疗服务提供者职业民事责任强制保险。相较于内地强制性保险的规定多散见于法律与行政法规的指引性规定之中，澳门地区的强制性保险则通过法令、行政法规或训令的方式，对强制性保险的保障范围、限制与除外责任、保单条文以及保费厘定的标准进行了较为详细的规范。

第一，在交通事故损害赔偿的风险分散上，澳门地区建立了以强制汽车责任保险为主、汽车保障基金（葡文缩写为 FGA）为辅的道路交通事故损害基本补偿体系。③ 澳门《汽车民事责任强制性保险条例》（第 57/94/M 号法令）订明机动车辆及其挂车必须具

① 澳门金融管理局：金融消费纠纷调解计划，https://www.amcm.gov.mo/zh-hant/news-notice/financial-consumption-dispute-settlement-plan/mediation-scheme，最后访问：2024 年 9 月 30 日。

② 参见谭乐之：《北京金融监管局：推进金融消费纠纷多元化解机制建设》，载《中国银行保险报》2024 年 8 月 20 日，第 3 版；上海银行业保险业纠纷调解中心：《法院＋同业公会＋调解中心，探索保险纠纷源头化解新模式》，载微信公众号“上海银行业保险业纠纷调解中心”，2024 年 3 月 19 日。

③ 参见唐晓晴、梁静姮、吕冬娟：《中国澳门地区道路交通侵权损害赔偿制度及其完善》，载《河南社会科学》2018 年第 3 期，第 75 页。

有获许可之保险人签发承保对第三者引致损害之民事责任保险单后，方得在公共道路行驶。澳门汽车强制责任保险对轻型机动车辆及重型摩托车规定了每年最低 3 000 万澳门元、每起事故最低 150 万澳门元的保险金额①，与德国法上的机动车三责险“统一模式”较为近似。“统一模式”的优势在于，其可以通过设定最低保险金额的要求，取消强制与任意汽车责任保险之界限，使得投保人能够借助单一保险契约分散其使用汽车的全部责任风险。② 相较于内地机动车交强险 20 万元赔偿限额“封顶式”与“分项式”救济的不足③以及三责险分离模式所引发的商业三责险累加投保的复杂化处理④，澳门地区强制汽车责任保险较高的“保底式限额”模式与三责险合一模式殊值内地学习与借鉴。此外，澳门 FGA 为强制汽车责任保险提供了进一步的救济漏洞填补，根据《汽车民事责任强制性保险条例》第 23 条的规定，FGA 可对不知悉责任人或不受有效保险保障的交通事故以及在保险人被宣告破产时向受害人作出人身损害赔偿，发挥金融保护网的补救功能。FGA 的财政来源是所有强制性汽车保险的附加征费，强制汽车责任保险与 FGA 的制度结合能够更加全面地保护交通事故受害人的利益。

第二，澳门地区建立了较为完备的工作意外及职业病强制保险制度。根据《工作意外及职业病保险法例》（第 40/95/M 号法令），任何行业提供服务的劳工（公职人员除外）均享有工作意外⑤及职业病所导致之损害的补偿权，此外《劳动债权保障制度》（第 10/2015 号法律）所设的劳动债权保障基金为工作以外或职业病死者家属提供兜底保障。⑥ 相较于内地的工伤保险基金省级统筹与社会保险经办机构承办的模式，澳门地区基于其经济体量较小的特点采用了商业保险公司承保强制工伤保险的模式，在一定程度上亦能够避免商业雇主责任险与工伤强制保险之间的竞争与替代问题。⑦ 此外，澳门地区根据不同的业务或职业特点进行了 350 余项精细的风险类目划分，并逐项明

---

① 修改关于《修订汽车民事责任强制保险法定制度》的十一月二十八日第 57/94/M 号法令，第 8/2011 号行政法规，澳门金融管理局：https://www.amcm.gov.mo/zh-hant/insurance-sector/regulatory-guidelines?type=compulsory-insurances-motor-vehicles-insurances，最后访问时间：2024 年 10 月 3 日。

② 参见韩长印：《我国交强险立法定位问题研究》，载《中国法学》2012 年第 5 期，第 159 页。

③ 中国银行保险监督管理委员会：《中国银保监会关于调整交强险责任限额和费率浮动系数的公告》（2020 年 9 月），国家金融监督管理总局官网：https://www.cbirc.gov.cn/cn/view/pages/ItemDetail.html?docId=928013&itemId=925&generaltype=0，最后访问：2024 年 10 月 3 日。

④ 参见韩长印：《我国交强险立法定位问题研究》，载《中国法学》2012 年第 5 期，第 157—159 页。

⑤ 实务争讼中对于《工作意外及职业病保险法例》第 3 条 a）项所规定的“工作意外”之解读较为宽松，员工直接往返工作地点或住所途中所发生的意外亦属于保险责任范围，参见澳门特别行政区中级法院第 758/2022 号上诉案、第 989/2020 号上诉案。

⑥ 如雇主未购买劳工保险或雇主已购买有关保险但保险实体破产的情况。

⑦ 参见许飞琼：《商业保险与社会保障关系的演进与重构》，载《中国人民大学学报》2010 年第 2 期，第 101 页。

确了业务或职业的强制固定保费率(0.14%—54.58%)①,而内地仍然延续《工伤保险行业风险表》的8类行业划分以确定差别费率(0.2%—1.9%),整体上仍然存在风险分类粗放的问题。② 在损害赔偿给付方面,澳门将金钱给付分为:(1) 对绝对/部分暂时无工作能力的损害赔偿;(2) 对绝对/部分长期无能力的损害赔偿;(3) 劳动死亡的损害赔偿及丧葬费,并规定了较高的赔偿标准③,在劳工保护方面较为周延与细致。

第三,与内地《旅行社责任保险管理办法》(下文简称《旅责险办法》)较为相似,澳门地区在《旅行社职业民事责任保险》(第263/99/M号训令)中亦规定了此类强制保险。根据《旅行社职业民事责任保险》第2条第2款的规定,其保险范围仅包括被保险人故意/非故意对顾客或第三人造成的财产及非财产损害的赔偿,以及纯粹因被保险人本身及/或补充业务而引起的赔偿(未履约/履约瑕疵引发的额外费用;旅行社代理人或工作人员对顾客或第三人造成的人身损害)。在赔偿限额方面,澳门地区旅行社强制责任保险的最低限额要求为每宗意外事故不低于70万澳门元,相较于内地人身伤亡责任限额不得低于20万元人民币的限额要求更为严格。此外,澳门地区旅责险将旅行社的代理人或工作人员同时列为被保险人,与内地《旅责险办法》第4条第1款将"导游或领队人员"列入第三者范围的规定有所不同④,相较之下澳门旅责险的被保险人范围厘定应更加符合保险法一般法理,殊值内地借鉴;澳门地区旅责险亦明确将旅行社违约责任纳入

① 《工作意外及职业病保险费表》,澳门金融管理局:https://cdn.amcm.gov.mo/uploads/files/insurance_sector/rules_and_guidelines/compulsory_insurances_employees_compensation_insurance/cn/tariff_2020_ch.pdf,最后访问:2024年10月3日。

② 其他国家的风险类目划分概况可参见周慧文:《国际视角下的我国工伤保险差别费率研究》,载《理论月刊》2013年第5期,第169页。

③ 《工作意外及职业病保险法例》(第40/95/M号法令)第47条:"a) 暂时绝对无能力——相当于基本回报的三分之二之损害赔偿;b) 暂时部分无能力——相当于工作能力或谋生能力下降三分之二之损害赔偿;c) 长期绝对无能力(100%的减值)——损害赔偿的金额相当于:1. 如劳工年龄小于25岁,每月基本回报的132倍;2. 如劳工年龄为25岁或大于25岁而小于35岁,每月基本回报的120倍;3. 如劳工年龄为35岁或大于35岁而小于45岁,每月基本回报的108倍;4. 如劳工年龄为45岁或大于45岁而小于56岁,每月基本回报的96倍;5. 如劳工年龄为56岁或大于56岁,每月基本回报的84倍;d) 长期部分无能力(小于100%的减值)——损害赔偿的金额相应于遇难人如为长期绝对无能力而根据上款的规定应将款额乘以减值的百分率(第6/2024号行政命令:下限为425 250澳门元;上限为1 417 500澳门元)。"《工作意外及职业病保险法例》第50条、第51条:"如果工作意外或职业病导致受害人死亡,受害人的家属可以共同享有相当于以下金额的损害赔偿:a) 如果受害人年龄小于25岁,每月基本回报的120倍;b) 如果受害人年龄为25岁或大于25岁且小于35岁,每月基本回报的108倍;c) 如果受害人年龄为35岁或大于35岁且小于45岁,每月基本回报的96倍;d) 如果受害人年龄为45岁或大于45岁且小于56岁,每月基本回报的84倍;e) 如果受害人年龄为56岁或大于56岁,每月基本回报的72倍(第6/2024号行政命令:下限为340 200澳门元;上限为1 134 000澳门元)。受害人的丧葬费金额等于30日的基本回报(第27/2020号行政命令:下限为4 600澳门元;上限为17 800澳门元)。"

④ 参见韩长印:《旅行社责任险的责任范围问题》,载《法学家》2016年第1期,第105页。

承保范围中，相较于内地《旅责险办法》第 4 条第 2 款的责任范围规定更为清晰明确，更有利于旅游领域风险的合理分摊。

第四，澳门地区要求律师及医师等职业风险较高的行业从业人员购买强制保险。根据《设立律师职业民事责任强制保险》(第 39/2003 号行政法规)的规定，律责险旨在为可依法要求律师承担的损害赔偿责任提供保障，但仅以律师在从事业务时因作为、不作为或不履行义务而引致第三人财产受损害的情况为限。保险的承保范围亦包括因律师的非律师合作者及实习律师的作为或不作为而引致且可归责于律师的法定民事责任，以及第三人在律师的职业住所内遭遇意外的法定民事责任。澳门地区律责险的最低限额为 200 万澳门元(每年及每宗)，在不适用免赔额时，保费为保险金额价值的 5‰，负责律师亦需为每名实习律师缴纳前述保费 25%的附加保费①，对于律师投保提出了较为严格的要求。澳门律师行业具有体量小、门槛高的特点②，故而较高标准的强制律责险得以推行；内地律师在执业经验、执业领域以及管理水平等方面存在较大差异，且存在从业人员基数大、理赔案件发生概率较低的特点，强制律责险并不符合内地律师的执业实际情况。因此内地可参照澳门地区强制律责险的内容改进律责险合同条款，并在自愿律责险领域进一步增强行业激励。③ 此外，澳门《医疗服务提供者职业民事责任强制保险》(第 5/2017 号行政法规)亦为医疗服务提供者从业风险的强制分摊提供了依据，相较于内地医疗责任保险制度的构建更臻于成熟。④

### (三) 寿险业务占据主导地位

基于澳门经济规模与产业结构的特点，澳门本土对于非寿险产品的需求量整体偏低，主要非寿险业务多被强制性商业保险所覆盖，且产品跨境竞争力较弱，故而澳门地区保险业呈现出寿险业务显著主导的特点。2023 年受到香港通关复常、内地访客恢复前往香港投保的影响，澳门地区寿险业务毛保费存在整体下跌的趋势，2024 年上半年

---

① 《律师职业民事责任强制保险保险费率表》(第 41/2003 号行政法规)第 4 条，澳门金融管理局：https://cdn.amcm.gov.mo/uploads/files/insurance_sector/rules_and_guidelines/compulsory_insurances_compulsory_professional_liability_insurance_for_lawyers/ch_lw_41_03.pdf，最后访问：2024 年 10 月 4 日。

② 根据调研中澳门律师公会提供的数据(截至 2024 年 8 月 19 日)，澳门地区执业律师人数为 443 位，实习律师人数为 170 位，共有律师事务所 103 家。澳门律师注册的程序为：(适应性先修课程)—实习录取试—实习律师注册(18 个月实习期；课程进修与评核；参与至少 20 宗诉讼程序、列席至少 15 次刑事诉讼程序开庭、列席最少 30 次其他性质的诉讼的开庭；提交论文)—最后评核试—律师注册，具有较高的准入门槛。详见《律师入职规章》，澳门律师公会：https://aam.org.mo/wp-content/uploads/2017/11/Regulamento-do-Acesso-a-Advocacia-ch.pdf，最后访问：2024 年 10 月 4 日。

③ 如扩大被保险人和受益人范围、将侵权责任纳入保险标的以及赔偿限额的提高等，参见韩长印、郑丹妮：《我国律师责任险的现状与出路》，载《法学》2014 年第 12 期，第 147—149 页。

④ 参见吕群蓉：《论我国强制医疗责任保险制度的构建——以无过错补偿责任为分析进路》，载《法学评论》2014 年第 4 期。

寿险毛保费192.95亿澳门元，基本维持了去年同期水平(同比下降0.13%)，但寿险业务仍占据90%以上的比例。在澳门地区寿险业务中，内地访客个人寿险业务占比约40%，其核心原因在于澳门地区寿险业务基于其全球资产配置，海外投资策略与投资组合，更有利的资产回报，“税种少、税负轻”①“严核保、宽理赔”“高保额、低保费”②以及更大的保障范围③等特点而具有较为明显的优势，进而吸引大量内地访客投保澳门地区寿险产品。澳门地区寿险产品可分为传统的人寿保险、非传统的人寿保险以及团体及个人保险计划。其中传统的人寿保险主要包括定期寿险、储蓄寿险、终身寿险、年金及退休基金，非传统的人寿保险主要包括连挂长期保险(Linked Long Term，C类)④与万用寿险(Universal Life Insurance)⑤。除内地访客投保吸引的因素外，澳门地区强制性/任意性社会保障制度(第一层次社会保障制度)偏低的法定给付额度⑥也为诸如退休基金管理等商业寿险业务提供了相应的发展空间⑦。值得关注的是，澳门已通过《非强制性中央公积金制度》(第7/2017号法律)建立了第二层次的社会保障制度，并鼓励私人退休基金计划与非强制央积金实现进一步的衔接与协调，这也为澳门地区未来建

① 澳门地区直接税占比较高(95%以上)，且不课征遗产税与资产增值税，在税收政策方面具有较为突出的优势。参见赵婧洁、邓磊：《粤港澳大湾区背景下内地与澳门税制对比分析》，载《财政科学》2020年第12期，第22页。

② 根据交流团调研所获信息，澳门地区寿险保额在同等保费的情况下比内地高30%以上，在同等保额或保障范围的情况下，澳门寿险保险费率较内地低二到三成。

③ 澳门地区寿险在保障范围上涵盖若干内地不保专案，危疾保障与医疗保障相较于内地同类寿险保障范围更大，免责事项限制更少，且部分寿险产品着重保障合资格的非受保病症，对被保险人的保护更为周延，且保费相较于内地更低。

④ 连挂长期保险系指保障人寿命的保险，或对达到一定年龄依然生存的被保险人支付定期金的保险，其利益完全或部分根据任何类型(不论在合同内有无指明)财产之参考价值或从财产所得利益而定，又或以该等财产(指明或未指明)之价值的浮动，或以价值指数之浮动而定。

⑤ 万用寿险的特点为：(1) 灵活保费(首年保费达到最低限额即可)；(2) 可调整的身故赔偿利益；(3) 具有“分别列示各定价因素”的定价结构(“解绑”定价结构)；及(4) 累积现金价值。

⑥ 每月养老金金额=养老金上限(现时为3 740澳门元/月)*实际供款月数/360；提前获发养老金金额=养老金上限(现时为3 740澳门元/月)*实际供款月数*背页年龄百分比/360，澳门特别行政区政府社会保障基金官网：https://www.fss.gov.mo/uploads/media/dp/brochures/fss-dp-7-20200122.pdf，最后访问时间：2024年10月5日。

⑦ 澳门特别行政区政府在老龄化福利保障方面，每年会向65岁以上的长者发放一次性的敬老金，由澳门社会工作局负责。另外，特区政府推行双层式社会保障制度，由澳门社会保障基金(下简称“社会保障基金”)负责。其中第一层为《社会保障制度》(第4/2010号法律)，以社会保险原则运作，包括强制性制度及任意性制度，透过每月供款累积，合资格的澳门居民最早可于60岁申请提前领取养老金。第二层为《非强制性中央公积金制度》(第7/2017号法律)，透过雇主员工共同或个人的供款，旨在加强澳门居民的社会养老保障，以及对现行的社会保障制度作出补足，一般情况下合格的澳门居民可在年满65岁时申请提取款项。

立强制性中央公积金制度奠定了良好的基础。①

在澳门地区寿险业务的监管层面，基于维护外汇管理秩序与内地保险市场秩序、保护消费者权益以及防范非法向境外转移和藏匿财产的行为的考量，“境内签单、境内承保”以及“境内介绍、境外签单、境外承保”的非法销售境外保险产品的行为均将受到内地监管机构的处罚。② AMCM 亦于 2021 年发布传阅文件《重要资料声明书——内地人士在澳门投购人寿保险产品》，明确人寿保险的整体销售过程（包括产品说明会/媒介宣传与推广）都应在澳门境内进行，且所有投保文件亦必须在澳门境内签署，否则利益相关人权益将可能无法受到澳门监管机构的保护。目前粤港澳地区的跨境保险合作仍多聚焦于跨境机动车保险、跨境医疗保险以及跨境人民币再保险业务，澳门地区的人寿保险产品基于其内含的金融风险，应在销售过程中严格遵守监管部门的规定，以维护良好的金融秩序。

### （四）澳门保险业消费者保护的多措并举

关注保险产品消费者权益为澳门保险业的显著特征，除前文述及的金融纠纷化解机制为消费者维权提供的便利外，澳门保险业在保险产品设计与审批环节、中介人保单条款阐释环节、投保与转保环节以及非保证红利派发履行比率披露等方面均体现出了对消费者权益保护的侧重。

以寿险产品为例，在产品设计与审批环节，AMCM 除要求产品审批程序必须支持保险公司有效的风险管理和内部控制系统外，还特别要求保险公司确保保险产品符合公平待客原则③，对于保险产品中保险利益的要素审查则较为宽松。在保险中介人保单条款阐释方面，由于澳门地区的保单用词除强制性保险之外均不受到规管，因此保险公司在保险产品的设计与推广方面具有较大的自由度，而澳门地区却较少出现有关保

---

① 澳门特别行政区政府社会保障基金官网：https://www.fss.gov.mo/zh-hant/rpc/node-20，最后访问时间：2024 年 10 月 5 日。

② 原中国保险监督管理委员会：《关于加强对非法销售境外保险产品行为监管工作的通知》（保监寿险〔2016〕46 号）。

③ “公平待客原则”的具体要求包括：a）产品设计合理，可为客户提供公平的成果，并合理地满足客户的利益、需求、负担能力及期望；b）对于客户而言，产品利益支付的界定应当客观、清晰及透明；c）客户所缴纳的保费或费用及收费（如适用）均须公平，与有关产品提供的保险保障相称，并反映保险公司所提供的服务/附加价值；d）产品定价须考虑产品的可持续性及对客户的公平性；e）定价假设须根据通用精算原则的最佳估算假设厘定；f）产品特性不会对客户产生不利影响；g）产品的风险与其回报大致相称，并且在客户的风险承受范围内；h）条款及细则须准确、清晰、恰当、易于理解且对客户公平；i）数据披露须足以让客户能在掌握充分资料的情况下作出知情的决定，以及妥善管理客户的合理期望；j）销售渠道适合有关产品，并旨在定位已确定的目标客户；及 k）产品或产品选项的修改或终止须公平合理，并不会对现有客户的权益造成重大损害。澳门金融管理局：https://cdn.amcm.gov.mo/uploads/files/insurance_sector/rules_and_guidelines/notices_in_force_from_amcm/cn/av2021_014_product_governance_chi.pdf，最后访问：2024 年 10 月 5 日。

险人提示说明义务的纠纷①，其主要原因在于，AMCM会要求保险中介人在核保与保单阐释环节通过提供附表式保单②或利益说明文件③的方式，以非行业术语确保客户能够充分且准确地理解保单内容，其具体内容通常包括特别条件（保证、特别除外责任等）、额外利益（特别危险等）以及一般不受保项目（General Exception）等，通常以3—4页的内容体量予以集中呈现，在保单阐释的过程中，保险中介人需要确保客户已充分理解前述精炼的保单内容，并于规定期限内保存保单签署的相关记录，以便在发生纠纷时进行举证。④ 此外澳门保险业对客户自主意愿的尊重亦为其鲜明特色，2023年修订的《寿险保单冷静期权利的指引》（第011/2022－AMCM号通告）为保单持有人提供了21个历日的合理考虑期间（"Cooling-off Period"，称为"冷静期"），允许其按自己的意愿就新购买或已申请的人寿保险单改变主意，在避免中介人推销"压迫感"的同时也能够为保单持有人理解保险条款与其风险提供充分时间。⑤

除监管要求外，《澳门商法典》保险合同编作为私法层面的指引性法例，亦通过设置保险人的行为规范以实现保护投保人与收益人权益之立法目的。具体而言，《澳门商法典》第966条对保险人的承诺期限进行了特殊要求，在投保人为自然人之个人保险中，保险人于收到保险要约15日后，或于其他约定期限经过后，如保险人不向要约人通知拒绝要约或须搜集为评估风险所需之说明，则合同视为按要约之条件订立。《澳门商法典》第987条与第988条载明了保险人发出支付保险费的书面通知的最迟日期与欠缴保费的后果，并且为保费欠付规定了30日的宽限期，且宽限期内合同继续有效，体现出

① "北大法宝"数据库显示，截至2024年10月6日，与《中华人民共和国保险法》第17条（提示说明义务）有关的纠纷已达213 407件，而澳门特别行政区法院近期有关免责条款的保险诉讼纠纷（第433/2021号上诉案）主要聚焦于免责条款本身的合法性及有效性，而鲜见保险人或中介人未尽提示说明义务方面的纠纷。

② 澳门金融学会：https://ifs.org.mo/iiqe-exam，最后访问时间：2024年10月6日。

③ 《人寿保险产品（类别C产品除外）利益说明指引》（第012/2017－AMCM号通告），澳门金融管理局：https://cdn.amcm.gov.mo/uploads/files/insurance_sector/rules_and_guidelines/notices_in_force_from_amcm/cn/av2017_012_ch_2.pdf，最后访问时间：2024年10月6日。值得注意的是，该指引要求保险人在销售分红寿险产品的过程中披露其投资策略以及非保证红利的履行比率（履行比率＝实际派发的非保证红利/保单销售时所列举的数值），以保护分红寿险业务项下顾客的权利。根据AMCM的介绍，寿险公司履行比率的正常水平约为80%，未来AMCM可能会考虑将履行比率与寿险公司高管层浮动薪酬相挂钩以进一步加强分红寿险业务监管。

④ 根据交流团调研所获信息，保险中介人通常会根据客户教育层次的不同进行差异化的保单签署/阐释记录保存，保险中介人可在征得客户同意的情况下进行售后录音，以实现充分的记录留存。《澳门商法典》第969条第2款亦有较为基础的指引性规定："保险单之条款如约定保险人解除合同、合同无效、撤销合同或排除风险之原因，须以突出之字体载明方有效力。"

⑤ 根据交流团调研所获信息，即使存在"冷静期"的政策优待，澳门寿险市场的退保率整体仍然较低：在2021年和2022年期间，澳门寿险市场的冷静期退保率和总退保率分别为1%和3%，与内地市场对比十分成熟、稳定。2023年，澳门寿险市场的冷静期退保率和总退保率仅为5%和12%。

了澳门保险业对于保单维持的积极态度。①《澳门商法典》第 991 条对于保险人超期赔付的问题亦进行了严格规制，在保险人知悉保险事故发生起 60 日内应赔而未赔的，其应付金额应加上按双倍法定利率计算之利息作为赔偿金，充分体现出对保险消费者求偿权的保护与关注。

## 三、《澳门商法典》与《保险法》之主要制度对比

### （一）投保人风险声明与不可抗辩条款的差异

《澳门商法典》第 974 条与第 975 条分别规定了投保人对风险的恶意不声明/不正确声明与非恶意不声明/不正确声明时保险人可得行使的权利。具体而言，在投保人基于恶意不履行如实告知义务（风险声明）时，保险人有权在知晓不声明/不正确声明之日起 1 个月内向投保人作出撤销合同的意思表示，并不存在如《中华人民共和国保险法》（以下简称《保险法》）第 16 条第 3 款的"不可抗辩条款"②的限制，且保险人有权收取合同撤销前已到期的保险费，并有权请求返还已支付的赔偿款项。在投保人非基于恶意未履行如实告知义务的情况下，《澳门商法典》第 975 条规定，保险人得自知悉该声明之日起 2 个月内提出解除合同或提议投保人支付新保险费，相较于《保险法》第 16 条第 5 款③的规定，澳门地区保险规范特别强调了非恶意未如实告知情形下保险人增加保费的可选路径，以及在投保人接受新保费前或合同解除前发生保险事故时的保险金比例给付（约定之保险费/正确声明风险时应付之保险费），体现出了立法者重视保险合同维持与消费者保护的立场。

尽管《澳门商法典》第 974 条并未规定不可抗辩条款的内容，即保险人可于知悉投保人恶意不履行如实告知义务时在 1 个月内撤销合同，然而一方面保险人行使撤销权的期间相较于《澳门民法典》第 280 条规定的 1 年除斥期间更为严格；另一方面，澳门地区保险实务对于投保人"恶意"的证明提出了较为严格的要求。在澳门特别行政区中级法院第 730/2023 号上诉案④中，尽管投保人对于过往 3 年的眼疾治疗病历的交代存在

---

① 在强制汽车责任保险的保费欠缴争讼中，在自动续保的机制下，若保险人未于续期缴费的通知中载明合同将按《澳门商法典》第 988 条的规定于 30 日期限届满后自动解除，保险合同仍应继续有效（依约定续期 1 年），参见澳门特别行政区中级法院第 620/2017 号上诉案。

② 《中华人民共和国保险法》第 16 条第 3 款："前款规定的合同解除权，自保险人知道有解除事由之日起，超过三十日不行使而消灭。自合同成立之日起超过二年的，保险人不得解除合同；发生保险事故的，保险人应当承担赔偿或者给付保险金的责任。"

③ 《中华人民共和国保险法》第 16 条第 5 款："投保人因重大过失未履行如实告知义务，对保险事故的发生有严重影响的，保险人对于合同解除前发生的保险事故，不承担赔偿或者给付保险金的责任，但应当退还保险费。"

④ 参见澳门特别行政区中级法院第 730/2023 号上诉案。

不足，但由于投保人曾在保险公司为其安排身体检查时向医生提及其曾于 1 个月前出现视力模糊进而就诊的情况，因此投保人并未完全隐瞒其眼疾问题，只是交代得不够充分，在投保人缺乏相应专业知识的情况下不应认定投保人系恶意。此外，保险人并未就投保人所申报的近期眼疾就诊记录进行进一步调查或要求投保人进行进一步解释，因此法院认为保险人未能证明遗漏的病历将影响其是否承保或其承保所应设置的限制条件，因此判决保险人不得解除合同。[①] 整体而言，澳门保险业在保险合同撤销的问题上进行了较为严格的限制与审慎判断，但《澳门商法典》并未通过设置不可抗辩条款以使保险人的撤销权归于消灭，体现出了对民事实体法理论与保险最大诚信原则的尊重，殊值内地参考与借鉴。

### （二）保险标的风险增大时保险人权利行使的差异

在保险标的危险程度显著提升的投保人通知义务方面，《澳门商法典》第 979 条、第 980 条的规定与《保险法》第 52 条的规定存在诸多差异。当投保人将标的物风险增加的情况及时通知保险人时，《澳门商法典》第 979 条整体上采用了“协商增加保费—协商不成时解除合同”的指引性规则，与《保险法》第 52 条第 1 款依合同约定“增加保费或解除合同”的选择行权模式存在一定差异，仍然体现出了澳门地区对于维持保险合同效力的鼓励态度。在投保人未履行危险程度增加的通知义务时，尽管《最高人民法院关于适用〈中华人民共和国保险法〉若干问题的解释》(四)第 4 条对危险增加的具体样态进行了列举，但《保险法》第 52 条第 2 款在保险人免责的因果关系判断上，并未根据被保险人的主观状态进行区分描述；在违反通知义务的法律后果上仍秉持全有或全无的保险金给付效果[②]，整体规定较为简略。反观《澳门商法典》第 980 条，其对于投保人恶意不履行危险增加通知义务的情形进行了严格规管，在发生保险事故时，保险人无义务作出给付；若投保人非恶意未通知时，在发生保险事故时，保险人仍应按照比例(已支付保费/风险增大后应支付之保费)给付保险金。此外，《澳门商法典》第 980 条第 3 款在风险增大与保险事故发生的因果关系判断上可适用风险声明义务的相关规则(第 974 条第 4 款及第 975 条第 4 款)[③]，其整体规定相较于内地更为周延与细致。在推进《保险法》修订的语境下，危险增加通知义务的相关规定可吸收《澳门商法典》的经验进行部分革新。

---

① 葡萄牙最高法院 2022 年 11 月 30 日的合议庭裁判(卷宗编号为 26767/18.1T8LSB.L1.S1.)：“que se tivesse conhecimento dos factos omitidos não teria celebrado o contrato de seguro ou tê-lo-ia celebrado noutras condições.” 除非保险人知道遗漏的事实，他就不会签订保险合同，或者会在不同的条件下签订合同，否则将不影响所签订合同的有效性。

② 参见张力毅：《被保险人危险增加通知义务司法适用之检讨——基于 277 个案例的裁判文书之分析》，载《政治与法律》2019 年第 6 期，第 118 页。

③ 《澳门商法典》第 974 条第 4 款：“如保险涉及数人或不同利益，对于与不声明及不正确声明无关之人或利益，保险合同仍有效。”第 975 条第 4 款：“如保险涉及数人或不同利益，上款之规定不适用于与不声明及不正确声明无关之人或利益。”

### （三）重复保险的保险人外部责任形态差异

在重复保险中，澳门地区首先对善意重复保险与恶意重复保险进行了区分，根据《澳门商法典》第1002条第2款之规定，若被保险人恶意不将已有他保事项通知各保险人，则所有保险人均不承担赔偿责任，《保险法》第56条第1款虽要求投保人将重复保险的情况通知各保险人，但并未规定相应的法律后果，可能会激励与纵容重复投保之现象。① 在善意重复保险的前提下，《澳门商法典》第1002条第3款在各保险人损失补偿的外部关系上规定了与《海商法》第225条较为相似的连带赔偿主义，即被保险人得请求任一保险人在保险金额范围内承担全部赔偿责任，而《保险法》第56条第2款则采取了按份赔偿主义的立法模式，即各保险人均按照一定的比例对被保险人承担赔偿责任（通常为保险金额/保险总额），各保险人之间不负连带责任。在《澳门商法典》第1002条的外部连带模式下，就各保险人之间的内部责任划分，该条第4款采用了“最大责任制”②的分摊模式，即承担赔偿责任的保险人按保险金额之比例对其他保险人享有求偿权，但若存在其他保险人破产或其他保险合同无效等情形，有关份额仅能由其他保险人分摊。

尽管有学者主张《保险法》第56条的各保险人外部关系应由比例分担主义转向连带主义、内部关系应从最大责任制转向独立责任制，以确保被保险人能够便利地获得充分补偿③，但连带模式在其他保险人设置诸如比率之数条款（Rateable Proportion Clause）、分担条款（Contribution Condition）、免赔偿条款（Non-contribution Clause）或部分分担条款之特约④时，将严重损害未订立特约的保险人的利益（尤其是先保险人），并进一步驱使保险人在重复保险领域中均订立如比率之数条款的特约以规避分摊不能的风险，使得连带责任最终仍落入按份赔偿主义的范畴之内。另一方面，在各保险人均承保不足额保险时，保险金额范围内的连带模式亦可能导致对被保险人的保护不周。此外，根据澳门保险业的实践，在各保险人内部分摊的关系上，保险金额比例制与

---

① 参见韩长印：《大陆与台湾保险合同法比较与评析——以大陆〈保险法〉2009年修订为重点》，载《保险研究》2009年第7期，第10页。

② 与之相对应的是独立责任分摊模式，是指各保险人在不考虑重复保险的情况下，各保险人依据各自应当实际赔偿的保险金的比例分摊保险赔偿金总额。独立责任分摊制下每一保险人的分摊额的计算公式为：每一保险人的分摊额＝实际损失×（每一保险人实际应承担的保险赔偿金÷各保险人应承担的保险赔偿金总额）。

③ 参见樊启荣：《复保险中损失分摊原则之现代整合——兼论〈中华人民共和国保险法〉第56条第2、4款之完善》，载《法商研究》2012年第6期，第56页。

④ 比率之数条款或分担条款把保险人的责任限于损失的某个比例份额，在重复保险的情况下，如果每份有关保单均包含此条款的话，被保险人就不再可以单靠一个保险人而获全额赔偿；免赔偿分担条款的应用使损失只由其他保险单赔偿；部分分担条款，如标准火险保单中的所谓“海上条款”规定，如果在水险单与火险单之间存在潜在的分担，火险单将不分摊损失，超逾了水险赔偿的那部分损失则除外。澳门金融学会：https://ifs.org.mo/iiqe-exam，最后访问时间：2024年10月11日。

独立责任制各有其支持者，并无行业之统一标准。① 因此，《保险法》在未来的修订中需要关注澳门近期保险业实践中各保险人设置特约条款情形下责任分摊的问题，审慎考虑各保险人“外部连带，内部分摊”的立法模式转向。

## 四、澳门保险业之监管与险种创新

### （一）澳门保险业之监管体系

#### 1. 保险业务法律制度

澳门保险业的 AMCM 监管主要围绕《保险业务法律制度》展开，该法例为澳门规管保险业务经营的主要依据，订定从事保险业务的准入条件、对保险公司的监管要求，以及保险公司的责任等规定。同时，AMCM 透过通告和指引对特定的保险业务作出监管规范，以促进保险市场稳定发展及完善金融监管制度。2020 年 9 月 22 日，《修改六月三十日第 27/97/M 号法令》（第 21/2020 号法律）将原法令更名为《保险业务法律制度》。《保险业务法律制度》修订的内容主要包括如下方面：第一，提高设立保险人的申请条件②及扩大对申请人的资格审查范围，加强对保险业的风险管理、内部监控、预防和打击清洗黑钱及反恐融资机制的要求，确保保险公司具备完善的管治政策；第二，提升资本及担保要求，对现有保险人及申请人的资本金额要求提高一倍，并修订技术准备金的要求③，切实执行稳健经营的宗旨；第三，采用原则基础监管方式并引入合并监管，以强化监管措施；第四，修订干预制度及加强罚则，增加及厘清适用于干预制度的情况、措施及优化罚则条款，加强处罚制度的阻吓性。④

《保险业务法律制度》在保险公司偿付能力监管方面进行了较为详细的规定，获许可的保险人应备有技术准备金与偿付准备金以作为其营业的担保，其具体要求详见图 2。从 2023 年起，为回应国际保险监督联会（IAIS）于《保险核心原则》（ICPs）与监管通用框架（ComFrame）所确立的保险业国际监管标准，AMCM 已开展《保险业风险为本的资本框架》的研究工作，旨在建立清晰统一的估值标准和风险敏感的资本要求。AMCM 拟议的风险为本的资本框架主要包括三大支柱：第一支柱主要包括资本充足水平及估值在量化方面的要求，包括资本充足要求下的订明资本要求（设定为 99.5%的一

① 澳门金融学会：https://ifs.org.mo/iiqe-exam，最后访问时间：2024 年 10 月 11 日。

② 设立保险人须具备：风险管理机制、内部监控机制以及预防和打击清洗黑钱机制；需证明财政稳健、业务策略具可行性等。

③ 要求用作担保技术准备金的资产充足性至少每季度计算一次；人寿保险的数值准备金及一般保险的未到期风险准备金均须由精算师证明。

④ 《〈保险业务法律制度〉明日生效 对保险业界加强监管》，澳门特别行政区政府入口网站：https://www.gov.mo/zh-hans/news/308325/，最后访问时间：2024 年 10 月 12 日。

年期风险值，VaR)①与最低资本要求；作为技术准备金计算准据的现时估计值与现时估计边际；资本资源的偿付能力识别、质素评估以及分级监管亦属于第一支柱的重要内容。第二支柱主要包括企业风险管理、自我风险及偿付能力评估、内部整体的风险评估(第一支柱未包括的部分)、压力与情景测试及资本管理连合等内容，其旨在促进公司治理及企业风险管理水平的提升，鼓励保险公司妥善管理风险。第三支柱主要包括保险人相关资料向公众及监管机关的披露以及提供监管报告等内容。AMCM 已于 2024 年第二季度完成了风险为本资本框架第一支柱的设计，并于 2024 年第四季度开展第一轮量化影响研究评估与研究结果分析并听取业界反馈。AMCM 计划于 2025 年第二季度开展第二轮量化影响研究，并将于 2027 年初期完成《保险业风险为本的资本框架》的草拟，以期为保险公司建立清晰统一的估值标准和具备风险敏感度的资本要求。②

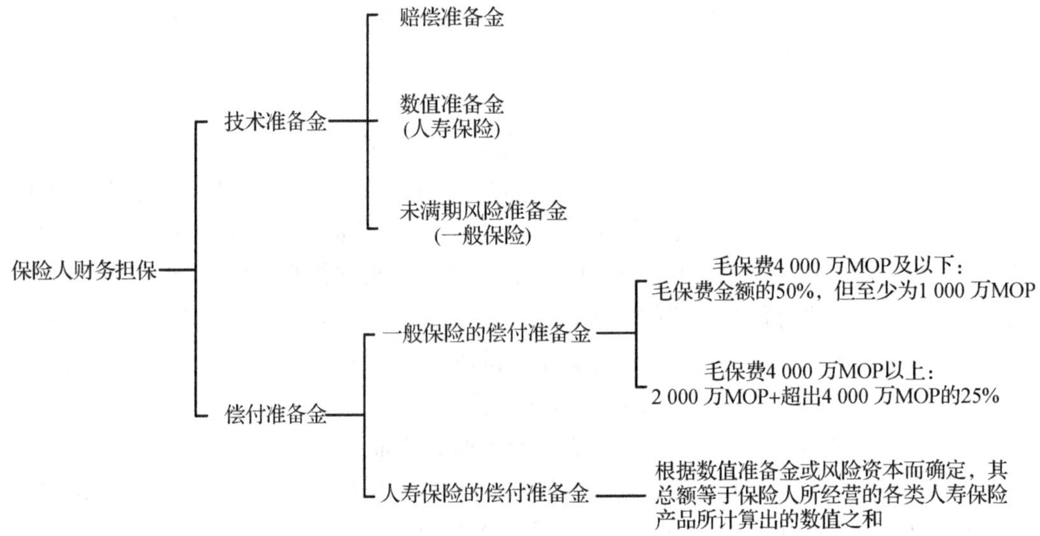


**图 2 《保险业务法律制度》对于保险人财务担保的具体要求**

① 每一风险及其子风险模块的关联风险费用独立计算，然后合计得出订明资本额。AMCM 拟议的主要风险模块包括：市场风险、人寿保险风险、一般保险风险、交易对手违约风险以及操作风险，其中市场风险与人寿保险风险采用压力测试法计算，即订明资本额(风险)＝Max(0，基础情景净资产－压力情景净资产)；其余三项风险则采用系数法进行计算，即订明资本额(风险)＝风险敞口＊压力水平。在订明资本额(风险)合计方面，保险公司所面对的整体风险，不一定是每项风险的总和，如 ICPs 第 17.7.2 条所述，各项风险之间可能存在相依性及相互关系，因此 AMCM 拟通过风险模块相关系数矩阵公式进行风险合计的计算。

② 《〈风险为本的资本框架〉专题论坛》，澳门保险业专业人才协会：https://www.miipa.org.mo/news/view/70，最后访问时间：2024 年 10 月 12 日。

2. 保险中介业务法

对保险中介人活动进行严格监管亦为澳门保险业的特点之一，仅有获得 AMCM 批准的保险推销员、保险代理人以及保险经纪人[①]才能够从事保险中介人活动。为对《从事保险中介业务的法律制度》(第 14/2003 号行政法规)进行检讨与完善，并提升对保险中介人的监管力度，澳门立法会发布《保险中介业务法》(第 15/2024 号法律)，该法律将于 2025 年 8 月开始实施。

《保险中介业务法》引入的修改内容主要包括：第一，完善保险中介人准照制度。(1) 提高从事保险中介业务的准入要求，明确准照申请人须通过 AMCM 的适当资格审查及符合最低学历要求，并依申请人的业务性质按风险为本准则作出审批；(2) 对保险中介人进行持续监管，明确准照续期的条件包括完成持续专业培训活动[②]；(3) 准照有效期从现时的 1 年调整至 2 年以减省行政程序，并引入主事人制度及保险中介业务负责人制度，以 AMCM 的通告订定保险代理人的主事人数目限制，以便因应行业发展作出适时调整。第二，加强对保险中介业务及保险中介人的监管。(1) 明确及增加保险中介人的义务，将保险中介人的义务分为所有保险中介人均适用的"一般义务"和各类保险中介人各自适用的"特别义务"；(2) 明确及强化保险人的义务，尤其是保险人有义务对所委任或雇用的保险中介人进行尽职调查，并审视其是否符合相关从业要件，以及监控和管理其行为。(3) 订定保险中介人以及保险人在保险中介业务方面的行政违法行为，提高罚款金额，并赋予 AMCM 处罚职权。[③]

整体而言，澳门地区的保险中介人资格考试及保险中介人专业培训与 AMCM 的持续监管一道，在提高保险中介人专业素质、划定适当职业操守以及保障保单持有人与受益人的权益方面发挥着十分重要的作用。而内地自 2015 年取消保险从业人员资格考试以来，行业准入门槛的降低导致保险从业人员文化基础、法规意识以及语言表达等综合素质

---

① 保险推销员系自然人，其亦为保险人、保险代理法人或保险经纪人的雇员，保险推销员可以上述机构的名义从事保险中介人活动；保险代理人若取得保险人书面授权，可以代表保险人从事发单或保险业务的运作，或处理保险赔偿，保险代理可分为个人代理与法人代理；保险经纪人系从事中介人业务的法人中介人。

② 《保险中介人持续专业培训计划》(第 010/2017－AMCM 号通告)：仅持有一般保险或人寿保险牌照的个人保险中介人在牌照续期时，必须满足每年具备不少于五小时持续专业培训时数的要求。同时持有人寿保险及投资相连保险牌照、同时持有一般保险及人寿保险牌照，或同时持有一般保险、人寿保险及投资相连保险牌照的个人保险中介人在牌照续期时，必须满足每年具备不少于十小时的持续专业培训时数的要求。如果个人保险中介人在牌照续期时未能满足与其牌照相应的最少持续专业培训时数要求，其牌照将不获续期，且在牌照不获续期的期间内，不得从事任何保险中介活动及收取佣金。

③ 《行政会完成讨论〈保险中介业务法〉法律草案》，澳门特别行政区政府入口网站：https://www.gov.mo/zh-hans/news/725041/，最后访问：2024 年 10 月 12 日。

薄弱[①]，不利于保险业的健康发展，未来内地在《保险法》的修订进程中应借鉴澳门地区“资质把关、持续培训”之监管经验，进一步提高保险从业人员的素质与专业能力。

### （二）澳门地区险种创新情况

#### 1. 中小企业巨灾财产保险

为解决严重天气事故引致的低洼地区中小企业商业财产损失不受保险保障[②]的问题，2019 年 8 月 AMCM 和经济局宣布推出中小企业巨灾财产保险，为澳门中小企业[③]因严重天气事故（如八号风球或以上、第四级红色风暴潮或以上、黑色暴雨）导致的商业财产损失提供保障。投保人可选择的保险金额分为每年 10 万、20 万、30 万及 50 万澳门元，标准保费为保险金额的 15%，保费不受地理位置影响。保险模式基于实损实赔原则，每次保险事故发生时，保险公司将根据实际损失进行赔付，不受比例分摊约定限制，但累计赔偿金额不超过受保金额上限。为提高中小企业投保意愿、鼓励连续投保，中小企业巨灾保险的无赔偿折扣逐年增加[④]，此外 AMCM 与经济及科技发展局联合推出“中小企巨灾财产保险资助计划”，由工商发展基金按其营运场所，经同一保险公司购买此保险年度总标准保费的 50%或 3 万澳门元（以较低者为准）资助合资格企业，以实现中小企业巨灾保险保障的进一步覆盖。

然而，根据 AMCM 的反馈，澳门地区中小企业巨灾保险主要存在如下问题：第一，不受地理位置影响的单一特别费率计算方式（15%），由于存在对大数法则以及对价平衡原则的突破，参与承保该险种的保险公司若没有充分利用再保险安排充足额度的巨灾超赔保障，则其在发生累计巨额赔付时将难以有效转移风险。目前澳门中小企业巨灾财产保险主要由太平再保险有限公司为直保公司提供再保支持，但澳门地区整体的再保险供给相较于其他国家和地区仍不尽成熟。[⑤] 第二，经营者对于中小企业巨灾保

---

① 参见张伟强、张蕾、戴璐：《中国人身保险从业人员问题研究及监管建议》，载《清华金融评论》2023 年第 3 期，第 109 页。

② 水浸损失主要发生在低洼地区，但澳门地区保险公司对于长期水浸区的承保意愿不高。即使在“天鸽”袭击澳门后，低洼地区购买相关财产保险的情况也不算踊跃。该险种在低洼地区承保方面设有水深高度的免责条款，水浸未达到设定高度不在赔偿范围内。Sheldon YU：“The days after Typhoon Hato and Mangkhut”，Institute and Faculty of Actuaries：https://www.actuaries.org.uk/，last entrance：2024 - 10 - 12.

③ 保险对象限定为在澳门财政局登记营运、雇佣员工总数不超过 100 人，且经营状况正常的企业。

④ 无赔偿折扣逐年增加，第一年为 20%，第二年为 25%，第三年为 30%，第四年或以上为 35%；若在享受较高折扣期间索赔，续保时仍可享受 20%的折扣。

⑤ 我国台湾地区政策性地震保险制度与其较为相似，参见张力毅：《台湾地区政策性地震保险制度构建经验之启示——写在中国大陆拟制定〈地震巨灾保险条例〉之际》，载《保险研究》2018 年第 9 期。

险的投保意愿不高，尽管存在较高比例的保费补贴，但投保率依然较低，其主要原因在于澳门特区政府通常会在巨灾情形下为未投保的小微企业经营者提供较为充分的保障，因此在中小企业巨灾保险未采用强制投保的模式下，经营者通常缺乏投保之动机。

2. 跨境车险产品

(1)“澳车北上”粤澳跨境车险产品。

广东省政府于2019年7月出台《推进粤港澳大湾区建设三年行动计划(2018—2020年)》，提出“推进粤港澳保险机构合作开发创新型跨境机动车保险产品，协同为跨境出险的客户提供查勘、救援、理赔等后续服务”①。此后，经原中国银行保险监督管理委员会授权广东银保监局与澳门金融管理局共同协商，凡经港珠澳大桥口岸进入广东行驶的澳门机动车辆，可通过多家获许提供“澳车北上”粤澳跨境车险产品的本澳保险公司，在原有适用于澳门地区的汽车民事责任强制保险之上，附加适用于内地的第三者责任保险的额外保障(即“澳车北上”粤澳跨境车险产品)。

“澳车北上”粤澳跨境车险产品，仅适用于经港珠澳大桥临时出入内地且仅限于在广东省行驶的，持有临时入境机动车辆号牌且属家庭自用的澳门非营运小型载客汽车。该产品分为“港珠澳大桥澳门跨境车辆内地交强险等效保险”及“港珠澳大桥澳门跨境车辆商业保险”两项保障。由于“港珠澳大桥澳门跨境车辆内地交强险等效保险”仅属基础保障②，其损害赔偿限额相对较低且不对车上人员遭受人身伤亡作出保障，故投保人应充分考虑自身需要，选择投保“港珠澳大桥澳门跨境车辆商业保险”以扩展保障限额及保障范围。③ 在理赔方面，投保了“等效先认”保险的澳门机动车，理赔处理流程与内地车辆基本一致，可享受与内地保单同等服务。④

(2) 港珠澳大桥澳门口岸泊车转乘计划短期保险。

“港珠澳大桥澳门口岸泊车转乘计划短期保险”是为了便利香港旅客自驾来澳而推出的。这项服务允许香港车主通过网上平台购买短期保险，并将车辆停泊在港珠澳大桥澳门口岸东停车场。根据AMCM提供的信息，香港车辆在进入港珠澳大桥珠澳口岸人工岛澳门口岸管理区边检大楼东侧公共道路、停车场，以及出入境通关车道的指定

① 《广东省出台推进粤港澳大湾区建设实施意见和三年行动计划》，中华人民共和国国家发展和改革委员会：https://www.ndrc.gov.cn/fzggw/jgsj/dqs/sjdt/201907/t20190706_1050381.html，最后访问时间：2024年10月14日。

② 澳车北上“等效先认”，是指经港珠澳大桥珠海公路口岸出入内地，且仅限于在广东省行政区域内行驶的澳门机动车，向澳门保险公司投保责任范围、保险金额等均已覆盖内地交强险的保险单，视同已投保内地交强险。

③ 澳门金融管理局：https://www.amcm.gov.mo/zh-hant/insurance-sector/crossbordervehicle/crossbordervehicle-backgroundinfo，最后访问时间：2024年10月16日。

④ 具体而言，当在广东省发生交通事故时，可以与“等效先认”承保公司在中国大陆的合作保险公司直接联系以处理相关事宜，即车险产品尽管在澳门地区投保，但理赔程序实际上是在中国大陆进行的，且在中国大陆有一家合作机构负责相关业务。

范围时，可以通过购买短期保险获得对第三人造成损失或损害所负的民事责任保险保障。为了简化出行手续，短期保险可以在澳门交通事务局的“港珠澳大桥澳门口岸购买保险平台”至少提前 1 小时进行投保。唯需注意的是，短期保险不包括车辆途经港珠澳大桥内地管辖区域时所需的法定交强险。①

## 五、结　语

澳门特别行政区的保险法律制度在金融监管、消费者权益保护以及强制保险发展等多个方面展现出其独特性和成熟度。整体而言，澳门保险业基于其“小而精”的特点构建了以《保险业务法律制度》与《保险中介业务法》为核心的灵活且具有针对性的金融监管体系，在保险纠纷调解、强制保险周延保障、寿险产品风险说明、保险中介人专业素质保证、保险公司偿付能力监管以及投资策略规管方面均取得显著成效。《澳门商法典》的保险合同编作为澳门地区保险法律规范的基础，其在保险合同效力维持与消费者保护方面均具有先进性与借鉴意义。在《保险法》修订工作正在推进的背景下，澳门保险业的先进实践和创新成果将为内地保险业的发展提供更多参考和借鉴，并推动两地保险业的共同繁荣。

① 澳门金融管理局：https://www.amcm.gov.mo/zh-hant/insurance-sector/Hzmbparking/Hzmbparking-backgroundinfo，最后访问时间：2024 年 10 月 16 日。

# 日本海上保险法制的发展及其特点

王学士*

[摘　要]　日本为了解决航运实践与现行《日本商法》相关条文的疏离、国内立法与国际立法的分歧等问题，法务省（立法机关）于2018年完成了时隔约120年的海商（含海上保险）法制的全面修改。本文主要就新法中海上保险法制的修改背景、告知义务制度、承保范围、保险期间等基本制度以及与海上货物运输保险有关的独有规则等相关重点问题进行阐释。

[关键词]　法制现代化；现代化用语；主动告知义务；货物保险

## 一、引　言

现行《日本商法》海上保险法制相关规则规定在第3篇"海商"第6章"保险"章节，计28条。2018年新法(「商法および国際海上物品運送法の一部を改正する法律」)将相关规定移至第7章"海上保险"，条文数量删减至16条。但在删除的部分条款中，其中计9条是在实务中"失效"已久的"委付"规定。此次修法，形式层面删除了"保险期间"等相关规则，但基本条文体例未发生较大的变化；内容层面，在海上保险法表述上采现代化用语。总体来说，立法精神主要表现在以下两方面：第一，鉴于海上保险的特殊性，新设"主动告知义务"等规则；第二，全面修改与海上保险实务不相匹配的条款。

## 二、海上保险法制现代化的内容概述

### （一）增设契合海上保险特质之相关规则："主动告知义务"

1."主动告知义务"规则的内容

(1) 背景。新法第820条规定："将成为投保人或被保险人的人在订立海上保险合

*　王学士，日本大东文化大学法学院副教授，日本东京大学法学博士。

同时，就与海上保险合同所填补的损害的发生可能性(以下，在本章内简称‘危险’)有关的重要事项，应当告知事实。”通说认为，“告知义务”的意义在于，保险人根据所承担的风险内容和程度决定是否承保，或同意承保时其条件和保险费率。因此，保险人有必要了解“保险标的(物)”的风险情况，然而有关风险信息大多掌控于投保人一方。尽管如此，在多数情况下，对于一般消费者来说，何谓承保之“重要事实”并不完全知悉。如此一来，保险法从消费者保护的观点出发，将与风险相关的“重要事实”中保险人要求告知的事项规定为“告知事项”(《日本保险法》第4条)，此等义务被称为“询问应答义务”①。如此一来，投保人对保险人所询问的重要事项如实回答即可。然而，对于海上保险而言，由于投保人一方须主动告知重要事项的“主动告知义务”在世界范围内是一种普遍的做法(如《英国1906年海上保险法》第18条)，因此，作为《日本保险法》的特别规定，新法增设了“主动告知义务”相关规则；不仅如此，对于海上保险和其他的“商事保险”而言，立法承认在海上保险条款中规定与《日本保险法》规定的“询问应答义务”不同的内容。

(2) 规则基础。海上保险合同不具备“询问应答义务”的制度基础，基于海上保险实务的运作机制，立法采“主动告知义务”的规则基础主要有以下几点：其一，与国际标准的融合。既然海上保险是海洋国家及贸易立国的重要险种，其规则应与国际接轨。如果此等模式背离国际标准，不仅缺乏便利性，而且会损害海上保险法制整体的可靠性，有可能助长不采用本国法(即日本法)作为准据法之虞。其二，与海商法制的融合。海上保险法采用“概括性责任主义”，担保航海的一切危险。在以“海”为舞台的海上保险中，存在着陆地上没有的风险的多样性，与一般以均质风险为对象的陆上保险不同，如果保险人无法收集到合理的风险评估之所需信息，则投保人要求的全面补偿将难以实现。其三，解决无法迅速应对承保依赖的问题。具体来说，首先，海上保险与火灾保险等陆上险种不同，其危险的“个性”较强，保险公司通常难以评估其内容和程度；其次，自投保至保险事故发生为止的时间较短，存在采取“询问应答义务”模式在时间上难以应对的情况。其四，交易成本增加的问题。“询问应答义务”模式是一种保险人承担信息不确定性风险的制度，但其成本通常会反映在保险费率上(或以减少填补的形式体现在担保条件上)。“询问应答义务”模式虽对投保人有利，却不尽然。相反，在“主动告知义务”模式下，投保人只要在所知范围中，以不存在其他重要风险信息作为担保交换条件，可以削减由该信息的不确定性所产生的成本，其结果具有降低保费的效果。在能够承担一定风险的经营者成为投保人的情况下，整体上来说，该模式具有一定的合理性。相反，在“询问应答义务”模式下，在面临国际竞争的海上保险业务中，可能会降低保险公司的竞争力。其五，应对国际再保险时的障碍。海上保险合同的对象风险具有“巨大性”之特色。由于海上保险与陆上保险相比，整体而言合同总量较小(在日本约占世界货物保险份额的一成)，因此多数情况下需要通过再保险来转嫁风险。因此，从海上保

① 萩本修編著『一問一答・保険法』(商事法務，2008年)42頁。

险实务的角度而言，以“询问应答义务”为原则的日本法制异于世界各国标准，很难得到经营再保险承保业务的外国经营者的理解。①

2. 违反告知义务的法律后果

在新法下，如果投保人违反告知义务，则以不适用《日本保险法》第28条（因违反告知义务的合同解除）为前提，因为《日本保险法》中的“告知事项”是以“询问应答义务”为前提的，其规定为“将与风险有关的‘重要事实’中保险人要求告知的事项”（第4条），因此，此等与告知事项有关的规则，即“因告知义务的危险增加而解除和免责”的规定（第29条及第31条第2款第2项）不适用于海上保险合同。相反，不以“告知事项”为前提的该法中的部分规则，例如第30条（重大事由解除）、第31条第1款（解除权的将来效力）等规定，则可直接适用于海上保险合同，但在违反此等义务时的法律效果方面与该法相同。

在保险人解除保险合同的情况下，该合同关系发生面向将来消灭合同的效力（《日本保险法》第31条第1款）。在保险人以投保人违反告知义务为由解除合同的情况下，该保险合同在将来失效这一点上与新法相同，但就已经发生的保险事故，保险人对投保人不承担给付保险金的责任。不过，如果保险事故与未告知的事实之间不存在因果关系（该原则在学理上被称为“因果关系不存在特别规则”），则保险人须给付保险金（《日本保险法》第31条第2款）。

### （二）现代海上保险实务的现状反映：修改、完善和废止部分规定

1. 海上保险合同基本概念的完善及删除

（1）明确海上保险合同的承保范围。新法第815条第1款将其定义为，在损害保险合同中，保险人“约定就因有关航海事故造成的损害进行填补的合同”。同时，该条第2款明确了海上保险合同，除新法以外亦适用2008年《日本保险法》中的规定。就其定义而言，新法除将《现行商法》中有关海上保险规定的“片假名”的立法语言现代化外，在规则的内容上，立法机关并没有作出实质性的修改。该定义的意义主要有两点：其一，界定海上保险合同的承保范围；其二，与第1款结合起来具有界定《日本保险法》第36条第1项“片面的强行性规定”适用除外的对象范围的作用。

根据新法第815条的规定，填补对象的事故如果是“航海事故”，则构成海上保险合同。由此，在以“一定的偶然事故”为对象的损害保险合同中，以“航海事故”为对象的合同就成为海上保险合同，但新法并未对其作出明确的定义，仍需在实务中通过解释予以确定。另一方面，在海上保险实务中，就“海上危险”（maritime perils）一词，从历史沿革的角度来说，自古至今都被广泛使用。因此，“海上危险”与“航海事故”是否具有相同

① 吉澤卓哉「海上保険法現代化について−国際競争と抵触法の観点から」損害保険研究77巻1号（2015年）1頁以下参照。

意义便成为问题，判例[①]与学说[②]一致认为两者意义相同。即，所谓“航海事故”，不仅包括沉没、搁浅以及碰撞等海上航行中的事故，亦包括在陆地上修缮船舶时发生的事故等伴随“航海事故”在内的更为宽泛意义上的事故概念。综上，就“海上保险合同”的定义，新法内容基本上维持了《现行商法》的原貌，其理由并非否定有关“海上危险”解释的扩张性的实务界之见解，而是基于立法技术之考量。

(2) 扩大保险人损害填补范围。新法第 816 条(该条规定：除本章或海上保险合同中另有规定外，关于保险标的，保险人对在保险期间内发生的因有关航海事故造成的一切损害负填补责任)和第 817 条是对保险人的损害填补责任的规定(该条规定：①保险人对被保险人因海难救助或共同海损的分摊应当支付的金额负填补责任。②《保险法》第 19 条的规定准用于前款规定的金额。在此情况下，该条中的“损害填补额”置换为“商法”〔明治 32 年法律第 48 号〕第 817 条第 1 款规定的金额)。关于损害填补责任，首先，第 816 条明确了“概括责任主义”原则。其次，根据第 817 条第 1 款的规定，按照共同海损或海难救助等海事诸制度，对投保人负担的费用损失进行填补。该款重申了在“直接损害填补原则”下，以“物损补偿”为宗旨的海上保险合同具有例外的补偿费用之“间接损害”的功能；在第 2 款中明示了就这种“间接损害”适用日本《保险法》第 19 条规定的“不足额保险”(under insurance)中的“比例补偿原则”(principle of average)[《日本保险法》第 19 条规定：保险金额低于保险价值(约定保险价值存在时，为该约定保险价值)的，保险人应支付的保险给付额为填补损害额乘以该保险金额与保险价值之比所得之数额]。其具体内容如下：

第一，海上保险合同下的损害填补原则。首先，就《现行商法》及其解释上的问题，新法第 816 条作为海上保险合同中有关“损害填补原则”的基本条文，较《现行商法》而言，仅将该条文修改为现代日语，其内容并没有被实质性修改。但一方面，在保险合同中，明确将“特定事故”作为填补对象，包括将对象事故具体记载的“列举责任主义”和概括式的将承保风险的范围全面表示的“包括责任主义”两种方式。另一方面，在海上保险中，并未单列事故对象，而是采取“航海事故”这一概括性表述，即“包括责任主义”。其次，在“一切风险担保条件”的情况下，承保范围并非担保危险本身而是表明危险的承保方式，即以“一切偶然事故所造成的损失”为对象给付保险金意旨的表述，在“一切风险担保条件”下，不受“同类解释规则”(ejusdem generis)的约束，除免责条款另有规定，否则将承担一切外来原因造成的灭失或损害。由此，“包括责任主义”原则承担的是，保险人对有关“航海事故”造成的一切损失进行填补的责任，其表现出以承保一般杂货类货物保险为主，以“担保一切风险” 为基础的承保日本海上保险的基本特征。[③] 就海上

① 大審院大正 2 年 12 月 20 日判決・民事判決録 19 輯 1036 頁。

② 木村栄一＝大谷孝一＝落合誠一編『海上保険の理論と実務』(弘文堂，2011 年)156 頁。

③ 石井優＝久保治郎＝高野浩司「海上保険実務家から見た商法(運送法・海商法)改正」損害保険研究 80 巻 4 号(2019 年)153 頁。

保险来说，由于是以“海”为舞台发生各种形式的事故，因此于14世纪后半期在意大利诞生的海上保险中采取了“概括责任主义”。《现行商法》第816条同样规定：“保险的目的是填补一切因航海事故造成的责任。”因此，危险负担的表记方式就存在“包括责任主义”和“列举责任主义”两种原则，法律效果上亦有差异。综上，新法第816条尽管明确了海上保险合同的“损害填补”这一重要的基本原则，但仍存在解释论上的争议。在该条款中，“航海事故”是保险合同的填补对象，除此之外，新法并未对“事故”进行特别的限定。

第二，海难救助、共同海损的分摊。作为新法第817条第1款（即“因海难救助……应当支付的金额负填补责任”除救助费用〔第792条第1款〕之外，还包括特别补偿费用）下的填补对象，在海上保险合同中，除了船舶和货物的损失外，还增设了因海难救助或共同海损的分摊，被保险人应给付的金额亦由保险人承担填补责任的条款。其主旨在于，在现代的保险实务中，在保险标的没有损坏的情况下，除了共同海损的分摊额以外，被保险人为了海难救助而应当给付的金额也一般由被保险人承担填补责任。除此之外，立法机关亦对海难救助的规则进行了修改，明确了《现行商法》下的处理规则并不明确的“合同救助”以及“任意救助”（不具救助义务而实施的救助行为）的规则对象。因此，新法第817条下的“被保险人因海难救助（或共同海损）应支付的金额”中不仅包括“任意救助费用”，还包括“合同救助费用”的分摊额（关于海难救助和共同海损的分摊，对于为了拯救投保财产而支出的费用和牺牲的损失，相当于对救助的财产的分摊，具有与保险合同中的损害防止费用相似的性质）。另一方面，货物海上保险普通保险条款中明确规定了“任意救助费用”可成为填补对象，但对于“合同救助费用”的分摊并没有规定，在实务中，通常是作为“共同海损损失”或“损害防止费用”进行填补。新法第817条第2款明示了“给付”准用《日本保险法》中的“不足额保险”的规定。该款规定沿袭了《保险法》第23条（费用负担）第2款的规定。即如果约定保险价值（也被称为“协定”），则因不属于“不足额保险”，故不适用如此的减额。

（3）删除期待利益保险规则。根据《现行商法》的规定，海上保险的种类除了船舶保险和货物保险外，还包括通过货物到达而获得的期待利益或报酬的保险（即期待利益保险）（第820条）。但在现代海上保险实务中，“期待利益”通常作为货物保险的一部分进行投保，期待利益或报酬作为独立保险的投保是极为罕见的；并且，即使独立投保，因标的物的评价额发生变动亦可对其差额追加投保，因此作为货物保险的一部分（货物保险的保险价值包括“期待利益”），可以通过个别条款的规则予以处理，没有必要作为单独的保险类型在法律上规定。① 因此，期待利益保险不足以被定位为独立的海上保险类型，新法删除了《现行商法》第820条的规定。

（4）删除法定保险期间规则。关于船舶保险、货物保险以及期待利益保险，《现行商法》规定了当事者之间没有约定时适用的法定“保险期间”相关的规则（第821条、822

① 松井信憲＝大野晃宏編著『一問一答・平成30年商法改正』（商事法務，2018年）176頁。

条)。立法机关主要基于以下两点,删除了有关法定保险期间的规则。第一,作为保单的记载事项,《现行商法》第 649 条第 2 款第 6 项规定,"规定保险期间时为其始期及终期",此规定是以保险期间可能没有约定为前提的。但在《日本保险法》中,在当事者之间理所当然地约定保险期间的前提下,继续维持法定保险期间这一规则不具合理性。同时,将"保险期间"作为保单的法定记载事项(第 6 条第 1 款第 5 项),作为特别法的海上保险法无法采取与该规则不同的立法立场。第二,海上保险并非完全局限于"航海保险",亦包括如工程保险那样,以一定的事实(如为工程保险,则从材料搬入到完工、交货为止的工程)的存续期为基准,规定保险期间的保险种类。因此,立法机关认为,当事人未约定保险期间的,在法律制度上维持与《现行商法》中的法定保险期间相关的规则是不适当的。①

2. 完善保险单记载事项

在《现行商法》下,保险人在订立海上保险合同时,应及时向投保人交付记载一定事项的书面文件(即海上保险单),在该书面文件中,除《日本保险法》规定的事项外,还应根据船舶保险或货物保险的分类,记载《现行商法》规定的事项,其具体内容包括:保险人姓名、投保人姓名、被保险人姓名、保险事故、保险期间、保险金额、保险标的物、有约定保险价值的情况下其价格、保险费及其支付方式、有通知义务规定的情况下其内容、合同订立日、文件制作日(第 823 条,《日本保险法》第 6 条)。

新法结合现代海上保险实务,修改了海上保险单的记载事项。具体来说,第一,关于船舶保险,追加了船舶的船质(根据构成船舶的材料分类)、总吨位、建造年份、航行区域以及船舶所有人的姓名或名称;鉴于船长是谁较少能够影响航行的安全性,删除了船长的姓名(第 821 条第 1 项)。第二,关于货物保险,鉴于如果指定船舶名称,就可以取得有关船舶的信息,新法还追加了货物的发货地和到达地,删除了船籍及其种类(第 821 条第 2 项)。除法定记载事项外,围绕海上保险单是否需要增设可以发行"预约保单"的根本规定也产生了激烈的讨论,但主流观点对作为讨论前提的保险单证的"有价证券性"持否定态度②,最终没有增设该规则。

3. 明确危险变更规则

新法从第 822 条到 824 条明确了所谓"危险变更"的规则。继承《现行商法》,新法将"危险变更"在危险开始前后,以被保险人的可归责性的有无、与发生事故有无因果关系等为"切入口"进行类型化区分,规定了相应的"以后免责"或"失效"的法律效果。

第一,新法第 822 条是就"航程变更",对在订立海上保险合同后,在保险期间开始前变更航程的情况下,合同失效的规定。合同失效的理由在于:保险期间开始前航程变更,意味着构成承保对象的"事实"随之发生变更。在这种情况下,不问航程变更是否基

① 松井信憲=大野晃宏編著『一問一答・平成 30 年商法改正』(商事法務,2018 年)177 頁。

② 江頭憲治郎『商取引法〔第 9 版〕』(弘文堂,2022 年)75 頁参照。

于投保人或被保险人的责任，保险人概不承担赔付责任，投保人亦不承担保费的支付义务。在适用范围问题上，由于该规定适用于航海保险，因此亦适用于投保货物保险和特定航海的船舶保险等情况。① 与此相对，在保险期间开始后航程发生变更的情况下，仅在可归责于投保人或被保险人的情况下，保险人对该危险变更后发生的事故所产生的损害不承担赔偿责任（第 822 条第 2 款）。第二，新法第 823 条还规定了除“航程变更”外的其他的危险变更的情况。但如果该事实并不影响保险事故的发生，或者属于不能归责于投保人或被保险人的事由，则不受此限。第三，《现行商法》第 824 条第 1 款规定，在责任开始前“航程变更”的，保险合同将失效。第四，由于船长的变更并不会影响保险合同的效力（第 826 条，船长是谁，通常并不会影响航行的安全性），因此该条规定仅有“确认性规范”的意义。因此新法删除了此条规定。

4. 修改法定免责事由

新法第 826 条明确了保险人不承担赔付责任的基本法律原则，以概括性损害免责（第 1 款）、事故招致免责（第 2 款）、非常危险免责（第 3 款）以及作为船舶保险固有事由的船舶开航时不适航（第 4 款）和作为货物保险固有事由的包装不当（第 5 款）在内的不具备“偶发性”等事项作为保险人的免责条件。较《现行商法》而言，新法主要进行了以下几点修改。

第一，关于性质损害免责。第 1 款是对所谓“性质损害”或随时间流逝而产生的损害为免责事由的规定。这些情况都缺乏作为损害保险合同对象的偶然事故的“偶发性”要件，且假如将此类损害作为保险给付的对象对待，则“保险标的物”日常发生的损害使得保费显著增加，其结局是保险制度的合理性无法维持。第二，关于事故招致免责。第 2 款“故意或重大过失”可以免责的规定，不承认对保险制度的滥用，以防发生“道德风险”。第三，关于船舶起航时不适航。在船舶保险合同中，如果在起航时不适航而产生损害，则保险人免除责任。但在起航时，如果能够证明投保人没有“怠于”注意的情况除外。该规定除航海保险以外，还适用于“期间保险”，不问是否可以航行，只要已经出航，因船舶起航时的不适航而产生损失的情况。免责理由在于，如果承认对这些情况进行保险金给付，则会弱化投保人对航海安全的注意义务。第四，新法新设了“非常危险”“包装不当”情况下的免责相关规定。理由在于，在当前保险实务中，这两种情况通常作为保险人的免责事由。具体来说，首先，根据该条第 3 款的规定，“非常危险免责”，是指战争及其他变乱。通常情况下，在保险条款中，免责对象还包括原子能、恐怖活动等。将此种类的危险作为免责事由的原因在于，如果将相关损失亦作为保险给付对象，则保费会显著增加，有违“保险大数法则”，因此承认这种现象在保险制度中以免责为原则是合理的。其次，货物“包装不当”，是指无法承受运输的包装，即使货物受到损失亦不能作为给付的对象。该免责原则与船舶起航时不适航的免责理由相同。第五，删除了关

① 中出哲「海上保険に関する商法改正について」波濤 196 号（2019 年）20 頁。

于小额损失等免责相关规定。第六，一般的条款免责事由之“运输迟延”可以说是与作为海上保险合同最大特征之一的航海保险密不可分的，在新法的立法讨论过程中，从保险实务的角度来看，有学者以英国法和保险条款中的规则为理由，主张应当将“运输迟延”造成的损失作为货物保险的法定免责事由。但在“商法(运输/海商部分)分会”审议中，新设条款并没有得到支持。

5. 废除保险委付制度

新法废除了“委付”规定(《现行商法》第 833 条至第 841 条)。当前船舶大型化、以燃料油为动力源，若船舶沉没，则拆除巨大的船体、除去从船舶流出的燃料油等附随义务的履行需要大量的费用，在这种情况下，取得“保险标的物”的权利对保险人不利的情况也较为常见。因此，在现在的保险实务中，首先，保险人不以取得“保险标的物”为条件，而是以“全损”方式给付保险金。不仅如此，如果“保险标的物”有残存价值，保险人可以根据“残存物代位”(《日本保险法》第 24 条)取得该权利。因此，日本平成初期及以后，在保险条款中明确规定不能进行“保险委付”。基于以上考量，新法废除了委付制度，相关条文(第 833 条至第 841 条)全部被删除。

6. 修改有关货物保险的独有规定

除上述修改事项外，新法也有只适用于货物保险的条文。例如，新法第 825 条是关于“预约保险”的规定，该保险主要用于贸易货物。此条规定的“预约保险”，系指在未确定合同内容的部分的情况下，成立保险合同的一种保险合同类型，即基于预约保险的合意保险合同即为成立，可谓是货物保险固有的独特制度。《现行商法》只是明确了在装载船只未定的情况下的规则，对于即使在其他事项未详的情况下亦可缔约之当下，即“综合预约保险”合同的实务中，其法律依据未必明确。具体来说，在现代的货物保险实务中，在事先达成协议的条件下，普遍使用“综合预约保险”来承保符合一定标准的货物。在这种情况下，以保险标的物为首，除了对保险金额、约定保险价值及保费等达成概括性的协议外，关于货物的发货地、装船港、卸货港、到达地，国家或地区也概括性地达成一致，尽管装载船只和保险期间的详细情况还未确定，但此种“预约保险”亦在有效的前提下被运用起来。首先，新法在承认与这些事项相关的预约保险之有效成立的前提下，新设了明确海上保险单上不需要记载未确定的事项这一内容(第 825 条第 1 款)。在此基础上，新法进一步规定在投保人知悉预约保险中未确定的事项已确定时，须及时通知保险人，如果怠于该通知，则货物保险合同将失效(与《现行商法》第 828 条相同)。基于现代保险实务，货物保险合同失效仅限于投保人因故意或重大过失而疏忽通知的情况(第 825 条第 2 款、第 3 款)。

再如，新法第 827 条规定了损坏货物时的损失金额的计算方式，明确了极力排除市场影响并算出适当的损失金额，适用被称为“分损计算”的方式。在《现行商法》中，货物在损坏的情况下到达卸货港时，货物保险的保险人应填补金额的计算方法，采用“货物损坏情况下的价值所占未损坏情况下应有的价值的比例”方式。但是，从该表述可以看出，以损坏状态的价格 A 为 70 万日元，没有损失的通常价格 B 为 100 万日元为例的话，A 对 B 的比例，也就是说，保险价格的七成是填补金额。然而，此情况下应填补的损失，应当是 B 和 A 的差额即 30 万日元所占 B 即 100 万日元的比例，亦即保险价值的三成。因此，新法明确其宗旨，修改了《现行商法》中的表述。该法第 827 条（货物损坏等情形下的填补责任）规定："作为保险标的物的货物在损坏或者部分灭失的情况下运达到达地的，保险人按照下列第一项规定的金额中所占百分比乘以保险价值（有约定保险价值的，为该约定保险价值）得出的金额负填补责任：（一）在该货物未损坏或者没有部分灭失情况下的该货物的价值减去损坏或者部分灭失发生后该货物的价值所得金额；（二）在该货物未损坏或者没有部分灭失情况下的该货物的价值。"

（《现行商法》第 831 条）保险价值 $\times \frac{A}{B}$

（新法第 827 条）保险价值 $\times \frac{B-A}{B}$

A：存在损失等情况下的价格

B：不存在损失等情况下的价格

此外，新法将《现行商法》中的"卸货港"修改为"到达地"，其理由是，结合现代保险实务，在海上运输之前或之后随附地进行陆上运输的情况下，包括附属区间在内一并承保海上货物保险。

又如，新法第 828 条（不可抗力导致将货物出售时的填补责任）是关于航海途中因不可抗力而销售货物时的损失金额计算方式的规定（在航海途中，不可抗力导致作为保险标的的货物被出售时，保险人对按照下列第一项规定的金额减去第二项规定的金额后所得金额负填补责任：保险价值〔有约定保险价值的，为该约定保险价值〕；从出售该货物所得价款中减去运费等费用后的金额）。根据该规定，首先，航海途中因不可抗力不得不卖掉作为保险标的之货物的情况下，其售价通常比正常的价格低，基本上将由此产生的损失视为保险人的负担。因此《现行商法》规定，在保险给付的限额（保险金额）是该货物保险价值的一部分，即"不足额保险"的情况下，不妨碍《日本保险法》第 19 条规定的适用（《现行商法》第 832 条第 1 款）。其意旨在于，避免因货物本身没有损失，对于填补"损失"额适用《保险法》第 19 条产生歧义。但是，在现在的保险实务中，即使货物本身没有损失，因不可抗力而不得不以低价出售时，一般认为，货物的利害关系人会受到损害，《现行商法》第 832 条第 1 款但书仅具有"确认意义"。因此，新法删除了该规定。其次，《现行商法》中规定，在航海途中因不可抗力卖掉作为保险标的之货物的情况下，由保险人承担其给付义务（第 832 条）。其宗旨是让被保险人得到与该货物有关的保险金额相当的金额。然而，在现在的保险实务中，已不存在保险人支付相当于价款的金额的做法。此外，在买方不支付价款的情况下，根据新法第 828 条的规定，保险人承担保险价值的填补责任（保险给付义务），由此可以实现《现行商法》的立法宗旨。因此，新法删除了《现行商法》第 832 条第 2 款的规定。

## 三、结　语

日本海上保险法在将《现行商法》中“片假名”的立法语言现代化的同时，在规则的内容方面也实现了以下方面的现代化。

第一，适应国际化的发展趋势。英国、加拿大、澳大利亚、法国以及亚洲各国(例如，新加坡、韩国等)等主要海运国家，基本上都配备了海上保险的实体法。另一方面，德国2007年制定《保险合同法》时，废除了1907年《商法典》中海上保险规定(§§778－900)。是否应当效仿作为大陆法系商事法之母法的德国法这一做法，即在学理上出现了海上保险相关规则的“要否论”。首先，对于海上保险实务来说，海上保险法的重要性是无可争议的。其意义在于，就“告知义务”相关规则而言，如果海上保险法被废止，则“主动告知义务”规则将无法实现。其次，在德国，很早就完善了在交易中普遍使用的标准条款，保险合同通过此类条款对调整当事人之间的利害关系，通常能有效发挥作用；即便缺失海上保险法相关规则，其标准条款仍能起到“软法”(soft law)的机能。

第二，现代海上保险实务的现状反映。日本海上保险的发展，形成了一个特色：即实务中通常是通过保险条款的规定来处理，较少适用《商法典》(现行商法)中的规定。此次修法，立法机关立足于现代保险实务，谋求商法规定的现代化；从新法条文数量来看，由《现行商法》的28条删减至16条，可以说是明示了海上保险合同原则的最小限度的规定。《现行商法》中有关海上保险的规定，自1899年制定以来，并没有经过实质性的修改，与现代发达的海上保险实务的差异较大，海上保险法的全面修改反映了现代海上保险的实务现状。另一方面，与海上保险相关的交易虽然是在国际市场上进行的，但在缺乏海上保险实体法的情况下，不能以对外可预测的形式呈现出国内法(日本法)关于海上保险的内容，因此在选择准据法和审判管辖地时，难以得到交易对方的理解。通过修法，在国际上，以可预测的形式来表示法律的内容亦具实益。但是，在条文体例上，相当数量的规定采取“指向”适用2008年《日本保险法》相关条文规定的做法，实现了内容的备而不繁、意思明确、文字简练，这一体例精神有其合理的一面；但这种做法是否完全合理，值得关注。

第三，彰显“海”法之特殊性。海上保险作为“商事保险”的典型，在以法律方式明确“商事保险”相关合同原则这一点上具有重要意义。具体来说，在《日本保险法》中，以“告知义务”为首的诸多规定，较《现行商法》，更加强调对保险消费者的保护。此外，在《现行商法》的规定中，除了保险合同性质上被视为“绝对的强行性规定”以外，其他的都是任意性规定，但在《日本保险法》中，对于投保人保护之必要性较高的规定，明确其属于“片面的强行性规定”，在此规定下，禁止对投保人不利的特别规定。[①] 相较而言，既然保险法是作为有关保险合同的一般法而制定的，那么对于海上保险来说，除了“绝对

---

① 山下友信『保険法〔上〕』(有斐閣，2008年)110頁参照。

的强行性规定”以外，全部均可任意适用。在通常承认“合同自由”的大原则下，一直以来就有海上保险是否需要特别规定的讨论。除此之外，在《日本保险法》没有特别规定海上保险以外的保险合同的情况下，海上保险是否需要特别规定亦有争议。作为对这些疑虑的回应，新法承认了与《日本保险法》所考虑的“消费者保险”不同类型的“商事保险”的“默认规则”，明确了海上保险的特殊性。换言之，海上保险作为各种“商事保险”的典型之一，在法律上彰显其与侧重保险消费者保护的不同规则，在明确“商事保险”下的合同原则这一点上亦具重要性。毋庸置疑，《现行商法》第 3 篇第 7 章“海上保险”不仅适用于海上保险，也可以适用于其他“商事保险”。特别是在新法中，规定了保险对象事故的“概括式”表现方式、告知义务、危险的变动以及损害保险的免责事故等条文，明确了不同于《日本保险法》理念的规则。

# 日本保险法重要判例评析

竹滨修*

## 序　言

本报告共准备了7例日本的最高裁判所判决。其中财产保险3例，人身保险3例，伤害保险1例。关于案例的选取，我尽量挑选了认为可能在中国也会有同样事例发生的案例，而没有选取仅仅是与日本法自身特有制度相关的，可能与贵国的保险法制没有关系的案例。但即便如此，这都是我个人的判断，如果我选取的案例，其重要程度没有符合大家的预期，还请大家原谅。

今天准备介绍的顺序是，首先从保险合同缔结阶段的事例开始；其次是保险公司是否应当承担保险责任的事例，特别是有关保险人免责条款解释的问题；再次是围绕投保人一方为了获得保险给付是否需要承担保险事故的举证责任的问题，以及保险合同维持、存续方面的案例；最后是与保险事故发生后通知义务相关的案例。

以上大部分是2008年保险法制定前的最高裁判例，但在现行法下其重要程度并无变化。

**判例一　与地震保险相关的保险人的信息提供、说明义务**

最高裁判所第三小法庭2003年12月9日判决

**【基本案情】**

X1和X2与Y保险公司之间分别缔结有火灾保险合同，其保险条款约定有地震免责条款，即针对地震等引起的损害，保险公司不承担保险金给付责任。如果需要就地震引起的火灾所导致的损失得到补偿，必须依照日本的《地震保险相关法》投保地震保险。而该地震保险的投保方法是在火灾保险等一定的损害保险项下以附带的方式缔结，并且如果火灾保险的投保人在保险合同缔结时没有主动提出不附带地震保险，那么该火灾保险就会自动附带地震保险。

X1、X2等人在与Y保险公司缔结火灾保险合同时，在“地震保险不加入意思确认

---

*　竹滨修，日本立命馆大学法学部特任教授，原日本法务省法制审议会保险法部会委员。本文是竹滨修教授受中国保险法学会邀请所做相关讲座的记录。

栏”内根据自己的真实意思予以了盖章确认。

1995 年 1 月 17 日，由于阪神大地震，X1 等所属的建筑物、家庭财产由于地震引发的火灾而发生全损，于是 X1 等向 Y 保险公司提出保险金给付请求。但 Y 保险公司对此予以了拒绝。

X1 等的请求主要有以下几点：

(1) 主位请求：否认案涉地震免责条款的适用从而请求火灾保险金的给付。

(2) 预备请求之一：案涉火灾保险合同缔结时，并未提出有效的不附带地震保险的申请，故请求给付附带缔结了地震保险契约的保险金。

(3) 预备请求之二：Y 保险公司关于地震保险应尽到信息提供及说明义务，由于其怠于履行该义务，根据《保险募集取缔相关法》第 11 条第 1 款(现《保险业法》第 283 条第 1 款)和侵权行为、债务不履行以及缔约过失责任等法理，请求保险公司给付相当于火灾保险金或者地震保险金的损害赔偿金(地震保险金为扣除应缴地震保险费后的金额)。

原审判决驳回了主位以及预备请求之一的请求；在二审控诉审阶段，针对预备请求二的第二次请求，即在投保时，保险公司未就地震保险的内容以及地震保险不加入意思确认栏中盖章的相关情况提供信息及说明，使得投保人丧失了加入地震保险的机会，从而蒙受精神上的痛苦，应当向其支付相当于地震保险金(扣除地震保险的保费后的金额)的精神抚慰金。法院判定保险公司给付请求金额的十分之一。Y 保险公司对此不服遂上告至最高裁判所。

**【判决要旨】撤销原判决、改判**

与生命、身体等相关的人格利益不同，是否投保地震保险之意思决定，仅与财产利益相关。就此意义而言，其意思决定时即便存在保险公司未能充分、恰当地提供信息以及说明，只要不存在特别事由，不应以此认可其精神损害的请求，并将其评价为一种违法行为。

就此意义而言，根据上述所确定的事实关系，可以明确以下几点内容。

(1) 案涉各火灾保险的投保书中，均设计有明文，载明“不加入地震保险”的地震保险不加入意思确认栏，若投保人不申请地震保险的加入，应在该栏中盖章。对于申请投保火灾保险的投保人而言，通过该栏已经了解了以下信息：① 与火灾保险相区别，另外还存在地震保险。② 两者为不同的保险，即便投保了火灾保险，也并不代表投保了地震保险。③ 投保人在该栏内盖章的情况下，应当认为就该保险中不含有地震保险提供了相关信息。作为投保人，根据投保书中所记载的上述相关信息，已经获得了向 Y 保险公司请求更详细信息的机会(两种保险的填补范围、地震免责条款的内容、若投保地震保险的话相关保险费的信息)。

(2) X1 和 X2，均基于自己的自由意思在上述确认栏中盖了章，可以认为其已经理解了上述 1)—3)的信息内容，当然其也理解盖章代表的法律效果。

(3) 没有证据证明在案涉各火灾保险合同缔结时，Y 保险公司向 X1 和 X2 意图性地隐藏了有关案涉地震保险的相关信息。

根据上述诸事实，在案涉各火灾保险契约缔结时，即便Y保险公司对投保人X1、X2就地震保险相关信息的提供及说明存在不充分之处，如果不存在上述特别情况，则无法认定精神损害赔偿请求权的发生，保险公司存在违法行为。据此，很明显上告人基于《保险募集取缔相关法》第11条第1款（现《保险业法》第283条第1款）和侵权行为、债务不履行以及缔约过失责任等法理请求精神损害赔偿的理由并不成立。

**【评析】**

本判决是日本火灾保险与地震保险关系中，保险合同缔结时有关保险公司说明义务的重要判例。

日本是典型的地震国家，为了防范巨大地震的侵袭设计有地震保险制度。如果在大城市发生大型地震，可以想象其受灾金额之巨大，如果仅依靠民间的财产保险公司难以完全转移相关风险。据此，日本制定有《地震保险相关法》，为了使保险金的给付不发生问题，政府提供财政预算措施。但同时对投保人可以投保的地震保险金额予以了最高额限制，即火灾保险保险金额的30%—50%，最高金额的话一般是居住用建筑物5 000万日元，生活用动产的情形下是1 000万日元。即便如此，一般也认为有该保险比较安心，所以投保率在不断提高。

不过，在阪神大地震（1995年1月）发生时，居民一般没有料到神户以及大阪会发生如此大的地震，即便投保了火灾保险，也很少有人再投保地震保险，所以地震保险的投保率极低，只有3%左右。对于没有相关地震保险知识的一般投保人而言，可能会误认为只要加入了火灾保险，即便是地震引起的火灾也能够得到补偿。案涉主位请求以及预备请求的第一点，可能也是基于这样的背景才提出的。

然而，就法律层面而言，投保人通过在火灾保险的投保单中盖章的方式确认了不投保地震保险，因此，保险公司就没有针对地震保险再进行较为详细的解释。应该是由于绝大多数投保人（97%）选择不投保地震保险，因此形成了这样的应对结果。

二审判决认可了精神损害赔偿请求的一部分，然而，即便使投保人丧失了投保地震保险的机会，也很难据此认为造成了投保人在人格利益方面的精神痛苦。根据当时地震保险投保率的实际情况来看，即便Y保险公司予以了仔细说明，X1等是否愿意支付高额的保险费投保地震保险依然是要画个问号的。所以即便认为保险公司违反了说明义务，也难以肯定该行为与投保人是否投保地震保险之间具有因果关系，因此最高裁判所判决驳回了这部分的请求。

**判例二　机动车赔偿责任保险中仅具伤害的故意却导致死亡结果发生的情形下，保险人是否免责？**

最高裁判所第三小法庭1993年3月30日判决

**【基本案情】**

A男与B男之间，针对C女在感情上纠缠不清。某日，C女搭乘A男的机动车，准备驶离B的时候，B紧紧抓住机动车的车门把手并跟着车辆小跑，试图阻止机动车驶离，同时使劲敲打车门玻璃，大喊“下来，下来”。A 为了尽快离开，在认识到会使 B 摔倒并负伤的情况下，依然突然提速至时速 15—20 公里，使得 B 摔倒在地，身负头骨冠状线骨折等伤害，并于三天后死亡。

A 就案涉机动车投保有自家用机动车保险（A 为被保险人，保险公司为 Y）。根据案涉保险合同的约定，针对被保险人对损害赔偿请求权人所应承担的损害赔偿责任，在被保险人与损害赔偿请求权人之间通过诉讼确定了具体金额的情形下，损害赔偿请求权人可以保险合同约定的补偿责任为限直接向保险公司要求给付保险金（即保险条款约定有受害人的直接请求权）。同时，该保险合同还约定有故意免责条款，即如果损失乃由投保人、被保险人或者其法定代理人的故意所致，则保险公司不负保险金给付责任。

B 身故后的继承人为其父母 X 等，其通过诉讼获得了对 A 的赔偿请求胜诉判决，遂依据保险合同的约定向 Y 保险公司行使直接请求权，要求其给付与生效胜诉判决所认定的损失金额相同的保险金，但 Y 保险公司以上述故意免责条款为由，主张自己无须承担保险责任。

原审判决认为，对于被害人的死亡，被保险人即便仅具有伤害的故意，也应适用故意免责条款，驳回了 X 等的主张。X 等遂上告至最高裁判所。

**【判决要旨】撤销原判决**

在仅具有伤害的故意却导致未曾预料到的死亡之结果时，如果认定加害人的侵权行为与被害人的死亡之间存在相当因果关系，那么加害人就应承担与该死亡相关的全部损失。然而，这并不意味着仅具伤害的故意而导致未曾预料到的死亡结果这一情形下，案涉免责条款的效果当然发生。理由是，案涉问题的重点并不在于加害人应该负担的损害赔偿责任范围，而是根据案涉免责条款，保险公司例外地免除保险责任范围的程度大小究竟如何。就这个范围的程度大小，需探究当事人双方是如何达成协议的，以及如何对当事人之间的意思进行解释。

基于此，就案涉免责条款所谓“故意所致损失”该如何解释这一问题，一方面需考量其为免除保险公司责任的例外规定；另一方面，对于需要承担未曾预料到的死亡所相关的赔偿责任这一结果，应该从认定投保人、被保险人（侵权行为人）的“故意”包含该损失是否符合一般投保人的通常意思，如果认为不应包含该损失，案涉免责条款的订立宗旨是否就无法实现等角度，合理地解释当事人的意思。

从上述见解出发，伤害与死亡之间，就其被害的重大性而言，两者通常存在着质区别，损害赔偿责任范围由此亦应存在差异。因此，仅具有伤害的故意却导致未曾预料的死亡之结果发生时，故意免责的效果并不应及于死亡，这样的结论应当说最符合当事人之间的通常意思。同时，损害保险合同中案涉免责事由及与其类似的免责条款的制定宗旨是：故意所致保险事故的情形下，若认定被保险人享有保险金请求权将违反保险合同当事人之间的诚实信用以及公序良俗原则。然而，采上述解释并不违反该宗旨。简而言之，基于伤害的故意导致被害人死亡所产生的损害赔偿责任由被保险人负担的情形下，案涉故意免责条款并不适用。

【评析】

本判决是有关机动车保险对人赔偿责任条款中故意免责的适用范围的重要判例。故意免责中，被保险人的故意所指对象究竟为何？是只需要针对保险事故自身具有故意即可，还是要求必须认识到、容忍损失结果的发生？就结论而言，本判决认为，只有在对人身伤害的结果具有故意时，保险公司才能适用案涉免责条款免于承担保险金给付责任。

伤害与死亡两者之间存在差异，判例作出这样的解释被认为实际上参考了德国赔偿责任保险的相关观点。该解释可以说非常有利于对被害人一方的保护。

不过，对于该判决学说上存在很大争议。原审判决认为，既然是故意导致保险事故发生，且事故与损害之间具有相当因果关系，那么保险公司就不应承担责任。但最高裁判所并未采纳这样的解释。然而，根据本判决，具有伤害故意并导致伤害结果发生时，保险公司可以全额免责。对此，有学者认为，根据该判决，在未曾预料到的死亡结果发生的情形下，保险公司对于死亡的所有损失均不能免责。但既然具有伤害的故意，那么对于包含伤害部分在内的保险金予以全部支付感觉并不合理，至少针对伤害部分的保险金应当可以免责。但是，即便具有伤害的故意，实际上被害人因伤害所导致的损失程度究竟如何并不明确，因此，考虑到伤害部分的损失金额事实上难以算定，上述针对伤害部分免责的部分免责主张在实务中难以操作。

不过，即便同样是伤害，故意所致轻微的伤害与严重的伤害，两者之间是存在较大区别的。此外，即便不具有杀人的故意，但具有显著违反公序良俗的行为（例如集团性私刑等暴力行为）导致伤害的故意，最终发生死亡之结果的，是否依然不能适用故意免责条款？这一点存在很大疑问。此情形下，或许有观点认为越是这种情况越应加强被害人的保护（即保险公司不能免责），但是对如此恶劣的被保险人予以保险保护是否妥当亦是应当讨论的问题。

**判例三　人寿保险的被保险人于自杀免责期经过后自杀的，保险公司是否能够免责？**

最高裁判所第一小法庭 2004 年 3 月 25 日判决

【基本案情】

A 于 1967 年 7 月创建了以承接防水建筑工程为主要业务的 X1 公司，并一直担任该公司的法定代表人直至 1995 年 10 月 31 日身故。身故后，代表取缔役一职由其妻子 X2 继任。X1 公司以 A 为被保险人，分别于 1994 年 6 月 1 日缔结了四份，1995 年 5 月 1 日缔结了三份、同年 6 月 1 日缔结了一份人寿保险合同（受益人均为 X1 公司）。此外，A 还在 1995 年 7 月 1 日缔结了两份以自己为被保险人、X2 为受益人的人寿保险合同。上述保险公司分别为 Y1—Y4。其中各保险合同都约定，被保险人在保险人责任开始之日起一年内自杀的，保险公司免于给付死亡保险金的责任。

除此之外，X1 公司还于 1995 年 8 月至 9 月之间，和多家损害保险公司缔结了以 A

为被保险人的五份意外伤害保险合同。

1994年缔结的保险合同死亡保险金总额为6亿日元，灾害死亡保险金总额为2亿日元，共计8亿日元，每月需缴纳保险费85万日元。1995年缔结的保险合同的保险金总额为死亡保险金7亿8 000万日元、灾害死亡保险金4亿日元，共计11亿8 000万日元，每月需缴纳保险费120万日元。

1995年10月31日，A从X1公司承揽的集合住宅建设项目的屋顶坠落身故。在相关的保险金请求诉讼案件中，确认了以下事实：① X1公司的经营状态持续恶化，1990年以后，每年的营业损失都在增加。1994年末共计有1亿日元的损失，并且公司负债总金额达到了2亿7 000万日元。② 人寿保险短期集中投保。③ X1公司在经营状态持续恶化的情况下却每月支付高额的保险费。④ A的死亡被认定为自杀。

针对X1公司以及X2的保险金请求，一审判决判定保险公司应给付1994年合同的相关保险金，而驳回了灾害死亡保险金以及1995年合同的相关请求。二审法院则认为，根据修订前的商法第680条第1款第1项（现行保险法第51条第1款。相关法律并未规定一年内自杀的免责，而是自杀的情形下保险公司均免责），保险公司若能证明被保险人的自杀乃以取得保险金为目的，即便条款约定的1年期自杀免责期间经过后，保险公司亦能免责，故驳回了X等人的全部诉讼请求。X等遂上告至最高裁判所。

**【判决要旨】**

撤销原审判决，驳回原告依据1994年合同予以的请求，并发回重审

商法第680条1项1号规定，被保险人自杀所致死亡为保险人的免责事由，其立法宗旨在于，被保险人实施自杀行为故意引发保险事故（被保险人的死亡），实乃违背人寿保险合同所要求的诚实信用原则。同时，若保险人对此予以保险金给付，人寿保险合同则有可能被用于不正当之目的，因而有必要约定此规定用于防止该情形之发生。

此外，生命保险合同通常在其条款里约定，自保险人责任开始之日起的一定期间内，若被保险人自杀，保险人将免于死亡保险金的给付责任。该特约乃出于如下考虑：即使人寿保险合同的缔结动机在于被保险人通过自杀取得保险金，但一般情况下，超过一定时期后依然能够长期维持该动机实属困难，就一定期间经过后的自杀而言，通常其与合同缔结时的动机之间的关系已经非常薄弱。此外，自杀的真正动机和原因于事后也很难查明。因此，限于被保险人在一定期限内自杀身亡之情形，无论其动机与目的是否为获取保险金，保险人一律免责，由此使得人寿保险合同可以防止被不正当利用。

如此一来，上述以一年为期限的一年内自杀免责特约的内容应被解释为：一方面，对于被保险人自责任开始之日起一年内自杀身亡的，无论其动机与目的是否为获取保险金，保险人一律免责，以此防止该生命保险合同被不正当目的所利用。另一方面，对于被保险人自责任开始之日起一年后自杀身亡的，除非存在犯罪行为介入、以该自杀为

由给付保险金可能违反公序良俗之特殊事由,否则即使该自杀的动机与目的在于取得保险金,也不能成为保险人的免责对象。据此可以认定,虽然存在着上述商法的规定,但该特约乃依据当事人的合意,将免责的对象、范围限定为一定期间内的自杀,因而该特约为有效之约定。

A 的死亡发生于 1994 年合同所定之责任开始日的一年后,依据“一年内自杀免责”特约的约定,若无上述特殊事由存在,商法上述规定之适用将被排除,保险人由此不得免除 1994 年合同所约定的死亡保险金给付义务。虽然当时 A 所经营的公司处于非常严峻的经营状态,并且如前所述,X1 公司以及 A 与多家保险公司之间缔结了巨额的保险合同。但是,并没有证据能够证明有犯罪行为介入其自杀行为中,也没有迹象表明存在其他违反公序良俗行为,所以其自杀的动机与目的即使在于使保险金受益人取得保险金,也不应认定其属于上述之特殊事由。

**【评析】**

日本保险法第 51 条第 1 款(2008 年修订前商法第 680 条第 1 款第 1 项)规定,人寿保险中无论被保险人于保险期间中的何时自杀,保险公司均免责。但是,正如上述判决要旨所述,该规定的法理依据乃在于诚实信用原则以及防止人寿保险被不正当利用。该规定的性质被认为是任意性法律规定。

就人寿保险而言,日本的保险实务中一般均规定有被保险人的自杀免责条款。对此,本判决认为,对该免责期间经过后的自杀,即便被保险人乃以取得保险金为目的,保险公司亦不得免除保险金给付责任。原因在于人寿保险缔结经过一定的年限后,被保险人失业、破产等导致其经济状况恶化,或者患疾病导致对将来失去信心等,为了使家族获得保险金而自杀的情形下,其性质与意外事故、疾病所导致的死亡并无太大区别。自杀免责条款的设立宗旨在于重视被保险人的遗属保障功能。相对于保险法的规定,将自杀免责限定在合同缔结后的一定期间内,大部分情况下能够防止人寿保险被不正当利用。

**判例四　公司董事故意杀害被保险人情形下保险人能否免责**

最高裁判所第一小法庭 2002 年 10 月 3 日判决

**【基本案情】**

1978 年 8 月 1 日,X 公司(土木工程建设业)与 Y 人寿保险公司之间缔结了定期保险合同,1988 年 8 月 1 日更新了合同,被保险人为 A(X 公司的法定代表人),保险金受益人为 X 公司,保险期间为 10 年,死亡保险金金额为 7 000 万日元,灾害死亡保险金金额为 1 亿 2 000 万日元,其中免责条款规定:被保险人的死亡乃投保人或保险金受益人故意所致的情形下,保险公司免于保险金给付责任。

公司的董事除 A 以外,还有 A 的妻子 B、大儿子 C 以及 A 的弟弟 D,但实际上该公司处于 A 的一言堂经营管理之下。B 仅承担员工工资以及社保计算事务性工作。

因无法忍受 A 与其他女性之间关系的困扰,B 在家中将 A 杀害后自杀。

X 公司遂向 Y 保险公司请求 1 亿 2 000 万日元的死亡保险金,但保险公司以 A 的死亡是X公司的董事B的杀害所致,符合上述免责条款的规定,拒绝保险金的给付。一审、二审均认可了X公司的请求,保险公司遂上告至最高裁判所。

**【判决要旨】驳回上告请求**

案涉免责条款与商法第680条第1款第2项(现行保险法第51条第3款)以及第3款(现行保险法第51条第2款)的规定内容相同,其具有相同的目的宗旨,即人寿保险合同情形下,其投保人或者保险金受益人基于犯罪行为而故意导致保险事故发生的,若予以保险金给付将违反公共利益以及诚实信用原则,故应当限制保险金的给付。

该免责条款的宗旨,可以进行这样的解释,即案涉免责条款的适用对象不仅包括投保人或者保险金受益人故意导致保险事故发生的情形,还可能包括第三人的故意所导致的保险事故发生的情形,即第三人的行为可能被评价为投保人与保险金受益人的行为。

因此,投保人或者保险金受益人是公司的情形下,被保险人的死亡乃公司董事的故意所导致时,应该综合考量公司的规模及组织构成、保险事故发生时该董事在公司的地位和影响力、该董事与公司之间的经济利益关系以及该董事是否具有管理与处分保险金的权限、行为的动机等各方面的因素,参照案涉免责条款的宗旨,若该董事事实上处于支配该公司的地位或者事故发生后可以立即处于支配该公司之地位,或者该董事可以直接享受获得保险金之利益,使得该董事故意所致保险事故发生的行为可以被评价为等同于公司行为的,应当适用案涉免责条款。

据此来分析本案,可以看到,X公司为年平均营业额3亿3 000万日元左右,从业人员人数包含关联企业在内为20—30人的有限公司;A对X公司具有绝对支配的权利,B只不过是一名没有代表权的董事,虽然承担员工的工资以及社保计算方面的事务性工作,但其性质仅仅是A经营公司环节上的辅助性工作,B从未作为经营者参与过公司的经营管理;B受扰于A与其他女性之间的关系,在杀死A后又立即自杀。从这些事实可以看出,B并未实质支配过X公司,也未处于在事故发生后可以立即支配公司的地位。此外,B也不能享有获取保险金的利益。从案涉免责条款的目的乃在于维护公共利益以及诚实信用原则的角度出发,B基于个人动机故意使得A死亡的行为不足以评价为X公司的行为。

**【评析】**

在投保人或者保险金受益人为公司等法人的情况下,法人的构成人员中,何种主体导致保险事故发生时保险公司才可以免责?日本的人寿保险合同条款对此没有明确的约定。一般认为,只有在投保人或者保险金受益人故意导致被保险人死亡的情形下,保险公司才能免于保险金给付责任,因此案涉争议只有通过解释才能得到答案。就此意义而言,案涉最高裁判所判例对该问题的解释具有重要的意义。

本判例认为,人寿保险的投保人或者保险金受益人故意导致保险事故发生的情形下,保险公司能够免责,其法理基础在于,基于杀人这一犯罪行为获得保险金实乃违反公共利益以及诚实信用原则的行为。同时判例还认定,不仅仅是投保人或者保险金受益人自身故意导致保险事故发生的情形，第三人的故意导致保险事故发生的情形下也可以将之评价为投保人或保险金受益人的行为，从而适用案涉免责条款。

那么，在投保人或者保险金受益人为公司的情形下，公司董事故意造成被保险人死亡时，应当仔细考量该董事与公司之间的实际关系，“参照案涉免责条款的宗旨，若该董事事实上处于支配该公司的地位或者事故发生后可以立即处于支配该公司之地位，或者该董事可以直接享受获得保险金之利益，使得该董事故意所致保险事故发生的行为可以被评价为等同于公司行为的，应当适用案涉免责条款”。

一般情况下公司都拥有多名董事，在公司即便可以获得保险金的情形下，哪怕是董事，大部分人也与之基本不存在经济利害关系。相反，一些规模比较小的公司中，对于实际上掌控着公司经营实权的法定代表人而言，公司取得保险金与该法定代表人自己直接获得利益基本上没有什么区别。对此，本判决予以了区分，详细分析了故意导致保险事故发生的董事与公司之间的实际关系，只有在该董事的行为可以被视为公司的行为的情况下，保险公司才能适用免责条款免于保险金给付责任。具体而言：① 实际支配公司的经营或者事故发生后可以立即获得支配的地位。② 虽然是公司获得保险金，但实际上由该董事自身受益。

理论上，若是公司的法定代表人，则其行为应被解释为当然是公司的行为，从而无须讨论其与公司之间的实际关系，应当直接认定该法定代表人故意导致保险事故发生的行为即为公司的行为。该情形下，其是否实际支配着公司以及是否能够享受获得保险金的利益等无须作为考量因素，因为公司的法定代表人对于公司而言并非第三人。问题依然在于没有代表权的董事的故意问题。案涉 X 公司的董事 B 为没有代表权的董事，其权限仅仅是内部事务担当，因此无法将其行为视为公司的行为。

**判例五　意外伤害保险(共济)合同中外来性要件的主张举证责任**

最高裁判所第二小法庭 2007 年 7 月 6 日判决

**【基本案情】**

1998 年 6 月 2 日，X 有限公司与 Y 财团法人缔结了灾害补偿共济合同(翻译者：共济合同是日本特有的一种合同，其原则上适用保险法的规定。为了方便起见，以下就称 Y 为保险公司，共济合同为保险合同)。其中，X 为共济会员(投保人、受益人)，X 公司的法定代表人 A 的丈夫 B 为被共济者(被保险人)。保险合同约定，若发生灾害(保险事故)，则向被保险人给付补偿费(保险金)。该灾害约定为：突发的、偶然的外来事故导致身体受到伤害，同时规定，若伤害是由被保险人的疾病所引起的，则不给付保险金。

B 患有帕金森病，帕金森引起吞咽功能障碍，但该障碍并不影响被保险人的日常饮食，医生也没有就饮食方面对其进行医学指导。2005 年 2 月 3 日，B 在吃糯米饼时不慎塞住气管导致窒息，最终因脑缺氧而患有意识障碍后遗症，处于需要长期看护的状态。X 遂向 Y 请求补偿费(保险金)，但 Y 以事故乃疾病引起为由予以拒绝。原审认可了 X 的请求，Y 不服上告至最高裁判所。

**【判决要旨】驳回上告**

根据原审认定的事实,案涉条款规定,保险金的给付事由是被保险人遭受突发的、外来的事故导致身体受到伤害。此处所谓外来的事故,根据其文意,应解释为被保险人身体外部的作用所导致的事故。同时,案涉条款还特别进行了保险金给付的免责规定,即若伤害是由被保险人的疾病所引起,则保险公司不承担责任。

参照案涉条款的语义逻辑,请求权人只要主张并举证基于外部作用导致的事故与伤害之间具有相当因果关系即可,无须证明被保险人的伤害并非由其疾病所引起。

根据上述事实,案涉事故乃由B的身体外部的作用所导致,并且该事故与伤害之间显然具有相当因果关系,因此可以认为,B的伤害是由外来的事故所致。

**【评析】**

本案对象是以伤害事故为对象的共济合同,但其内容与伤害保险合同相同,因此伤害保险合同亦同样适用该判决所释法理。

日本伤害保险合同中的伤害事故,其要件为突发的、偶然的外来事故所造成的身体伤害,本案的争议焦点在于外来性要件的有无。案涉被保险人因患帕金森病,在吃糯米饼时塞住了气管,这是否意味着事故是由疾病引起的? 如果是这样,伤害事故乃由被保险人的内部原因所引起,是否并不满足外来性要件? 此外,被保险人针对外来性要件的举证程度、该要件与被保险人疾病免责条款之间的关系界定等,是本案最大的争议所在。

本判决认为,被保险人仅需主张、举证事故乃由外部作用所致且该事故与伤害之间具有因果关系即可,无须就伤害乃由被保险人的疾病所引起这一事实承担举证责任。根据该判决要旨,被保险人可以回避伤害并非由疾病引起这一难以举证的事实,其结果是使请求权人更容易获得保险金给付。与之相对应,如果保险公司无法证明伤害乃由疾病所引起,则无法主张免于保险金给付责任。

长期以来,对于该如何考量伤害事故的外来性要件与疾病免责条款之间的关系,学说上存在较大分歧。实务以及多数说主张,伤害保险中被保险人主张符合外来性要件时,必须举证疾病并非事故的原因。根据该见解,外来性要件是重点,而疾病免责条款仅仅是一个注意、确认性规定。但是,外来性要件的举证需要一定的医学知识,对于一般的被保险人而言,该举证绝非易事。相反,保险公司一方作为专业机构,由其进行举证则相对容易。根据本判决,在认定具有外来性的伤害事故中,疾病被认为是主要原因的情形下,应由保险公司主张并举证,疾病免责条款从而具有重要的法律功能。据此,本判决解决了以往观点的对立,具有重要的意义。

**判例六　人寿保险中因不缴纳保费而导致合同失效的无催告失效条款的有效性**

最高裁判所第二小法庭2012年3月16日判决

**【基本案情】**

X与Y人寿保险公司于2004年8月1日缔结了医疗保险合同,又于2005年3月1日缔结了人寿保险合同。保险费为每月分期缴纳,两份合同的条款均有以下内容的约定:

(1) 第2次及以后的每期应缴保费的缴纳期为每月的第一天至最后一天之间。

(2) 第2次及以后的应缴保费，以应缴月份的次月第一天至最后一天为犹豫期，在该犹豫期内依然未缴纳的，保险合同自犹豫期终止的次日开始失效(失效条款)。

(3) 犹豫期届满后依然未缴纳保费，但若应缴保费与利息的合计金额未超过解约返还金(现金价值)的，保险公司自动地向投保人提供与保费相当金额的贷款，使得合同继续有效。贷款发放开始日为犹豫期终止当日，利率为保险公司所规定的不超过8%年利率。

(4) 投保人在保险合同失效之日起三年内(人寿保险合同)或者一年内(医疗保险合同)，经保险公司同意，可以恢复保险合同的效力。

案涉各保险合同的保费，均约定以银行转账的方式缴纳。2007年1月份因账户余额不足而未能缴纳成功，2月亦如此。X于同年3月8日以补缴1—3月份保费为前提申请恢复保险合同的效力。但Y保险公司以2006年7月X被诊断为突发性大腿骨坏死症为由，拒绝予以恢复。

X针对Y保险公司提起了确认案涉各保险合同合法有效存在的确认之诉。一审驳回了X的请求，二审以条款约定的2)(失效条款)违反消费者合同法第10条从而无效为由，支持了X的请求。Y保险公司遂上告至最高裁判所。

**【判决要旨】撤销原判，发回重审**

日本民法第541条关于履行催告的规定(内容基本等同于《中华人民共和国民法典》第563条第1款第3项，即催告违约方继续履行，否则将解除合同)，其目的在于提醒债务人已经陷入债务不履行，在合同被解除前给予其履行的机会。对于包含案涉保险合同在内、保险事故发生时可以领取保险给付的合同，未缴纳保费并不立即意味着反向给付的停止。因此，投保人有极大的可能忘记履行保险费支付债务。有鉴于此，就上述不经过催告即可使得保险合同失效的案涉失效条款而言，投保人因此而蒙受的不利益程度将会非常大。

然而，根据上述所确认的事实关系，案涉保险合同虽规定应在规定期间内缴纳保费，但滞纳缴费并不会当然导致合同失效，而是明确规定该债务不履行状态在一定期间内无法消灭的情况下合同才会失效。不仅如此，上述一定期间比日本民法第541条规定要求的催告期间还长，有1个月的时间。加之，合同还规定有当应缴保费金额未超过解约返还金时，保险公司自动向投保人予以应缴保费额相当金额贷款的自动贷款条款，据此即便有1次未缴保费的情形，保险合同也不会简单地失效等等。因此，可以认为就投保人不缴纳保费这一情形而言，保险合同中已经有诸多对其权利进行保护的考量规定。

再进一步，Y保险公司主张，虽然案涉失效条款规定如此，但在实务中，当投保人因未缴纳保费而陷入债务不履行时，在合同失效前保险公司实际上会及时督促投保人缴纳保费。据此，如果Y保险公司在案涉各保险合同缔结时，在经营管理上已经能够做到合同因投保人不履行保费缴纳义务而即将失效前对投保人进行督促，并且也这样做了的话，一般认为投保人应能意识到自己已经处于迟延缴纳保费的债务不履行状态。

保险合同具有以多数投保人为对象的特性，加之案涉条款中规定有上述各项考量了投保人权利保护的规定，有鉴于此，若能够确认 Y 确实在实务操作中对投保人进行了督促，那么就不能认为案涉失效条款违反诚信原则，单方面侵害了消费者的利益。

**【评析】**

本判例是有关人寿保险以往的实务操作在法律层面上能否得到肯定的事例。日本的人寿保险的保费缴纳，现在通常都是通过银行账户转账，基本上已经没有业务员去收取现金了。如同本案保费缴纳的方式，人寿保险保费的缴纳大都采按月期缴，同时绝大多数公司的条款均规定，仅仅迟交一次保费并不会导致合同失效，而是规定有一个月的犹豫期，但在连续二次未缴纳的情况下，无须经过法律意义的催告保险合同即告失效。

如果需要经过法律意义上的催告程序，那么就需要寄送"内容证明邮件"，与邮寄普通的明信片相比，其邮寄费用要高数倍。如果投保人存在反复不按规定缴纳保费的行为，就需要频繁地对其进行催告，这样的话经营成本将大幅增加。有鉴于此，实务操作中一般采用邮寄明信片这种低成本方式，通知投保人如果未按约定缴纳保险费合同将要失效。

本最高裁判决被认为是肯定了该实务操作的效力。只要通过明信片通知了投保人出现应缴保费而未缴纳之情形，投保人对此就应当知悉，确保了其在犹豫期内缴纳保费的机会。这和法律意义上的催告基本上没有区别。不过，批评意见认为，作为投保人，无法强制要求保险公司履行这样的未缴费通知义务，由此投保人的权益保护依然不够充分。本案最高裁判决的少数意见也明确指出了这一点。

日本消费者合同法第 10 条规定，"将消费者的不作为视为该消费者对新的消费者合同已作出要约或承诺的条款，以及其他与法律法规中不涉及公共秩序规定的适用相比（即与法律法规中的任意性规定的法律适用相比），限制消费者的权利或加重消费者义务的条款，且违反民法第 1 条第 2 款所规定的基本原则单方面地损害消费者利益者，皆为无效"。而其中民法第 1 条第 2 款规定的基本原则，即为诚实信用原则。

案涉无催告失效条款，与被认为是任意性规定的民法第 541 条相比，的确可以说是不利于投保人。民法第 541 条的规定为："在当事人的一方不履行其债务的情形下，当相对方设定一定的期限催告其在该期限中予以履行，但其依然不予以履行时，相对方可以解除合同。"

然而，如上所述，最高裁判决认为，只要保险公司确实采取了这样的方式，即向投保人发出保费未缴纳通知，使得其能够知晓自己已经陷入债务不履行状态，则应当认为并未单方面侵害作为消费者的投保人的利益，无催告失效条款的效力应当得到肯定。

**判例七　损害发生通知义务的违反与保险人免责**

最高裁判所第二小法庭 1987 年 2 月 20 日判决

**【基本案情】**

1976 年 12 月 21 日，A 有限公司与 Y 保险公司之间缔结了自家用机动车保险合同。被保险人为 A 公司，保险标的为 A 公司所有的普通乘用车。案涉条款规定：当投保人或被保险人知道事故发生后，必须及时以书面形式将事故发生的时间、地点、事故状况、损害及伤害的程度、受害人的住所姓名等通知保险公司。发生对人事故的情况下，在事故发生之日起经过 60 天后，若 Y 保险公司没有收到投保人或者被保险人的通知，即对事故造成的损失不承担责任。但是，若投保人或被保险人不知道事故的发生且对此没有过失的，或者因为不得已的事由无法在上述期间内进行通知的，不在此限。

1977 年 3 月 1 日，A 公司的员工 B 与 C，以及 A 公司的法定代表人 P 的长子 D 在工地的宿舍中因喝酒引发口角，C 和 D 对 B 施以暴力行为，同时，D 驾驶案涉被保险机动车从 B 的身上碾压过去造成其身故。1978 年 10 月 26 日，D 被相关刑事案件判决确定犯有伤害致死罪，随后 A 公司向 Y 保险公司报险发生了案涉人伤事故。

1979 年，B 的继承人 X 等向 A 公司、D 以及 C 提起了损害赔偿诉讼请求，1980 年 4 月 30 日，向 Y 保险公司告知了提起诉讼一事，Y 保险公司未参加诉讼，获得了胜诉判决。

随后，X 等基于债权人代位权，通过代位行使 A 公司的保险金请求权，向 Y 保险公司提起了案涉诉讼。一审、二审均认可了 X 等人的请求，Y 保险公司遂上告至最高裁判所，主张 A 公司在事故发生的一年零八个月后才通知保险公司，依据上述条款规定应可免责。

**【判决要旨】驳回上告**

案涉保险条款规定了投保人或被保险人的事故发生通知义务，其直接目的在于让保险人尽早知道保险事故的发生，从而迅速地采取善后措施，包括给予投保人或被保险人必要的指示，以便将损失遏制在最小范围内。同时，可以使得保险人尽早调查事故状况及发生原因、损失的项目以及损失的具体金额等，据此决定是否应当承担保险金给付责任以及具体责任金额。

此外，该事故通知义务的性质应解释为保险合同所约定的债务，因此如果存在投保人或者被保险人骗取保险金的情形，妨碍保险人调查事故发生的具体情况、调查损失补偿责任的有无以及补偿金额大小等，违反保险合同所应遵循之诚实信用原则的情形，保险人应可以未履行事故通知义务为由免于保险金给付责任。但如果不存在该类情形，保险人却以未收到事故通知而主张免责的，其免责范围只能限于因未收到通知所导致的损失。

**【评析】**

本案发生在 2008 年保险法制定前，是与修订前的商法第 658 条相关的案例。当时的任意机动车保险条款规定，发生对人事故的情况下应该在 60 天以内通知保险公司，若超过该期限，则除非投保人或被保险人不知道事故的发生或者有不得已的原因而无法通知的,保险公司可以免除全部的保险金给付责任。发生事故后,被保险人通常在当天或者最迟几天内就会通知保险公司,所以 60 天的时间并不能认为是明显不利于投保人一方的规定。不过,仅仅因为迟延通知,保险公司就能免除全部的保险金给付责任,确实存在制裁过度的问题。

在事故确实发生了的情形下,若该事故也确实导致了损失时,那么法律层面上,在该时间点上被保险人的保险金请求权就具体发生,而已经发生的该权利,却因为作为被保险人附随义务的通知义务的迟延履行而完全灭失,显然极为不公平。

如果投保人一方未能履行作为主要义务的保费支付义务,则即便使其失去保险合同的全部利益亦并非不可行。但若仅仅是违反作为附随义务的通知义务,就使得其丧失已经发生的保险金请求权的全部内容,理论上显然难以作合理的说明。但另一方面,可以想象实务中可能存在例如投保人一方为了"虚增请求金额"获得不当利益,意图性地延迟事故发生的通知时间,从而使得保险人难以开展具体事实关系调查的情形。即便如此,该情形下只要是依照实际损失给付保险金,意图性地推迟通知时间也无法获得超过实际损失的补偿,仍然可以防止保险金不正当请求的发生。

最高裁判例认为,如果迟延通知是具有违反诚实信用原则等不正当之目的的,保险公司才可以依照条款规定免于全部的保险金给付责任。就此意义而言,其并未严格遵循条款的文义,而是对其适用范围予以了限定解释,取得了比较公平的法律效果。

现在,上述有关通知义务违反导致保险公司可全额免责的条款规定已经被修改。现在的条款内容与现行保险法第 14 条规定完全相同。其规定为"投保人或者被保险人于知道基于保险事故发生损失后,必须及时向保险人发出损失的通知"。虽然表述有所不同,但承继了修订前商法第 658 条的内容,其宗旨亦没有变化。

不过,保险法制定后又产生了新的问题。日本 2008 年保险法中新规定了保险人的"重大事由解除权"(第 30 条)。所谓基于重大事由的解除,是指投保人一方故意导致保险事故发生,以图不正当地获得保险金等,损害了保险人与投保人之间的信赖关系,使得保险合同难以存续时,保险人可以解除保险合同,同时针对重大事由发生时点以后的保险事故所致损失,免于保险金给付责任的规定(第 31 条第 2 款第 3 项)。该规定为单方面强制性法律规定(第 33 条第 1 款),即当事人双方不得另行约定不利于投保人一方的内容。

基于该规定,针对被保险人意图性地迟延通知以图实施不正当的保险金请求行为,保险公司可以重大事由解除保险合同。但是,保险事故或者损失本身并非虚构而是真实发生的情况下,该虚报损失金额以图获得不当利益的行为时间点上是发生在事故(损失)形成之后。虽然保险公司基于重大事由解除合同,可以防止不当的保险金给付,但基于重大事由解除合同后,保险公司免责的对象是不诚信行为发生之后的保险事故,而对于该不诚信行为之前实际发生的损失保险公司则不能免责。如此一来,由于被保险人就实际发生的损失依然能够通过保险给付得到补偿(而不是保险公司全额免责),那么如果其欺骗手段高明,虚增损失的事情不败露,依然有可能获得超过实际损失的补偿,不正当请求保险金的诱因依然存在。

针对这个问题,理论界正展开各种讨论,细言之,虽然基于重大事由的解除是单方面强制性法律规定,但对于被保险人明显的不正当请求行为,基于权利滥用的法理,是否可以允许保险公司主张全额免责?

以上介绍了日本最高裁判所的 7 起重要判决。虽然还有些其他重要判决也想介绍,但可能涉及日本法自身特有的制度,或者是案情比较复杂时间上不允许。今天的报告内容如果能对大家有些帮助,那我将深感荣幸。